帝政ロシアの国家構想

1877-78年露土戦争とカフカース統合

高田和夫
Takada Kazuo

山川出版社

帝政ロシアの国家構想　目次

帝政ロシアの国家構想——一八七七—七八年露土戦争とカフカース統合

序章　問題の所在と課題の設定

一八五六年のクリミア敗戦後、一見してそれに怯むことなく、帝政ロシアはカフカース地方から中央アジアにかけて帝国の版図を拡張し、確定しようと図った。英仏を中心とする西欧列強の仕打ちに耐えて、それを物ともせず、しかも多くの時を置かずに、それほどの「壮挙」はどのようにして可能であったのだろうか。これは、近代ロシア史研究にとって主要な論点のひとつとなってしかるべきであろう。それと同時に、ピョートル大帝期から数えて一世紀半ほどの時間が長いか短いかはともかく、この時期にロシア帝国の形状が最終的に定まることの意味合いは、やはり史的関心を引くに十分な事柄であるだろう。その間に何度も繰り返され、近代ロシア史の展開に重大な役割のひとつを演じ続けた露土戦争は、丁度、このクリミア戦後期、一八七七〜七八年に最後の会戦を迎える。ロシア帝国史に占めるその作用と画期性についてもここで最終的に確認されてよいであろう。このように、短期的に観察しても、長期的に展望しても、クリミア戦後期はロシア帝国史研究にとってもっとも興味深い時期のひとつに相当することは明らかである。しかも、ここでいう「短期」は「長期」によってもたらされるいわば通奏低音によって大きく規定されているかのようにもみえる。さらに、現代史の歩みに照らして、ソ連邦解体との関連でそもそもロシア帝国への併合の仕方にいくつもの問題点があったのではないかといった関心や推定は、これらのことと深く関わるのであろう。本書はこれら諸問題をめぐって筆者がさしあたり考えたことを提示しようとするクリミア戦後期論の試みとしてまずある。

その際、ロシア帝国形成の最終局面における（別に、「ロシア」にも「最終」にも限定するまでもなく、帝国あるいは国家全般に普遍的に言えるのであろうが）国家意思の在り方を重視し、しかもそれは右にいう「短期」と「長期」との関係論によって表現されたとする見方を採用してみたい。筆者は版図の拡大をあたかも天然自然によって予め定められた運命ないし宿命であるとみなすがごとき（たとえば、C・M・ソロヴィヨーフが行うがごとき）主張[1]とは明確に一線を画するものである。そうではなく、時のツァーリを始めとする権力者あるいは国家事業者（政治家）の間に備わった国家構想と彼らによって具現されようとする国家意思のあり様により大きな関心を抱くのである。この際、国家構想は国家意思の在り処を示すバロメータである。

ここでこうした言い方を改めてしなくても、かの国の政策編成者や歴史家の多くが、同時代から弛まず今日に至るまでロシア帝国史をひろく「ロシア史」あるいは「ロシア国制史」の一環として叙述しようと試みてきたことは確かであろう。それを逆手に取るような言い方をすれば、そうした著作活動によって帝国史に（ロシアの）国家構想ないしは国家意思が、意識すると否とを問わず、投影されることはほとんど不可避的でさえあるように思われる。今の筆者にとって幸いなのは、カフカース地方（そして、中央アジア）がそれら作品の主要な対象（のひとつ）であり続けた結果、カフカース史研究をめぐってもこれら仮説を検証する機会に恵まれたことである。これは筆者による関連文献の読み方とも言い換えうることである。本書は近代ツァーリズムによるカフカース統治確立の最終段階の諸様相を解明することを通じてこれら見通しの妥当性を検証しようとするものでもある。

少なくともピョートル大帝の時代からカフカースは帝政ロシアによる南下の対象であり、カフカース支配は黒海を「ロシアの海」にしたいとする国家としての宿願の一角を占め続けた。以下で見るように、クリミア戦後期、それが曲がりなりにも実現され、カフカースのすべて（つまり、北カフカースとザカフカース）は最終的にロシア帝国の版図になることになった。この一連の流れをどのようなものとして描くか、この間、とくにロシアの歴史家たちはさまざまな試みをしてきたが、彼らの作品の多くがいわば征服者の視角と断定（あるいは奢り）から自由ではなく、むしろ、それらが結果として、同時代においては征服を助長し促進し、現代においてはそれを顕彰するために供されるケースがあるのを否定することはむつかしい。文献の参照にあたって、まずこれは第一に留意されるべき事項である。ここで仮にそうした傾向を征服者の視角とすれば、それは本質的に帝国版図への編入を史的達成として最大限、強調して重視し表彰しようとするもので、その結果、議論と叙述が恐ろしいほどに単純化される傾向を孕み、正当な史的検証には耐えられない事態が往々にして生起しがちだからである。征服を正当化する立場にも歴史叙述に工夫は必要なのである。

帝政ロシアがカフカースを自己の版図にするといった事態は、どのように見ても、基本は前者が後者に対して働きかけた結果であり(たとえ、後者から前者へ働きかけがあったとしても、そのきっかけをつけたのは前者である)、別に自然の流れでそうなったなどと見るのであれば、それは歴史研究を放棄するにさえ等しいであろう。したがって、ロシア側がそのために維持し発揮した情熱の在り処と機能(筆者はそれらを本書では国家構想とも呼ぶ)の解析が重要なのであろう。ここで、こうした一般論を縷々述べるまでもなく、当事者としてロシア側の著作は全般にこうした問題関心からは遠くにあると言った方がよいのかもしれない。これは筆者の率直な感想(あえて言えば、偏見)である。むろん、作品によってそうしたことは強弱を伴うのであろうが、それでもそれらは征服者の意図、つまり構想の分析が貧弱なことをもって、共通点のひとつとしてきたとする印象をこの筆者は抱く。版図編入の背後にある、それを支えた論理の解析はほとんどなされずに、編入の具体的過程とその帰結といった「勇ましさ」の記述を好む傾向が強いようである。征服者自身の躊躇いと編入結果の不安定さなどに対する目配りに乏しいということでもある。

さて、版図化という事態を史的考察の対象にしようとすれば、それが編入される当該地域にとっていわばトータルな(宿命的な、運命的な)意味合いを有したであろうことが問題とされなくてはならない。つまり、この場合、そうした意味でロシア史とカフカース史は連結するのである。これは本書にとって問題の所在であり、この筆者は前者、つまり、征服する側の論理だけにこだわればよしとする立場を採用しない。そうすれば、カフカース史研究だけでなく、ロシア史研究にも歪みが生じることになるであろう。むろん、トータルな意味合いは征服者の存在(だけ)でもたらされるものではありえない。それと征服される側との出会い、相互作用の全体像が問われなくてはならない。「史的達成」を単純な征服の論理と実践とで代弁することはできない。それが少なくとも征服と被征服の二大要素によって織りなされること、さしあたり、それらのいわば連立方程式の解であることは忘却されてならないであろう。それだけでなく、とくに近代史においては、「史的達成」が征服と被征服の当事者だけの話にはならないことが多く、この場合も、当事者らをとりまく黒海、中央アジア、さらにはインドなどをめぐる国際関係と国際環境がいわばその落とし所を左右しかねないことについて目配せが不可欠であろう。

本書は、以上のような問題関心にしたがって、露土戦争までのクリミア戦後期における帝政ロシアによる北カフカース統治の試みを政治社会的な視角から描こうとするものである。ここで北カフカースをいうのは、帝政ロシアとそれに抵抗した当地の山岳民たちにとって、そこが決戦場となったからである。そのために、次のような構成をとることとした。第一章で、「帝政ロシアのカフカース構想」について、ほぼピョートル大帝期からクリミア戦後期（いわゆる黒海条項の撤廃）まで、それが「成熟する」過程として整理することとした。本書全体にとっての前置きとするためであるが、こうした試みは従来、あまりなされることはなく放置されてきたから、参照文献の選択を始めとして、筆者には想定外の困難を伴いがちな仕事となった。いまだ文字通り端緒的な整理であり、全く試論の域を出るものではないが、参照していただければ幸いである。

先述した問題関心にしたがえば、征服者の意図や構想とともに、いわばそれを受けて立つ地域の固有な生活のあり様が考察されないことには十分な歴史叙述を期待することは叶わないであろう。版図編入がもたらす（はずの）トータルな作用と圧力は、地域の生活の在り方を変容させるだけでなく、それを安定化させるための試行錯誤が不可避だからである。その際、その社会生活の相貌が広範かつ多様に変化することが想像されるが、それらを十全に再現しようとすることなど、ここでは無意味である。あくまで問題の所在は進出する帝政ロシアとの関係論にあるからである。しかしながら、たとえそのように限定したとしても、やはり残された問題領域を相手にすることは、少なくとも筆者にとってむつかしいことに変わりはなかった。考えあぐねていたところ、同時代の地誌的研究の中に大変に優れたものがあることに気づき、ここではそれらに依拠することにした（主な関係文献については、すぐ後に述べる）。第二章「カフカースの生活空間」で「カフカース山岳民の世界」を重視したのは、彼らが帝政ロシアの進出に抵抗をもっとも続けたからである。ただし、ここではよく知られたシャミーリをめぐる議論の整理に終始することは避ける構成をとった。北カフカースを東部と西部に分け、つまり、チェチェン人とチェルケス人の生活世界それぞれを描くよう努めた。クリミア戦後、シャミーリがカフカース山岳民の世界を代表する時代は過ぎ去っただけでなく、北カフカースの山岳民たちがひとつの世界をつくっていた訳ではないことに対応するためである。本書では、北カフカースを構成した東カフカースと西カフカースは決してひとつではなかったことの意味合いとその影響が分析されるであろう（なお、本書で東カフカース、西カフカースという場合、すべて北カフカースについてである）。

帝政ロシアによるカフカース統治ということについて、狭い意味の統治論であれば、第三章「帝政ロシアのカフカース統治」だけで足りるのかもしれない。しかし、この章では統治の問題を単なる制度のそれだけに還元するのではなく（しかも、中心となるはずのカフカース委員会は機能不全のままである）、当事者たち人間の問題としても見ることにした。ここで筆者がもっとも注目したのは、バリャチンスキーとミリューチンの二人である。バリャチンスキーはカフカース総督を一八五六年七月から一八六二年一二月まで、クリミア戦後期の六年余り勤め、ミリューチンはその下でカフカース軍参謀長をして支えた（その後、陸軍次官を経て、一八六一年一一月、陸相に就任する）。彼ら二人と現地の将軍たち、フィリプソーンとエヴドキーモフの都合四人が北カフカースの攻略と統治を実際に推し進めた主体的な中心であったとする仮説のもと、総督府政治といわゆる軍事的人民統治の実際を考察することにした。

そして、結局、本書は、帝政ロシアによる版図拡張が現地の生活空間に与えた衝撃は、それに随伴した人の移動によって象徴的にも現実的にも表現されたとする、総括的な見方を採用することにした。そのために、最終の第四章「カフカースにおける人の移動」を用意した。おそらく、これが本書構成上最大の特徴のひとつとなるであろう。実際のところ、版図編入を考える際に人の移動に関わる諸問題はもっと重視されてよいように思われる。従来、それらは軽視されるか、単なるエピソード的な扱いを受けてきたのではないのか。たとえば、本書でも取り上げるチェルケス山岳民たちのトルコ移住(追放)の問題などは、あたかもその量(人数)だけに関心があったようにさえ思われるほどで、彼らの移動が版図編入を準備しただけでなく、その帰結に大きな影響を与えた側面については関心が薄いようなのである。侵攻先を帝国の構成要素とするか否かは帝政にとって大きな選択肢であったろうが、ロシアの場合はそれらを「本国」と一体化するのを基本とした。カフカース地方(北カフカース)もそうした扱いを受けた。人の移動はこうした側面がもっとも明瞭に観察できる局面のひとつであろう。つまり、ロシア的要素の投入と注入、あるいは非ロシア的要素の排除といったことが人の移動を通して準備・実現される(それでも不足する分には後者の活用を厭わない)。そして、この際、「ロシア人の存在」に関連する問題系がロシア的要素(制度、法、文化など)の実現と維持にとってやはり大切なことにはかわりはない。帝政は「なけなしのロシア人の工面」に奔走さえするであろう。そうした意味でのロシア人論のさらなる必要性もやはり強く感じる。

第四章で取り上げた人の移動は大きく三つの局面についてである。ひとつは、カザークによる入植をめぐる諸問題をめぐってである(第1節)。知られるように、ロシア帝国の周縁部にいた十指に余るカザーク軍団は版図の拡張に基礎的な貢献を果たすことで、それぞれ生命を永らえてきた。北カフカース(クバンとテレクの両カザーク軍団)においても同様で、このクリミア戦後期、彼らの入植、つまり、国境線上におけるカザーク村(スタニーツァ)の建設がとりわけ精力的になされ、当該地域の版図化にとって決定的な役割を演じた。当然、それには人の移動を伴っただけでなく、同時に、周辺の先住民との間にも種々の人間関係を発生させた。

この時期のもうひとつの大きな人の移動は、チェルケス山岳民たちのトルコ移住という形態をもって大規模なかたちで出現した(第2節)。元来、彼らは巡礼など宗教的な理由からオスマン帝国など周辺部との間を出入りしていたが、第1節で見るような帝政ロシアによる入植活動が彼らの生活環境を激変させて移住を強制し、決意させたのであった。その結果、おそらく百万単位の人口移動が生じ、帝政ロシアがその後に入り込んで、北カフカースの最終的な支配を実現する道筋がつけられることになったから、この過程における人の移動は第一級の重大性を有したはずである。

最後の第3節では「徴兵と反乱」を扱う。この時期のミリューチンによる軍制改革は軍管区制度を発足させる一方で国民皆兵法を制定した。一八七七年の露土開戦までに、北カフカースでは後者が直接的な導入をみた訳ではなかったが、それでも、動員令の発布とともに、山岳民を含む多くの人民が徴用された。本来は、徴兵対象にはなりえない異族人までもが要員化した。第1節で見た、人の入りと、第2節での人の出を経て、ここで人の移動は帝政によってまとめられる最終段階を迎えることになった。これら人の動きは帝政が企てた一連の施策に従うところが大きく、それらは個別分散した現象としてではなく、そうした関連性のもとに観察されるべきであるというのが筆者の主張のひとつである。本書以下で詳しく述べるように、帝政ロシアはこの露土戦争にあたり単にオスマン帝国と戦うだけでなく、カフカース地方を最終的に鎮圧することをも予め盛り込んだ戦争計画を策定したのであった。このようにこの戦争に外部（オスマン帝国）に対するだけでなく、内部（カフカース地方）にも及ぶ二重の課題を設定したのは、山岳民がいわば最後の抵抗を試みて反乱したからであった。露土戦争が最終的にもたらすことになった人員の入れ替えと組織化のプロセスは、少なくともカフカース地方の運命（ロシア帝国への編入）にとって、甚大な意味合いを有したということである。この点に、この最終の露土戦争の歴史的画期性（のひとつ）を見ることができるであろう。

以下に、本書で利用した文献について、便宜的な区分とともに、筆者にとってとくに参考になったものを少しずつ紹介することにしたい。むろん、関連する文献は限りがなく、実際、本書でもこれら以外に参照し引用したものが多いのであるが（参考文献一覧を参照されたい）、ここでは選書に関わる独断と偏見に寛容を求めつつ、読者諸兄姉にカフカース世界探求のためにわずかばかりの手掛かりを供しようとするものである。同時に、こうしたことは右で述べたごとき問題関心の在り処をもうひとつの側面から照射するはずである。

・カフカース内戦史関係

J. F. Baddeley, *The Russian Conquest of the Caucasus*, London, 1908.（一九九九年の再版は、Moshe Gammer の序文付き）

大英帝国がロシア帝国の動向に敏感になったことは本書でも各所で登場するが、そのこともあって、ロシアによるカフカース攻略から目を離すことがなかったイギリスでは優れた研究が数多く生み出された。これは現代でも色褪せることのない代表的な一点。

П. И. Ковалевский, Восстание Чечни и Дагестана в 1877–1878 г.г., СПб., 1912.

帝政期にロシアで出されたもっともまとまった山岳民反乱論。やはり、今でもまず参照されるべきひとつ。

M. Gammer, *The Lone Wolf and the Beat: Three Centuries of Chechen Defiance of Russian Rule*, London, 2006.

W. Richmond, *The Northwest Caucasus*, London & N. Y., 2008.

М. Блиев, Черкесия и Черкесы XIX века, М., 2011.

これら三点はチェチニアなど北カフカースにおける内戦を扱うが、現代においても当該問題が優れた作品を生み出しているのは、何か皮肉な感じさえする。

・露土戦争関係

数ある露土戦争の最後に位置する一八七七〜七八年戦役に関する公式戦史は、ロシア側ではロシア参謀本部軍事学術委員会（Военно-ученый комитет）に付属した軍事史委員会（Военно-историческая комиссия）が中心となって刊行された。その際、主戦場となったバルカン半島ともうひとつのカフカース・小アジア戦場とを分けて、それぞれの戦史を編纂する方針が採られた。全体からすれば、戦争計画と実戦とのあり方を勘案して、バルカン半島部での戦争を扱う資料の刊行に重点が置かれ、カフカース・小アジア編は二義的な扱いを受けた。バルカン関係として刊行されたものは次の全九七巻本が基本で、それに九巻の補巻が付いた。

Сборник материалов по русско-турецкой войне 1877–78 гг. на Балканском полуострове, Том 1–97, СПб., 1898–1911; Описание русско-турецкой войны 1877–1878 гг. на Балканском полуострове, Том 1-9, СПб., 1901–1913.

当然、本書の主たる関心はカフカース・小アジア戦場関係であるが、それについては、独自に「チフリス・カフカース協会」(Тифлисское кавказское общество)によって、次の六巻本が刊行された。

Материалы для описания русско-турецкой войны 1877–1878 гг. на кавказско-малоазиатском театре, Том 1–6, СПб., 1898–1912.

筆者はこれらロシア側の公式戦史に悪い印象を抱くものではない。全般に良く編集され、ややもすると公式戦史にありがちな硬直し図式的なものではなく、むしろ合理的な記述によってその基調が保たれている感じを受けることが多い。

次の二点は、イギリス側が生んだ戦史の傑作である。もはや、今となってはそれら著者たちと同じ情熱をもって制作にとりかかること自体が至難であろうとさえ思われる。その意味で、末永く参照されるべき作品、つまり古典の域に達したものである。後者はこの露土戦争期を挟むより長い期間を扱うものであるが、軍事史の具体的な記述の手本のような出来栄えで、大英帝国の底力さえ感じるのは筆者ひとりだけではあるまい。

H. M. Hozier, *The Russo-Turkish war, including an account of the rise and decline of the Ottoman power and the history of the Eastern question*, Vol. 1–2, London, 1877–1879.

W. E. D. Allen and P. Muratoff, *Caucasian Battlefields: A History of the Wars on the Turco-Caucasian Border, 1828–1921*, Cambridge University Press, 1953.

・ロシア軍政史関係

この露土戦争期に限らず、よりひろく近代ロシアの軍政史を取り扱うものとして、まず次の二点をあげることに多くの者は異存ないであろう。前者は、陸軍省の創立百周年記念事業として刊行された多巻本であるが、まず、一冊ずつのボリュームと装丁の素晴らしさに驚かされる。取り扱う分野は実に広範に及び、当然、本書にとっても参照すべき箇所が多い。これに限らず、帝政ロシアにおける戦史編纂能力(の高さ)について本格的な検討がなされてしかるべきである。

後者は、アレクサンドル二世による治世の「最初の」二五年を記念して刊行されたものであり、当該期の軍政史にとってまず参照されるべき作品である。

Столетие Военного министерства 1802–1902, Том 1–48, СПб., 1902–1914.

Исторический очерк деятельности военного управления в России в первое двадцати-пяти-летие благополучного царствования Государя императора Александра Николаевича (1855–1880 гг.), Том 1–6, СПб., 1879–1881.

・外交関係

クリミア戦後のロシア外交はイギリスを始めとする西欧列強との関係調整に追われるものとなった。とくに、黒海、カフカース、中央アジアは、インドとの関係も見据えて、イギリス外交との間で厳しい争点となった。ロシアではキニャーピナ(たち)の仕事が大分、古くなったが、相変わらず素晴らしく、イギリスではモッセを挙げておく。

Н. С. Киняпина, Внешняя политика России второй половины XIX в., М., 1974.

Н. С. Киняпина, М. М. Блиев и В. В. Дегоев, Кавказ и Средняя Азия во внешней политике России, вторая половина XVIII –80-е годы XIX в., М., 1984.

W. E. Mosse, *The Rise and Fall of the Crimean System 1855–1871: The Story of a Peace Settlement*, London, 1963.

・ロシア＝(北)カフカース関係

Утверждение русского владычества на Кавказе, Том 1–12, Тифлис, 1901–1908.

これはグルジア併合百年を記念してカフカース軍管区参謀部によって編集された多巻本であるが、グルジア関係に多くの紙幅が割かれているのは仕方がないところであろう。以下の作品はそれぞれ個性的である。エサジェは代表的な研究者のひとりで、同時代の仕事のいわば標準を示す。その意味で、スミルノーフは旧ソ連史学の「硬派」であり、マトヴェーエフは現代におけるスミルノーフのさらなる進化系である。ロシア＝(北)カフカース関係史研究は、論者の思いが表出されやすい分野のひとつである。最後のふたつはともに集団的な作品で、旧ソヴィエト史学と現代ロシア史学それぞれの当該分野における達成度合いを示すであろう。

С. Эсадзе, Исторический очерк распространения русской власти на Кавказе, Тбилис, 1913.

Н. А. Смирнов, Политика России на Кавказе в XVI–XIX веках, М., 1958.

В. А. Матвеев, Россия и Северный Кавказ: исторические особенности формирования государственного единства (вторая половина XIX–начало XX в.), Ростов-на-Дону, 2006.

История народов Северного Кавказа, конец XVIII в.–1917 г., М., 1988.

Северный Кавказ в составе Российской империи, М., 2007.

・総督府制度

総督府制度論あるいは総督論を外して、カフカース統治論を試みることはできない。ここでは二点だけに触れる。ペテルブルグ大学教授であったグラドーフスキーは近代ロシアを代表した国制史家のひとりである。その主内容については本書でも取り上げることにした。後者は、現代ロシアにおける当該分野の研究状況を整理し反映させようとした集団的な仕事である。

А. Д. Градовский, Исторический очерк учреждений генерал-губернаторств в России, в Кн. Его же, Политика, История и Администрация, СПб., 1871.

В. В. Черкесов (ред.), Институт генерал-губернаторства и наместничества в Российской империи, Том 1–2, СПб., 2001.

・バリャチンスキーとミリューチン

クリミア戦後期の(北)カフカース経営の中心となった二人に関して、本書はその人間模様も含めこだわって叙述することを試みた。そのようにする踏ん切りがついたのは、ジッセルマーンの編集した全三巻から成るバリャチンスキー個人文書を読んでからである。ミリューチンに関しては、第二次大戦直後から日記と回想記との出版が試みられてきたが、近年になって日記の編集がこの間に得られた新しい知見を生かして一新された。今回は、その新版を利用した。

А. Л. Зиссерман, Фельдмаршал князь Александр Иванович Барятинский, Том 1-3, М., 1888–1891.

Дневник генерал-фельдмаршала Дмитрия Алексеевича Милютина, 1873–1875, 2-ое изд., М., 2008.

なお、ファデーエフは近代ロシアを代表した戦略家であるが、『カフカースからの手紙』をはじめとする彼のカフカース攻略論は本書においても大いに参照した。

Собрание сочинений Р. А. Фадеева, Том 1-3, СПб., 1889.

・カフカースのカザーク

本文で詳しく述べるように、帝政ロシアはカフカース攻略の先兵としてカザークの活用にこだわったから、この場合もカザーク論は不可欠である。次の四点は同時代の北カフカースにおけるカザーク軍団論として出色である。この時代はこうした優れた仕事によって彩られたことも大きな特徴である。

И. Д. Попко, Черноморские казаки в их гражданском и военном быту, СПб., 1858.

Е. Д. Фелицын, Кубанское казачье войско 1696–1888 г., Воронеж, 1888.

Евг. Максимов, Терское казачье войско, историко-статистический очерк, Владикавказ, 1890.

П. П. Короленко, Двухсотлетие кубанского казачьего войска, 1696–1896, Екатеринодар, 1896.

帝政ロシアは、国境線上にカザーク村（スタニーツァ）を新設して、版図拡張のためのいわば尖兵にしようとした。その最前線のカザーク村はどのようであったのか。次はそれを知る手掛かりを与えるカザーク村の個別調査集である。

Статистические монографии по исследованию станичного быта Терского казачьего войска, Владикавказ, 1881.

・民族誌関係

すでに述べたように、筆者はカフカースにおける生活空間のあり方にも重大な関心を抱くのであるが、それは次のドゥブローヴィンを読むことで確かなものになった。それを始めとして、多くの優れた関係著作が同時代から現在にかけて出ている。以下は、そのわずかな事例である。むしろ、それらを選ぶ眼が試される状況が続いているであろう。このことに関連して、ここでは最後のイヴラギーモヴァの仕事に触れておく。彼女は現代を代表するチェチェン研究者であり、その実に精力的な仕事ぶりは注目に値するが、チェチェン史を研究するのは「人民統合事業における新しい全国家的イデオロギーを創出するため」であると極めて明快に言い切っている。彼女にとって何よりも優先されるべきは、今日に至るまで長期に渡る闘争の日々を過ごしてきたチェチェンの人びとが体制に順応して心安らぐための道筋の発見にあるらしい。そのために「社会的エスニック的な順応」(социально-этническая адаптация)が本質的であり、そうした視点から回顧すれば、従来の〔帝政期の〕「貴族歴史学」もソヴィエト史学もともに「チェチェン分離主義」を強調し、「山岳民の民主運動を過大視して」、歴史叙述にバランスを欠いた。むしろ「植民地的収奪」(колониальное завоевание)論だけでなく、一九四〇年代から始まった「自発的併合」(добровольное присоединение)論の形成にも注目して、「全面的な研究」(всеобъемлющее исследование)を実現しなくてはならないというのである。これは繰り返しなされる統合論のひとつである。

Н. Дубровин, История войны и владычества русских на Кавказе, Том 1, Книга 1, СПб., 1871.
Евг. Максимов и Г. Вертенов, Туземцы Северного Кавказа, Вып. 1, Владикавказ, 1892.
Сборник сведений о Кавказе, Тифлис, Том 4, 1878.（全九巻か？　その後、Сборник сведений о Северном Кавказе と改称されて、継続された。）
Н. Г. Волкова, Этнический состав населения Северного Кавказа в XVIII–начале XX века, М., 1974.
В. М. Кабузан, Население Северного Кавказа в XIX–XX веках : этностатистическое исследование, СПб., 1996.
З. Х. Ибрагимова, Мир чеченцев XIX век, М., 2007.

第一章　帝政ロシアのカフカース構想

1　端緒的な構想

主権国家の日常的な運営は権力者などその当事者による目標設定、実現方法、将来展望などをめぐる複合的かつ総合的な判断によってなされるのが通例である。ここではこれらのうち目標設定や将来展望などヴィジョンに関わる部分を国家構想と呼び、実現方法などは政策レベルのこととしてそれとは区別しよう。つまり、個々の政策やそれらの賛否をめぐってなされる政治運動はここでいう国家構想とは別に分類されるのである。政策や運動は個別具体的で非妥協的な性格を孕むのが通例であるが、国家構想はむしろ大まかな方針を示してその内実に柔軟性が認められ、政策や運動のように日時を限って決着を求める性質のものではない。当然それぞれの帝国にも固有な国家構想が存在したと考えられる。帝政ロシアでは政体的な特徴からツァーリがいかなる国家構想を抱くかが決定的であるが、周辺の有力政治家たちの考えや社会評論家たちの言動も皇帝のそれに作用する場合があることは排除しえないであろう。

南下を果たして黒海を「ロシアの海」に帰すことはツァリーズムが抱いた一大国家構想であった。そのために何度も試みることになったトルコとの戦争は構想実現のための方法（のひとつ）であり、明らかに選択可能な政策（のひとつ）であった。前もって整理して述べれば、当初、カフカース攻略は南下を促進するための手段のひとつであったはずだが、ツァーリ政府がその版図化へと踏み切ることで帝国のかたちを定めるべき国家構想の一角を占めるまでになった。本書におけるカフカース構想という用語にはそうした時間的経過に応じた性格変化を伴う複合的な含意がある。国家構想は経験に学んで進化しうるのであり、成熟したそれは一朝一夕には出現しない。それはその前史として端緒的で萌芽的なバージョンを有することが多いであろう。

「クリミア問題」とカフカース

黒海北部沿岸(Северное Причерноморье)は、長い間、オスマン帝国(以下、本書においては、単にトルコと表記することもある)とペルシアにとって奴隷狩りとその販売流通のための一帯であった。したがって、当地の住民たちがそうした自らの不運から逃れる機会の到来を切望したとしても不思議ではなく、これら地方に姿を現したロシアにそれを期待することはむしろありえたであろう。実際、旧ソヴィエトの北カフカース史研究の到達点を示す著作は、カバルダ人(Кабардинцы)やその他のアドゥイゲ人(Адыгские народы)たちが自発的にロシア側についたのが実に一五七七年の早い段階のことであったと強調するのである(カフカースに居住した先住諸族については、改めて第二章第2節で触れる)[1]。もっとも奴隷狩りの対象はロシア人も例外ではなく、一七世紀、クリミア汗国によるロシアへの攻勢が強まると、前半期だけでもクリミアへ連れて行かれたロシア人奴隷は一五～二〇万人に達したという推定があるほどである[2]。無論、オスマン帝国側にすれば、この一帯は奴隷貿易のためだけにあったのではなく、何よりも帝政ロシアの南下に対抗する最前線であり、より積極的には東方のペルシア、西方のハプスブルグ帝国およびポーランドに対する出撃基地でもあったのだから、何よりも戦略拠点なのであった[3]。一方、ロシア側としては、ドン川とドニエプル川の河口がクリミア汗国内に開いていることは、当然のことに、自らの安全保障にとって大問題であるとみなしたから(外敵がなかば自由に遡上する)、ますますそのようであった。この種の地政学的要素は歴史的に継承されるのが通例であることは、次のようなクリジャニチをめぐる問題が良く示すであろう。一七世紀になされたクリジャニチの考察と主張が、一九世紀も末期の汎スラヴ主義の高まりの中で意図的にフレーム・アップされるのである。

こうした一連の諸関係を「クリミア問題」(Крымский вопрос)として最初に戦略問題化したとされたのがクリジャニチ(Ю. Крижанич около1617‐1680)で、一六一七年頃にザグレブ近くで生まれたクロアチア人である。ローマなどで高等教育を受け、宣教師としてモスクワへ赴いて「第三のローマ」として繁栄するよう支配者に促そうと熱望した。しかし、一六六一年に滞在したモスクワからシベリアのトボリスクへ流された。ポーランドとの関係に神経を尖らせていた当局が西方からの人間に不信感を抱いたこと、彼がニコンの改革を支持したことなどがさしあたり考えつく理由であろう。一六七六年まで一五年間も留め置かれ、その間、彼はスラヴ事情に関して多くの著作をなし、第一級の学者としても記憶されるところとなった。それらはスラヴ諸民族の歴史・文化・言語などの単一性を強調し、特に反ゲルマンを意識してロシア人にスラヴ人の啓蒙と解放に中心的な役割を期待したが、それは同時に宗派を問わない教会を通して実現しようとする重大な特徴を伴った。彼はキリスト教会の全宗派の統一をめざす世界教会運動的な寛容さを備えたカトリックであった。こうしたクリジャニチにロシア社会が注目したのは二世紀も後のことで、一八九〇年代にベレジコーフが「ユーリー・クリジャニチが作成したクリミア奪取計画」を『国民教育省雑誌』に連載し、ほぼ同時期に本になった。[4] それによれば、「第三のローマ」たるモスクワが長きに渡りタタールのくびきの下にあることは耐えられず、多くのロシア人が奴隷としてオスマン帝国に捕われているのもロシアの名誉に関わるであろう。ロシアが黒海にアクセスしてオスマン帝国下のスラヴ人を救わねばならない、とクリジャニチはなかば煽動したことになっている。それまで「忘れられた」のにはポーランド(人)に対する彼の「共感」が強く影響したかもしれないが、[5] いずれにせよ、この世紀転換期になってクリジャニチは「真のスラヴ人」(искренный славянин)、汎スラヴ主義をもっともよく示すイデアの保持者として(のみ)時空を超越するようにして立ち現れ、顕彰されることになった。ロシアの人びとにそうした共感を呼び起こさせるには当時のドイツ脅威論、汎ゲルマン主義への警戒心が大きく作用したと考えられる。[6] クリジャニチに備わった反ゲルマン性がとりわけ注目されたであろう。

このようにロシア、トルコ、ペルシアなどをめぐって「クリミア問題」があったとしても、そのために舞台（の一部）を提供したカフカース地方はどのようであったのか。議論を進める前に、ここで瞥見しておきたい（さらに、第二章を見てほしい）。一六世紀の中ごろまでにカバルダ人たちがチェルケス族のなかでもっとも優勢となり、北カフカース社会のリーダーになった。カバルダ地方の中心域が北側の急峻なカフカース山脈を超えて南側、つまりザカフカース側と結ぶダリヤル峠（グルジア軍用道路が通過することになる峠）に隣接したことは、地政学的かつ戦略的に本質的な意味合いを有した。一五五七年にカバルダはロシアとの間に初めて条約関係を結び、翌年、カバルダの侯テムリューク・インダルコは息子をモスクワへ送ってキリスト教を受容させただけでなく、その三年後、イヴァン四世は彼の娘と結婚するほどの関係となり、両者はクリミア汗国との戦いに協力してあたることとなった。さらに一五六七年、侯はモスクワに北カフカースのスンジャ川とテレク川の合流点に拠点テルスクを開設することを認めた。そこは双方にとって戦略的だけでなく交易的にも最良の地点となった。オスマン帝国とそれに隷属するクリミア汗国はこの動きに強く抗議してカバルダを攻撃し、端緒的な戦争が始まった（一五六九年）。クリミア汗国は一二万の兵をもってアストラハンへ押しかけたが、五万のロシア＝カバルダ連合軍が対応して、それを追い払った。この経験はその後の北カフカース防衛に重大な意味を有した。カバルダはダリヤル峠の防衛と維持にロシアからの支援を頼むようになった。このようにロシアとカバルダの関係が深まるなか、それを好まぬ反露派は一六四〇年までに「小カバルダ」をつくって、クリミア汗国と連携する道を探るようになった。これが一七世紀中ごろまでには観察されるようになった初期的なカフカース「国際関係」の様相スケッチである。(7)カフカース地方は黒海周辺部の重要な一角を占めて、いわば黒海情勢に左右されるということである。

ピョートル大帝とカフカース

その後もロシアと（北）カフカースの関係はたえず周辺諸国の動静に左右されたが、ピョートル大帝の登場とともにロシアは南下の傾きを強め、守勢から攻勢へ転じることになった。彼が企てたカスピ海とプルート川（ルーマニア国境部）

とへのいわば二大遠征はさしあたりザカフカース(と中央アジア)および黒海を目的としたものであった(このように書くのは、後に見るように、ピョートルはインドとの交易にこだわったからである)。大帝はオスマン帝国を抑えてアザク(アゾフ)を占拠し、黒海沿岸に確固とした足場を築いた(一七〇〇年、コンスタンチノーポリ条約)。これには一六七九〜八〇年にロシア＝ウクライナ連合軍がクリミア・タタールの攻勢を跳ね返して、オスマン帝国がロシアに左岸ウクライナを許したこと(一六八一年、バフチサライ条約)が大きく作用したであろう。しかし、その後、ピョートルは一七一〇〜一三年の露土戦争で敗れ、黒海進出を阻止された。この例が示すように、ロシアの南下にとってオスマン帝国との関係はなかば決定的かつ宿命的でさえあったが、北カフカースはさしあたりその直接的な目標とはなっていなかった。しかし、帝政ロシアがカフカースへの関心を増大させるにつれて、オスマン帝国やクリミア汗国などが反撥と攻勢を強めたから、徐々にロシアはカバルダなど北カフカースを単なる同盟的存在としてではなく、潜在的なロシア帝国版図とみなして植民の対象と考えるようになった(8)。そうした意向は、遅くとも一七世紀初頭までには出現したであろう。そして、それを実現するのに、その後、一九世紀半ばまで一世紀半を要したということである。これは単なる思い付きなどではなく長期間に渡る構想であり、版図化のために植民事業を想定し、それにカザークを関わらせる目論見をその初発から内包したのであった(カザークによるカフカース地方入植は、第四章第1節で取り上げる)。帝政ロシアによる北カフカース入植でカザークがその北西部に初めて姿を見せたのは、一七一一年のことであった。それに対抗する現地のチェチェン人たちの襲撃に遭遇して慌てたカザークの要請に応じて、ピョートル大帝はテレク川北岸(左岸、つまりロシア側)に五つのカザーク村(スタニーツァ станица その主要な事例はやはり第四章第1節で詳細に触れる)を開設することを許したのであるから、権力中央は植民にあたって事前に周到な準備をしていたわけではない。その構想はあくまで端緒的なものであった。

こうした政策の実質的な中心者となったのはピョートルの脇を固めた側近のひとり、ベコーヴィチ・チェルカースキー(A. Бекович-Черкасский ?-1717)であり、彼は名前からうかがわれるように、カバルダ地方の有力一族の出身で、(正教)洗礼以前はデヴレト・ケズデン・ミルザ(Девлет Кезден Мирза)と呼ばれた人物である。その彼が北カフカースにカザーク村を開設して防御に励むだけでなく、デルベントなどカスピ海沿岸の町をトルコに取られる前に占拠するよう、ピョートルに進言したのであった。[9] もっともピョートル自身は中央アジアに真のねらい(版図拡大)があり、北カフカースに新たな領土をひろげてオスマン帝国やペルシアと争うよりも、それらと交易することにより大きな関心があったともいわれる。ピョートルがカフカースと中央アジアを二大選択肢とし、その関係に思いを巡らせたであろうことは、その後の展開を見据えれば、重大な論点を形成する。

　しかし、その後、実際にはカフカースではカザーク村を繋ぐかたちで勢力圏の確保がなされ、後年いわゆるモズドク線を形成する際に、それらは重要な手掛りとなるのである。それだけでなく、ピョートル政府は一七二一年までにドンとテレクの両カザークを直接的な監督下に置いた。[10] カザークの側は明らかにそれを嫌ったのだが、当局は機に臨んで彼らの拠点をいわば出撃基地とすることも考えた。このようにして、カザークを南下する帝政ロシアのまさしく尖兵とする基本構図が出現した。そのアイデアが非ロシア人から供されたことは、クリジャニチの場合と同様に、印象的である。これらには立場的に直接的な利害関係のより近くにいる人物による発想を帝政中央が採用して構想が練り上げられていく道筋が示されている。

表1　露土戦争一覧(戦期と講和条約)

1676－1681	バフチサライ
1686－1700	コンスタンチノーポリ
1710－1713	——
1735－1739	ベオグラード
1768－1774	クチュク＝カイナルジ
1787－1791	ヤッシー
1806－1812	ブカレスト
1828－1829	アドリアノーポリ
1853－1856	パリ
1877－1878	サン・ステファノ；ベルリン

この一覧はロシアの通例の百科事典などで示されるものである。全10回の会戦のうち，第3回(1710－1713年)だけロシアは敗北した(しかもこれだけ講和条約なし)。つまり，露土戦争は基本的にロシア側の勝ち戦としてあった。

　ピョートル大帝の南方＝カフカース攻略にはペルシアの存在も強く影響した。一七二二年、北カフカースのダゲスタンでペルシアに対する反乱が起きると、シャーはピョートルに使者を送って救援を求めた。大帝自身はペルシアの国情を知りたがり、通商条約締結権を帯びた特使A・ヴォルゥーインスキー(А. П. Волынский 1689-1740)を派遣した。彼はペルシアから西欧に出す絨毯など繊維製品をオスマン帝国経由ではなく、ロシア経由にするよう交渉することを表向きの任務としたが、その裏にはロシア側にはペルシアがアフガン勢によって崩壊するようなことになれば、イスラーム同士のアフガンとトルコが手を組んで、ロシアにとり最大級の脅威になるだろうといった懸念があった（実際、トルコ軍は一七二二年、ペルシアの混乱に乗じてカフカースやアゼルバイジャンに侵攻した）。ピョートルはペルシアへ軍事的な支援を与えることを惜しまず、その見返りとして、一七二三年九月一二日条約で、カスピ海沿岸（の一部）のほか、デルベントやバクーといった北カフカースの拠点都市を得たのであった。さらに、同条約第四条はロシア＝ペルシア間で商人の自由な往来と交易を認めた。(11) これは隣国との具体的な関係が進出を促す局面である。その分、構想は具体化され、現実化したのであった。

ピョートル期に関してさらに触れておくべきは、インドとの交易路開拓の試みについてである。スウェーデンとの北方戦争が上首尾に終わると、大帝はますます南方へ向かうようになった。一七一七年に試みて失敗したヒヴァ遠征はインドへの道を求めるものであったといわれる。その時、ピョートルはアムダリアの古床（アムダリア川のカスピ海へのかつての流入路）を復活させるための調査を右で触れたチェルカースキーに命じたが、アストラハンを出発した一隊をヒヴァ軍が襲撃して、チェルカースキーの首は刎ねられヒヴァの市場に晒されたのであった。つまり、ピョートルはカスピ海を横断して東岸からアラル海に至り、その先、中央アジアを横断してインド方面に達することを構想していたようなのである。(12) 一六九五年、二五歳のピョートルは商人セミョーン・マーレニキー（Семен Маленький）をペルシアとインドへ送ったこともあったから、確かに彼はインドに対する強い関心を維持していたのである。ピョートルにとって東方（Восток）はインドであったともいわれる。(13) 先回りして述べると、一八七三年、帝政ロシアは宿願であったヒヴァ攻略に成功し、百数十年ぶりにアムダリアの古床調査をカフカース総督大公ミハイルのもとで五年かけて行い、アムダリアをカスピ海へ転流させる、次のような肯定的な結論に達した。「バルト海からアフガンまでの水路建設は同時にわが祖国に今は近づきがたいインド市場を開くことになるであろう(14)」。このように見れば、帝政ロシアにとってインド（市場）は永遠の夢でさえあったということになるであろう。

ピョートルがカスピ海沿岸をおさえてオスマン帝国の動きを牽制しようとしたのもそのためであった。したがって、大帝は先の条約でバクーなどカスピ海西岸を得たことを「われわれの商売のすべてに対する鍵」とみなして、大いに喜んだのであった[15]。彼の死後、一七二九年二月一三日、レシトで結ばれたロシア＝ペルシア間の取り決め第八条は、ロシアのキャラバンにペルシア経由で自由にインドへ向かう権利を認めるかわりに、ペルシアにロシアにおける自由移動を許した[16]。帝政ロシアによるインド志向はイギリス側の一方的な思い込みの産物（ロシアによるインド侵略）ではありえず、その南下構想の重要因子のひとつであったとみなさなくてはならない。

ピョートル大帝に関連して、やはりその『遺書』に触れておかなくてはならないだろう。一八七八年、露土戦争の最中に出版された数多くの戦争物のなかに、『トルコによる長年のくびきから東方のキリスト者を救済する、ピョートル大帝によって予め定められた露土戦争[17]』という長いタイトルの一冊がある。この作者は特定できず、筆者が閲覧できたのは第一分冊のみであるが（もっとも、第二分冊が刊行されたかは不明）、それはアレクサンドル二世が発した開戦詔書から、「われわれはいつもトルコによって抑圧されたキリスト教徒たちの運命を心遣いしてきた」、「東方キリスト者の置かれた地位の改善」という箇所を引用してこの戦争の同信者救済目的を強調しながら、次のような議論をしている――この戦争（一八七七〜七八年露土戦争）には全人類的な意味合いがあるが、しかし、何によりもスラヴ族の生存のためである。欧州ではロマンス文化・ゲルマン文化・スラヴ文化の三者が競っているが、前二者は繁栄し、スラヴ文化だけが取り残され発展する余地（простор）を与えられていないのである。スラヴの地の多くはわれわれの知らない住民たちのもとに置かれているだけでなく、彼らはさらに東方へ進出しようとしているではないか。ついにスラヴ人たちは覚醒し、その眼差しはスラヴ唯一の独立国ロシアに注がれている。ロシアはスラヴ族（раса）平等化政策を全世界で遂行するのだ。スラヴ族はヨーロッパで完全な市民権（гражданское полноправие）を得なくてはならない。歴史的な承認（историческое признание）を得てロシアはいつも南へ引きつけられてきた。つまり、アゾフ海、カスピ海、黒海、それぞれの海にである。もはやトルコ帝国は外形を残すのみで、内実をともなわない代物にすぎない。

これらのことがこの戦争を「ピョートル大帝によって予め定められた」とする際の主内容である。むろん、それをいうこの著者の背景には大帝の『遺書』の存在がある。周知のように、「世界征服計画」を謳う大帝の『遺書』はナポレオン戦争期にフランスでつくられた偽書であり、そのことは少なくともこの戦争のころにはなかば常識化していたと考えられる[18]。近年、この偽書問題に関する史的分析をおそらくもっとも簡潔に試みたレシスは、ナポレオンからヒトラーまで征服者たちは『遺書』を彼らの対ロシア攻撃を正当化するために用いた一方で、政治的穏健派は『遺書』を偽書として〔ロシアによる〕「世界制覇」の動機を否定したが、それでも彼らはそれがロシアの過去と潜在的な領土拡張に関する適当な概念を含むかぎり資料として受け入れたと結論したのである[19]。ここで引用紹介した露土戦争論は『遺書』そのものには触れていないが、それでも「予め定められた」ことの含意の理解を手助けするために、次のような主張にも触れておきたい。「自然によって道は南方へ導かれると言うのはその通りである。ピョートル大帝の有名な遺書は偽作であるが、誰もそのような試みがロシア人の心に深く沁み入ったことを疑ってはいないのだ。ロシア人自身もその通りであるということであろう[20]」。やはり、『遺書』が構想を支えた思想的(あるいは感情的)な側面を無視することは困難であろう。序章で触れたソロヴィヨーフもこの文脈に置くことができるかもしれない。

ピョートル没後、南下の意思が追認されたとしても、現実にカザークの力量は弱体で十分ではなく、イスラーム勢力によるカフカース一帯への本格的浸透を許すことになった。ピョートルはカフカース諸民族との関係を有利に取り運ぶ時間と手立てもないままであった。折角のアゾフは一七三六年に中立化され、それが再びロシアの手に戻るのは、後に見るように、エカテリーナ二世期の一七七四年のことであり、その折には強力なムスリム戦線を相手にしなくてはならなかった[21]。ピョートルを事業の創始者として英雄視する伝説はこの時に誕生する。(南下)構想は伝説化することで政治の世界から人民の世界にまで広がりを見せ始める。

しかし、ピョートルは西方へ窓を開くことには成功したかもしれないが、南方の第二の窓は不完全なままであった。したがって、ピョートル後、諸関係はますます試行錯誤的であった。たとえば、ペルシアは勢力を回復してピョートルが占拠した地域を取り戻しただけでなく(一七三二年、レシト条約)、オスマン帝国に北カフカースでのフリー・ハンドを与えた(同年、ペルシア=オスマン条約)。オスマン帝国はカバルダの中立化をいって、改めてクリミア汗国に北西カフカースを攻めさせた。ポーランドの王位継承をめぐる争いが露・仏・土の三国を巻き込んで開始された露土戦争(一七三五～三九年)に勝利した帝政ロシアは、ピョートルが失敗したプルート遠征の借財を返還すべく、黒海への出口と南部国境地帯の安全保障を確保することにこだわった。一七三九年のベオグラード条約第六条は大小のカバルダ地方が「自由であり」(вольная)、露土両帝国の境界(バリアー барриера)であると、独立を認めたのであった。[22]これは北カフカースに権力政治の焦点が当てられ始めたときに観察されたことである。この時点では北カフカース(カバルダ)を排他的に支配する単一の主体は存在しない。その一方で、露土など関係諸国がその存在と活用により大きな注意を払うようになったということである。一七四〇年代にはペルシアがダゲスタン征服に強い関心を見せ、それへの対応からロシアは北カフカース全体への影響を増すようになり、女帝エリザヴェータが親ロシア諸種族の支援を打ち出した結果、一七四四年にはオセチアがロシアの勢力圏に入るようになった。繰り返し指摘するが、このような一連の過程を経ることで帝政ロシアはとくにカバルダを単なる同盟者としてではなく、帝国にとって将来の一部とみなすようになったというリッチモンドの指摘は重要である。[23]初期的な遣り取りが構想の内容を豊かにする側面を軽視することは適当ではない。一七六二年一〇月に、元老院はモズドク(Моздок)要塞の建設を決定する。これは帝政ロシアによる北カフカース侵攻の本格化を内外に表明して、オスマン帝国(やクリミア汗国)を強く刺激しただけでなく、地元にも大きな緊張をもたらすことになった。

クチュク＝カイナルジ条約

帝政ロシアの南下政策を本格化させたのは、エカテリーナ二世(Екатерина II Алексеевна 1729-1796)であった。この問題に関する彼女の意思は何よりもいわゆる「ギリシア計画」(次項を参照)に示された。つまり、オスマン帝国の解体を促してコンスタンチノーポリを取り戻し、キリスト教国の首都にしようというのである。女帝はそのために皇太子パーヴェルの次男をコンスタンチンと命名してギリシア語を学ばせるまでした。これはかなり先まで見通した話である。

しかし、現地での諸関係はより実際的な展開を見せるようになった。クリミア汗国がオスマン帝国の呼びかけに応じて南部ロシアへ進出を始めると、女帝に小ロシア（ウクライナ）統治を任されていたルミャーンツェフ（П. А. Румянцев 1725–1796）はドナウ川とドニエストル川の中間地帯に住むノガイ人を自陣営に取り込むことを考え、エカテリーナはこの話に乗って、パーニン（П. И. Панин 1721–1789）に交渉方を命じた。その際、女帝はオスマン帝国に抑圧されている人びと（ノガイ人に限らず、カルムイク人やカバルダ人なども）を実力を行使してでも自由にすることを考えていたといわれる。[24] 結局、ノガイ人たちは「友好と同盟の条約」に調印し、オスマン帝国への服従から離れて、ロシアとの関係に入ることを選んだ。話はそれだけに終わらず、女帝はノガイ人を彼らが冬季の放牧地としてきた北カフカースのクバン地方へ移住させ、そこに「独立ノガイ国」をつくる協定が調印された。[25] こうして、ノガイ人たちはロシア帝国のアストラハン県知事の保護下に入ることとなった。このようなノガイ人取り込みの経験は十分に参照されるべきものとして、ロシア帝政によって継承されたはずである。実際、女帝はパーニンにノガイ人と同様なやり方をクリミアの住民たちにも適用するよう命じたのであった。[26] 帝政ロシアは大国間の狭間に生きる民族集団の処遇問題を取り扱って、それを構想における一貫した関心事項とすることになったであろう。

一八世紀後半、ロシアのポーランドへの攻勢に対抗してフランスはオスマン帝国への影響力を増大させた。ロシアの黒海地方への野心が高まるにつれ、オスマン帝国はフランスに支援を求めたから、黒海情勢は大きく国際化されることになった。ポーランドから兵を引くことを求めた最後通牒が拒絶されると、フランスだけでなくオーストリアにも支持されたオスマン帝国は、一七六八年九月二五日、ロシアに宣戦を布告した。クリミアを含む広範な黒海北部沿岸を戦場とする大会戦となった。ロシア側は、戦時中、のちに黒海艦隊へと発展するアゾフ艦隊を発足させた。この戦争期に、グルジアのイラキ二世はロシアにペルシア支配から彼の王国を解放するよう求めた。それを契機として、グルジアに足場を得ることはオスマン帝国を黒海東部から追い出すのに資すると考えたエカテリーナがグルジアを帝政ロシアへ編入する方向へと踏み出したこともその後のカフカース史の歩みにとって重要である。[27] 北方ロシア側からグルジアへのアクセスを確保するために、ダリヤル峠の存在が改めて重視され、北カフカースの拠点として、一七八九年、カフカース総司令官ポチョームキン（П. С. Потемкин 1743-1796）によって要塞ヴラジカフカースが開礎された。[28] こうして、カフカース地方の地政学的な区分に弾みがつくことになったが、黒海北部沿岸を経由する西側からのアプローチは帝政ロシアにとって依然として困難なままであった。

戦局に戻ると、自らの「ギリシア計画」に従ってコンスタンチノーポリを奪取することにこだわったエカテリーナ二世は和平交渉を先延ばしにした。それだけでなく、ロシア政府は戦後秩序にまとまった構想を有することなく事態は推移した。それでもクリミア汗国の処遇と黒海問題とが最重要案件であることに変わりなかった。休戦協定に続いて、一七七二年七月二七日から講和交渉が始められた。クリミア・タタール人が南部ロシアの境界を絶えず破って露土戦争を生み出してきた張本人ではないのか。クリミア半島を重要拠点とみなすオスマン帝国のスルタンはタタール人に「轡を付け」（обуздать）、ロシアと平和的関係を保つことができるのか。この間、オスマン帝国はイスラーム教によってクリミア汗国を取り込み、それを自由にしようとしてきた。[29] 宗教を政治的な従属手段とするやり方をロシアは他人事として見てきたわけではあるまい。

同年の一一月一二日になって、ようやく交渉にアゾフ・クリミア・黒海をめぐる案件が登場しただけでなく、[30] 一二月一〇日には、ロシア側はコンスタンチノーポリでの正教会建設問題までもちだして、それは「われわれと同じ宗教の人びと、ギリシア人、ブルガリア人、スロヴェニア人のためである」[31] と主張した。つまり、帝政ロシアはオスマン帝国内のキリスト者の処遇を問題としたのである。これはオスマン側にとっては全く新しい問題であった。さっそく、ロシア側はモルダヴィアとワラキアのキリスト教徒のあり方にも注文をつけた。ブカレストでの交渉では、カフカースのカバルダ地方の領有を認めさせた。こうして、バルカン半島とカフカースで影響力を増してクリミアと黒海の問題に展望を得ようとするロシア戦略構想がようやく姿を現した。当時、オスマン帝国のヨーロッパ部にあったブルガリアに位置し

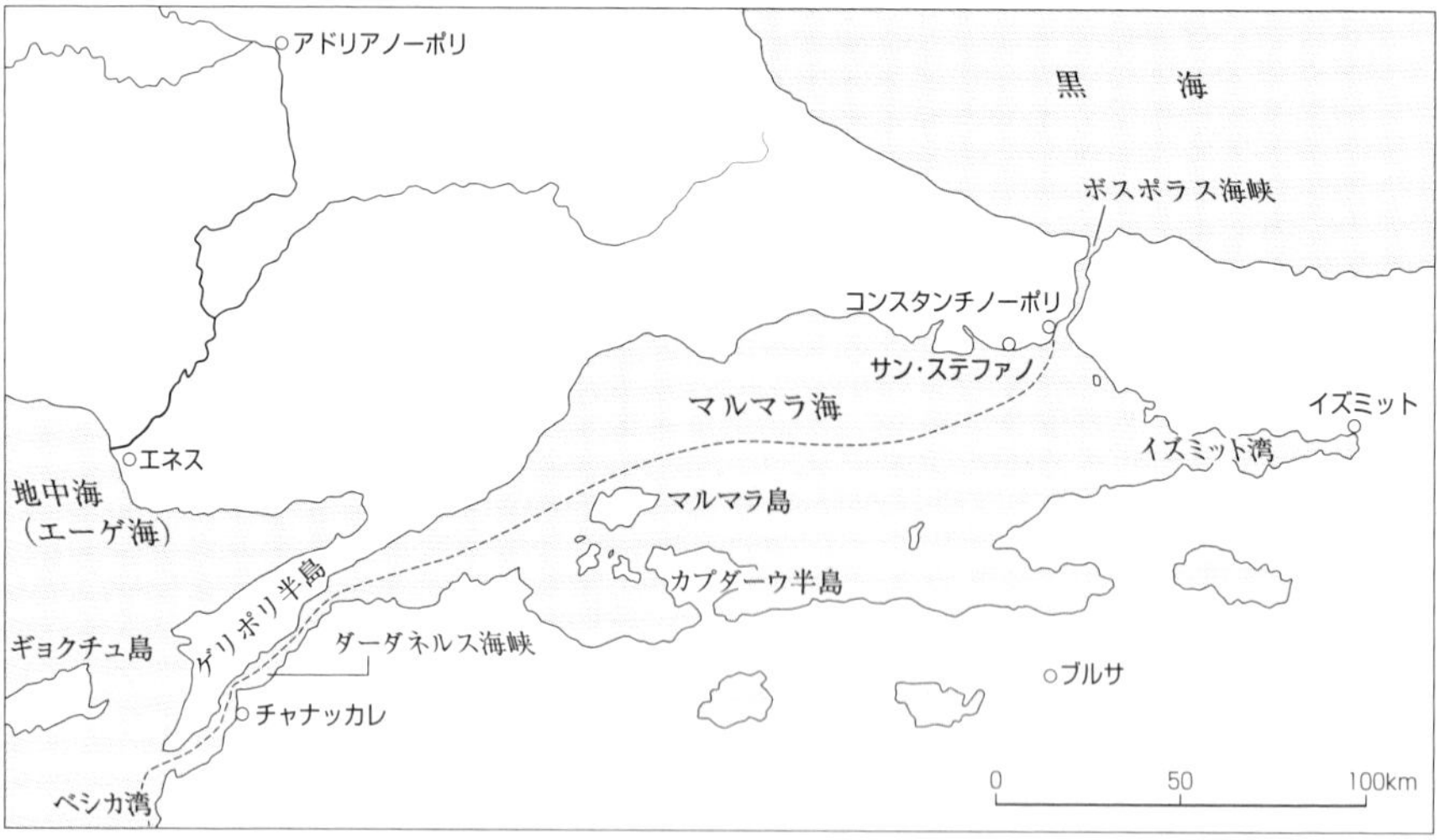

図1　「海峡」　地中海側と黒海はダーダネルス海峡（チャナッカレ海峡ともいう。約60km）とボスポラス海峡（約30km）のふたつによってつながる。点線部はベシカ湾からマルマラ海を経由してコンスタンチノーポリまで160海里（約300km）としている。
〔出典〕 B. Jelavich, *The Ottoman Empire, the Great Powers, and the Straits Question 1870–1887*, Indiana University Press, 1973 を補正。

たクチュク＝カイナルジ村での最終交渉は一七七四年七月六日から始まった。クリミアに関して、タタール人やノガイ人が「完全に独立していること」（современно независимыми）が確認されたが、その一方ではロシア側はタタール人がスルタンに宗教的に従属していることを認めた(32)。ロシアはアゾフ海と黒海への鍵となる、クリミア半島にあるケルチなどの要塞を得たうえに、大小の両カバルダがロシアの手に渡り、その北カフカース攻略およびグルジアとの連携は格段に進むことになった。ここではカフカース問題は黒海（およびアゾフ海）問題と一体化している。エカテリーナは黒海および「海峡」（本書では地中海〈エーゲ海〉とマルマラ海を結ぶダーダネルス海峡とマルマラ海と黒海を結ぶボスポラス海峡のふたつを併せて、「海峡」と表記することがある）での軍艦航行まで求めたが、商船のみが認められ、問題は残ることになった。

この講和交渉以前、帝政ロシアはオスマン帝国下のキリスト者の状態に思いを巡らす機会に乏しく、交渉の過程においてもまず優先したのはクリミア半島と黒海に対する直接的な支配に係る諸問題であった。ところが、成立したクチュク＝カイナルジ条約ではかなり多くの条項（第一、七、

一四、一六、一七、二三、二五条)でキリスト者問題が触れられることになった。なかでも直接的な言及をして目立つのは第七条で、オスマン帝国側にキリスト教の教法と教会との擁護を義務づけるとともに、ロシア側にコンスタンチノーポリ教会とその関係者に対する掌握権を与えた。ここでいうコンスタンチノーポリ教会とは第四条でロシアに建設が認められた正教会のことである。このようにして、黒海はもはや「オスマンの湖」たることをやめたが、黒海がロシアの自由になることを意味したわけではなかった。ひとつは、アザク(アゾフ)を放棄したあと、オスマン帝国はそれに代ってドニエプル川とブク川が黒海に入る河口部を制圧する拠点オチャコフを抑えていたからで、すでに述べたように、黒海側からロシア中央部への侵入口は開いたままであった。[33] さらに、スルタンはクリミアと宗教的な関係を維持したままであった。

改めて、この条約の帝政ロシアにとっての成果をまとめてみれば、さしあたり次のようになるであろう。[34] ロシアが黒海北部沿岸に戦略拠点を得たこと、クリミア・タタール人を独立させ将来のクリミア併合に道を開いたこと、モルダヴィアとワラキアに影響力を保持したこと、黒海、地中海あるいはオスマン帝国領内で自由交易権を得たこと、コンスタンチノーポリをはじめ、オスマン帝国領において外交的プレゼンスを増大させたことなどである。この条約を契機にして、帝政ロシアの南下は一段と加速することになったとみてよいであろう。北カフカースは国家戦略(南下政策)上の単なる補助手段としてではなく、それ自体を目的化する方向へと舵が切られることとなった。その後、帝政ロシアは政府にかぎらず社会評論家(とくに汎スラヴ主義者)たちがオスマン帝国下の同信者(正教徒)の運命に大いに関心を抱く過程を辿ったことを思えば、多くの論者がその淵源をこの条約(とくにその第七条と第一四条)に求めるのも頷けないことはない。たとえば、碩学リャザノフスキーはキリスト者関連の本条約条項がトルコに対するロシアの引き続く数々のクレームの基になったなどというのである。[35] その一方では、こうしたいわば手放しの評価に対して慎重な姿勢を見せる研究者も登場した。ダヴィソンもそのひとりで、多くの歴史家がこの条約でロシアはオスマン帝国でキリスト者の保護者となる権利を得たとみているが、果たしてそうだろうかと疑問を呈し、彼は露・土・伊の三国語で作成された条約テキストを比較検討して、とくにトルコ語テキストからそこまで言うことはできないと結論した[36]。こうしたテキスト解釈レベルに議論が終始すれば、単なる語学趣味的な話題提供にすぎなかったかもしれないが、この論者はさらに別の論文で、第七条と第一四条が帝政ロシアにオスマン帝国のキリスト者に対する全般的な代表権や保護権を付与しないのならば、そのような解釈はどこから生じたのかを問題として、ロシア側がこの戦時にモルダヴィアとワラキアでキリスト者の実情に触れたこと、さらに条約締結後からエカテリーナ自身が、たとえば一七七五年三月の「マニフェスト」に明らかなように、オスマン帝国におけるキリスト者の権利を強調するようになったことが大きいというのである[37]。そのようだとしても、実体験とリーダーたちの言動とに引き続く、当該問題に関する社会思想の発酵過程についてはさらに究明されなくてはならないであろう。

条約締結の翌年、一七七五年に帝政ロシアはアゾフ県を創設し、それをアストラハン、サラトフ、新ロシアの各県とともにポチョームキンの統制下に置いた。それだけでなく、彼はモズドク線をアゾフと結ぼうとして、エカテリーナはその計画を認め、一七七七年、モズドクからアゾフまでをカフカース線としてカザークを入植させた。わずか一〇年を経ずして、カフカース線には二〇万人が張り付けられた[38]。さらに、クリミア半島が黒海に張り出した南端部アクチアールに艦隊基地を建設して、一七八三年、セヴァストーポリと改称しただけでなく、エカテリーナはクリミアに対するロシアの保護権を宣言した。四月八日にエカテリーナ二世は、「われらは固き決意をもって、クリミアの混乱を決定的に終わらせるものとする。そして、この目的のために、クリミア半島、タマン〔タマニ〕島およびクバン全域を併合する」[39]（傍点強調＝引用者）と声明した。ここで強調するように、北カフカース（の一部）まで含んだことは、その後のカフカース史の歩みにとって意味するところは極めて重大であった。黒海の広がりはクリミアからカフカースまでを一帯のものとしてとらえられたのである。このことは、その後も南下構想の基本部分をなすであろう。

エカテリーナ二世と「ギリシア計画」

一七八〇年、エカテリーナ二世はポチョームキンとコンスタンチノーポリ征服を計画した。右に言及した「ギリシア計画」の具体化である。女帝はこれにオーストリア（ヨーゼフ二世）をさそい、露・墺で「キリスト教世界の敵」であるオスマン帝国をヨーロッパから追い出し、古代ギリシア帝国（ビザンツ帝国）の復興を図ろうとした。こうしたレベルで具体的な動きが出現したのは、明らかにクチュク＝カイナルジ条約がもたらす波及効果のひとつである。女帝はドニエプル川から黒海へのアクセスを得ようと欲した。かつてのビザンツ帝国の都市ケルソネソスを記念したヘルソン（Хер-сон）の町は象徴的であったが、そこは商業で発展を見せても、港湾は艦隊基地とするほどではなかった。しかも、ヘルソンの対岸にはオスマン帝国が要塞オチャコフを構えていた。一七八五年夏、エカテリーナ二世はカフカース総督府（Кавказское наместничество）の創設令を出し、その初代総督にポチョームキンをつけて運営に万全を期した。ノガイ人が住むクバン地方のほとんどが、タマニを除き、総督府に編入され、同時にカフカース県が設置された(40)。やはり、女帝は黒海をひろくカフカースまで一体のものとしてとらえていた。オスマン帝国がとりあえずこれらの動きを追認すると、それを嫌って、約二〇万人のタタール人がクリミアを脱出した。その後に、ロシア政府は入植者を送り込んだ。このように、「ギリシア計画」が植民のかたちを取ったことに改めて注目しよう。タタール人たちを追い出して出現する空間領域は広大であり、その（実効）支配の問題が連動するのは避けられない。この段階でコンスタンチノーポリ征服はいわば象徴的な最終目標であり、その実現を名目になされる支配領域の種々の拡大が構想自体を正当化するための手段となる過程が具体的に始まったのである。

そして、展開されることになった植民は地域史にとって決定的な作用をもたらす。ロシア南部一帯の入植を取り仕切ったのは、やはり、ポチョームキンであった。ウクライナのドニエプル川下流域のカザーク（いわゆる、ザポロージェツ）がタタール人と入れ替わるようにして入った。彼らはタタール人と闘争しさえすれば、その他のあらゆる義務負担を免除された。もっとも、ボーグダン＝フメリニーツキー（Богдан Хмельницкий 1595–1657）の時代にはウクライナの農民たちは自らをカザークと呼んだこともあったから、彼らが入植者の中心にいても不思議ではなかったかもしれない。農民たちは地主地の間を移動して生活を立てていたから、身の動きはむしろ軽やかであった。やがてザポロージェのカザークたちは新しい呼称である「黒海の信頼できる部隊」(верное войско Черноморского)を得ただけでなく、一七九二年ごろ、その家族二万が北カフカースのクバン地方にも移住した。そうすることを望まない部分はロシアの地に残るか、トルコへと出たのである。[41] 入植者にスラヴ人たち、とくに南スラヴ人が目立ったことも特徴のひとつであった。ロシア政府がセルビア人の入植をすすめたのは、彼らがロシア人以上に有能であるとみなしたからであり、ポチョームキン自身はドイツ人移民が農業経営の見本を示すことを望んだ。モンテネグロ人、ブルガリア人、モルダヴィア人、ポーランド人なども移ってきたのである。[42] 入植者のなかには、ポーランドやロシア国内からやってきたさまざまな背景をもつ一団のひとつとして、古儀式派がいたことにも注目しよう。

クリミア情勢が落ち着くと、一七八三年、帝政ロシアは東グルジアをその保護下に置いた。それからしばらくして、一七八七年春にエカテリーナ二世はヨーゼフ二世とともにクリミアを巡回した。オスマン帝国は一帯の動静に不安を感じて復旧につとめ、「海峡」を通過するロシア商船を臨検することを主張したが、ロシア側の拒絶にあって、一七八七年八月一三日、宣戦を布告し、陸路二〇万の軍と艦隊をもって、タマニを攻撃した。帝政ロシアはポチョームキンとルミャーンツェフの二軍と黒海艦隊で応戦し、オーストリアがロシア側へ参戦した(その際、両国でオスマン帝国領を分割しようと話し合いがなされた)。オチャコフをめぐって海戦となり、ベッサラビアとドナウ一帯では陸戦となった。終戦して、一七九一年一二月二九日に調印されたヤッシー条約は、[43] クリミアを含む黒海とアゾフ海沿岸、アゾフ海とクバン地方の間の地域、それにグルジアを戦勝ロシアの保護領とした。それだけでなく、ロシアはオチャコフおよびドニエストル川とブク川の中間地帯を取得した。オスマン帝国はモルダヴィアとベッサラビアの領有を回復したが、そのキリスト者に対してクチュク=カイナルジ条約の適用を認めた。この戦争の結果をみれば、それが帝政ロシアによるその後のバルカンとカフカース両方面への進出を促したことは明らかであろう。このヤッシー条約でアナパの要塞はオスマン帝国に戻された。アナパはオスマン帝国に奴隷を送り出すターミナルであり、チェルケス人やノガイ人にとっては交易センターであった。ツァーリ政府は交易をチェルケス人の善意を得るのに効果的な手段であるとみなしていた。一八世紀後半には、クバン川北方でチェルケス人とカザーク村との間で交易関係が成り立っていた。[44]

オチャコフを制圧するために、その西方にやはり黒海に面して港湾と街がつくられ、ギリシア人を住まわせただけでなく、古代ギリシアの植民都市にちなんでオデッサと命名された。明らかに、それはエカテリーナの趣向に沿うものであった。ロシア社会は、ポチョームキンたちの南方での活躍ぶりをエカテリーナの「ギリシア計画」の一環として理解しただけでなく、ピョートル大帝の遺産の継承を果たそうとして、たとえば、オデッサとクリミアおよび黒海東岸部を行き来した汽船に「ピョートル大帝」の名をつけたりしたのであった。[45] 構想は、社会レベルにおいても、その厚みを増したのである。

クリミア併合に引き続く南部ロシア（「新ロシア」〈Новороссия〉と呼ばれることになる一帯）の入植経営、バルカン方面へのプレゼンスとともに、帝政ロシアはカフカース地方への関心を高めた。全体として、黒海北部沿岸一帯の連動性がますます明確になった。そうした意味合いで、カフカースはひろく南下政策の一翼を担うことがはっきりした。帝政ロシアは、一八世紀末、東グルジアに対して要請さえあれば軍隊を送ることを約束しただけでなく、北カフカースからグルジア（ザカフカース）方面をつなぐグルジア軍用道路の整備にすでに親露で知られていた地元オセット人を加えた。一八〇一年九月一二日、ツァーリはグルジアの併合と内政に関するマニフェストを出して、その意思を内外に鮮明にした。これは帝政ロシアのカフカース経営を本格化させ、その後の戦略と政策に大きな影響をもたらした。ロシア＝グルジア連合は対内的には東部カフカース、とくにダゲスタンへの介入を促進し、対外的にまずペルシアに対抗しようとした。それがインド経営に影響を与えることを危惧したイギリスはペルシアへの関与を強めたから、[46] 帝政ロシアの南下構想は国際関係の本格的なイッシューのひとつとなる道をますます歩むようにもなった。

このような帝政ロシアの動き（積極化）に対して、すでにこの時点で、カフカース地方に抵抗運動が出現したことは見落としにできない。簡単に触れると、一七八五年、マンスール(Sheikh Mansur; Shaykh-Mansour 1732–1794)がカフカースの山岳民に向けて、団結してロシアの侵入をはねのけるよう呼びかけ、オスマン帝国に支援を求めたのである。バッデレーはカフカースでロシアに対して最初の「聖戦」(газават)を唱えそれを主導した人物として、マンスールに高い評価を与え、その素性として、ブハラで宗教教育を受けたオレンブルグのカザーク説やチェチェン人説に触れた[47]。リッチモンドは、マンスールをチェチェン人とし、チェチニアで闘争に破れたあと、カバルダに入り、そこでカフカース人民をひとつのイスラーム国家にまとめあげる提案をしたという。一七九一年六月にマンスールはアナパで捕えられ、八人の地元貴族と二人のロシア士官から成る氏族裁判にかけられた。それは刑罰の軽重によって慣習法かロシア法が適用されるもので、マンスールの場合、後者、つまりツァリーズムによってより厳しく罰せられたのであった[48]。マンスール出現の意味合いは、構想自体が継承・充実するだけでなく、実際にその実現化が進んだことへの反撥といった側面を有するであろう。

黒海周辺部でかように事態が進展すると、帝政ロシアではインド方面にも進出を果たそうとする動きが目立つようになった。当時、ロシアと良好な関係にあったフランスがイギリスの植民地インドを攻略する計画を立てて、ロシア側もその気になった。イギリス艦隊によるチェックを避けて陸路侵攻を選ぶことになれば、ますますそのようであった。実際、パーヴェル一世(Павел I Петрович 1754–1801)は一八〇一年一月一二日、ドン・カザークのアタマーンと兵を集め、オレンブルグを越えてインドへ向かうように命じた。二月二八日、カザーク二万二五〇〇人が大砲二四門とともに出発したが、たちまち冬将軍の前に立ち往生し、サマラ県メチェトノエ村まで進んだところで、三月二三日、ツァーリ死去の報をよいことにして、引き返したのであった。これはロシア史上、唯一例外的な軍事力によるインド侵略の無謀な試みであった。後継のアレクサンドル一世はこのような企画に乗り気ではなく、沙汰やみになったが、こうしたロシア側の動きがイギリス側に与えた深く強い衝撃は想像するに余りあるであろう[49]。

その後、イギリスとの関係悪化は、一八〇七年のティルジット条約で決定的となった。それがフランスとロシアとの間でヨーロッパにおける行動の自由を相互に確認しあったからである。ロシアには大陸封鎖に参加してイギリスと断交する見返りとして、黒海沿岸などへの積極的な進出が黙認された。もっとも、「ティルジット」をピークにして、その後、露仏関係は悪化するから、その分、ロシアの動きは独自性を増したとみなしてはならない。ナポレオン一世に支持されたオスマン帝国はロシアと開戦するが敗北し、ロシアはブカレスト講和条約(一八一二年五月一六日調印)でベッサラビアだけでなく、西グルジアをも併合した。[50] これに対して、イギリスはペルシアと同盟し(一八一四年、テヘラン条約)、シャー政権に強力な梃入れを行った。イギリスを後ろ盾としてペルシアは強気になり、ロシアにグルジアから引くよう求めて、開戦を繰り返し、その都度、ロシアは勝利した(ロシア＝ペルシア戦争)。その第一次戦争(一八〇四〜一三年)の結果、締結されたゴレスターン条約(一八一三年一〇月一二日調印)はロシアにペルシア内政への大幅な干渉を許す(第四条)だけでなく、カスピ海の排他的な支配をも認めた(第五条)。[51] さらに第二次戦争(一八二六〜二八年)がもたらしたトルコマンチャーイ条約(一八二八年二月一〇日調印)によって、帝政ロシアはエレバン汗国(アルメニア)とナヒチェヴァン汗国(アゼルバイジャン)を完全に保有した(第三条)だけでなく、カフカース山脈とカスピ海の間のすべての土地と住民をロシアに帰し(第五条)、カスピ海では自由交易をするだけでなく、ロシアは排他的に軍艦を保持できるようになったが(第八条)、同時に締結された全九条から成る特別法は自由交易の促進をめざすものであった。[52] ここに登場するナヒチェヴァン汗国はアルメニア南部に位置し、ペルシアと接するアゼルバイジャンの飛び地である。一八二七年三月、エルモーロフ(後出)に代わってカフカース総司令官に就任したパスケーヴィチ(И. Ф. Паскевич 1782-1856)は、交渉の過程で、ツァーリにアゼルバイジャン本体を取得することを薦めた。そうすれば、イギリスはブシェール(Bushire ペルシア南西部、ペルシア湾を臨む町)から船に乗ってインドへ戻るであろうとも述べた。これに対してツァーリは、そのようにすれば、ロシアがアジアを排他的に支配しようとしていると疑われると述べて、踏み止まったといわれる。[53]

戯曲『知恵の悲しみ』の作家グリボエードフ(А. С. Грибоедов 1795-1829)は次節で触れるエルモーロフを外交面で支えた要員のひとりであったが、パスケーヴィチにも同様に仕えてトルコマンチャーイ条約の締結で功績をあげ、その後、ペルシア駐在特命全権大使としてテヘランに赴任した(54)。彼の基本任務はペルシア側にトルコマンチャーイ条約の履行を促すところにあった。その彼がカフカース地方出身のキリスト教徒には帰郷する資格があるとしてグルジア女性二人を使節団に匿ったところを群衆に襲撃され、ロシア側はひとりを除き彼を含む三一人全員が殺害された。プーシキンがテヘランからチフリスへ送り返されるクリボエードフの遺体と出会う場面はよく知られている。プーシキンは旧知の死をその『エルズルム紀行』(一八三五年)に次のように書いたのであった。「彼〔グリボエードフ〕はペルシヤ人たちの剣のもとに、無知と背信の犠牲となって倒れた。三日のあいだテヘランの賤民どもにもてあそばれて、めちゃめちゃになった彼の遺体は、昔ピストルの弾丸が貫通した手の傷痕によって、やっと見分けられた(55)」。同時代を生きた二人の文学者は、帝政ロシアによるカフカース関与が本格化したことをまさしく身をもって体験したのである。

この際、プーシキンが(北)カフカースよりもグルジアをはるかに評価して、次のように書いたことも紹介しておこう。「おそろしいコーカサスから美しきグルジヤへの束の間のうつり変わりは、まことに素晴らしい。南の空気が、ふいに旅行者を軽くなではじめる。……裸の絶壁のかわりに、まわりに見るのは緑の山々であり、実生の樹々であった。あちこちの用水路が、教育の高さを証明していた(56)」。それでも、彼はさらに次のように述べなければならなかった。「ロシア人は自分たちをこの町〔チフリス〕の住民とは考えていない。軍人は本分に従ってグルジヤに住んでいるのである。そう命令されたからである。グルジヤを配流の地と見ているのである(57)」。

ここまでを仮に構想の端緒期とすると、さしあたり、次のようなまとめができるのではないか。

(一) 帝政ロシアの国家構想の一端を占めることになるカフカース構想はクリジャニチやベコーヴィチ・チェルカースキーの例がよく示すように、ロシア人に限らず、現場を良く知る人物が生み出すアイデアを帝政中央が汲み上げる、ある種の柔軟性を備えたものとして出現した。このことは、カフカース構想は必ずや中央と出先との関係論によって支えられることをいわば象徴したであろう。

(二) カフカース構想は「クリミア問題」から始まり、やがて北カフカースまで、つまり、黒海北岸沿岸部をまとま

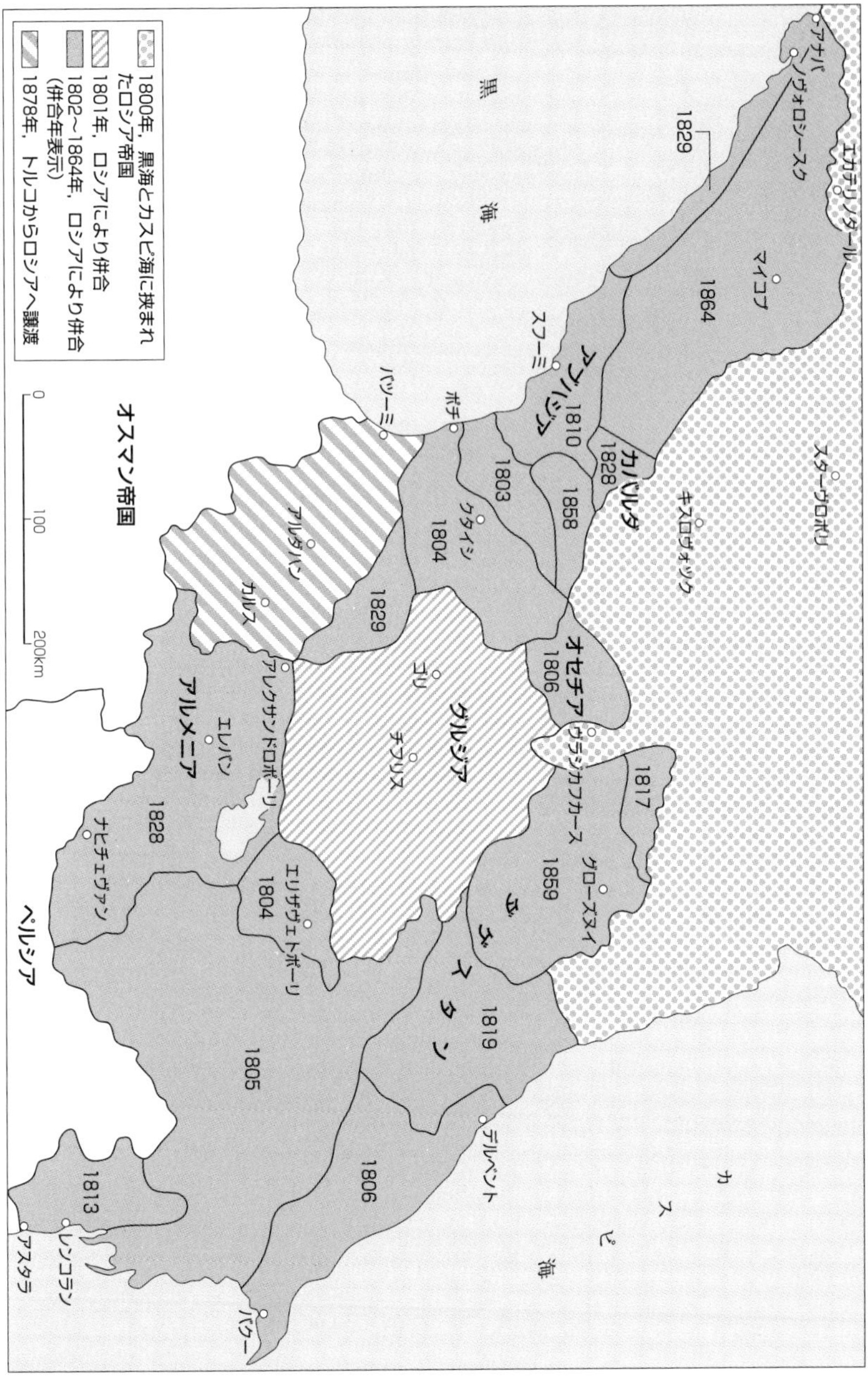

図２　帝政ロシアによるカフカース併合 1800-1900年
〔出典〕 M. Gilbert, *The Routledge Atlas of Russian History*, 4th Edition, London and N. Y., 2010.

ったひとつの対象とした。同時に、この一帯は戦略拠点化して、その地政学的地位は歴史的に継承され、そのことがカフカース構想の持続性を担保した。

（三）ピョートル大帝が「東方」へ野心（戦略的な関心）を抱き続けたこともあり、インド防衛に腐心するイギリスは帝政ロシアのカフカース構想全般に神経質になった。また、オスマン帝国やペルシアなど近隣諸国との関係の緊密化にも対応して、カフカース構想は一貫して国際環境に置かれたが、それを持続させたのは何よりもイギリス帝国主義の存在である。

（四）あわせて、時間の経過とともにカフカース構想は対内化した。つまり、帝政ロシアはカザークによる入植や要塞の建設などを通して、カフカース地方を自らの版図とする動きを徐々に本格化させる道を辿ったことである。それはピョートル大帝の『遺書』の存在とその社会的な機能がよく示すように、構想自体の伝説化をも伴うものであったが、国家構想の社会思想化はとりわけその対内化を支える大きな要素となったと考えられる。

（五）このように、カフカース構想の実現は内外両面にわたる規制要因との折り合い方に左右されがちであったが、なかでもマンスールの登場で明らかとなったイスラーム的要因の所在と、クチュク＝カイナルジ条約の取り決めに象徴されるようなキリスト教（徒）の取り扱い問題といった宗教的なファクターが早くもそれに大きく関わるようになったことはこの構想の先行きを暗示するものであった。

2　成熟する構想

「エルモーロフの時代」

右に見た端緒的な構想の内実を構成した諸要素は、その後も基本的に引き継がれたが、しかし、同時にその性格を進化させ、その結果、構想は本格化した。以下、時間を追ってその過程を整理し、それらの進化と変容の主立った特徴を見定めることにしたい。

一八一六年五月、アレクサンドル一世は、ナポレオン戦争の英雄たち、クトゥーゾフ(М. И. Кутузов 1745–1812)およびバグラチオーン(П. И. Багратион 1765–1812)亡き後、最良とみられていた将軍、エルモーロフ(А. П. Ермолов 1777–1861)をグルジア総司令官に任命した。ツァーリはカフカースを重視したのである。早速、エルモーロフはグルジア軍用道路を維持しようと、スンジャ川に沿ってテレク川から南へ要塞線をチェチニアの森まで伸ばすだけでなく、山岳民たちによる奇襲を防ぐために森林を切り払わせた(伐開線の建設)。しかし、エルモーロフはロシア支配を強要しようとはせず、奴隷の売買を禁じて違反者を絞首刑とし、人種差別や宗教的不寛容さえも許さないことを基本としたから、彼を強硬一点張りの軍事至上主義者(ミリタリスト)とだけみなすのはあたらないであろう。百科全書派の影響を受けたエルモーロフの周囲には知的で有能な人物が集まったのである。作家グリボエードフもそのひとりであった。デカブリストたちはエルモーロフと彼のカフカース軍の支援を期待したほどであった(58)。確かに、エルモーロフは一筋縄ではいかない人物であった。

バッデレーは、「エルモーロフの時代」(the Yermoloff period)あるいは「エルモーロフ体制」(the Yermoloff system)という用語を使って、彼によってカフカースの完全征服がめざされたと総括している。つまり、「〔黒〕海から〔カスピ〕海へと北方ステップからペルシアおよびトルコの境界まで」がその対象になったというのである(59)。帝政ロシアの人たちも同じようにエルモーロフを評価していたことは、たとえば、代表的なカフカース研究家のひとり、ポットの『カフカースにおけるエルモーロフ』のような著作からもうかがい知ることができる(60)。

エルモーロフは全カフカース(北カフカースとザカフカース)をロシア帝国の一部(版図)にすべきであると考えた。そのためには軍事力を用いて山岳民を屈服させることも厭わない。一八一九年四月、ツァーリはエルモーロフの要請を受けて、カザークを含まない正規軍をカフカースに創設することを認めた(帝政ロシアではカザークはいつでも非正規扱いである(61))。しかもそれは単なる戦闘部隊としてではなく、それ自体が一個の独立した、軍事に限らず民事も含む行政単位になるべきもので、それは端的に言って、軍事的植民(военная колонизация; military colonization)を担うべきものであった(カザークは、当然、そのようである)。軍事的植民という考えはエルモーロフの時代に確立したとみてよいであろう(この問題は、第四章第1節でさらに扱う)。これによって従来、ザカフカース(グルジアなど)にくらべて開発が進んでいない北カフカースへの本格的な梃入れがなされるであろう。各地でいわゆるシャリアート(イスラーム法典)裁判は廃止され、ロシア官吏によって統制された民事裁判〈アダート〈慣習法〉とロシア法の組み合わせ〉が導入され、防衛線という名の前進線が新たな拠点を結んで形成することがめざされるようになった。こうして帝政ロシアのカフカース構想は本格化し、ロシア＝カフカース関係史は画期を迎えた。

エルモーロフによる軍事的植民が本格的に開始される一方で、カフカース地方の対外環境も大きく変動した。まず、ロシアの攻勢によってインド経営が脅かされることを危惧したイギリスがペルシアを唆してロシアに渡したかつての失地を回復させようとして、結局、一八二六年七月、ロシア＝ペルシア戦争が勃発したことである。すでに触れたように、ロシアが戦勝して、一八二八年二月にトルコマンチャーイ条約が締結されて、将来、アルメニアおよびアゼルバイジャンなどとなる地域がロシア側に渡り、ロシアがカスピ海に戦艦を排他的に保有し、ロシア商人がペルシアで自由に交易できるなど、その後の地域史の歩みに大きな作用を及ぼすことになる取り決めがなされたが、ここでは特に第一五条がアゼルバイジャン地方のアルメニア人が家族とともに自由にペルシア領からロシア領へ移住するのを五年間認めたことに注目しよう。[62] それと同時にロシア側のムスリムがペルシアおよびオスマン帝国双方へ出たから、いわば人口の入れ替えが生じたのである。このアルメニア人移住事業をツァーリ政府から委任されたのがアルメニア人のラーザレフ(Е. Л. Лазарев 1743–1826)であった。[63] のちに、彼はモスクワに「ラーザレフ東洋語高等専門学校」(Лазаревский Институт Восточных Языков)を開設して、カフカース地方で交易や外交に従事する人材の養成に尽した人である。[64] ピョートル大帝は東方(Восток)での商業活動の拡大にはアルメニア人を外すことはできないと正確に認識したが、何よりも宗教的に見て、同信アルメニア人のペルシアからロシアへの移住は魂と心のそれ(переселение душ и сердец)としてとらえられたのであった。[65] この際、移住したアルメニア人の数については、約四万とするもの[66]や一〇万五〇〇〇とする見積り[67]などが並列しているのが現状であるが、いずれにせよ、相当数にのぼったのであった。

もうひとつの大きな変動は、オスマン帝国下のギリシアが独立を求めて反乱し、それへの対応にロシアを含む列強(とくに英仏)が本格的に動いたことである。一八二六年、帝政ロシアはイギリスとギリシア独立運動を支持することで一致しただけでなく、そのために、翌年七月六日、フランスを加えた三国でギリシアに関する通称ロンドン協定(正式には、Treaty between Great Britain, France, and Russia for the Pacification of Greece)を締結した。その際、帝政ロシアは独自にセルビアにも自治を与え、「海峡」の自由航行を確認するだけでなく、カフカースの各地(つまり、グルジア、イメレティア、ミングレリア、グリア、アブハジア)が自ら進んでロシア帝国の構成要員に加わったことを認めるよう迫ったのであった。このように、ギリシア独立問題で独自な動きを見せたロシアはその意図を疑われて陰謀説まで流されることになった。

これに関連して述べれば、いわゆる東方問題の発現は西欧世界の「ロシア嫌い」と無関係ではありえない。東方問題を一五世紀末におけるコンスタンチノーポリ奪取などオスマン勢力のヨーロッパへの進出にその背景を求めることに、西欧諸国同様、ロシア側が同意したとしても、ロシアにとってコンスタンチノーポリの衰退はその代役としてモスクワに宗教的働きを期待させるものでもあった。それに応じて、帝政ロシアにとって東方問題の解決はトルコのくびきからキリスト者ナロードナスチが解放を求めるところに表現されなくてはならないとする特有なバイアスが加わるものとなった。つまり、ヨーロッパにトルコ支配がひろがることはそうしたモスクワ国家の本質的関心に抵触することになり、トルコとの戦争は必然化し、そうすることはむしろ名誉ある権利でさえあるのである。[68] ロシアがトルコのくびきからキリスト者を解放する局面は何よりもバルカンのスラヴ人たち正教徒に対して該当し、彼らにできるだけ完全かつ広範な自立性(самостоятельность)をもたらす政策を採用することはロシアの政治的かつ通商的な利益擁護と完全に一致し、そのためには一連の〔露土〕戦争も辞することはしない。[69] したがって、これら一九世紀後半の帝政ロシアに流布した見解に従えば、帝政ロシアにとって東方問題は汎スラヴ主義の表現様式のひとつということにさえなるであろう。

このような東方問題のいわば宗教的な解釈は特殊ロシア的でさえあって、西欧諸国(ましてやトルコ)はそれを共有しない。もっとも普及した議論のひとつは、かつてマリオットがしたように、東方問題を東西の間の慣習、理念、先入観などの衝突としてみようとするものであり、別に宗教に限定されたものではない。(70) 確かに、国際関係(あるいは国際政治)上は、一六九九年、カルロヴィッツ条約でオスマン帝国が初めて領土割譲をしてその縮小(解体)過程が始まったことをもって東方問題が出現したとする場合、それはいわば一般論で、関係各国の意向などをそれに見ることはできない。しかし、その後、東方問題は何よりも帝政ロシアに進出の口実を与えるとともに、それを嫌う西欧列強にとって勢力均衡を図るための契機の別表現になったとさえ考えられる。露土戦争の果実を帝政ロシアがそのまま自由にすれば、勢力均衡は崩れると判断されれば、西欧列強がそれに介入することが一七三六年のアゾフ中立化以降、一八七八年のベルリン会議まで何度も繰り返されることになった。マリオットは一八三三年のウンキャル＝スケレッシ条約(後出)からベルリン条約(一八七八年)までの間の東方問題における主要ファクターは、英露間の増大する不信と対立であるというのだが、(71) 筆者はそれをこうした意味合いにおいて解釈し直すことにしたい。この場合、イギリスが西欧列強を代表している。そのようであれば、東方問題はこれら一四〇年ほどの間の帝政ロシアの進出(南下)に対するチェック機能をその最大級の属性としたものであった。

話を戻す。マフムト二世は外国船の「海峡」通過を禁じただけでなく、全イスラーム教徒にロシアとギリシアの動きに抵抗するよう呼びかけ、一八二八年四月、露土戦争が勃発した。ロシア軍はバルカンとカフカースの両方面からオスマン帝国領に侵攻したが、ツァーリはパスケーヴィチのカフカース軍にドナウ戦域での戦闘を補完し、カフカースとアナトリア(小アジア)のロシア国境を防衛する二重の任務を与えた。(72) ここで示されたカフカース軍の任務形態はロシア軍の伝統として継承されるであろう。バルカン半島で激戦が続くなか、カフカース軍はアナトリアを攻め、カルス、エルズルームを奪取して、トラブゾンへ迫る勢いをみせた。ロシア艦船が黒海北岸・アナパの封鎖に動いた。クバン河口の南方三〇キロの地点に築かれたこの要塞は分厚い壁面に囲まれて四〇〇〇人以上を収容するオスマン帝国の重要拠点であった。結局、一八二九年九月二日に結ばれたアドリアノーポリ条約は、グルジア、イメレティア、ミングレリア、グリアおよびその他のカフカース地方が永久に(на вечные времени)ロシア帝国に属すること、黒海沿岸のクバン河口から聖ニコライ埠頭(пристань Св. Николая)までも同様であることを確認し(第四条)、さらに、ロシア臣民はオスマン帝国の陸海全域で交易の自由を得た(第七条)。「海峡」は商船には開かれるということである。[73] つまり、帝政ロシアは黒海北岸をタマニ半島からグルジアまで完全に実効支配し、少なくとも表向き、オスマン帝国はチェルケス人に対して想定された宗主権を手放すことになった。[74] 実は、ツァーリ自身はこの開戦にむけた詔書(一八二八年四月二日)においてオスマン帝国の崩壊(разрушения)まで考えているわけではないと述べていた。そうした事態になれば、西欧列強にますます介入する口実を与えるだろうから、避けた方がよいという外相ネッセリローデ(K. B. Нессельроде 1780-1862)の忠告を聞き入れたのである。[75]

もうひとつ大事な点は、一八三五年になってカフカース地方のいくつかの種族がチェルケシアの独立を宣言したことである。ロシア側はこうした動きをアドリアノーポリ条約体制への反抗とみなし、いかなる手段を講じてでもそれを制御しようと図った。これに対して、イギリス政府は、ロシアが同条約を根拠にチェルケス海岸(黒海北部沿岸)を併合することは認められない。なぜならば、カフカースの諸種族は自らをオスマン帝国に臣従するとみなしてはいないからである、とした。[76] 近代国際法の適用問題である。この後、カフカース諸種族のあり方が英露間の主要争点のひとつとなる。ロシアの動きを嫌うイギリスはチェルケシアの独立(志向とその実現)をそのカフカース政策の中央に据えるであろう。その結果、対土戦勝の効果はますますチェルケシアには及ばなくなるであろう。

ギリシアの独立運動が本格化すると、エジプトのムハンマド・アリーが鎮圧に協力するだけでなく、その見返りとしてシリアを求める動きに出たことはオスマン帝国の解体過程における重大な局面のひとつである。スルタンにそれを拒否されると、アリーは実力でシリアから西アナトリアにかけての一帯を占拠した。スルタンを追い出して、イスラームの旗のもとに自らの国家をつくるというのである。フランスがこの動きを支持し、アリー軍がコンスタンチノーポリにまで迫ると、スルタン（アフメト二世）はロシアに支援を求め、ロシア艦隊が「海峡」に出現した。これに対して、英仏の艦隊がエーゲ海で示威行動をとった。その動きにおされて、エジプト軍はアナトリアから撤退したが、ロシア側はアリーがペルシアと同盟して、カフカースとトルキスタンからロシアを追い払う見返りに、メソポタミアに彼の帝国を展開しようとするのではないかと疑った。そうでなければ、アリーの密使がペルシア経由でカフカースに入ってきている理由は見当たらない(77)。

こうした文脈から帝政ロシアは、一八三三年七月八日、コンスタンチノーポリ近郊のウンキャル＝スケレッシでオスマン帝国と相互防衛条約を結んだ。どちらかが攻撃されれば、相互に援軍を出すことが約束されたが、スルタンが外国艦船にダータネルス海峡の通過を禁じることがあれば、ロシアはオスマン側の援助要求を棚上げにする秘密条項を伴った(78)。やがてこれを知ったイギリスは、「海峡」問題が露土二国間で定められることに強く反撥した(79)。外相パーマストン（Henry John Temple, 3rd Viscount Palmerston 1784-1865 後に自由党の首相）はロシアがオスマン帝国のヨーロッパ部（バルカン半島）をわがものにしようと計画していると危惧したから、この条約はイギリスの対露および対土政策に「革命」（a revolution）をもたらすものとなった(80)。したがって、このことは黒海に面したもうひとつのカフカース地方についても言えた。イギリスはロシアがチェルケス人を自由にすれば、なかば自動的にトルコとの国境部で自らの地位が低下するとみなしたからである(81)。

イギリス政府は事態の急転回になかば慌てて対応を急いだ。パーマストンは、自らギリシア独立運動に参加したのちコンスタンチノーポリに滞在していた外交官で作家のウルクハルト（David Urquhart 1805-1877）に眼をつけた。ウルクハルトは、トルコを解体せず維持することが英国の利益になる。それはインドに対するロシア侵攻の障壁になるだけでなく、交易の場にもなるとするメモランダム「トルコとその資源」（Turkey and its resources）をイギリス外務省に提出したことがあった。彼は黒海北部沿岸を訪れて、チェルケス人たちがウィリアム四世宛に独立宣言を作成する手助けまでした。一八三五年初頭に帰国してからはプレス・キャンペーンに励み、ロシアの目標はコンスタンチノーポリと「海峡」との保有にあり、イギリス(とフランス)はそれらを自らの保護下において、ロシアの動静をチェックしなくてはならない。イギリス艦船が「海峡」を通って、ウンキャル＝スケレッシ条約を破ればよいだけのことだ、などとなかば扇動したのであった。ニコライ一世がボスポラス海峡を閉ざして英国公使のテヘラン行きを阻止するつもりだといった噂がたち、新聞各紙がそれに抗議する事態まで生じた。ウルクハルトは「ロシアの陰謀を暴こう」と『ポートフォリオ』(*Portfolio*)と銘したシリーズものパンフレットで「ロシアの秘密外交文書」や「チェルケス独立宣言」を発行した。『ポートフォリオ』はイギリス外務省を代弁しているという風評が立った。(82) ここで改めて注目したいのは、海峡問題への対応としてウルクハルトの具体的な活動がカフカース地方でなされたことである。何よりもそこが想定されるロシアによるインド侵攻の経路にあたっていたからである。一八三六年にチェルケス人に対する煽動を終えるに際して、ウルクハルトは物資(塩・弾薬・武器)運搬にイギリス船をチャーターして英露間に戦争をひきおこすことまで考えたが、一一月にその船はロシア側によって拿捕されたのであった。(83)

一八三三年のウンキャル＝スケレッシ条約は、オスマン帝国の実質的な解体が現実味を帯びるなかで(一八一二年ベッサラビア、一八二九年ギリシア、一八三〇年アルジェリア、一八三三年シリアの分離)、ロシア・ペースによる事態のさらなる進展を予感させるものであった。さらに、一八三八年五月二五日、ムハンマド・アリーはエジプト独立を宣言しただけでなく、翌年四月にはオスマン軍に大勝したから(列強の反撥で後日、その動きを撤回するが)、大英帝国は急速に関与を強めざるを得なくなった。一八三八年にはイギリスがアジア諸国と結んだ一連の不平等条約の雛型とされることが多いバルタリマヌ条約をオスマン帝国との間に締結してその市場を開かせたが、もっとも注目されたのは、露・墺・普・土を巻き込んだ「ロンドン議定書」(一八四〇年七月一五日締結)であり、ムハンマド・アリーに対してスルタンの権威に服してエジプト世襲総督の地位(だけ)にとどまることを強いただけでなく、平時における外国軍艦の「海峡」通過を禁じたのであった。つまり、オスマン帝国を維持するだけでなく、帝政ロシアには勝手をさせないというのである。こうした一方的な采配を可能としたのは大英帝国の実力そのものであり、その前にロシア外交は巨大な敗北を喫したのであった。これだけでなく、結局、一八四一年七月一三日、イギリスは露土二国間のウンキャル＝スケレッシ条約に代えてフランスも加えた多国間の「海峡協定」(Convention of the Straits)を成立させ、平時である限り、オスマン帝国はいかなる外国艦船の「海峡」通過は認めないことを確認した。[84] これは「海峡」問題を国際社会が共有しようとしてなされた取り決めであり、関係諸国にとってその重要性は計り知れないが、平時でなければ(戦時には)、スルタンの判断によって、外国艦船に「海峡」通過の余地を残したところが味噌なのであった。こうして帝政ロシアのカフカース構想は一気に国際社会の共通土俵に乗せられた。これは構想の本格化にとって重大局面であり、その成熟はなかば必然的に国際化を伴ったのである。

「カフカース戦争」の時代

カフカース地方における初代イマームとされるカジ・ムラー(Kazi Moulla 1793-?)が北カフカースのダゲスタン人民に向けて「聖戦」を呼びかけたのは、一八二九年のことであった。アドリアノーポリ条約以降、カフカース征服はダゲスタンとチェチニア、さらに北西部一帯(つまり、全体として、ザカフカースではなく、北カフカース)を従えることを意味した。その一方で、ペルシアは二度と武器をロシアへ向けることはなく、オスマン帝国も一八五四年まで同様であったから、帝政ロシアにとってそのカフカース構想にとり大きな障害となるまでに成長した地元山岳民たちの反露運動の制圧に集中できる良い環境が生まれたといえないことはない。イマームはイスラームの絶対的かつ精神的な指導者であり、カフカースでは、カジ・ムラーに次いで、ガムザト＝ベク(Гамзат-бек 1789-1834)、最後にシャミーリ(Шамиль 1797-1871)の都合三名が登場した(彼については、さらに後述する)。彼らの山岳闘争、いわゆる「カフカース戦争」(この用語は近代ロシアの代表的な戦略家であった少将ファデーエフ〈Р. А. Фадеев 1824-1883〉がシャミーリ逮捕の翌年、一八六〇年にチフリスで出版した『カフカース戦争の六〇年』〈Шестьдесят лет Кавказской войны〉に初出したとされるのが通例である)は長期に及んだのである。帝政ロシアにとって、北カフカースはグルジアを併合して地歩を固めたザカフカースとはほど遠い状況にあった。一八三一年にポーランド勤務に転出したグルジア軍司令官パスケーヴィチがなしえたことは、辛うじてオセチアに足場を築いたことであった。それでも、カザークの拠点(カザーク村)を横につないだラインの構築が進んだことは、一八三七年秋、ニコライ一世自らがカフカースを訪問したことに示されたであろう。帝政ロシアはいくらかの余裕を得て、事前にイマーム(シャミーリ)にチフリスでツァーリと面会して恭順の意を示すよう説得を試みたが、強い拒絶に出会った。ニコライの一行は黒海北部沿岸アナパ、クリミア、エレバンなどを経由してチフリスに入り、戻りはグルジア軍用道路を通ってヴラジカフカースに抜け、一一月初めにモスクワへ戻ったのであった。[85] この年から一八三九年にかけて黒海北部沿岸のアブハジアからアナパにかけてカザークの拠点がさらに一七カ所構築されて、「黒海沿岸線」(Черноморская береговая линия)と呼ばれるようになったから、[86] ツァーリ巡行はそれなりに効果的だったのである。シャミーリの支配域イママート(имамат イマームを中核とした神権政治が執行された領域。その「首府」はダルゴ〈Дарго〉、一八四五年以降はヴェデノ〈Ведено〉)は最盛期にはダゲスタンの大半とチェチニアを含んで「円周約九〇〇ヴェルスタ(ほぼ九〇〇キロ)」であったといわれる。[87] 直径にすれば三〇〇キロほどで九州ぐらいの広さである。イマームはもっとも信頼できる配下としてナイブ(наиб)を任命して、イママートの運営を任せた。つまり、各ナイブは担当領域の秩序維持、徴税、シャリアート裁判などに責任を負ったのである。その数は一八四〇年にはわずか四人であったが、一八五六年には三三人にまで増えた。それだけ支配域が拡大すると同時に神権政治がその密度を高めたということである。ナイブのひとりにシャミーリの前任イマームであるガムザト－ベクを殺害したハジ－ムラト(Хаджи-Мурат)がいたが、[88] 彼などはシャミーリにとって腹心中の腹心ということになるであろう。ナイブはそれぞれが戦闘隊(ミュリド мюрид)を持って内外の動きに対応したが、それらの最高指揮権はイマームにあった。これは特有な軍事組織であり、カフカースで実践されたイスラームをミュリディズムと称する語源ともなったものである。ミュリディズムは山岳ダゲスタンの農村共同体の間に一八世紀前半に出現し、山岳民にシャリアートの規範を打ち立て、地元に伝わる慣習法(アダート)をイスラーム流に転換することをめざしたといわれるから、そのようであれば、これは別にシャミーリの発明品や専売品ではない。シャリアート運動（Шариатское движение）などと称したほうがよいとする提案がなされる所以である。[89] 山岳民の世界については、さらに第三章第2節、第四章第2節などを見てほしい。

一八四六年、シャミーリはイママートの拡張をはかって、カバルダへ戦闘隊を差し向けた。小カバルダは彼に合流する意思を示したが、肝心の大カバルダはロシアへの忠誠を保ち、カバルダ全体は分裂して内戦化した。結局、シャミーリはダゲスタンへと後退を余儀なくされた。[90] シャミーリは信頼できるナイブたちをチェチニアにも送って工作させたが、不調に終わった。しかし、シャミーリはそのイママートをオスマン帝国に編入しようなどとは更々考えず、スルタンと関係すれば、ムスリムの教えによって彼のイママートは存在を止めると思っていたから、それは「国際関係」上ますます孤高を保つこととなった。ムスリム諸種族が全方位を異教徒によって囲まれたうえに、他のムスリムからも完全に引き離されたところでのみイママートは存立すると信じられたのであった。[91] そして、こうしたイママートのあり方は帝政ロシア側の構想実現にとってむしろ幸いしたであろう。

帝政ロシアは、一八三二年に、男爵ハーン（Paul von Hahn; П. В. Ган 1773–1862）のもとにカフカース委員会を設置して、画一的かつ中央集権的なカフカース統治をめざすことになった。これに対して、パシケーヴィチの後任カフカース総司令官ローゼン（Г. В. Розен 1782–1841）はハーン流の厳格なロシア化路線に代わってよりゆっくりとした進化をカフカース統治に求めたが、山岳民の反乱が結果的にそれを許さず、その立場は苦しくなったばかりでなく、すでに触れた一八三七年のカフカース巡行の際、ハーンに説得されたツァーリによって混乱の責任をとって辞任させられた。カフカース委員会はハーンの考えのままであった。これは帝政ロシアが辺境経営のために設けたいくつかの委員会のひとつであり、[92] 陸軍、大蔵、内務、法務の四大臣で出発したが、ローゼンを外したあと、事務総長を選任しただけでなく国有財産相をメンバーに加えた。[93] しかし、山岳民は反乱を続け、地元の官吏たちは硬直した過度な中央集権化には概ね反対であった。ハーン流の統治スタイルはカフカース固有なニーズとロシア・プロパーな行政との間に横たわる根本的な差異を無視しがちであり、その結果、行政プロセスは機能不全に陥ることがしばしばで、結局、ツァーリの激怒を買うこととなった。おそらく、ニコライは取り巻き連中の単なる思い付きに心を動かした自身にも腹を立てたことであろう。エルモーロフはこの辺のことをヴォロンツォーフ(後出)への一八四五年一二月二四日付書簡で触れているほどであるから、社交界などで話題のひとつにまでなったはずである。(94) 住民のニーズと地域事情とに対応する統治を樹立するためにカフカースの民事行政を扱う部局がカフカース委員会の上部にツァーリ直属のかたちでつくられたが(いわゆる「第六部門」)、それもうまく機能しないままであった。構想を実現すべく、統治の方法をめぐって模索が続いた。

ニコライ一世はシャミーリに自由勝手を許すつもりは毛頭なかったから、カフカース軍を増強してシャミーリの関連施設をすべて破壊しろと命じるほどであったが、カフカース軍部がその実行に手間取ると、辛抱しきれなくなって一八四四年末に、「全く信頼している」ヴォロンツォーフ(M. C. Воронцов 1782-1856)をその総司令官に就けた。名門中の名門貴族で、ナポレオン戦争での名声も高いヴォロンツォーフの登場はロシア公衆の耳目をカフカースへと引きつけただけでなく、(95) 帝政ロシアのカフカース攻略史で一大転換点となった。ヴォロンツォーフはすでに六三歳であり、一八〇三年にグルジア勤務を始めて以来、新ロシア総督を二二年間勤め、帝国南部行政全般に通じた専門家であった。彼はカフカース行政の責任者であったエルモーロフやパスケーヴィチと心からの旧友かつ戦友であり、一八〇六〜一二年の露土戦争をドナウ戦域でともにしただけでなく、ボロジノの会戦でも一緒であった。父親が駐英大使であったこともあり、一家はイギリス贔屓としても知られたが、(96) そのことが彼のカフカース勤務にどのように作用したかはにわかに判断がつきかねる。ヴォロンツォーフはチェチニアではカザーク村をつくって前進基地とし、ダゲスタンでは平定した土地をシャミーリの侵略から防御することに重点を置いた。一八四七年から夏が来るたびに強化された前線を部隊がさらに補強して回ることとなった。その一方で、ヴォロンツォーフは山岳民たちと交易することを考えた。(97) 彼は歴代のカフカース関係者がペテルブルグの委員会など中央の意向や動向に気を取られてきたことに問題の根があると考えた。カフカース問題にはカフカース的解決が必要であるというのである。そして、ツァーリは一八四五年二月六日、カフカース総督制度を更新して、総督を媒介するだけの、極力、個人的な監督が果たせる態勢をつくり出そうと図ったのであった。[98] ヴォロンツォーフがカフカース的解決を言うのには、自身の新ロシアでの総督生活の経験と実績が作用しているとみてよいであろう。しかも、彼はカフカース総督になっても、「新ロシアおよびベッサラビア総督」のままであった。つまり、ヴォロンツォーフは黒海沿岸部を西から東まで(バルカン半島からカフカースまで)支配したいとする帝政ロシアの国家構想を一身で体現する位置に座ったのである。

ヴォロンツォーフは、海路、オデッサから黒海を東進してポチに上陸し、西グルジア(ミングレリアとイメレティア)を通って、東グルジアの首都チフリスに入った。帝政ロシアによるカフカース行政の中心地である。彼は特定の村落や地域をシャミーリの影響や支配から隔離してその作用を徐々に減退させようとした従来のやり方を採用せず、平和裡に交渉する開かれた路線を選び、そのために交易や交渉を重視した。リネランダーの用語を借用すれば、ヴォロンツォーフはなるべく「波風が立たない、ゆっくりとしたロシア化」[99](a quiet and gradual russianization)を望んだのであった。シャミーリが折からのクリミア戦争をうまく「活用する」ことができずに、その影響力が低下傾向をたどったこともヴォロンツォーフには大いに幸いしたであろう。

クリミア戦争とカフカース

クリミア戦争が解決を求めた主要案件には、直接、カフカースに触れるものはなかったとみなしてよいだろうが、それらの中には強く関係したものもあり、さらにカフカース自体が具体的な戦争過程に引き込まれもしたのであった。ここでは、クリミア戦期におけるカフカース情勢をいくつかの局面から見ておきたい。

(一)　クリミア戦期、シャミーリはナイブたちを西カフカースに派遣して勢力圏の拡大を図った。ナイブのひとり、ムハンマド－アミン(以下、アミン)の工作はかなりの成功をみせたが、ロシア側の攻勢とチェルケス諸種族の離反に出会って立ち往生した。アミンは約束した平等をチェルケス人たちに与えることをしなかったので、裏切られた人たちはロシアと戦う気力を喪失したとも指摘される。[100] それでも、連合国側はアミンなどの活用を図った。オスマン軍総司令官オメル＝パシャはアミンを西カフカースのすべての山岳義勇軍（義勇軍は ополчение の訳）の司令官とし、その部隊とトルコ艦隊が黒海北部沿岸に差し向ける上陸部隊とが合流してロシア側の動きを牽制阻止しようと計画した。[101] この際、連合国側がアミンなどいわばシャミーリ派だけを重用したのではないことにも注意が肝心である。つまり、地元チェチニアの実力者で、シャミーリのいわば対抗馬であったセフェール＝ベイ（Зан Сефер-бей 1789–1859）をチェルケス人の正統なリーダーとして扱ったのである。[102] これら二人の指導者の間で生じる確執はチェルケス人の団結を阻害しただけでなく、連合国側のチェルケス人工作を乱してロシア側にプラスに作用したであろう。

(二)　すでに触れた黒海沿岸線は英仏艦隊による砲撃にさらされる前に撤去された。元来、これは山岳民対策の軽武装な防御拠点であった。撤去後、ロシア側の沿岸部拠点はノヴォロシースク、ゲレンジーク、アナパ、スフーミだけになった。これら四つの要塞はクバンを通過するもうひとつのラインと通信とによってつながり、いざとなれば、後退する手はずであった。開戦とともに、イギリス艦隊はクリミアだけでなく、カフカースにも向かい（ここにも大英帝国の志向性は明瞭である）、トルコ艦隊はカフカース沿岸部から内陸の山岳民に対してロシア軍と戦うための武器を供給したのであった。[103] 帝政ロシアは山岳民とオスマン帝国の関係を疑い続けてきたが、これはそれを証左することとしてとらえられたであろう。クリミア戦期のカフカース地方は少なくとも英露土、三国それぞれの思惑が激しく交錯する場となった。

(三)　一八五三年一一月、ロシア黒海艦隊基地のあるクリミア半島セヴァストーポリから出撃したナフィーモフ提督率いる小艦隊はアナトリア北岸に沿って航行中、シノプ港にトルコ艦隊主要部隊を認め、援軍の到着を待って集中砲火を浴びせて、甚大な損失を与えた。このロシア大勝利は「シノプの大虐殺」などとしてまたたく間に西欧へ伝わり、英仏が本格参戦するのに道を開く一大要因となった。その英仏がオーストリアの抵抗に出会ってオデッサ攻撃を断念したあと、その主力をクリミアへ向けるか、カフカースにするか定まらずにいたことは旧聞に属するが、[104] それでも連合国はクリミアとカフカースを分けるケルチ海峡で作戦に取りかかり、一八五五年五月一三日ケルチ、一五日ノヴォロシースク、二一日アナパを次々と占領した。なかでもアナパは北カフカースだけでなく、クリミアやアゾフ海に対しても戦略的に最重要な拠点であった。イギリスのパーマストン自由党内閣（第一次内閣一八五五～五八年、第二次内閣一八五九～六五年）は大胆にも北カフカースに独立国家「チェルケシア」を生み出し、それだけでなく、オスマン帝国とともにグルジア、ミングレリア、イメレティア、グリア、アルメニアなど個々の侯国（княжество）をその保護下に置こうと欲した。[105] パーマストンはこれらを東方、インドを守る防壁にしたいと望んだ。しかし、ナポレオン三世はカフカースをイギリスの影響下に置くことに反対しただけでなく、何よりも「シノプ」が後押しして、結局、ロシア黒海艦隊基地セヴァストーポリ攻めが優先された。その陥落（一八五五年九月）後、イギリスはトルコ側からザカフカース方面へ、そして黒海およびカスピ海側から北カフカースへ同時に派兵して、カフカース地方の掌握をめざしたのだから、彼らにとってカフカースはいわば最重要案件のひとつであったことがよく分かる。クリミア戦争は戦略的、そして構想的にカフカースの位置を再確認させることになった。

（四）　クリミア戦争に従軍した露土双方の兵士は何よりも多民族性を構成上の一大特徴とした。たとえば、ロシア側では、ニコライ一世はカフカース総督に対して対トルコ戦に備えてアゼルバイジャン人ムスリムを束ねて常設の民兵（постоянная милиция）を大隊規模に編制するよう命じた。その際、月に二ルーブリと飼葉を支給するとしたから、いわば傭兵扱いである。果たして開戦すると、それに限らず、カフカースの先住民から何らかのかたちで都合四一六もの中隊規模の編制（сотня ソートニャ。ここでは騎馬と歩兵から成る非正規諸民族部隊〈иррегулярные национальные конные и пешие войска〉をさす）、総数として五万二〇〇〇人が加わったとされる。[106] これらはロシア正規軍を支援する武装した義勇軍（ополчение）として位置づけられた。

一方、よく知られるように、オスマン帝国の軍隊は西欧列強からの本質的な支援を得て成り立ってきた。そのアナトリア軍ではフランス人、ポーランド人、イギリス人などが実質的にすべての指導的ポストを占めた。こうした外国人の多くはさまざまな背景を持つだけでなく、イスラームを受容しているともいわれた。一八四九年八月にハンガリー革命が鎮圧されると、オスマン帝国領へハンガリー人だけでなく、ポーランド人の革命家たちも逃げ込んだ。コンスタンチノーポリにいたポーランド人の大半はオスマン軍に勤務し、一八五四年一月初めにはカフカース戦線に向かったのであった。[107] これらのことは露土戦争が多くの民族と種族を交錯させる場となったことを示すほんの一例でしかないが、とりわけカフカース地方はそのための条件を整えていた。

（五）　クリミア戦争で帝政ロシアはペルシアが連合国側に参戦するのを阻止しようと力を使い、一八五四年九月二九日、ペルシアの中立に関する協定に調印することに成功した。おそらくそうするようペルシア側に判断させたのは、実に一八三七年以来続いてきたペルシアとアフガニスタンとのヘラートをめぐる抗争にイギリスがアフガン側に立って介入したことが大きいであろう。一方、イギリスはペルシアとトルコに対してともにザカフカースに侵攻しようと誘いをかけていた。迷ったあげく、シャーはツァーリ政府に対トルコ戦に六万の軍を送ると伝え、その見返りにロシア側は一八二八年のトルコマンチャーイ条約での賠償金支払いの残部を免除した。それだけでなく、ペルシア側は戦後に対トルコで同盟することを提案したが、ロシア側はシャーの真意が読めずに判断を留保した。開戦後しばらくロシア軍がカフカース戦線で不調が続き、さらに英仏が参戦すると、ペルシアはロシアとの共闘を見直し、先の中立協定の無効をツァーリ政府へ伝えた。しかし、その後、ロシアが勝ち始めるとペルシアは協定の復活を求めたのであった。一八五六年、ペルシア軍がヘラートを占拠すると、アフガンをロシアとの緩衝帯として保護国化したいイギリスがその前年にアフガンと締結したペシャワール条約の領土保全条項に基づいて介入し、翌年のイギリス＝ペルシア条約（パリ）でペルシアはヘラートを放棄して、そのアフガン帰属が確定したのであった。[108] イギリスはクリミア戦争をインド防衛のための好機としてとらえていたことは明らかである。それはカフカース、ペルシア、アフガンをひとつの連関として抑える本格的な戦略を伴うものであった。帝政ロシアを含め、当時の関係諸国にそうした能力は期待しえないであろう。それぞれの戦略構想にはその実行力を含めて自ずから差異があったであろう。

パリ講和と海峡問題

パリ講和の交渉から締結へと至る過程で勝利した連合国側によって重視されたのは、大きく次の四点であった。(一)ドナウ諸公国に対する保護権をロシア単独から列強集団へと切り替えること、(二)ドナウ川航行を自由化すること、(三)一八四一年の海峡協定をヨーロッパの勢力均衡のために改定すること、(四)ロシアはオスマン帝国のキリスト教臣民に対する保護要求を取り下げ、代わって五大国がトルコ政府からキリスト者に対する安全保障を得ることである。これらは従来、フォー・ポインツ(Four Points)などと呼ばれてきた。[109] これらのうち、(四)はいわばこの戦争の起源に関わるが、ロシア側はこれを容認した。スルタンが詔勅でオスマン領内のムスリムと非ムスリムの完全平等を支持するギュルハネ勅令(一八三九年)の方針を再確認したことを評価したのである。実際、パリ講和第九条は詔勅の寛大な意図に触れるだけでなく、列強はスルタンの内政には干渉しないと断言したのであった。アレクサンドル二世はスルタンの詔勅はロシアにとって事実上の勝利を意味すると公言し、わざわざ声明を出して「戦争の原因となった重要な目的は成就された」と告げたのである。[110] (一)と(二)はロシアが一八五四年八月、ドナウ諸公国から撤退したことでなかば暗黙のうちにオーストリアが主導して国際社会が認めたものである。

このようにみれば、「クリミア」の決着は、(三)、つまり、海峡問題をめぐってなされることになったであろう。これまで見てきたように、帝政ロシアは南下の度合いを強めて直接的にオスマン帝国と接触する機会が増し、地理的、宗教的、そして民族的にオスマン帝国に強い影響を与えうる存在へと大きく進化した。パリ講和はオスマン帝国の維持をその基本スタンスとし、戦勝した連合国が自らの一員を救済するだけでなく、敗戦ロシアを叩くためにも選び出したのが海峡問題であったとみなしてよいであろう。そして、この問題はカフカース情勢に強く影響せざるをえない。

オスマン帝国はタンジマートとして知られる改革を通して、スルタンの専制を継続しつつ近代化(西欧化)することで、自らを西欧国家体制(国際社会)に組み入れて存続しようと図った。パリ講和第七条はオスマン帝国がヨーロッパの公法と協調の世界に加わることを認める一方で、その独立と領土保全を尊重した。そして、帝政ロシアの黒海、「海峡」、さらにはドナウ方面への拡張はこれに抵触するとみなされた。さらに、パリ講和は第一一条および第一三条で黒海を中立化し、非武装化した。黒海はすべての国の商船に開放されるが、ロシアとトルコの灯台船を除いてすべての軍艦の航行は禁止されただけでなく、沿岸部に軍事施設を保有することも否定された。とくに「海峡」に関して、第一〇条で一八四一年の海峡協定の精神が再確認されたのであった。その年の七月一三日に英・墺・仏・普・露・土の六カ国間で協定(convention)が結ばれ、トルコ政府が平和裡にある限り、「海峡」は外国戦艦には閉ざされることを規定した。(111)つまり、旧来の協定にプロシアとオーストリアを加えて勢力均衡に万全を期そうとしたのである。

これらによって、帝政ロシアは黒海および「海峡」から閉め出され、国際社会において最大級の屈辱を味わうこととなった。これ以上の戦争継続には耐えられないとする帝政中枢部の一致した判断がその受け入れを強いた。こうした黒海中立化の実現をリードしたのは、イギリスである。イギリスは黒海の中立化と非武装化を主張する一方で、自らはロシアがドナウ河口部に保有した灯台(Serpents Island)から引き下がり、新しいロシア＝モルダヴィア国境を認定するまで黒海からその海軍を引き揚げることをしないほど強気であった。オーストリアもイギリスの動きに励まされて、ドナウ公国に自軍を留まらせた。そして、トルコはトルコでイギリスからの圧力を受けて講和が完全に履行されるまで外国軍艦に海峡を閉ざすのを後回しにした。(112)こうしたことがロシア側にとって初発の段階からこの取り決め(パリ講和)は国際社会によって軽視され、場合によっては遵守されない類のものとして映ったであろうことはその後の事態の展開を見通せば確かである。実際、フランスはイギリスの対応を非難し、英仏の「クリミア連合」は出発点から動揺し、ロシアはフランスの取り込みまで考えるであろう。そもそもフランスにとってオスマン帝国の保全などは第二義的な事柄であって、この時点では何よりもイタリア問題で頭が一杯であったのである。

パリ講和に伴ってチェルケシアの独立とその他国との自由交易が認められたとする噂が立った。確かに、一八五七年一二月、セフェール＝ベイたちチェルケスの指導者たちは西欧政府に対してカフカースに領事館を開くように要請したのであった。(113)クリミア戦争を経ることでカフカースはますます国際社会の只中に置かれ、その関係論に左右されることになったであろう。

カフカース地方と中央アジア

このように少なくとも表向き、パリ講和はカフカース地方には手をつけなかった。ただひとり、イギリスがそれに深い失望を禁じ得なかったくらいで、大方の西欧世論はそれはロシアの自由に委ねられたとみなしたほどであったろう。クリミア戦後、一見すると、カフカース地方は何事もなかったかのように旧態へと復した。相変わらず、奴隷の売買がなされ、黒海北部沿岸では密貿易が繰り返された。一八五七年にはカフカース沿岸でロシア当局による偵察警戒任務(крейсерство)が復活したが、[114] 黒海での軍事的プレゼンスを禁じられて、ロシアの地位は非常に低下した。「海峡」を通過して黒海へ侵入する外敵に対して防衛手段を持ちえないほど、帝政ロシアの安全保障は脆弱化した。黒海を経由する穀物輸出の維持と発展にとっても、そうした事態が続くことは好ましいものではなかった。その一方でイギリスなどは北カフカースの山岳民の間で反露工作を行ったのであった。クリミア戦後、カフカースをめぐり英露はますます対決する運命にあったと言わなくてはならない。

一八五六年八月二一日、外相ゴルチャコーフ(A. M. Горчаков 1798-1883)は在外各地のロシア大使に宛てた回状で「ロシアは苛立つことなく、集中するのだ」(Россия не сердится, она сосредоточивается)と指示した。パリ講和で被った国際的屈辱に右往左往することなく、今は持てる力を国内問題に傾注しようというのである。同時に、旧来の諸条約にとらわれず自由に行動し、クリミア戦争ではロシアに強く敵対したオーストリアとの関係を見直すとなかば感情を高ぶらせながら書いた。[115] こうしてクリミア戦後、ひとまず、帝政ロシアは内向きになるが、それはあくまでも帝国の外部に対してであって、内部に向けてはむしろ動きを積極化させた。これが「集中する」ことの意味合いであり、内向きは多分に条件付きである。実際、この時期、中央アジア攻略が本格化しただけでなく、カフカース地方はバリャチンスキー(А. И. Барятинский 1815-1879)を新たな総督に得てそのロシア帝国への組み込み(編入)が速度を増した(バリャチンスキーについては、第四章第2節などで論じる)。

ここではまず、帝政ロシアが最終的に版図を確定するために行うアジアへの侵攻に果たしたカフカースの位置が確認されなくてはならない。単純化して述べれば、中央アジア侵略事業におけるカフカース地方の役割を正当に評価すべきであるということである。大切な論点ゆえ、いささか時間を巻き戻して丁寧に述べよう。一八一九年、ロシア外務省にアジア局(Азиатский департамент)が新設されると、それにアジア委員会(Азиатский комитет)が併設された。外務・陸軍・大蔵の各省代表のほか、カフカースからはエルモーロフ総司令官がそれに参加した。カフカースは中央アジアと初発から深く関わる制度的行政的な位置を与えられた。その後、カフカース関係者は、ほぼ例外なしに、中央アジアと関わった(その逆も言えるであろう)。クリミア戦争をカフカース県の軍人知事として戦い、カルス攻略で名を馳せてカルスキーの二重姓となったムラヴィヨーフ(Н. Н. Муравьев-Карский 1794–1866)は若い頃(一八一九年)のバクーからカスピ海を横断してヒヴァを往復する遠征旅行の記憶をその後の活動のいわば原資とした。一八五七年から三年間、オレンブルグ総督として中央アジア侵略の先頭に立ったカテーニン(А. А. Катенин 1800–1860)の場合、一八三九年から歩兵軍団の参謀長としてカフカース山岳民の討伐に従事した経験があった。さらに、一八六七年にトルキスタン総督に就任したカーウフマン(К. П. Кауфман 1818–1882)は一八四四年からのカフカース勤務で頭角を現した。これらに類似する事例をさらに取り上げるのは比較的に容易であろう。帝政ロシアが中央アジアを固有な対象としてその具体的な攻略に踏み切るのは、ようやく一八六〇年代のことである(116)。

むろん、このように書いたとしても、帝政ロシアにとって中央アジアは以前から気にかかる存在であった。たとえば、初代海軍大臣となるモルドヴィーノフ(Н. С. Мордвинов 1754–1845)は帝政ロシアへ英国経済学を導入したことでも著名であるが、一八三二年、黒海艦隊司令官をしていた時、新ロシアやクリミアでの農業振興だけでなく、ロシア国民経済全般の発展策を講じるべきであるとツァーリに進言したことがあった。自由経済協会の代表も長く務めて保護主義的な経済政策を主張し、あわせて外交への不満を表明する機会が多かった人である。そうしたモルドヴィーノフもカフカース経由で中央アジア市場(ペルシアや北部インドを含む)を開発することをアレクサンドル一世へ提案し、それを受けたツァーリはエルモーロフにその具体化を指示したのであった。(117)

要するに、事態の流れはここでもカフカースから中央アジアであった。この場合、バクーからカスピ海経由でトルキスタンが展望され、アストラハンから陸路経由でヒヴァをめざすことも考えられた。その後も、帝政ロシアは中央アジアとの関係を変えようとはしなかった。一八五六年末に、アレクサンドル二世はカフカース総督バリャチンスキーに対してカスピ海とアラル海に挟まれた地方に遠征隊を出して、鉄道建設のための調査をさせると伝え、それに同意したバリャチンスキーはカスピ海の艦隊を強化すること、シルダリアの航行を実現してアラル海への道を開くことを追加し、ツァーリは政府一丸でこれら諸課題にあたるよう命じたのであった。(118)

しかし、問題は帝政ロシアがひとりで中央アジアを自由にできる余地が段々と狭まったことである。近接するペルシアやオスマン帝国は中央アジアに関与する余力が乏しいとしても、大英帝国が自らのインド防衛のためにロシアの動きをチェックして、その前に立ち塞がる機会が日を追って増えた。そもそもクリミア戦後期、英首相パーマストンは対露強硬路線をもって聞こえた。彼自身はクリミアをトルコへ「帰し」、カフカースに「上陸して」グルジアと南東カフカース全域を奪取し、シャミーリのためにチェルケス国(Cherkesiia)をつくり出し、それだけでなく、ロシアがペルシアへ向かう道を遮断しようと考えた。そしてできることなら、ロシアをクバン地方とテレク地方から追い出して最終的にカフカースを押さえる(植民地とする)ことまで夢想した。さらにペルシアを引き付けて、それを対露防護壁に活用しようとも考えた。そのために大量の資金をペルシアへ渡し、シャーに「いかなる国の軍隊もわが国を通ってインドへ向かうことは認めない」と言わせるまでしたのであった。(119) クリミア戦後、イギリスが黒海東岸のいくつかの港町に領事を置き、すぐ北部のチェルケスの山岳民たちをロシアに嗾けようとトルコに圧力を加えたのは、こうした全般的な対露攻勢機運のなかで生じたことであった。(120) パーマストンの影響のもと、イギリス世論はロシアがペルシア湾方面に向かうことに殊のほか神経質になった。オスマン帝国にはしっかりとした防壁の役割を果たしてもらうためにさまざまな支援がなされた。たとえば、七〇〇人ものイギリス人士官がトルコ軍を教え、約三〇〇人のイギリス海軍軍人がトルコ艦隊に勤務した。一八五四〜七四年、イギリスの対トルコ物資支援は一億四三八九万スターリング・ポンドにのぼった。[121] カフカース地方をロシアから取り戻すことも真剣に考えられた。ロシアを追い出して、イギリスとトルコの保護下で個別に侯国（княжество）を組織し、ロシア領となったアドリア海の一帯をペルシアとトルコに戻し、さらにカスピ海を中立化し、そこでのロシア艦隊数を制限するなどといった話である。[122] こうして、カフカース地方が中央アジア侵略のためのいわば出撃基地化すればするほど（つまり、帝政ロシアと構造的に一体化すればするほど）、イギリス側からのチェックを受けやすくなる関係が成立したと見なくてはならない。

大英帝国にはロシアが中央アジアの独立諸汗国へ侵攻するだけでなく、アフガニスタンに対して政治的かつ軍事的な圧力を加えることがとりわけ脅威として映った。[123] 露土開戦前年の一八七六年、イギリスはカフカースを横断してインドへ至る電信回線を完成させた。イギリスはトルコを誘ってザカフカースを軍事占領する計画まで策定した。ムスリム住民を統合して、そこにカリフ制度を導入することも予定した。このように、ディズレーリ（Benjamin Disraeli 1804-1881）の第二次保守党内閣（一八七四〜八〇年）は対露関係において好戦的ですらあった。彼はトルコに対して、宮廷革命を主導して、アブドゥル・ハミド二世を担ぎ出し強圧体制を生み出すまでして事態の進展に備えようとしたのであった。[124]

イギリスは直接、中央アジアに介入するのではなく、いわば周辺部の堀を埋めてロシアの動きを封じようとしたのが特徴的であった。つまり、イギリス側はロシアには直接的なインド攻撃の意図と能力はないと冷静に観察しており、万一、ロシアからインドに脅威が加えられるとすれば、ペルシアからアフガン経由になると予想していた。[125] すでに触れたように、クリミア戦争期、ペルシアとアフガニスタンの間でヘラートの争奪戦が起きた。ヘラートは現在、アフガン領であるが、歴史的にはペルシアに属したことがあり、中央アジア、インド、西アジアを結ぶ交通の要衝である。イギリスはヘラートが外敵によるインド侵攻への突破口になるとみて、アフガンを支持しペルシアと戦争するまでして、ヘラートの「護持」を図った（一八五七年三月のイギリス＝ペルシア条約）。その結果、アフガンは独立するが、その外交関係はイギリスによって左右されることになった。ロシア外相ゴルチャコーフは、東方で最恵国待遇を得たイギリスにとって中央アジア介入は容易になったと強く危惧した。[126]

近代ロシア史は帝政がイギリスとの関係では概して消極的(受け身)であったことを示す。明らかに、そこには国際社会における先進と後進の関係が強く作用している。帝政ロシアは、軍事的、経済的、文化的、さらに政治的なコンプレックスに幾重にも取り巻かれて、身動きがむつかしい状態に置かれている。しかし、こうした逆境を打破しようとする動きが登場するのもしばしば見られたことで、近代史研究がそれらに注目するのは通例とさえなってきたであろう。[127]この場合、ロシア外務省では「例外的に戦闘的な」外交官イグナーチエフ(Н. П. Игнатьев 1832-1908)がイギリスとの衝突はもはや不可避であるから、こちらから攻勢を加えるべきとする立場をとったことはよく知られている。イギリスの動きを阻止できるのは陸上でしかなく、中央アジアにおいてである。アムダリアの河口、ヒヴァ、コーカンド、ブハラをこちらが先に押さえてムスリム住民の力をインドのイギリスに差し向けよう。こうした作戦ではカフカース、オレンブルグ、西シベリアが同時に動く必要がある。東方と西方の政策が相互補完的でなくてはならない。このように考えたイグナーチエフはインドに対して脅威を加えてイギリスから譲歩を引き出そうというのである。[128]実際、ペテルブルグ中央とは相違して、現地ではカフカース総督の大公ミハイルもトルキスタン総督カーウフマンもともにイギリスとの戦いには積極的であった。カーウフマンに言わせれば、「イギリスはアジアにおけるほど傷付きやすい」のであった。一八六四年から軍事作戦を伴う中央アジア政策が実施に移され、攻勢派がリードして、一八七三、四年にはブハラとヒヴァを制圧するところまで進んだ。一八七三年一一月、大公ミハイルはカスピ海とアラル海の間のステップ地帯をカフカース総督府が管轄する軍管区とする案を出し、ツァーリはそれを認めて、翌年三月、カスピ海以東軍管区(Закаспийский военный округ)と命名したのであった。そして、こうしたロシア側の動きを観察していたイギリス人たちは、それはノマド(遊牧民)制圧のためではなく、別に何かの目的で大軍をカフカースに駐屯させたいためであろうと解釈したのであった。[129]

さらに、このようにカフカース地方が中央アジア侵略のために基地化した時期は、同時にカフカースにおける行政の組織化が本格化したことに改めて注意を払うべきである。そして、両者の間には有機的な連関性があることにも考えを巡らせなくてはならないであろう。一八五六年七月二二日にカフカース総督に任命されたバリャチンスキーは、一〇月中旬、ダゲスタンのカスピ海に臨む要衝ペトロフスコエ（ピョートル大帝に由来する命名。一八五七年からペトロフスク・ポルト、一九二一年からマハチカラ）に着任した。クリミア戦後もシャミーリは勢力を西ダゲスタンからチェチニアにかけての一帯で維持していた。それに対して、バリャチンスキーは軍事的には要塞建設と道路改良とで軍事ラインを強化するだけでなく、森林地区の開発（という名の討伐）を継続したが、さらに重要なのは、一八五八年一二月二一日、彼によって「カフカース総督の主要官署および評議会法」（Положение о главном управлении и совете наместника Кавказского）が出されたことで、これによりチフリスに内務・法務・大蔵・国有財産の四省（министерство）が置かれた。[130] これは帝政ロシアによるカフカース行政の本格的開始を意味した。バリャチンスキーがシャミーリの本拠地ヴェデノを四万の兵で取り囲み、彼を降伏させる前年のことで、彼はすでに「シャミーリ後」を見据えていたと言わなくてはならない。ファデーエフはシャミーリ降伏（一八五九年八月二五日）を一六世紀にカザンとアストラハンがロシアに屈したことになぞらえ、[131] 駐英オーストリア大使はこれでロシアにはアジアへのひろい道が開かれたと述べたのであった。[132]

さらに、一八六二年初頭における「ザカフカース地方の境界設定法」（Положение о размежевании Закавказского края）の制定とザカフカース境界庁（Закавказская межевая палата）の設置は、バリャチンスキーの民事分野で記憶さるべき最大の貢献であるとも評価された。[133] 後者はいわゆる境界委員会（межевая комиссия）のひとつである。これらは土地制度を定めて国土とする基礎作業を担うのである。境界事業（межевое дело）の重大性は明らかであろう。

こうした文脈から本書は以下でカフカース統治の諸様相を検討することに大きな位置を与えているが、ここではわずかに次にも言及しておきたい。バリャチンスキーはカフカース軍が領域別に五つに分かれていた編制を改めて、大きく右翼と左翼に二分して、機動性を増して山岳民の動きに対応しようとした。[134] 一八五九年夏のシャミーリ降伏のあと、ロシア軍部は主力をダゲスタン方面の左翼から北西カフカースの右翼へと移動させて、最終的な鎮圧を企てた。その年の一一月、ムハンマド-アミンは降伏してロシアに忠誠を誓い、翌月にはセフェール-ベイが死去した。そして同じ月に連合軍はクリミア戦後も留まっていたチェルケシアを去ったのである。山岳民たちの闘争は瀬戸際に立たされ、一部は降伏したが、運動を継続した種族の代表者たちは、一八六一年六月、ソチに集まり最高権力機関としてメジリス(Medzhlis; Меджлис 議会、国会などと訳すことがある)を樹立し、チェルケス人すべての内務を掌握してロシア軍部と停戦交渉をしようとした。彼らの領域にはロシア側が拠点や道路をつくらず、軍隊を通さないだけでなく、政治的な自律性と信仰の自由を保障するなどを交渉条件としたのである。これら三種族(アバゼヒ族、シャプスーギ族、ウブイヒ族)の代表団がその年の夏に右翼司令官エヴドキーモフのところへ来て、故郷に留まるのを認めるならば、降伏してもよいともちかけたから、彼らはこのままでは追放されると感じていたのである。エヴドキーモフはそれを拒絶して、無条件降伏を求めた。さらに、彼らは九月に北カフカース訪問を控えたツァーリに対し故郷にこれ以上の道路や拠点をつくらなければ、ロシアの宗主権を受け入れると請願したが、ツァーリはクバン地方北部の平地に再入植するか、オスマン帝国に移住するか、選択肢はふたつしかないと突き放したのであった。(135) このように、明らかに、カフカース戦争の最終局面では開発が問題となった。それは帝政ロシアが行おうとする一連のカフカース行政のいわば総称でもあった。山岳民たちは最後まで故郷の自然がそのまま保たれることを願い、その一方で、帝政ロシアの側はそれを破壊しなければ、統治のための環境を生み出すことはできないと考えた。人間の生活空間のあり方が根源から問題とされたのである。ロシア政府は、チェルケス人に対する最終的な勝利を目前にして、彼らを追い出して空いた土地にカザークを入植させて、支配に万全を期そうとした。ファデーエフはその『カフカースからの手紙』(Письма с Кавказа)第五書簡で黒海東岸をロシア領とするためには山岳民のすべてを沿岸部から排除し、代わりにロシア人を増やすことであると書いたのである。(136) アレクサンドル二世は一八六二年五月一〇日、それを認め、追放される家族に一〇ルーブリの補償金を支払うことを定めた細則に署名した。(137) こうして、この後の追放の過程を含めてカフカース内政が本格化する諸局面は人の大きな移動を伴うことになるのである。

クリミア体制と黒海条項の撤廃

パリ講和が生み出した戦後レジームをクリミア体制(Crimean System; Крымская Система)と呼べば、それは理念的にはオスマン帝国を継続させつつ、その遺産をロシアを外して前もって西欧列強で山分けするための枠組みとして想定されたものとみなしてよいであろう。現実に遺産はどこよりもバルカン半島であり、実際的に(理念的ではなく)ロシアの関心と関わり(プレゼンス)をそこから減じるために、カフカース問題に介入してロシアの精力消耗を図ることも考えられたであろう。この意味合いでもバルカンとカフカースとは戦略上、有機的な(補完的な)関係に置かれたとみてよい。

クリミア戦争直後、バルカン半島ではともに野心を抱くオーストリアとロシアが対立し、フランスはイタリアをめぐりオーストリアと覇権を競っていた。一八五八年、ナポレオン三世は密使をペテルブルグに派遣して、イタリアと戦争になってロシアがフランスに中立を保てば、その見返りとしてパリ講和の黒海条項の撤廃を支持してもよいとロシア政府に持ちかけた。さらに、ロシアがフランス側に立って参戦するのならば、ロシアがガリツィアを保有するのを支援しよう。その場合、ロシアはフランスがニース(Nice)とサヴォイ(Savoy)を取り込むことに同意しなくてはならないというのである。[138]そして、翌年二月一九日、パリで駐仏大使キセリョーフと仏外相バレフスキーとの間で中立と協力に関する秘密条約が結ばれた。[139]果たして、その五月にイタリアをめぐって仏墺間で戦争になり、ロシアは中立を守る選択をしてフランスに貸しをつくった。こうしたフランスとの関係はクリミア戦後、帝政ロシアが国際的孤立から抜け出すための重要な手掛かりとなった。一八六〇年代になっても、帝政ロシアはフランスのシリア進出(一八六〇~六一年)を支持して関係の維持に努めたが、一八六三年のポーランド蜂起がこの流れをとめた。その一月にポーランド青年をロシア軍に徴用することに抗議する動きが武装蜂起にまで発展し、その後一年余りも続くことになり、[140]フランスは蜂起側に梃入れして露仏の和解と友好は立ち消えとなった。ロシア外交は急速にプロシアへと向かい、フランスを孤立させてそのポーランド介入を阻止しようと奔走する。丁度この時期、北西カフカースでは諸種族の動きが最終的に鎮圧された。つまり、一八六三年八月、アバゼヒ族が、翌六四年五月にはシャプスーギ族とウブイヒ族がそれぞれ降伏したのである。[141] その分、イギリスなどがカフカースに介入する手掛かりと可能性は縮減されることになった。

急いで述べれば、一八六六年が国際関係の曲がり角になった。この年、普墺戦争が起き、翌年には北ドイツ連盟が成立して、ヨーロッパはプロシアとフランスの二強時代に入る。やはり一八六六年に、ルーマニアで支配者の交代をめぐりフランスなどは地元民からではなく外国人を選出して影響力の足しにしたいと図り、クレタ島ではオスマン支配から脱してギリシアと再結合しようと蜂起となった。ゴルチャコーフは一八六六年外相報告で次のように述べた――フランス政府は、ドイツ危機の結果として、一八一五年につくられた反仏体制の撤廃を言うであろう。これを根拠にして、われわれはクリミア戦後の反露体制を打破しよう。オーストリアは弱化し、プロシアは領土が増え、フランスは孤立し、イギリスは自分のことだけに関わっている。これらのことはふたつの強国〔イギリスとフランス〕がわれわれに敵対した一八五四年状況をもはや繰り返せなくしている。クリミア終戦から一〇年して、ロシアをとりまく国際関係は大きく変わった。「東方でのわが死活的利益に活用しうる環境」が生まれ、「ロシアのまっとうな要求を復活」できるというのである。[142]

クリミア体制は列強の勢力均衡によって辛うじて支えられたものであり、その前提としての均衡が揺らげば、容易に変動し解体の危機にも瀕しかねない安定性に乏しいものであった。結果的にクリミア体制は関係する列強（その二大礎石となるべき英仏）に支持支援されない、いわば不幸な運命を辿ることになった。フランスの場合、元来、黒海には関心が薄かっただけでなく、ナポレオン三世自身は西欧国際秩序の改編に熱心であった。一八七〇年七月、スペインの王位継承問題に関わりフランスはプロシアに宣戦を布告した（普仏戦争）。この時は、ビスマルクがロシアに対してフランスと協力しなければ、黒海条項の見直しに協力しようと持ちかけた。もはや黒海（「海峡」）問題が国際関係上の取引材料となったのは明らかであった。つまり、それ自体の意義が低下したということである。ツァーリとゴルチャコーフは迷ったが、九月にセダンの戦いでフランスが完敗すると、プロシアの戦勝と取引してもよいと考えるようになった。この局面は国際関係上の重大な組み替えをもたらすクリミア戦後史にとって大きな意味合いを有する。さらに、ビスマルクはアレクサンドル二世に君主制列強の結集を誘った。独・露・墺のいわゆる「三帝同盟」によって大陸の安全と安定を得たいというのである。しかし、露墺はバルカンで敵対関係にあることに変わりはない。その一方では、イギリスはイギリスでその東方政策をシフトし始めた。イギリスは、パーマストンが述べるように、オスマン帝国を維持するためというより、むしろ本音はロシアを封じ込めて黒海やドナウ川と関わらせないためにクリミア戦争を戦った(143)。それらにおいてロシアのプレゼンスが高まれば、インド経営に深刻な影響を及ぼすことになるであろうと考えたからであったが、一八六九年にスエズ運河が開通すると、それが黒海やカフカース(あるいは中央アジア)経由に代わるインドへのルートとして取り扱われるようになり、イギリスはエジプトに対して強力な梃入れをはじめた。インドとの関係でロシアの比重が低下したのである(ここではこのように書くが、以下に見るように、イギリスはロシアによる黒海条項見直しでは「クリミア体制」に強くこだわった)。

クリミア戦後、ロシア外交にとり最大の懸案事項は、パリ講和がもたらした黒海中立化の撤廃であった。帝政ロシアは国内事項への対応を優先させつつも、ひたすら撤廃の可能性をさぐる日々を過ごした。関係者は、これは国家としての矜持を保つに必要最低限のこととしてとらえたであろう。たとえば、一八六九年八月、駐コンスタンチノーポリ・ロシア大使としてイグナーチエフは、バルカン政策に関する新しい覚書で次のように述べた——列強の東方政策はロシアにとり芳しいものではない。欧州のリベラル思想がバルカンで強まっているのだ。それは〔バルカンにおいて〕ロシアの権威性を低下させている。オスマン帝国が欧州列強の利害関係によって翻弄されている。実際、その軍事力は西欧の支援で成り立っているのだ。ロシアは当地のキリスト者の間でも影響力を失っている。それゆえ、〔影響力を維持するためにも〕彼ら〔バルカン諸民族〕の独立闘争に積極的に関わることが必要である。そして、イグナーチエフはロシア自らが軍事力を高め、バルカンの民族闘争への関わりを継続するだけでなく、中央アジアへ軍事行動〔の中心〕を移すことを主張した。この時点ではイグナーチエフはバルカン（およびカフカース）は積極的に関わる時期を待ち、中央アジアにはチャンスがあるとみたのである。[144]その彼が、翌一八七〇年夏になると、普仏戦争を好機到来としてとらえた。イグナーチエフは独断専行を地で行くタイプであったから、はやくも八月に政府の事前了解なしに、オスマン帝国の宰相メフメト・エミン・アリ・パシャ（Mehmet Emin Ali Pasha 1815-1871）と会談して、黒海中立化の撤廃が露土双方にとって利益になると力説したのであった。彼は普仏戦争の結果、フランスの力が大幅に低下し（代わって、プロシアが台頭する）、パリ講和体制（クリミア体制）見直しが不可避になるとやはり見たのであった。慎重であったゴルチャコーフもその方向へ傾き、あわせてパリ講和で取り上げられた南ベッサラビアの返還も問題とした。[145]

一八七〇年一〇月一五日、アレクサンドル二世は、閣僚たちを前にして、黒海制限条約撤廃の意思を明確にした。フランスは戦意を喪失し、プロシアは撤廃を支持し、オーストリアは黒海中立化にはほとんど重要性を見出していない。ただし、イギリスのみが強く反対するかもしれない。イギリスはトルコと戦争になればオーストリアに支援を申し出るかもしれないが、オーストリアはそれを認めないであろう。[146]閣僚たちはツァーリの思いを了解するしかなかったが、多くは新たな戦争の勃発を危惧して慎重であった。陸相ミリューチンがここは黒海制限条項の撤廃だけにしてベッサラビアなど領土問題は出さない方がよいと主張して、大方はそれに同意したのであった。ゴルチャコーフは一九日付で関係諸国へ伝達すべき回状（以下、ゴルチャコーフ回状とする）を大使たちへ送付した。[147]

ゴルチャコーフ回状はクリミア戦後のロシア外交のあり方に重大な修正をもたらすものとなったから、いささか詳しく検討しよう。ゴルチャコーフはおおよそ次のように書いた――近年、ヨーロッパの勢力均衡の基盤が変化し、それがロシアの政治的立場にどう影響するかを検討した。ロシアの利益にもっとも直接的なのは、パリ講和条約である。黒海に面する二国〔露土〕間の特別協定が同条約付録にあり、それはロシアに〔黒海での〕海軍力を最低限にすることを含んでいる。その見返りとして、黒海の中立化原則が樹立され、それによって〔条約〕署名列強は黒海に面する諸国間、あるいは海洋諸国とそれらの間に紛争が惹起しないよう願い、ロシア自身はあらゆる攻撃から守られることを企図したのであった。しかし、この一五年の経験はロシアのすべてのフロンティアの安全が依存するこの原則は理屈以上のものではなかったことを証明した。現実は、ロシア〔のみ〕が黒海で武装解除され、海防の効果的な方策を採る機会を公的に奪われる一方で、オスマン帝国は「海峡」と多海島(Archipelago)に無制限に海軍力を保持する権利を有し、フランスとイギリスとは地中海にその艦隊を集中する力量を維持したままである。諸国の艦隊は黒海に入ることが公式にかつ永久に禁じられる一方で、いわゆる海峡条約(Straits Treaty)は平時のみ戦艦に海峡を閉ざしている。この矛盾のゆえ、ロシア帝国の〔カフカースなどの〕沿岸部は弱小国からの攻撃にさえ晒されているのだ。パリ講和は修正を免れない代物である。紙の上の法律が道義的な有効性を保つのはむつかしいのである。現に、西欧列強自らが一致してドナウ諸公国を統一されたひとつの国家〔ルーマニア〕として外国人をその指導者に招くなど講和条約〔体制〕からの逸脱が認められるではないか。このようなことから次を結論しよう。法律上(de jure)も事実上(de facto)もこうした現状は認めがたい。これ以上、パリ講和の規定に縛られ、黒海において主権を制限されることはありえない。もっとも、このように述べたからといって、東方問題を復活させるつもりはない。講和におけるヨーロッパ・システムでのトルコの立場については満足している。

イギリス政府にはこうしたゴルチャコーフ回状の出現をなかば予想できた。それにクリミア戦後十数年を経て、当時のパーマストン政権が見せたクリミア体制に対する熱意と執着は大分冷めていた。すでに触れたように、前年の一八六九年にスエズ運河が開通して地中海経由がインドへのメイン・ルートになると、大英帝国は「海峡とコンスタンチノーポリからスエズとエジプトへ[148]」と主たる関心を移行させるようになった。ゴルチャコーフ回状を前にして、イギリス・ジャーナリズムにはロシアとの開戦を叫ぶ向きがないことはなかったが(「何もフランスだけがクリミア戦争を戦ったわけではなく、イギリスもそうしたことをロシアは忘れているのではないのか」)、当時、第一次自由党内閣(一八六八〜七四年)を率いたグラッドストーン(W. E. Gladstone 1809-1898)は大のトルコ嫌いでもあり(一八七六年四月に始まったブルガリア蜂起に対するオスマン帝国による苛烈な弾圧を彼は「ブルガリアの戦慄」〈Bulgarian Horrors〉として弾劾し、それをヨーロッパ国家として認めないだけでなく維持することにも疑問を呈して、リベラルだけでなく保守層にも共感を与えた)、イギリス外務省が出したゴルチャコーフ回状へのリプレイ(一八七〇年一一月二〇日付)は、パリ講和条約の共同署名国の間でこの問題を検討することに吝かではないが、それによって将来的に国際的な義務がその有効性を危うくするようなことは避けなければならないと幾分かは穏やかなものとなった。[149]

ロシア内相チマーシェフ(А. Г. Тимашев 1818-1893)によれば、プロシアの共感があってゴルチャコーフ回状は初めて可能になった。[150] 確かに、ビスマルクは繰り返しロシアに支援を約束していた。その際、彼は平和的な解決を探るために大使級会談をペテルブルグで開催することを呼びかけるほどロシアに「協力的」であった。[151] イギリスとしてはロシアがプロシアにますます接近するのを阻止し、普仏間での講和締結を待って反露諸国連合をつくりたいのであれば、黒海案件の解決をめざすロシアにとってイギリスが最大のネックであることに変わりはなかった。したがって、イギリスに揺さぶりをかけるためにも、中央アジアへの進出を続けてインドを脅かすことは有意味であった。当時のカフカース状況を考察しようとすれば、このような諸関係の存在に目配せを欠くことはできない。逆に、黒海制限条項の撤廃問題がこれらの所在を明らかにしたのであった。

結局、一八七一年一月五日、ロンドンで「黒海および両海峡のレジーム問題」協議会が開催された。参加したのは、露・普・英・墺・土・伊・仏の七カ国である。これは黒海中立化問題に限定されたいわば黒海協議会であった。黒海中立化を撤廃することになれば、オスマン帝国の安全保障はどのように担保すればよいのか。スルタンがどの国に対して海峡を開く権利を有するかについてが議論の中心となり、ロシアはオスマン帝国に「友好的な」国とし、これに対してイギリスとオーストリアは「〔黒海の〕非沿岸国」を主張した。結局、イタリアが「友好的かつ同盟的〔な国〕」とする代案を出して、決着することになった。つまり、古来、友好諸国の戦艦を平和時にスルタンの判断で海峡を通過させてきたオスマン帝国の慣行に復するということである。イギリスは商業活動のためにはすべての列強に海峡を開くことを念押しした。[152] 本件には関心がないフランス代表が遅れてようやく参加した三月一日に調印された議定書の要点は次のようであった――パリ講和条約第一一、一三、一四条および第一四条付属の露土間の特別協定は廃止し(第一条)、両海峡を閉鎖するスルタンの権限は維持されるが、オスマン政府がパリ講和の決定事項を履行する保証を得るに必要とみなせば、スルタンは平時に友好的かつ同盟的な列強の戦艦に両海峡を開くことができる(第二条)。黒海は、従前のように、すべての国の商船に開かれる(第三条)。パリ講和のその他の条項は遵守すべきものとする(第八条)[153]。この議定書によって、クリミア体制は解体した。帝政ロシアは外交的勝利を得て、黒海に艦船を維持し、沿岸部に軍事的拠点を建設することが保証されたから、その後のカフカース経営にも大きく資するはずであった。とりわけ、北西カフカースの黒海沿岸部に対してはいわば直接的な効果を発揮するであろう。もっとも、スルタンは平時に外国戦艦を海峡から導き入れてロシアに脅威を与えることができたから、この面からすれば、取り決めの最終勝利者は最強の海軍を有した大英帝国であったことになるであろう。一八七四年二月から二度目の首班となったディズレーリはパリ講和での黒海中立化を讃えて、ネオ・パーマストン主義を掲げ、帝政ロシアと厳しく対峙することになるのである。艦隊にも黒海が開かれることでロシアはイギリスから直接的な攻撃を受けかねないが、イギリスはそうした脅威からは自由であった。また、ロシアの黒海艦隊がイギリスの地中海艦隊に太刀打ちできるわけでもなかった。その一方で、ロシアの主要輸出品である穀物の過半は、相変わらず、「海峡」を通過していたのであった[154]。

以上、急ぎ足で構想が本格化する過程を整理してみた。足りぬ箇所が目立つがあえてまとめれば、さしあたり次のようなことが言えるであろう。

(一) カフカース構想がクリミアから北カフカースまで黒海沿岸部をひとつとして取り扱うことに変わりは認められない。

(二) 「東方問題」が西欧によって「ロシア嫌い」と強く関連づけられたように、国際関係的には帝政ロシアは構想の国際化にますます対応することを強く求められるようになった。一八三三年のウンキャル＝スケレッシ条約が示すように、とりわけ「海峡」問題が国際化し、イギリスによって「海峡」＝カフカース＝インドの関係論が設定されただけでなく、クリミア戦後、「海峡」がパリ講和で最大の焦点となり、さらに国際的な取引材料になるまで進化を見せた。

（三）　一方、カフカース構想自体はツァーリ政府が明確に「軍事的植民」路線を掲げ、それを通じて地元諸種族に対する本格的な支配の確立をめざすまでに進化した。帝政ロシアはいわゆるカフカース戦争の時代には対外的に山岳民との闘争に集中できる環境に置かれ、カフカース統治にいわば専念する機会を得た。それだけでなく、カフカース地方は中央アジア侵略の基地的な役割をも果たし、帝政の重要な構成要素となる道をより確実に歩むようになった。

第二章　カフカースの生活空間

1　地域空間のあり方

地域を見る眼

以下では、これまで簡単に見てきたカフカース構想がクリミア戦後、現場でどのように実現されようとしたのか、実際的な局面に触れてみることにしたい。まず、この章では構想が具体化される当地の事情、つまり構想実現にとっての前提条件のいくつかを取り上げてみたい。

本書が扱う露土戦争の一八七〇年代はクリミア敗戦後のロシアが帝政立て直しを図る重要な時期にあたる。その作業は中央部を再編するだけでなく、帝国周縁部を最終的に版図に加えるいわば二重の課題を果たそうとするものであった。当然、露土戦争のあり方もそれらと無関係ではありえないが、この際、中央における本格的な近代化の動きと周縁の取り込み(方)とは有機的に連絡したとする見通し(仮説)に立つことにしたい。その結果として以前からあったロシア＝カフカース関係は進化するが、その内容と相貌は具体的に吟味されなくてはならない。そして、それらの複合的な様相がこの帝政の構造的特質を示すことになるであろう。

そのためには議論の前提となる帝政を構成した地域(この場合はカフカース地方)を見る眼も一段と整備され、合理化されなくてはならないが、実際のところ、こうしたことは同時代の当事者たちにとっては死活的な課題でさえあったろう。行政当局者たちにとってそこに生活する人民の性格を知ることが必須となる時代が到来し、[1]彼らはカフカースという地域をどのような具体的空間としてとらえたらよいかを日夜考える生活を送るようになった。クリミア戦争を契機に本格化するロシア軍部による三角測量がより正確なカフカース地方地図を生み出すようになったのは、一八六〇年代である。そのために、デルプト大学教授のアビフ(Г. В. Абих 1806–1886)が参加した精力的な編纂作業が行われ、一八六六年には四万二〇〇〇分の一(いくつかの地区は二万一〇〇〇分の一)の地図が生み出されるまでになった。[2]こうしたことはカフカース地域空間の把握にとって極めて象徴的なことである。すでに見たように、オスマン帝国とたび重なる戦火を交え、グルジアを併合するなど、帝政ロシアはこの地方で相当な「稽古」を積んで、単なる野望ではなく、経営のための構想と熱意を反芻してきた。そして、何よりもこの時期、帝政はこの地域を取り込んで中央部と有機的な一体性あるものにしようと工夫を重ねる。この時の戦争プロセスに前後した諸決定はそれに駄目を押す意味合いを有し、同時に、この一帯をめぐるイギリス帝国との関係は国際関係論に一大争点を提供して、諸関係は内と外に重層化し複合化している。当然なことに、地域の住民たちの動向に関しても同様な観察が求められる。なぜに、カザーク軍団の攻勢に対して、チェルケス人は自らの村落をほとんど防衛せずに脱出(移住・移民)を図り(第四章第2節を見てほしい)、その一方でダゲスタンの人びとは自分の村を執拗に防衛しようとしたのか(第四章第3節を見てほしい)、たとえば、このような両者のコントラストを知ることは、ロシア側が採用する軍事行動のあり方の理解にも直接作用する。少なくともこうしたレベルの観察がこの時期のカフカース社会史理解には求められる。そして、これは帝国版図の一体化といった帝政にとっての究極課題の取り扱われ方のひとつを考えることにも通じるであろう。そのためには、資料状況がそれを許すかといった別次元の問題があるにしても、地域観察は精緻度を高めなくてはならない。むろん、これら課題を果たすために提起される、いわば観察のための「顕微鏡の倍率」をめぐる諸問題(何をどこまで解明すればよしとするかといった問題系)に一義的な正解を求め、期待することは困難である。必要に応じて倍率は変化するし、またそうすべきであるというのがさしあたりの回答であり、こうしたことは地域に関する歴史叙述に(も)かならずやついて回る。本書においてはカフカース地方をひとつとして議論することもあるが、南北を二ないし三区分するだけでなく、東西も二区分し、場合によってはそれに中央を加えて三区分するなどしている。そのようにする理由は以下の本文が示す通りであるが、本書が対象とする時期(とくに一九世紀後半)に関して、そのような複合的あるいは立体的な視点を導入することがカフカースという地域空間で生起した事柄をよりよく理解し説明することに繋がるであろうと考えるからである。

カフカースの地域区分

帝政ロシアではカフカース地方についてカフカース山脈を挟む北と南に二分して、それぞれを北カフカース(Северный Кавказ あるいは前カフカース Предкавказье)およびザカフカース(Закавказье 外カフカースと訳す場合もある)とすることを慣例とし(現在でもそのようであろう)、行政区分もそれらを大枠としてきた(一九世紀末、北カフカースはスターヴロポリ県とクバンおよびテレクの二地方〈область〉から成り立ち、ザカフカースはチフリス、クタイシ、バクー、エレバン、エリザヴェトポーリの五県、ダゲスタンとカルスの二地方および黒海とザカタリスクのふたつの区〈округ〉から構成されたのである。すべてを県としないのが特徴のひとつである)。それら中間のカフカース山脈そのものをもうひとつに数える場合もあり、そうすれば三区分になるが、それでも考え方の基本は二区分である。数千メートル級の高峰が連なる山塊の南北両側では自然現象に限らず、何よりも歴史的文化的そして民族的事象に相違が認められることから通例となったのだろうが、同時にこうした二分法が帝政ロシア側の事情や発想に裏づけされた側面も否定できない。何よりも北側(ロシア側)からでなくては山脈を超えた向こう側(ザカフカース)といった表現や発想は生まれない。同時代を代表したカフカース史家のひとり、ドゥブローヴィン(Н. Ф. Дубровин 1837-?)はご丁寧にも北カフカースをドン軍管区やアストラハン県などロシア内地と接する地域とカフカース山脈山麓の平原部とに分け、いわば「北から目線」に完璧を期そうとしている。(3) たとえ山脈北面であってもロシアのプレゼンスに濃淡があることが大いに気掛かりなのであろう。この人は参謀本部に勤務した軍事史研究者であり、その軍事教育委員会の委員や科学アカデミー客員会員を務めた。その仕事ぶりは単なる軍事史というよりも地域密着型の文化人類学的叙述を一大特徴として、その極めて詳細で優れた現場観察は現在でも特筆するに値する。

現実に、帝政ロシアでは行政区分はこれら二分法に従っていた。同時代ロシアの代表的なカフカース資料集は一八七三〜七六年の公式的な人口数を整理して、カフカース地方は北カフカースの一八三万余とザカフカースの三五五万余の合計五三九万ほどから成り立ち、都市部の人口は五五万で全体の一割に過ぎないなどとしている。[4]

一八八七年にチフリスで刊行された『カフカース便覧』は、北カフカースについて自然はロシア諸県の多くと著しく相似し、土壌は大変に豊かで、主たる稼業は穀作である。住民はほとんど例外なしに(почти исключительно)ロシア人である。山岳民はカザークによってステップから〔も〕追い払われた。テレク川沿いには大ロシア人の分離派(раскольники)が、クバン川沿いにはザポロージェのカザークたち(запорожцы)が住んでいると簡潔に説明している。[5]また、工兵大佐シャヴローフは、一八八三年に出した『ザカフカースへのロシアの道』という戦略的な冊子で、北カフカースは〔入植と開発の結果〕ドン軍管区やアストラハン県の続き(продолжение)になっていると述べた。[6]ここで領域や国土に関して、「続き」をいうのは特徴的なことであろう。これらは、以下で詳しく論じるように、いわゆるカフカース戦争の後、カフカース山岳民たちがオスマン帝国などへ出てしまい、一段とロシア化が進んだ一八八〇年代の刊行であるから、「続き」感覚がより強くなっているのは否定できない。こうした「続き」感覚は一九世紀後半、とくにクリミア戦後にはロシア公衆の間でいわば常識とさえなっていたように思われる。実際、これらの二〇年ほど前、一八六一年に出された『第一〇回センサスにおけるロシアの農奴住民』では、北カフカースのスターヴロポリ県はすでに欧露に区分されている。[7]これは中央統計委員会の刊行物であるから、こうした分類が著者の単なる気まぐれでなされたとは考えにくい。つまり、北カフカースはロシアであり、もうカフカースではないということである。しかし、以下、本論でよく検討することから判明するのは、これらは願望を理想化した結果でしかないのだが、それでもカフカースのロシアへの統合過程を扱う現代の研究者のひとり、マトヴェーエフはそうした「続き」感覚にあたかも「学問的な根拠」を与えようとさえしているかに見える。二〇〇六年にロストフで出した『ロシアと北カフカース』で、マトヴェーエフは両者の統合が現地(北カフカース)側のむしろ自発性によるところが大きかったことを強調している。帝政ロシアのカフカース軍の兵士の半数以上は地元民であったし、山岳民たちのトルコ移住をロシア当局は原則禁止したなどと述べながら、カフカース人民の過半が進んでロシアの庇護を求めた結果、国家的な統一が実現したことを強調している。(8) その論証の妥当性に関しては以下の本論で検討することになるが、ここでは「続き」感覚がこのようなかたちで現代に継承されていることを確認すればよいであろう。「続き」感覚は、昔も今も人を惑わせるのである。

カフカース山脈北麓を黒海へ流れ下る河川がある地方をクバン(Кубань)、同様にカスピ海へ向かう河川がある地方をテレク(Терек)と、それぞれ主要河川名を使って呼ぶのが慣例である。こうしたことは、関係者たちがカフカース地方を挟むふたつの海、黒海とカスピ海の存在をたえず気にかけたこととも無関係ではないであろう。同時にクバン地方を右翼、テレク地方を左翼と言い換えることもなされるが、これなどは北のロシア側が南へ向かう発想の直接的な言い換えに等しい。別に改めて触れるが、帝政ロシアのカフカース攻略では基本的役割を担ったカザークたちをカフカース軍団(Кавказское войско)と黒海軍団(Черноморское войско)に分け、前者に左翼(テレク地方)すべてと右翼(クバン地方)の半分を、後者に残り(クバン地方の西側半分)を担当させた。(9) 実際、カフカース総督バリャチンスキーをはじめとする同時代のロシア人たちはこれら戦略的な発想(二分法)をカフカース地方へ適用した。カフカース史において、いわば縦の南北ではなく、横の東西、つまり左右を言うようになるには長年に渡った山岳民との闘争が大きく関わっている。山岳民たちの闘いは時間的に東から西に北カフカースを横切るように重点を移動させ、東側に位置したシャミーリの支配域(イママート)が解体したあと、西カフカースが最終的な焦点になったからである。したがって、カフカース近代史研究には南北に加えて、同時に東西の視角を組み込むことが求められるであろう。

カフカースの地域間連絡

それでは、カフカースにおける地域間連絡はどのようであったのか。カフカース山脈主嶺は東西に長いだけでなく、並走するいくつもの尾根で重層的に構成されたから、それらを南北に横切って移動するのは困難を極めたことは容易に想像される。内陸部ロシアから南へ北カフカース・ステップを行くと前方を東西にカフカース山脈が遮るように立ち現れる。四、五〇〇〇メートルの高峰を連ねる山塊の前面にはやはり広大な平原(山麓)が展開し、その後方からにわかに山襞がそそり立つ。そうした横断を可能にする峠道は限られ、北カフカースとザカフカース間の連絡は途絶えがちであった。カフカース近代史研究において、すでに古典の域に入った作品の著者たちはカフカースにおいて南北間がコミュニケーションをほとんど欠いて相互に孤立した環境に置かれたことを強調しながらその叙述を始めている[10]。それだけでなく、そもそもカフカース地方においては交通網は、貧弱かつ脆弱であった。ドゥブローヴィンは、北カフカースのダゲスタン地方について道路の大半は乗馬だけに適する小道(тропинка)であって、そのジグザグした道は所によって狭まり、馬でさえ通過するに困難なほどであると書いた[11]。それでもロシア帝政は山脈の向こう側の正教グルジアとの関係の緊密化を果たし、それを維持するためにも、グルジア軍用道路(Военная грузинская дорога)の開通を始めとして多くの資源を投入し続けたのであった。帝政ロシアの南下にあたって、グルジアは大きな誘因のひとつであった。

さて、北から南をめざそうとすると、ルートは基本的に三本あった。山岳部を南北に横断するのが最短であるが、峨々たる岩山と深い渓谷が簡単にはそれを許さないから、遠回りでも海岸沿いを行く「迂回路」がまず利用された。ひとつは黒海沿岸を回る沿岸道路(Береговые шоссе ショッセは当局によって計画され建設された舗装道路)である。黒海沿岸はクバン川河口からトルコ国境までの間、良港はなく、貧弱な港(бухта)が三つしかなかったことも道路整備を急がせたのであった[12]。もうひとつはダゲスタンの麓道とカスピ海沿岸の砂浜を行く道であり、ペルシア人の町デルベントで「海」にもっとも接近する。デルベントは山岳民とロシア側との間で争奪の場となった。ロシア内陸を出発して、ヴォルガ川とカスピ海を経由してカフカース入りすることは大いにありえた。実際、このルートは、帝政ロシアにおいては、バルト海沿岸部と並ぶ二大輸送路であった。ヤンソンの便覧によれば、これらふたつで国内貨物輸送の九割を折半したほどである。[13] 内陸ロシアとカフカース地方の陸上連絡はこれら二本の海岸沿いルートで基本的になされてきた。

そして、第三が直接、山岳部を横断する最短路としてのグルジア軍用道路である。この軍用道路はザカフカースに入ろうとしてロシア軍が使った歴史的な道であり、本来、別に交易や通商に資そうとしたものではない。ヴラジカフカースの町を出て渓谷沿いに進み、ダリヤル峠を越えて、グルジアの首都チフリス(現在のトビリシ)へ至る全長約二〇〇キロの山岳路である。この道が通常ルートになるのは早くも一八世紀末であり、一八〇一年にロシアが最終的にグルジアを併合するとその意義は飛躍的に高まった。これは山岳民たちのいわば根拠地を貫くものであったが、ロシア側に幸いしたのは軍用道路周辺にオセット人(осетины)がいたことであった(オセット人については、さらに本項末尾の補論を見てほしい)。彼らの言語はインド・ヨーロッパ語族に属し、昔、南ロシアのステップに入ったドイツ人の末裔との推測もあり、彼らは全般的に親ロシアで知られた。オセット人の過半が正教信者であったこともその親ロシア性の重要な要素であったに相違ないが、地元の多神教と外来したイスラーム教とがオセット人の間で(も)キリスト教信仰の普及と深化を妨げていると指摘されるのが通例であろう。[14]

それでも軍用道路をめぐって山岳民との衝突が繰り返された。そこでは鞍部や細道を確保しようとする戦闘は峡谷沿いの連絡を指揮する要塞地点への攻撃をなかば自動的に導き、輸送と補給の困難さと高地の劣悪な環境とに耐えうる小規模な部隊によるいわばゲリラ戦に依拠せざるをえない。戦局は重火器の輸送と襲撃部隊を支援する補給とに左右されがちであり、したがって、補給が覚束ない要塞は飢餓に陥り、あるいは襲撃されたのであった。[15] むろん、こうした局面はグルジア軍用道路だけでなく、ひろく対トルコ戦争の過程で観察されたことであった。一八五五年と一八七七年のカルス、あるいは一八七七〜七八年と一九一六年のエルズルームの事例を見ればよいであろう。いずれにせよ、関係者はこのようなことを身に沁みて分かっていたから、その意味からも別の迂回路が求められたのであった。

一八八七年の『カフカース便覧』は、これら三ルートのうち、古来、よくアジアとヨーロッパを結んだのはカスピ海岸のデルベントを経由する道とグルジア軍用道路のふたつであり、黒海沿岸ルートはもっとも立ち遅れたといった書き方をしている。そこは人口が少ないか、無人のイメージを与える場所である。それは一部にはこの間の山岳民のトルコ移住を結果した〔カフカース〕戦争のゆえであり、また今次の戦争〔一八七七年からの露土戦争〕でもそうであったが、この一帯が外敵から無防備であることによるのであり、さらには、この地方へ入った〔ロシア人〕植民者たちがそもそも連絡通信と労働力とが随分と不足するなか、不順な気候に体調を崩しただけでなく、山岳部での耕作に不慣れであったことが経営を安定させなかったなどと、帝政ロシアによる植民政策の不備全般にまで触れる議論をしている。(16) しかし、これらはいわば後知恵的な議論であって、ここでは次のような整理を参照するのがより適切であろう。一八七八年に、前年の小アジアでの戦争に関して好論（従軍記）を出したグラドーフスキーは、近年はロシアとカフカースとの連絡はザカフカース（チフリス）に行く場合はポチ（黒海東岸の港町）経由、東カフカースにはアストラハンとカスピ海経由が専らであって、グルジア軍用道路はヴラジカフカースとチフリスを直接結ぶなど地方的な連絡だけに使われてきたという。ところが、開戦して黒海側がますます使えなくなると（その間の経緯は本論で述べる）、俄然、グルジア軍用道路が国家的意味合いを獲得するようになったというのである。(17) したがって、その存在をクローズ・アップしたのは露土戦争という非常事態であり、通常の経済活動などではない。そもそもカフカース地方の経済的ポテンシャルは小さく、ある意味、カフカースは「植民地的な搾取を知らない植民地」であったとする議論もあるほどである。(18) さらに、ここで注意を喚起したいのは内陸ロシアからカスピ海経由で至るのは東カフカースであって、西カフカースではなかったことである。西カフカースはもっとも遅れてロシアの版図に入る一帯となったことにはこうした地域間連絡のあり方も作用しているであろう。

さて、グルジア軍用道路の北側の起点ヴラジカフカースの人口は一八五九年に二五〇〇人でしかなかったが、一八七八年には一万八〇〇〇人に急増した。これは帝政ロシアによるカフカース経営が大きく進展したことを端的に象徴する。それにはその間のシャミーリの捕囚とカフカース戦争の終結だけでなく、一八七五年にロストフ・ナ・ドヌーと結ぶロストフ＝ヴラジカフカース鉄道（Ростов-Владикавказская железная дорога 以下、単にヴラジカフカース鉄道とすることがある）

が開通したことがより直接的であろう。[19] これは当時としてはカフカースとロシアを結ぶ唯一の鉄路であり、ロストフでさらにロシア内地へ向かう路線と接続した。ロストフ＝ヴラジカフカース間を約二五時間で結び、三等運賃が九ルーブリ三七カペイカであった。[20] この鉄道によって、ようやく露土戦争の時期に、帝政ロシアによるカフカース経営は本格化したと見ることもできるであろう。一八七〇年代、ロシア技術協会カフカース支部はカフカース山脈主嶺を北から南に横断するヴラジカフカース＝チフリス間の鉄道建設の可能性を検討したが、その有力メンバーで、「カフカース地質学の父」とも称されアカデミー会員になったアビフは地質条件の複雑さを理由に現下の土木技術水準では膨大な資金を要するとしてその可能性を否定したのであった。彼が推奨したのは、帝政ロシアにとって伝統的な南下コースであるカスピ海沿岸部のペトロフスク・ポルトおよびバクー経由の路線であった。[21] ここではさらに次のようなことも記しておこう。ツァーリ政府は冬季通行の便宜を図るため、露土戦争直前の一八七七年九月、五〇万ルーブリの補修費をグルジア軍用道路に拠出することを決し、その後も一〇年間、毎年五万ルーブリを出費して交通の確保に万全を期そうとしたのであった。[22] カフカース山岳部の冬はロシアのマロース(厳冬)を思わせるほどであったが、それでも、先掲したプーシキンの引用にも拘らず、カフカースは気候には恵まれた土地としてロシア側には認識されていた。ドゥブローヴィンはダゲスタンについて天候は極めて健康的であるとわざわざ書いたほどであった。[23]

【補論】　右に見たように、オセット人はカフカース中央部にあって、別に扱う東部のチェチェン人および西部のチェルケス人に比し、遜色ない役割をカフカース史において果たした。ここでは一九世紀末に出版されたジダーノフのオセット人論(Н. Жиданов, Разсказы о кавказском племени Осетинах, M., 1898.)を紹介するかたちでもう少しオセット人について触れておきたい。

さて、ジダーノフは次のように大まかなではあるが参考すべき区分から議論を始めている。カフカース主稜から南部と東部にはアルメニア人、グルジア人、チェチェン人が居住し、北部にはチェルケス人とその同種(соплеменники)であるカバルダ人が、中央部にはオセット人がいる。オセット人はカフカースで最古の住民のひとつであり、現在、約一一万一〇〇〇人が居住している。オセット人は独自な秩序と慣習を持ち、その信仰を形成してもきた。彼らはロシア人とは相違して農業的(земледельческий)ではなく、他から必要物資を入手することはせず(できず)に、独自にやっていかなくてはならず、また、彼ら古来の信仰も特有な「洗練されていない多神教」(грубая языческая)である。

彼らの周囲は闘争に満ちているだけでなく、土地不足から南オセット人の一部は隣のグルジアへ移住したが、その時にグルジア人はオセット人にキリスト教を教えた。一方、北オセット人はやはり隣人のカバルダ人との争いを四〇〇年も続け、その間、カバルダ人はオセット人の土地の北半分を奪った。残りのオセット人は最終的には山岳部へ逃れて、孤立した[24]。一七六八年、ロシアの将軍トトレーベン(後出)がその部隊とオセチアを通過しようとしたが、すでにカバルダ人によってイスラームになっていた北オセット人はロシア軍に厳しく接し、一方、南オセット人は喜んでロシア人を迎えた。山岳民たちは種族間だけでなく、種族内部でも対立していたから、ロシア人は彼らを制圧することができた[25]。オセット人たちがさまざまな宗教に出会ったことは、結局、彼らの信仰生活を混乱させ、その多神教はキリスト教やイスラーム教と混ざり合った(перемешать)。カフカース平定以前、ロシア人はオセット人の間にキリスト教をひろめようとしたが、それは困難なことであった。オセット人の間では多くの多神教的な観念がはるかにひろく深く浸透していたからである[26]。

クリミア戦後、帝政ロシアのカフカース進出が本格化すると、ロシア政府はオセット人の個々の戸(двор)を農村共同体(сельское общество)にまとめた(一農村共同体当たり、平均五〇戸)。地元住民から選ばれた村長(старшина)が農村共同体を統括したが、彼はその秩序を保ち、村会(сельский сход)の決定を履行した。村会には村(селение)のすべての成人男子が出席し、全体事項を決定したが、当初、ロシア政府はオセット人たちに取り仕切りを任せたのであった。そして、これらすべての遣り取りをロシア人官吏(чиновники)がチェックした。村会では裁判も行われたが、後にオセチアではロシア帝国の他とほとんど変わりない調停裁判(суды мировые и окружные)が導入された。そこでは当初、多くの案件は、ロシア法ではなく、オセチアの慣例に従って決せられた。今では大半はロシア法によっているが、オセット人は犯罪や民事訴訟に独自な観念を有し、一方でロシア法はそれとは全く異なる環境で成立しているから、それは彼らの理解と合致しないことが多い。ロシア法では許されないことでも、彼らには許されることもあるのである。[27]

これらはジダーノフによるオセット人論のいわば触りであるが、別に述べるように、他の種族についても該当する部分があるであろう。最後にこの種の議論の多くに共通する見解(立場)も紹介すれば、ジダーノフはカフカースにロシア人が登場して諸般の事情は著しく好転した。ロシア人はより多くの教育と知識をもたらした、というのである。[28]

人口動態と多民族性

改めて述べれば、カフカース地方とは黒海とカスピ海に挟まれた東西一一〇〇キロ、南北三二〜一八〇キロの細長い短冊形の一帯をさし、何よりも七〇以上といわれる多数のエスニック・グループが混在する多言語の地帯であった(三七頁の地図を見てほしい)。カフカースの人口構成に関して第一に指摘されるべきはその多民族性であろうが、それに触れる前に、一九世紀後半期、この地方は急激な人口増を経験したことに注目しなくてはならない。なかでも北カフカースは全国的に見てもっとも入植が進んだ地域となり、流入者が劇的に増加したからである。早速、表2(次ページ)を見てほしい。それによれば、ほぼ三〇年間で北カフカースの人口は一三〇%余り増加したが、とりわけクバン地方、スタヴロポリ県で急増した。それは自然増のほか、それに倍する外部からの流入によって実現されたのであった。流入者数はクバン地方で一〇〇万に近く、テレク地方とスタヴロポリ県でも三〇万ほどである。合計して一五〇万人を超えている。流入者はロシア各地からやってきたが、それでも地理的に南部諸県出身者が比較的に多く、なかにはウクライナ南部で大規模な借地農業を経営する資産家も含まれ、彼らは「タヴリーダ人」(тавричане)などと呼ばれたのである。[29]

ロシア地理学協会会員であったリヴロンが一八七四年に刊行したロシア帝国に関する統計時評は北カフカースとザカフカースをあわせたカフカース総人口を四一五万五〇〇〇とし、その最大グループを山岳諸種族(горские племена)一〇三万六〇〇〇とみなしている(ヤンソンもこの数字を流用している)。[30] 第二位の集団はロシア人で八六万、以下、グルジア人八五万、ペルシア人とトルコ人が七九万、アルメニア人五二万などである[31]。また、同時代の代表的なカフカース研究者のひとり、ベルジェは一八八二年に出した好論文のなかで、カフカース総人口を五三八万七〇〇〇としたうえで、その内訳をムスリム一九九万二〇〇〇、ロシア人一三〇万、グルジア人一一五万九〇〇〇、アルメニア人六五万六〇〇〇、ユダヤ人など二八万などとしている[32]。後に詳しく見るように、一九世紀後半、カフカース地方では山岳民たちの移住、脱出が大規模に起きるが、それでもこれらでは山岳民あるいは山岳民に多いムスリムは数的に第一位を保っている（その通りであれば、強制的な排除によってカフカース地方から山岳民が駆逐されたとする類の議論はそのまま受け入れることはできない）。これに対してロシア人とグルジア人が第二位を争う位置にいるが、なかでも帝政運営の根幹を担うはずのロシア人はいまだ全体の二〇%から二四%ほどでしかない少数派であった。明らかに、これはツァーリ政府が内陸ロシア側から当地への移住政策に精を出すことになる背景事情のひとつである。

表2　北カフカースの住民数変化(1867-1897年)（単位：千人）

県・地方	住民		増加		内訳	
	1867年末	1897年1月	絶対数	%	自然増	流入
クバン地方	600.0	1976.4	1376.4	229.4	430.0	946.4
スターヴロポリ県	341.4	873.3	531.9	155.8	237.2	294.7
テレク地方	447.3	933.9	486.6	108.7	140.9	345.7
ダゲスタン地方	449.5	586.6	137.1	30.5	——	——
黒海県	——	54.3	——	——	——	——

表の県・地方のうち，クバン地方とスターヴロポリ県，および黒海県が本書でいうところの西カフカース，テレク地方とダゲスタン地方が同様に東カフカースである。
〔出典〕 История народов Северного Кавказа, конец XVIII в.-1917г., М., 1988, 299.

　しかしながら、こうした静態観察を離れて見れば、その間に人口構成をめぐる動態変化は極めて顕著であったことに気づくであろう。ほぼ同時代（一八八四年）に出たロシア帝国地方案内の一冊で、著者のレクリューはカフカースの原住諸部族の多くはカフカースから消え去るか、根絶されるか、流されるか、自らが生地を捨てるなどしているといささか衝撃的な書き方をしている。彼はカフカース住民の概数変化を次のように示している（一八五六年→一八八〇年の順）。ロシア人（八四万→一四一万）、グルジア人（八三万五〇〇〇→一一五万）、タタール人とトルコ人（八二万五〇〇〇→一三三万）、アルメニア人（五二万→七二万）、ペルシア人（七万五〇〇〇→一二万）、レズギン人とその他の山岳民（一四〇万→一〇五万）、その他（三万六〇〇〇〈?〉↓九万）である（疑問符は原文の通り）。これらの数字と前掲のリヴロン（一八七四年）およびベルジェ（一八八二年）の数字の間の整合性をここで問うことはしない（というよりも、できない。何より彼らが依拠したデータの出所が不明である）。とりあえず、これらを合算すると、カフカース総人口は一八五六年の四五三万一〇〇〇が一八八〇年には五八七万（ベルジェの数字に近いといえば近いか）に増加している。その中でやはり印象的な基本傾向は、ロシア人の増加と山岳民の減少であろう。右でレクリューが言うのは、山岳民減少の理由のいくつかであり[33]、ロシア人の増加は積極的な移住政策によるものと考えられるが、これら動向をめぐって、以下の本論でさらに議論する必要があるであろう。人口動態と地域のあり方とは密着しているからである。

カフカースの多民族性について、右のような同時代の一八七〇、八〇年代における静態的ないしは動態的な観察だけで済ませておくのは、議論の展開にとっていまだ不足気味である。ここでは、さらに、諸民族の配置に関してよりひろく整理をしておきたい（山岳民の分類は次節冒頭で触れる）。そのための手掛かりとしてひとまず、一九一九年に出されたマクシーモフ（A. H. Максимов 1872–1941）の『ロシアにはいかなる民族が住んでいるのか』[34]からカフカース部分を参照することにしたい。マクシーモフは帝政ロシア最初の一八九七年国勢調査を活用しながら、カフカース諸民族の歴史的位相を要領よく分類整理している（副題を便覧としている）。最初の帝国センサスがカフカース地方を数的にどうとらえているのかを含めて、今でも参照されてしかるべき内容をともなっている。

マクシーモフの優れた点は、カフカース地方の住民に関して、史的な視点を導入したことである。つまり、全体を便宜的に、①元来、居住した部分、②かなり昔に入ってきた部分、③近年になって入ってきた部分の三つに分ける。無論、ここで元来などといっても相対的な話ではあるのだが、原則として山岳民たちは①に入り、ロシア人やウクライナ人、ドイツ人などは③である。チュルク系（ノガイ人、タタール人など）、イラン系（オセット人、ペルシア人、クルド人など。アルメニア人をこれに入れる場合もある）、セム系（山岳ユダヤ人）などは②である。カフカース地方はすでに①で多民族性を誇ったはずだが、時間の経過とともに②、さらに③を加えて、その豊かさは増す傾向にあったということである。

これら歴史的な区分とは別に、マクシーモフは社会的政治的にカフカースの多民族性を大きく四つに分けている。つまり、ロシア人、グルジア人、アルメニア人、そして山岳民である。山岳民たちはかなりの数であるが、何よりも文化面で他の三者に対して大幅に立ち遅れているとマクシーモフは強調する。これら四者関係のあり方が将来のカフカースの運命を定めることになるであろうと言うのである。つまり、ひとり山岳民がロシア人、グルジア人、アルメニア人のキリスト教三者に対峙する構図である。それを言うのは、山岳民をクローズ・アップしようとする際の手法のひとつでもあろう。

2　カフカース山岳民の世界

山岳民の分類

時間の経過とともに帝政ロシアは山岳民に対して接近を図り、その本性を知って統治の対象にするための方策を確かなものにしようと模索した。単に無視するか、絶滅すればよいのならば、そうした試行錯誤は無用ですらあったろう。マクシーモフは山岳民をキリスト教世界に対置すべき「格別な」扱いさえした。彼をそうさせたのは、明らかに、彼ら山岳民たちによる長年に渡る帝政ロシアへの抵抗闘争の存在である。

その山岳民について、旧ソ連の歴史家スミルノーフは東カフカースのチェチニアとダゲスタンでの闘争と同時に西カフカースのアドゥイゲ＝チェルケス諸部族による反植民地闘争が展開したと述べるから(35)、この人は東西両カフカースにおける山岳民たちの対ロシア抵抗運動の連携あるいは共時性を強調する立場にあり、こうした見方は今日でもかなりひろまったままであると思われる。帝政ロシアの進出に対して山岳民の抵抗運動がカフカース一帯で一斉に生起したというったレベルの漠然とした（安易な）歴史像は普及しやすい。果たして、両者はそれほどまでに連帯的であったかというこことは、カフカース山岳民の世界をめぐる史的考察の論点のひとつとなりうるが、山岳民をひとつのカテゴリーに封じ込めて想像を逞しくするだけでは歴史叙述は進化しないであろう。ここでは、まず、山岳民の分類について簡単に触れ、その後、東カフカースと西カフカースそれぞれに代表的なチェチェン人とチェルケス人を取り上げて、彼らの生活世界を垣間見ることにしたい。

すでに触れたマクシーモフはカフカースのいわゆる山岳民たちを大きく次の三グループに分けている。(一)グルジア＝カルトベリ族(грузинские или картвельские племена)、(二)アブハジア＝チェルケス族(абхазо-черкесские племена)、(三)チェチェン＝ダゲスタン族(чечено-дагестанские племена)である。しかし、ふつう、グルジア人を山岳民(горец, 複数形 горцы)の範疇で扱うことはしないが、マクシーモフは(一)があらゆる点で(во всехъ отношениях)もっとも重要であるといい、グルジア人の栄光の歴史を強調して止まない。グルジア人(грузины)がカフカース地方の本来的な主人であるとでも言いたいのであろう。カルトベリはグルジア人の自称である。グルジア人はチフリス県に集中したが、場所によっては кахетинцы, карталинцы, мтиулицы などと別称された。いくつかの同系種族がいて、なかにはグルジア正教ではなくイスラーム教を信じる ингилойцы などを含んだのである。[36] ここでは(二)と(三)をいわば本来的な山岳民とみなして、これ以上、グルジア人を取り上げることはしない。本書で引用する『カフカース便覧』は山岳民たちを西部、東部、中央部の三つのグループに分けているが、ザカフカースに関しては、別に北西部(グルジア人)と南西部(アルメニア人)、さらに東部(ペルシア出身のアゼルバイジャン＝タタール人)の三区分が示されるから、三グループは北カフカースに関わってのことである。

東カフカースのチェチェン人とシャミーリ

東カフカース方面のチェチェン＝ダゲスタン族関係から議論を始めることにしたい。東部のかなりをレズギン人(лезгины)と総称される、ダゲスタンの山岳民たちが占めている。レズギンはトルコ語で「山の住民」を意味するが、同時代の代表的な地誌のひとつは、それに「何らかの民族(нация)に属さない者の総称」であると消極的な規定を与えている。[37] 彼らは多くの部族あるいは種族に分かれ、五〇人に満たないようなグループもあり、ここでの総称化は、ある意味、便利ではあったが、その反面、部族間関係論は脇に置かれがちになった。彼らの間には身分（制）はなく、牧畜と農業を主たる稼業とした。古くからイスラーム（スンニ派）が入った。『カフカース便覧』は、レズギン人たちは勇気（храбрость）を誇ったと書くが、[38] そのこととイスラームとの関係には触れていない。

さて、東部で数的にレズギン人に次いだのがダゲスタンの西部、オセチアとクムイク平地との間のチェチニア（Чечня）に居住したチェチェン人（чеченцы）である。スンジャ川によって低地の小チェチニアと山寄りの大チェチニアに二分される。カフカース各地で見られたように、元来、彼らは偶像を崇拝する多神教であったが、グルジア経由でキリスト教が入った経緯があり、キリスト教会を見ることもできる。その後、彼らはレズギン人の影響を受けて、イスラームを受容した。ただし、山地に居住した山岳チェチェン人（нагорные чеченцы）は一度たりともキリスト者であったことはなく、一貫して厳格なイスラーム教徒であった。[39] やはり、彼らもイングーシ人（ингуши）など多くの部族から成り立つが、その生活はいかなる身分もなく同じ権利を有し、その意味で観察者によって「民主主義的」とされるのが通例である。[40] マクシーモフは、チェチェン＝ダゲスタン族のなかでは、テレク地方グローズヌイ郡に集中するチェチェン人二二万六五〇〇人を最大集団としている。その西側、スンジェンスキー郡には近親のイングーシ人四万七〇〇〇人がいた。チェチェン人（グループ）は戦闘性に秀でてロシア人とよく戦い、カフカースが平定された後にも蜂起したほどである。彼らは農業、牧畜、商業を営みながら種族の団結心を発展させ、共同体の大義（общественные дела）の完遂に勤しんでいる。後に触れる西部のチェルケス人とくらべて、彼らの社会体制はやはりはるかに民主的であるが（демократичность）、教育はそれほど進んではおらず、中等教育を受ける者は限られる。いずれにせよ、その進取の気性（предприимчивость）は顕著であり、チェチェン人は北カフカースを代表する民族のひとつである。[41] チェチェン人がイスラーム教を受容したのは一八世紀の中ごろと推定され、その結果、彼らの間にはそれまでの正教、さらに多神教との混合的な宗教生活が生み出されたが、一九世紀初めにミュリディズムが出現するまでチェチェン人はマホメット教義を真に受け入れた訳ではなかったとマクシーモフは言う。一方、旧ソ連の代表的なカフカース史研究者であったポクロフスキーによれば、アラブ人がダゲスタンにもたらしたイスラーム教は当該地方にひろまるには一九世紀初頭まで待たなくてはならなかった。[42]したがって、ダゲスタンやチェチニアの東カフカース地方にイスラーム教的な要素が普及するのに帝政ロシアの進攻が何らかの作用をしたことは否定できないであろう。つまり、ロシア軍の侵攻に伴ってミュリディズムが発展したからであり、チェチェン人の動向はカフカース戦争の推移に大きく関わることになった。[43]

ダゲスタンにはさらに多くの小さな種族がいるが、それらについて今日に至るまで研究は遅れている。その中でも比較的に大きいとされるのは、アヴァール人(авары)など二つのグループで二一万三〇〇〇人である。さらに、ダゲスタン南東部からバクー県北部にかけてキュリーン人(кюрины)が一六万人いて、彼らはレズギン人を自称するが、すでに述べたように、その名はダゲスタン山岳民全体に対しても使われるのである。ダゲスタン山岳民の言語はかなり多様であるが、生活様式は多くの点で共通性がある。彼らもムスリムであり、ロシア人と半世紀に渡り戦ったが、その後も蜂起を続け、最大なものは一八七七～七八年の露土戦争時になされた(本書後段で取り上げる)。彼らの間には雇用を求める出稼ぎがよく普及している。いわゆる民族感情の発達は弱いが、イスラーム教への帰依が彼らの間を繋いでいるともいわれる。[44]

ここで、議論をチェチェン人に集中しよう。チェチェン人はカフカース山脈北面のテレク川右岸とスンジャ川両岸を含むチェチニアと呼ばれる地域を中心に居住した人たちであるが、後述するチェルケス人の場合と同様に非常に多くの族(поколение)から成り立ち、自らはナフチェ(нахче ナロードの意)と称した。しかし、彼らは、西カフカースのチェルケス人とは相違して、侯や貴族などを持たず、身分制からは自由な「民主主義的なナロード」(ドゥブローヴィン)であった。捕虜を奴隷として扱うことはあっても、ほかのカフカース諸種族にみられるような身分的分化(сословные подразделия)は認められず、その社会生活は素朴で家父長制的であった。つまり、すべてのチェチェン人は同一の諸権利を行使するいわば自治農民(уздени)的な存在であった。[45]彼らの間で重要事項は誰でも出席して知ることを話せる共同体集会(мирские сходки)において決められた。これがチェチェン人にとって社会的な統治と制度の基礎であったが、ここで大切なことは、シャミーリがチェチニアに登場する以前には社会諸関係の制度化と調整は全く立ち遅れ、人びとの社会的結合にとって慣習(адат)や伝説(предания)だけが頼りであったことである。[46] 元来、チェチェン人は土地所有とは無縁な生活を送っていたが、それでも山地から平地へ降りる機会があって、そこでは土地を所有するあるいは家族が増えたから土地を増やさなくてはならないといった新しい生活事情にも出会うようになった。そうした中で、一八三〇年代末、彼らの間にロシアの臣下(подданство)である者はすべてツァーリ政府によって農民身分にされたうえ、兵役を課されるとする噂がひろまり、動揺して怒った人たちがロシア権力から解放されようと、自由を求めて蜂起したことは特筆されるべきであろう。[47] これはこの時点ですでにロシア側がチェチニアにかなり入り込んでいたことも示す。そのようでなければ、この噂が現実味を帯びる前提条件に欠けた。さらに、ロシア支配を回避することと身分制を嫌悪することとは区別されなくてはならないが、現実には両者は裏腹の関係にあり、反身分制のベクトル(これは別にイスラーム的ではないであろう)が反ロシアのそれを後押しする力学の存在を見て取れる。早速、一八四〇年早春、チェチェン人たちはツァーリ政府から「独立した」(отложились)。そして、チェチェン人たちは窮状からの救済をシャミーリに求め、自発的に彼に従う道を選択した。人びとは彼が示す決定と命令には同意することを宣誓(присяг)した。つまり、当地においてロシアの影が濃くなればなるほど、シャミーリ権力は強化される道筋がつけられることになった。ロシアの軍事的介入は、したがって、執拗な抵抗しかもたらさないだろうということである。

すでに触れたように、一八世紀末、帝政ロシアに抵抗して、その後の(現在においても)チェチェン人の長期に渡る民族解放闘争の父とされることが多いシェイフ－マンスールはたびたび、聖戦(газават)を呼びかけて、その都度オスマン帝国に支援を求め、一七八七年からの露土戦争ではオスマン帝国側に立ってすべての山岳民(ステップ遊牧民を含む)を結集してロシアと闘おうとしたことで知られる。[48] しかしながら、カザーク軍団が本格的にカフカース地方へ繰り出してくると、山岳民たちの間にはあくまで自らの生活を維持しようとする者だけでなく、動顛してロシア側と協調ないし協定して身の保全を図ろうとする者も出て、山岳民社会は混乱を呈するようになった。ドゥブローヴィンは、テレク川流域でロシア人の近くにあったチェチェン人の村落はその影響を受けてより文明的となって、その住民は「平和的なチェチェン人たち」(мирные чеченцы)と呼ばれ、その一方では、「敵対的な」(немирные)人たちがいたことを指摘している。(49) つまり、チェチェン人社会は帝政ロシアへの対応をめぐって割れたのである。この視角はチェチェン人に限らず、近代カフカース社会の在り方を考える際に基礎的なもののひとつとなるであろう。彼らは自らの間に全体を束ねる契機と主体を見出せず、ロシア側がその隙を衝いて成果をあげる機会が増えていく。こうした事態が山岳民の間に外国(オスマン帝国)の密使(工作員)やファナティックな宗教指導者の登場を許すことになったとする見解(50)には一定の説得力がある。同時にこれは「トルコからの支援を受けた聖戦」(論)が登場する背景説明のひとつにもなる。ここで言う宗教指導者として近代カフカース史においてまず想起されるのは、東カフカース(チェチェン、ダゲスタン)のシャミーリと西カフカース(クバン)のムハンマド‐アミンであろうが、すぐ前に引用したコロレンコは、アミンの事業は山岳部におけるオスマン帝国の手先であったセフェール‐ベイ(Сефер-Бей)によって阻まれてその計画は無に帰し、彼自身がチェルケス人を支配することはできず、シャミーリがしたようにやはり同じ一八五九年にロシアへ自発的に降伏した。西カフカースは対ロシア抵抗で後れをとったというのである。(51) もっともこの説明はセフェール‐ベイやそのチェルケス人支配など肝心な箇所に無理がある。

シャミーリがミュリドから成る部隊を編制して自らの権力の確立と維持に努めたことはよく指摘される。語義的に、ミュリド(mürid; мурид)とはトルコ語で神秘主義教団の修道者であるダルウィーシュ(Dervishes)の命令に従う初心者、修練者を指す。(52) ふつう、それから派生する用語ミュリディズムは形式的には宗教的ではあるが、その内実は山岳民の社会的平等と民族独立のために闘争する者たちの利益を反映した教義(ドクトリン)として理解され、あらゆる用語と同じにそれが使われる環境に応じて意味づけが更新されて、宗教政治的な哲学だけでなく、この概念に固執する者たちの生活様式までも暗示するようになったと考えられる。つまり、スーフィズムの諸原理に立脚した厳格な教義といった意味合いを離れて、その精神で組織された社会的政治的な闘争形態（あるいは様式）をも含意するようになった。真のミュリドは読み書きができて聖典（コーラン）に習熟していなくてはならなかったが、シャミーリのところでは彼らのほとんどがそれら能力に欠け、ひたすら聖戦への揺るぎない意思のみが問われたのであった。それゆえ、それを本来のものから逸脱した似非ミュリディズムとして断定する人もいるであろう。ドゥブローヴィンはその立場に近く、叙述全体の調子を乱すことを恐れずに、偽善・狡猾・欺瞞・ペテンなどの言葉を並べてその特性を説明している。(53) それだけでなく、シャミーリはミュリドおよびミュリディズムの戦闘性を強調するために、シンボルとして色分けしたターバンを着用させた。つまり、一般の住民は白色として、そのほかムラーは緑色、ナイブは黄色、百人組長は斑色、触れ役は赤色、刑吏・監察役は黒色などとしたのである。後年、チェチニアとダゲスタンを平定したツァーリ政府はメッカ巡礼経験者のみにターバン着用を許した。(54) 権力側はターバンに良い印象を持たない。かつてのソヴィエト史学がしばしば行ったように、ミュリディズムを封建領主たちのイデオロギーとしてだけみるのは適当でない。実際、伝統的指導者の多くはそれに脅威を感じて敵視したのである。この場合、体制側にはそのようなミュリディズムの展開がむしろ宗教的な装いをした人民（農民）運動として理解されていた側面もあるであろう。

改めて述べるまでもなく、シャミーリはミュリディズムの創始者ではない。いまだ将軍エルモーロフがカフカースを統治しようとしていた時代（三八頁以下を参照）にダゲスタンの山峡でのちに政治的性格をも得てミュリディズムの名で知られることになる新しい宗教的教義が出現した。その起源をムハンマド直後の小アジア地方の宗教的なセクトに辿ることができるともされる。それは祈禱による宗教的精神的な改良および共同体生活からの解放（отрешение）を目的としたが、時間の経過と共にこの教義の指導者たちはムスリム住民の世俗的生活（гражданская быть）にも介入をはじめ、徐々に人民生活のあらゆる局面に巨大な作用を及ぼすようになった。こうした意味合いでミュリディズムがカフカース地方に普及しだしたのは、一八二〇年代のことであった。この時期に山岳ダゲスタンにまで帝政ロシアの影が到達するようになると、そこの諸種族はそれに抗して新しい秩序を求めるようになり、それが蜂起や暴動といった激しいかたちで現れることもたびたびであったが、当初、ダゲスタンの諸部族はまとまる機会もなく、アゾフ＝モズドク線から出撃するカザーク部隊などによって容易に抑えられたのであった。しかし、一八二三年になって、キュリーン汗国（Кюринское ханство）のヤラグ村（селение Яраг）でムラーのムハンマドが戦闘的なミュリディズムの教義を開いたという噂がダゲスタンとチェチニアに瞬く間にひろまった。ヤラグにはそれを求めて人びとが殺到しただけでなく、中心的な指導者たちも集まり、彼らは帝政ロシアと闘争することを真剣に考えた。一八二六～二八年のペルシア戦争、引き続き一八二九年まで続いたトルコ戦争でロシア側がかなりな兵力をダゲスタンに送り込み、結果として、諸部族の生活が大きく乱されたことが彼らの決意をますます確かなものにしたであろう。

ミュリディズム展開の特徴にいささか触れておけば、注目すべきは、当初、それはダゲスタンの都市型居住地（шамхальство）に好都合な環境を見出して定着を図ったことであった。それを可能にしたのは、何よりもそれらにおけるイスラームの「賢人たち」の存在である。その中のひとり、ガジ＝ムハンマド（Гази-Мухаммед）はその中心的なひとつ、タルキ（Тарки）を占拠した。そこはカスピ海沿岸のダゲスタンの要衝ペトロフスク・ポルトに直接繋がる一帯である。彼はさらにカスピ海に面してペトロフスク・ポルトと並ぶダゲスタンの拠点、デルベントを掌握しようと図ったが、[55] シーア派市民たちはスンニ派の攻勢に抵抗しただけでなく、商人たちは積極的にロシア軍を支援して要塞を防御した。ミュリディズムの都市部での展開は早々に限界に達したとみなしてよいであろう。

こうした事態に直面して、ガジ＝ムハンマドは改めて回教教典の決め事を厳格に遂行するようダゲスタン各地に檄を発し、自らは当地におけるイマームを名乗った。[56] すでに述べたように、イマームとはイスラームの精神的指導者、先導者であるが、アラビア語源的には模範、手本といったニュアンスがある。確かに、ミュリディズムの普遍性は疑問視されたのである。ミュリディズムの平等主義は分散的な政治構造のもとにあったチェチェン人たちにはアピールしたかもしれないが、その一方で自ら強力な指導者たちがいたチェルケス人たちはその宗教的哲学にあまり惹かれることはなかったとも指摘される。[57] 自ら黒海カザークであった特異な歴史家ポプコは、カザーク軍団にいた異族人たちはスンニ派であったが、その他のザクバン地方（西カフカース）の山岳民たちはイスラームにほとんど惹かれることはなく、むしろ宗教的無関心の近くにいたと指摘している。それだけでなく、後年のオスマン帝国による山岳民に対するイスラーム宣伝はいかなる効果ももたらさなかったと明言している。[58] これらのことは山岳民の思想と行動をとかく宗教的（あるいはイスラーム的）に解釈しようとした（する）傾向が強いなか、傾聴と検討に値するであろう。ガジ－ムハンマドと言う人は、一七九三年ごろにダゲスタンのギムルイ（Гимры）村で「農奴ではない自治農民」（уздены）的な家に生まれたとされる。ギムルイはペトロフスク・ポルトから南西六〇キロほどのスラーク川支流に接する地点にある。そこから上流へ四〇キロほど辿れば、シャミーリたちの拠点があったグニブ（Гуниб）に達するから、この一帯が彼らのいわば根拠地であった。ガジ－ムハンマドはギムルイで在来の旧勢力（ханы）を打倒するだけでなく、極力、ロシアから自立した、イスラーム教の独自的かつ排他的な空間としてイママートを創出することをめざしていた。イママートとはイスラーム教の独自的かつ排他的な空間であり、ふつう、イマームが主宰し統括する。したがって、課題とするところは極めて重層的な性格を帯びざるをえない。

　さて、一八三四年に、ガジ－ムハンマドに次ぐ第二のイマームであるガムザト－ベク（Гамзат-бек この人は一七八九年生まれ、アヴァール人のハン〈汗〉の出である）が種族間の軋轢のなか殺害されるとチェチェン人の統率者タショフ－ハジ（Ташов-Хаджи）が山岳民たちを指導したが、やがてガムザト－ベクの金庫番であったシャミーリ（Шамиль 1797–1871）がダゲスタンのイマームに名乗りをあげた。イママートの賢人会議（совет ученых）が人気者を選んだのである。[59] シャミーリは自らをすべての土地の所有者と考えていたほどであるから、単なるイスラーム宗教家などではなかったが、その登場と活躍（運動指導者としての時期は一八三四～五九年）はオスマン帝国に暮らすイスラームたちの共感を呼ぶだけでなく、ロシア帝国の一層の南下を懸念する西欧諸国からも賞賛を浴びるところとなった。彼はオスマン帝国ではオスマン人として扱われたが、出自はダゲスタンの最大部族アヴァール人であり、生地は北東部ダゲスタンの、すでに触れた初代イマームのガジ－ムハンマドと同じ村落ギムルイで、父はやはり同様に自治農民的であった。一部の文献はカジ－ムッラー、ガムザト-ベク、そしてシャミーリを三代続くイマームとし、彼らに付き従う者たちをミュリドと規定して、ここからカフカースで実践されたイスラームをミュリディズムとするのであるが[60]、これは実際的な用語法のひとつであろう。

イマームのシャミーリは自らを中核とする独自なイママートを生み出そうとした。彼はそのための事業遂行に懸命になった（一方、西カフカースはこうした経験を共有しない）。彼は回教法典シャリアートの定めごとの多くを変更して現実の必要に合わせ、そのための修正をとくにニザム（низам 常時の、正規のといった意味）と呼んだ。シャリアートに従えば、盗み（воровство）は厳しく罰せられ、発覚一回目で右手を切るのが定めであった。二回目は左足、三回目は左手、四回目は右足、そして五回目で首を刎ねたのである。しかし、カフカース山岳民の間では盗みはなかば生業化していたから、こうした規定をそのまま適用することは大いに憚られた。シャミーリは罰則を代えて、禁固や罰金を科すことにしたのである（ただし、三回目で死刑である）[61]。このように、彼は極めて現実主義的なのであって、厳格な守旧さだけをもって人気を博そうなどと考えたわけではないだろう。このようであったから、カフカース地方、少なくともダゲスタンにおいて、シャリアートは当地の具体的な条件にうまく対応していないと当事者によって（さえ）判定されたのであった。シャミーリのイママートにおいて、その適用はいわば条件付きであり、その欠を補ったのが慣習法（アダート）であった。それに基づく裁判が山岳民たちの社会秩序を維持した。この場合のシャミーリの現実主義にはそうした側面が内包されている。一方、ツァーリ政府側はシャリアートに代えてアダートを重視する立場であったが、こうした意味合いで言えば、イスラームもツァリーズムもともにカフカース地方においては依然としていわば新興勢力のままであった。

一八三七年、ニコライ一世がカフカースを訪問した。帝政がカフカース奪取に真剣なことは誰の目にも明らかであったが、その動きの中心は黒海東岸部（西カフカース）での権力確立に傾き、東カフカースのダゲスタンやチェチニアは関心事項のいわば周辺に置かれたから、その隙を突くようにして、シャミーリは山岳民の間で影響力を増強することになった。一八四〇年代初めがシャミーリの絶頂期であった。彼は支配地域を西カフカースにまでひろげようとしてアドゥイゲ人（後出）へ使者を差し向け（一八四二年）、カバルダ地方へ「進軍」を試みる（一八四六年）などしたが[62]、うまくいかない（この局面については、さらに後述する）。ツァリーズムの迫害からシャミーリのもとに逃れてきたダゲスタンの人たち（彼らはムハドジール〈мухаджир〉と呼ばれたが、元来は、イスラーム世界で自らの信仰を守るために移民する者を指す用語である。これについても後述する）をチェチェン人のもとに移住させて、「懐柔する」ことまで試みたのであった。ポクロフスキーはそれに反撥した人びとがミュリディズムを逃れようと移住したとまで言うのである[63]。

　シャミーリはロシアに対する聖戦を掲げながら、その一方では、人民統治のあり方を本格的に模索した。一八四二年、彼はチェチニアを三区画に分けて、三人のナイブをそれぞれの長にした。ナイブは軍事と民事の双方に「非常に大きな権限」（весьма значительные права）を与えられた[64]。その一方で、シャミーリはいわば私兵として「個人的な警護隊」（личная стража）を保持したが、一八四五年、それは四〇〇人のミュリドと三〇〇人の逃亡ロシア兵から成り立ったといわれる[65]。こうしたことはイママートと帝政ロシアとの具体的な接触局面のひとつである。イママートが精神的（宗教的）権力と世俗的な権力をひとつにすることから、神政国家（theocracy; еократическая держава）の出現を指摘する向きもあるであろう。実際、このイママートは一八四三年初までに常備軍とでも言いうる軍事力と中央と地方の各々に組織されたいわば国庫（общественная казна）を備えたとされるから[66]、国家としての体裁を整えつつあったことは確かであろう。しかし、これは決して「シャミーリの君主国家（あるいは王国）」などではなかった。何よりも、大きな権限に裏打ちされてナイブたちが独自な動きを見せたことは国家としての凝集力をイママートから奪うことになった。そうした事態はなかば自動的に「権力闘争」を生み、ナイブの中にはシャミーリによって追放される者が出るだけでなく、自ら逃亡する者もいた。ダニズリ‐ベク（Даниэль-бек）の場合、一八五六年、聖戦を停止して降伏することをシャミーリに進言しただけでなく、ロシアと和解するために担当地域をロシアへ引き渡すことまで考えた。彼は「独立山岳国家」（независимое горское государство）の樹立は無理であり、オスマン帝国に支援を求めることは西欧列強への従属を意味するとそれも拒否したのであった。したがって、選択肢はロシアしかないということである[67]。

話が進み過ぎた。シャミーリ絶頂期に特徴的な動きとしてさらに指摘すべきは、チェチェン人たちがロシア側の攻勢に対してそれを避けるように自らの村落を放棄して、山岳深く森の中へと逃げ込んだことである。つまり、カフカース軍は一八四〇年代中ごろから森林に大道を切り開きながら進攻する「伐開線方式」(система просек)を採用して、本格的な攻略を始めたのである。とくにヴォロンツォーフやバリャチンスキーによって推進されたチェチェン攻略は、一八五〇年代初頭、クリミア戦争が始まるまで執拗に継続されたのであった。明らかに、これはシャミーリのイママートが五〇年代に入ると凋落を始めることになる原因のひとつである。

　シャミーリは意識して下層民を身の回りに集めた。当然のように、彼は軍事の組織化に力を使い、家族単位で軍事的な義務を課すまでした。コーランに従えば、戦争はイスラーム教の支えであった。異教徒ロシアとの戦争には格別な意味合いがあった。男は一人残らず義勇軍に参加することが原則であり、兵士となった者たちは五〇人、一〇〇人、五〇〇人、そして千人と単位化された[68]。兵士の食糧は余力がある者の「パトリオティズム」に訴えて無理なく供出させ、ダゲスタンからチェチニアへ大量に運搬した。その一方で、軍隊による略奪は厳禁された。軍事生活では、優秀者が表彰され、勲章まで与えられた。独自な課税制度も生まれ、それに応じて国庫らしきものも存在を始めたことにはすでに触れた[69]。

　最後に、イママートの西方への拡大問題を取り上げたい。一八四六年、シャミーリは西へカバルダ地方を突破しようと企てた。そこはチェチニアなど東カフカースを西カフカースと繋ぐ中間地帯であった。長大なカフカース山脈を東から西に見ると、東部の急峻な山並みは第二位の高峰カズベク(五〇三三メートル)を最後にして、一旦、緩やかになり、山脈北方の広大なステップ地帯と南方の黒海へ至る平地とが連絡可能な一帯として出現する。そこからさらに西方の最高峰エリブルース(五六四二メートル)までの一帯は中央カフカースとでもいえ、ここに主たる勢力を維持したのがカバルダ人たち(кабардины カベルタイ кабертай と自称した)であった。彼らはチェルケス人あるいはアディゲイ人と大変に近しい親戚関係にあり、同じように戦闘好きで、彼らに平和な農業生活を送らせるのは至難であるとまで言わせた人たちである。(70) 一六世紀中葉、アストラハン汗国を奪取して以来、帝政ロシアはこのカバルダ地方に関心を抱き続けた。それは、一七六三年、モズドク(Моздок カバルダ語で「深い森」の意味)に要塞をつくり、さらに一七八四年になって地元諸部族がカプカイ(Капкай 山門の意)と呼んでいた地点を開発拠点に選んで、それにヴラジカフカース(Владикавказ 文字通り「カフカースを征服せよ」の意)と命名したことに明瞭である。この中央要塞から、すでに触れたように、カズベクの東山麓を経てチフリスへ至るグルジア軍用道路が出るが、もうひとつ重要なのはその西山麓をクタイシ(Кутаиси)まで行き、そこから黒海沿岸の港町ポチ(Поти)へ至る道が整備されたことである。まさしくヴラジカフカースは帝政ロシアにとって一大戦略拠点であり、レクリューに言わせれば、「それを通じてヨーロッパ・ロシアの平原をザカフカースと連絡する門」(71)であったが、ザカフカースだけでなく、黒海も加えたほうがよいであろう。ロシアにとってそこは南下して得た成果を防衛するため戦略拠点であり、それを阻止したいオスマン帝国にとっても、イギリスを始めとする西欧列強にとっても、カバルダは同様に重要地域であった。

一八四六年の春、シャミーリは行動を起こすが、カバルダ人たちは望むようには動かない。彼らは古く一六世紀にイスラームとなった人たちの末裔であったが、すでにこの時点ではカザークやロシア軍が何たるかをある程度は知り、人によってはロシア側から生活様式(modus vivendi)まで影響を受けていたこともあって、ミュリディズムは彼らに対して目に見えて作用しない。さらに、ダリヤル峠を占拠しようとしたときもそれに反対したのであった。彼らは非ムスリム的で、むしろロシアに忠誠していた。帝政ロシアがモズドクから正教布教を始めたとき、最初に狙いをつけたのが、中央カフカースのもうひとつの代表的種族オセット人であった(七九頁以下の「補論」を参照)。モズドクの初代主教、グルジア人のガイ(Гай)は正教カテキズムを自らオセット語に訳したのである。(72) そのようであっても、繰り返すが、オセット人の宗教生活はやはりキリスト教、イスラーム教、そして多神教(язычество)の三者が混合しており、それも古来の多神教信仰が維持されていると特記されるほどであった。(73) カバルダでのシャミーリの不首尾にロシア軍は関係していない。スミルノーフは住民がシャミーリに対して敵対的であったとまでいうが、(74) 非協力あるいは無関心であったというのが、幾分かは真相に近いように思われる。

このようにシャミーリは中央カフカースを突破できず、その西方にいるチェルケス人とは親密な関係を構築する展望が開けないままとなった。ここではバッデレーを引用しよう。「グルジア〔軍用〕道路〔the Georgian road〕は一八四六年のシャミーリの決死の試みにもかかわらず、決して架橋されることはなかった(75)」。「〔カフカース〕東部ではヴラジカフカースの隣およびグルジア〔軍用〕道路からほとんどカスピ海までをミリュディズムが勝利した。〔一方、〕西部ではクバン川上流から黒海沿岸までは宗教的なファクターはそれほどないが、独立のための闘争が何とか続いていた。しかし、その間にカバルダがあり、〔中略〕〔カバルダ人は〕ロシア支配を受け入れ、一八二二年以来、公然たる反乱から身を引いていた。このように、戦闘線のちょうど中央にギャップがあって、それらを架橋せずには、ふたつの主要紛争地域は分かれたままなのであった(76)」。つまり、シャミーリのイママートは東カフカースのチェチニアの一帯にとどまったのである。

西カフカース・チェルケス人たちの世界

ここで西カフカースに目を転じよう。西カフカースとは、帝政ロシアの行政区分に従えば、次の三地区にほぼ相当する地域空間をさす。つまり、北側からスターヴロポリ県（Ставропольская губерния 中心都市は一八七四年の人口が二万九六〇〇人のスターヴロポリ）、中間にクバン地方（Кубанская область 同じく三万二五〇〇人のエカテリノダール）、そして南に黒海管区（Черноморский округ 五二〇〇人のアナパ）である。カフカース山脈との関係でいえば、大きく見て、スターヴロポリ県はその北麓、クバン地方が山地部分、そして黒海管区が山脈南麓の黒海沿岸である。したがって、これらはカフカース山脈を中心として南北に跨る一帯である（一三七頁の地図を参照）。帝政ロシアはカザークによる入植を先頭にしてそこへの侵攻を図ったが、そもそもカフカースにあっては、一八世紀後半（一七八五年）、エカテリーナ二世によってカフカース総督制が制定されて以来、奨励された入植はロシア（人）と非ロシア（山岳民など）の混在（совместные поселения）は認めないことを原則としたから(77)、これに従えば、ロシア側にとって入植にあたって、山岳民たちは邪魔者以外の何物でもない。最北のスターヴロポリ県の中心はクバン川主流が流れる広大なステップ地帯であり、帝政ロシアのいわば南下前線となったアゾフ＝モズドク線が通過する。スターヴロポリの町がそれを支えてきた。一八五四年にチフリスで刊行されたスターヴロポリ市統計便覧によれば、一八五三年末の市人口一万七六二七人の内訳でまず目立つのは男一万一一八三人、女六四四四人というほぼ二対一の極端な性比アンバランスである。最大グループは下級軍人（三二〇八人）とその家族（二七〇二人）。カントニースト〈кантинист〉と呼ばれ、出生と同時に兵籍に入れられ、軍事教練の対象とされた兵士の息子がその内一一一七人いるのが目立つ）。つまり、下級軍人とその家族だけで全市人口の三分の一を占め、さらに上級の軍関係者が合計一三二七人もいて、文官九一四人を大きく超えている。「町民」四五九七人が町の経済生活を担っているが、全体からすれば、軍事都市の印象を払拭しがたい[78]。県制が導入されただけでなく、都市（город）はロシア法一般の適用を受けて、帝政ロシアの国家編成にしっかりと組み込まれているが、それだけでなく、たとえば、一八六五年一二月一日、テレク地方長官がカフカース軍総司令官補佐名で一八六六年から同地方の現地人（туземцы）に対して独自な経営単位を構成する戸ごとに（подымно）国税を課すことを公表した[79]。

クリミア戦後、帝政ロシアはさらに南下の度合いを強めてクバン地方およびそれ以南に焦点を合わせているが、それらは併合するにいまだ心もとない状態にある。すでに見た東カフカース事情とは対照的に帝政側にとって西カフカースは残された地帯であり続けた。その中央部のクバン地方はカフカース山脈西端を下る広大な北側斜面にあたり、最大級のカザーク村マイコプ（二万二五〇〇人）が所在した。クバン地方南側の黒海管区は平地が乏しいこともあって人口は少なく、すでに触れたように、開発は大きく立ち遅れている。そこのアナパと並ぶ人口のグリゴロポーリスカヤもカザーク村である。この部分もクバン地方と同様に帝政側にとって残された気掛かりであったが、黒海の海岸線を確保することは、国際関係上の紛争につながりうることは容易に想像された。

地理的にはカフカース最高峰エリブルースが中央部カフカースのカバルダ地方と西カフカースを区分したが、そのクバン地方は山岳民の根拠地とでも言いうる一帯であった。西カフカース攻略の実質的な責任者となったエヴドキーモフによる一八六三年七月から一八六四年七月までのクバン地方における軍事行動報告書は当地の山岳民の状態を次のように整理している。クバン地方の主要な山岳民は、アブハジア人（абхазцы）とアドゥイゲ人（адыге あるいは адиге 以下、後者の場合でもアドゥイゲと表記する）のふたつであり、前者アブハジア人は同地方の南東部に居住して、約二五〇〇家族（三〇〇〇とする場合もある）いる。後者アドゥイゲ人が西カフカース最多の先住種族であり、大小のラバ川から黒海東岸までひろく分布し、次の五つの主要な種族から成り立つ（カッコ内はエヴドキーモフによる推定値）。つまり、アバゼヒ族（абадзехи 一〇万人）、シャプスーギ族（шапсуги 一五万人）、ナトゥハイ族（натухайцы 四万人）、ブジェドゥヒ族（бжедухи 三万八〇〇〇人）、ウブイヒ族（убыхи 二万人）である。さらに、これらそれぞれは下部にいくつかのより小さな種族を擁し、それら合計は三万～三万五〇〇〇人である。したがって、西カフカースのアドゥイゲ人全体は三八万から四〇万人と推定され、これは「かなり真実に近い」数字であるともいうのである。この整理に従えば、アドゥイゲは数種以上の種族を束ねる際に用いる呼称である。これらのほか、西カフカースにはノガイ人（ногай 四万人以上）、アルメニア人、カラチャエフ人（карачаевцы）などもいる。カラチャエフ人はチュルク系であるが、この間、特段の動きを見せず、トルコ移住もしていない[80]。そもそもこの報告書は「現地住民全体を一掃する」[81]（очистить）作戦の成果を誇り、「今や山岳や山麓ではロシア住民にしか出会わない」[82]ことを結論にしようとするものであるから、ここで示されたいわば「残留」山岳民数は過小傾向にあるかもしれない。こうした山岳諸種族に関するエヴドキーモフの分類と整理は適切であるのか、いささか繰り返すことになるが、別の議論も参照してみたい。

西カフカースにおける山岳民の種族状況を複雑にしたのは、この領域で主となるアドゥイゲ人がアドゥイゲ種族（адыгские племена）と一括される、上に触れたアバゼヒ族など少なくとも一三の有力部族から成るいわば連合体としてあったことである（一三部族の一覧がある）[83]。さらに、分類上、アドゥイゲ人と同じレベルで、人数は少ないが、もっとも東側に位置したカバルダ人（кабардинцы）、カフカース山脈の南面に分布したアバジン人とウブイヒ人（абазины и убыхи）、ヤイク川からドニエストル川まで広大な空間に暮らすノガイ人（ногайцы）、チュルク人との同化過程に置かれたカラチャエフ人とバルカル人（карачаевцы и балкарцы）、歴史的に北方から南方へと居場所を変えてきたオセット人（осетины）、そのほかヴァイナフ人（вайнахи）などがいた。そうした多種族性が支配した西カフカース山岳民の世界では、したがって、そのままでは彼らの間に共通する民族的政治的アイデンティティーは簡単には成立しようがなかった。

ここで議論の中心となるべきは、最多のアドゥイゲ人の動向であろうが、彼らはチェルケス人（черкесы）とも呼ばれた。本節冒頭で紹介したマクシーモフはアブハジア＝チェルケス族はアブハジア＝アドゥイゲ族ともいうとして、チェルケス族とアドゥイゲ族をイコールとしている。つまり、それによれば、西カフカース最大の山岳民グループであったアドゥイゲは島を意味するチェルケス人たちの自称である。ドゥブローヴィンによれば、用語としてはチェルケスの方がはるかに流通した。確かに、近代ロシアを代表した戦略家のひとりでカフカース事情に精通したファデーエフもその『カフカースからの手紙』でアドゥイゲ人について、われわれはチェルケス人と呼んでいるとわざわざ注記したほどである[84]。ただし、チェルケスとアドゥイゲの関係については、現代の研究者の間には混乱が認められる。たとえば、リッチモンドはアドゥイゲをチェルケスの上位概念とし、逆に、イブラギムベイリはチェルケスをその上に置いている[85]。さらに、旧ソヴィエト史学におけるカフカース史研究のいわば集大成的な著作のひとつは、次のようにアドゥイゲをチェルケスよりひろくとらえている。つまり、一九世紀の文献のほとんどは北カフカース諸民族をチェルケスとしているが、今は、チェルケスはカラチャエヴォ・チェルケシアに住むアドゥイゲ住民の一部を指すというのである[86]。後でもこの問題に触れるが、チェルケスという用語の発生に関しては諸説があり、この種族の始祖とされるテル（Тер）とケス（Кес）に由来する伝説がひとつで、本来はタタール語でタタール人とカバルダ人との間で流血戦場となったチェレク川（Черек）から来るとするもの、さらにはダゲスタンなどの人びとがサル＝キャス（Сар-Кяс 命知らず、盗賊の意味）と呼んだことからとするものなど色々である[87]。

以下、ここでも重複を恐れず、さらに言及しておきたい。先に引用したレクリューは、前世紀にチェルケス人は北カフカースのステップ地帯では圧倒的な存在であったが、一八五九年には五〇万以上、そして一八六四年には三〇万人となり（右のエヴドキーモフの数値よりも小さい）、今や彼らは独自な住民（самостоятельное население）として生存することは止めてしまい、ばらばらに住んでいて、やがては全カフカースにチェルケス民族の純粋な代表者は留まることがなくなってしまうだろうとまで書いた[88]。レクリューは、今や西カフカースはすべてがロシアの土地になってしまっている。やはり入植してきたチェコ人のコロニーは少しずつロシア人の村と合流する動きをみせており、アドゥイゲ人の地におけるスラヴ人入植者の多さは山岳民たちの数をとっくに凌駕しているともいう[89]。別に、一九世紀末でクバン地方住民に占める山岳民は五％ほどに過ぎないとする推計もある[90]。一八八七年に出された『カフカース便覧』は、西カフカースの山地にいたチェルケス人あるいはアドゥイゲ人は帝政ロシアとのカフカース戦争で一八五九年からオスマン帝国へ立ち退き（выселяться）始め、終戦に伴って、一八六四年からはわずかに七、八万がクバン低地へ入植した。今や五万七〇〇〇にまで減少していると述べる[91]。これらは、帝政ロシアによるカフカース征服の完遂は、西カフカースからチェルケス人（あるいはアドゥイゲ人）を事実上放逐することによって達せられる（た）とみている。

別の資料によって、もう少し山岳民たちの数的状況を観察しておきたい。今のところ筆者が閲覧しえた関係資料でもっとも詳細なものは、チフリスに所在したカフカース統計委員会が作成した一八八三年末現在のクバン地方に居住した「山岳民およびその他のムスリム諸民族の種族別構成」（племенной состав）一覧であるが[92]、さらに参謀本部が作成し、一九〇〇年にチフリスで刊行された『クバン地方軍事統計概観』もあわせて参照しよう。「種族別構成」は地方を構成した三つの郡ごとに住民分布を家族、性別の各数で示し、全体で一万四〇〇〇世帯、男子四万七〇〇〇、女子四万三〇〇〇の計九万人ほどを把握している（以下も概数で示す）。全体を類推するに十分な数であろう。種族は大きく八グループに分類され、五万数千を数える最多のグループを「アドゥイゲ（チェルケス）」（Адиге〈Черкесы〉）として、その傘下の部族を一六並べ、そのうち、Абедзах（Абадаехи）およびКабертай（Кабардинцы）と表記される二者がそれぞれ一万五〇〇〇、一万一〇〇〇ほどで最大級である。『概観』は後者をアドゥイゲ種族のなかでもっとも戦闘的であるとするが[93]、前者はおそらく、すでに右のエヴドキーモフ報告で触れ、さらにすぐ後でブロックガウス百科もいうところのアバゼヒ族（абадзехи)を指すであろう。ここではすべてのグループに触れるまでもないであろう。二万三〇〇〇ほどの第二グループはチュルク系諸種族とされ、クバン川上流部に四〇〇年前にクリミア地方から渡ってきたカラチャエフ族(карачаевцы)が最多であり、ノガイ族(ногайцы)はここに入るが、トルコ人も十人数えられている。もうひとつだけ大きな種族グループはアブハジア族(абхазцы)で一五部族、九〇〇〇人ほどである。いずれにせよ、一九世紀末には「アドゥイゲ」(チェルケス)は数万人でしかない。このような帝政側の資料に従えば、一九世紀後半に彼らは急速に減少したことになる。その通りであれば、本書が立ち会うのは彼らの衰退過程(それも末期)ということになる。いささか先回りして言えば、帝政ロシアは北カフカースからいわば異分子を排除しながら一帯を統合する道を歩んだのではないのか。そのようであれば、ここでは同化といった作業をするまでもなかったようにさえ思われるが、実際はどのようであったろうか。

『ブロックガウス百科』の解説(94)(執筆者Л. Ш.)はいささか異なり、「チェルケス人」(черкессы)を立項して、おおよそ次のような特徴的な説明をしている。この用語が意味するのは異なる部族ではあるが、言語・文化が近いグループでカフカース西部山岳のナロードナスチであり、カバルダ平地の過半、カフカース山脈の東北山麓のかなりの部分、黒海東岸、つまり、現在のクバン地方の南部すべてとテレク地方の西部に居住している。チェルケス人は西カフカース一帯に広範に存在した複数の部族の総称であり、それは次の三大グループから成り立つ。アドゥイゲ人(адиге)たちのグループ、それにカバルダ人(кабардинцы)とアブハジア人(абхазцы)がそれぞれ構成するグループである。したがって、ここではアドゥイゲはチェルケスの一部を構成するいわば下位概念として扱われているが、その一方では、歴史的に見るとチェルケスという呼称は周辺諸民族がする呼び名(他称)であり、山岳民たち自身はアドゥイゲと自称したともいうから、議論は整合的でない。『ソヴィエト大百科』は「アドゥイゲ」(адыге)の項目でそれを北カフカース諸部族の親類グループの総称かつ自称であり、中世以降、西欧や東洋ではチェルケスの名で知られるようになったと両者を区別している。チェルケスも立項しているが、それをアドゥイゲの総称として、カバルダ人やアブハジア人を枠外にしている。さらに、参考までに触れれば、外国人旅行者などはカバルダ人をチェルケス人(したがって、アドゥイゲ人)と同一視したが、カバルダ人本人は自らをチェルケス人とは区別し、そうされることを嫌ったと言われる。[95] アドゥイゲ人はカフカース山脈北麓に居住し、チェルケス一族の中でもっとも戦闘的とされるアバゼヒ人(абадзехи)など十ほどのナロードナスチによって編成される山岳民集団として説明されている。カバルダ人のグループとアブハジア人のそれもそれぞれ同様に複数のナロードナスチを有したわけであるから、それら合計はかなりの数にのぼる。したがって、チェルケス人とはおそらく数十に達する諸部族の複合体を意味する総称である。『ブロックガウス百科』の記事は черкесы をトルコ語で чер と кесмек に分解して、それに「道を遮断する」という語義を見出し、旅人から強奪を働く山賊と同義であるとする解釈があることも紹介して興味深い。ここではあわせて、「チェルケス」という言葉は「強盗」(грабитель)、「匪族」(бандит)、「大道の山族」(разбойник большой дороги)といった意味合いであるという同類の説明も掲げておこう。[96] その意味では、「チェルケス」には他者が一方的に行う評価が加わりがちであったのかもしれない。

このように、チェルケス人たちは西カフカースの大半に分布し、この地方を代表した山岳民であった。彼らはおおよそ東西五〇〇キロ、南北二五〇キロの空間に散在し、その山奥深くの村落は周囲と関係する機会が乏しく、それ故、彼らの社会的存在形態には細分化(дробность)、あるいは分離(разъединение)といった用語が差し向けられることが多い。そのようであれば、居住地間の連絡はむしろ稀なことですらあったろう。

チェルケス人たちにもキリスト教を信仰した時代があった。キリスト教は彼らの間にドグマ的な教義としてではなく、新奇な儀礼として登場したが、それは聖書に接近することがむつかしい彼らが選択した道でもあった。しかし、この信仰はチェルケスの世界にあまり根づくことはなく、聖職者も減り、その儀式も人びととの記憶から徐々に消え去るようになった。それに代わって、一八世紀初め、イスラーム教が入ってきた。とくにオスマン帝国が黒海沿岸の拠点アナパを占拠したあと、その勢いは強まった。西カフカースではキリスト教はモズドクあるいはピヤチゴルスク(Пятигорск)といった帝政ロシアのいわば前進基地的な町に残るだけとなった。関連して述べれば、温泉療養地として古くから知られたピヤチゴルスクには一八七五年になって温泉治療所が開設されただけでなく、ロストフ・ナ・ドヌーとヴラジカフカースを結ぶ鉄路が「鉱泉」(Минеральные воды)駅まで開通してロシア内陸部と直結された。ピャチゴルスクは帝政ロシアにとってかけがえのない保養場として全国的な扱いを受けるようになるであろう[97]。山岳民の世界に孤立して点在した、このような都市(町)が帝政による開発拠点となったのである。

すでに述べたように、イスラーム教などといっても、チェルケス人の間ではキリスト教の名残と古来彼らの間に流通した偶像崇拝の素朴な多神教とにイスラーム教的な要素を交えた複合的な信仰として普及したといった観察は[98]、少なくとも同時代人によってほとんど普遍的になされたとみなしてよいであろう。たとえば、レクリューは、チェルケス人の宗教は「極めて複合的」(чрезвычайно смешанный)であったから、〔特定の〕聖職者の影響を受けにくいとも述べたのである[99]。さらに『カフカース便覧』も西カフカース山岳民全般の宗教は「あいまいなもの」(неопределенный)であったというのである[100]。チェルケス人に限らず、カフカース山岳民の宗教生活が複合的であったことは、オセット人の場合(七九頁以下の「補論」を参照)と同様に認められるであろう。したがって、カフカース戦争で観察されたとされる山岳民たちの宗教的なファナティズムなるものをイスラーム教(だけ)で説明しようとすることが、従来、なかば当然のようになされてきたことは見直す必要があるのではないか。オスマン帝国との関係で、それとの対決(露土戦争)の側面が全体に投影され、オスマン=イスラーム故に、イスラームがひたすら強調されることになったのではないのか。人びとの間ではコーランはほとんど知られていない。何か重要なことはすべてそれを補足する慣習法(アダート)によって処理されたから[101]、それとイスラームの関係は問題とされてよいが、それがロシア人との関係をますます対立する方向へと誘導したことは重要である。チェルケス人たちは自らの行く末を心配して絆を結び、その利益を擁護しようとした。ドゥブローヴィンはこうした局面にチェルケス人の政治秩序(политическое устройство)の発生を見ようとしているが[102]、ひとつの卓見であろう。

チェルケス人社会は身分制であった。ドゥブローヴィンは、それは「純粋に貴族的」(чисто-аристократический)であったとまでいう。そこにはプシイ(пши)と呼ばれる侯(князь)やヴオルキ(вуорки)という貴族(дворяне)のほか、中間的な身分としてオギ(оги)がいて、さらにウナウトゥイ(унауты)という召使あるいは奴隷(рабы)までが揃っていた。[103] これらから何らかの位階制社会をイメージすることもできるであろう。ドゥブローヴィンはチェルケス人以外の山岳民の間にも特徴的な諸身分を見出すことに力を使っていて、実に一一を数えている(先述したとおり、チェチェン人の間には身分制は認められないから、すべての山岳民社会に身分制があったわけではない)。もう少し、彼の話を聞こう。最上位のプシイはロシア語の господин にも対応している。村の所有者はクオジェ・プシイ(куодже-пши)、人民の所有者はチレ・プシイ(чилле-пши)と言い、チェルケス人はロシア皇帝をプシイ・シフオ(пши-шхуо)というが、これは直訳すれば великий князь であるから、大公である。プシイがチェルケス人の軍事を掌握し、一般人民は彼を敬う。プシイが死去すれば、その息子たちの間でウナウトゥイは分配され相続される。[104] シャミーリによって西カフカースへ派遣されたナイブはチェルケス人民の間に影響力を確立しようとして、そのためにはプシイの権力を制御する必要があると認めた。そのひとり、ハジ゠ムハンマドはプシイの娘と結婚してまでその取り込みを図った(ドゥブローヴィンはチェルケスの侯の娘とダゲスタンの牧夫の何とも不釣り合いなことかと付記している)。もうひとりのムハンマド゠アミンは侯バガルコソフを射殺した。[105] ともにプシイとの関係を思い悩んだ末の決断であったと思われるが、これらナイブたちが採った行為の本質は、通俗的かつ非人間的で陰惨な権力闘争のそれと区別できないであろう。

位階制社会の第二に位置したヴォルキはプシイの保護のもとで暮らし、数的にはチェルケス住民のほぼ三分の一を占めたとされるから、[106] これに貴族などといった訳語を当てはめるのが適当なのか、疑問としない。実際はプシイの直接的な支持者で、日常的な村落秩序の実質的な維持者たちであろうか。ドゥブローヴィンは中間的とされたオギ以下を従属身分として整理している。最下層のウナウトゥイは個人的にも社会的にもいかなる権利も持たない。彼らは窃盗や誘拐を生業にしていて、その成果をオスマン帝国へ売却して暮らしを立てているといわれる。[107]

このようにチェルケス人の社会は極めて権威主義的であったのだが、一方で、その運営自体は形式民主主義的であった。チェルケス人の人民集会(народное собрание)は代議制ではなく、全員参加であった。それは「純粋民主主義的」

（чисто-демократическое）であるとドゥブローヴィンは指摘し、首長が不在で「共和制的」（республиканское）であるともいう。このように見れば、立法や行政の執行権は人民の手中にあることになるが、それを支えたのが所有権、武器使用権、氏族同盟の三つの原理であり、これらはプシイたち自由人のいわば専有物で、ウナウトゥイなど従属者はそれらから排除されるのが原則であったから、それほど単純な話ではない。ふつう、後者は身の安全を図ろうとすれば、自分の主人たる自由人に付き従い、その庇護のもとに入る必要があった。[108] 筆者の理解によれば、外見的な民主主義ないし共和制は差別的な保障制度を内実としたのであり、その頂点に立つ者の意向によって付き従うすべての者が一致した行動をとることが予め定められたのであった。こうしたことは山岳民たちの対ロシア闘争で果たした社会的な機能として軽視することはできないように思われる。もっとも、この際、レクリューのように、彼らの身分制的特権は有意味性を失う過程を辿っていたとして、身分間における「兄弟関係」（братство を意味するトレウシ〈треуши〉）が当事者たちの終生の絆となってロシア人との闘争で少なからぬ役割を果たしたことを重視する立場もありうるであろう。この場合、人民の集会で示された自由な意思表示がそのまま彼らの法になり、侯や貴族たちもその単なる執行者以上ではありえなかったところに彼ら固有な民主主義があったとみるのである。[109] 実際のところはこれら両者の中ほどにあったかもしれない。

一八世紀末および一九世紀初め、人民集会は頻繁に開かれたわけではない。記憶されるところ、一八二二年のそれで、回教法典シャリアートによる裁判の導入が決定された。その後、帝政ロシアが黒海沿岸部へ進出して攻勢を強めると、一八四〇年代から人民集会はしばしば開催されるようになった。そうした人民集会で確認された宣誓の中にある種の相互防衛の考えがあった。つまり、それは、ロシアの軍団が入ってきたら、各自は武器を取って危険とみなされるところへ赴かなくてはならない。もし、武器がないのならば、蜂起する可能性も排除しないというのである。[110] チェルケス人ならば、血を分けた者のために自らの血を流すのは当然であり、それはいかなる手段も問わないということである。現実には、こうした考え方がチェルケス人の間に大きな結合を生み出すための原理にもなったと考えられる。人民集会が必要に応じてロシア人との交易を停止すると、同時に、ある一団が個別に他の了承なしにロシアと関わることは固く禁じられたのであった。そして、一八四八年二月に開催されて、翌年二月にシャミーリのところから右に触れたナイブのムハンマドｰアミンが到着するまで、実に丸一年続いた人民集会はロシア人とあらゆる関係を断つことを決定し、同じ種族のなかでロシアと宥和的な立場をとる部分を厳しく弾劾することを決めた。(111) これはチェルケス人の間からロシア政府の出先に加わる者たちも出現するようになっていた現状への対応であった。

現実には山岳民たちの経済生活は部外者との関係で成立していた。ペルシアやアルメニアの商人たちがやってきて、農産品、酪農製品、蜂蜜など地元産品と綿や羊毛の繊維製品、時には火器などと交換した。トラブゾンの港からオスマンの沿岸船がヨーロッパ工業製品のほか、砂糖、コーヒー、火薬、塩などをアナパなどの港へ持ち込み、帰路は地元物産をコンスタンチノーポリへ運んだのである。(112) こうした遣り取りが日常であったから、オスマン帝国側からカフカース山岳民に兵器が密輸されることなど特段の困難をともなわずになされたであろう。ロシアとの関係も同様で、一八世紀に始まった山岳民とカザークなどとの交易関係では、すでに一八三九年に山岳チェルケシアにはロシア商品が一〇万ルーブリ余入ったといわれ、一八四〇年、蔵相カンクリーン（Е. Ф. Канкрин 1774-1845）などは山岳民向けに外国商品を無関税で入れることまで考え、一八四五年にはカフカース戦争をチェックするため、カフカース総督ヴォロンツォーフは陸相チェルヌイショーフに山岳民との交易（とくに塩）を制限することを提案したほどであった。(113) すでに触れた『概観』は次のように指摘している。チェルケス人の村落にはロシア人農民一万七〇〇〇人以上が住んでいて、ロシア人たちはチェルケス人から借地して、個別にまとまって暮らしている。その結果、ロシア人の山岳民たちに与える影響は顕著である（заметно）。山岳民の間にロシア人の学校がつくられ、チェルケスの若者たちはロシア語を話すようになって、旧習と切れつつあり、彼らは喜んで街へ出て〔ロシアの〕民兵（ミリツィア）にも入っている。山岳民の古老はこうしたロシア化の進展を苦々しく思い、反撥して、しばしばいっそのことオスマン帝国へ移住するように唆すほどであった（山岳民たちの移住については後述するが、これは彼らの側の事情のひとつである）。(114)

右に触れた人民集会決定の意味合いはこうした文脈において理解されるのがよいであろう。『概観』の執筆者はもともと山岳民がそのような「適応力」を備えていたとみている。たとえば、彼らの間ではイスラーム教(スンニ派)は偶像崇拝の多神教だけでなく、キリスト教とも結びついているではないか(すでに見たように、このことはドゥブローヴィンも指摘した)。一八七〇年に出された山岳民の村落法(аульное положение)はそれに独自性を認めるものであったが、〔そのロシア世界への接近ゆえに〕今や実態に対応していないとして、新法が検討されるほどではないかとも指摘するのである。(115)

このように、帝政ロシアによるカフカース介入の本格化につれて、人民集会は対ロシア姿勢をますます固くしたから、問題はいわば構造化し、長期化する運命にあったとみなくてはならない。東カフカースのダゲスタンなどではシャミーリのイママートが出現するなど相当な社会的(あるいは国家的な)凝集力が観察されたのに対して、西カフカース社会はその点で分散的であったことは否めない。この論点は一九世紀後半の近代カフカース史にとって最大級の論点のひとつとなるべきものであった。ここで最大級などと言うのは、次のようなことからでもある。

陸相ミリューチンがアレクサンドル二世に「北西カフカースの平定計画」を出して次のようなことを述べたことがあった。地域を征服する(завоевание)のはその住民に彼らの土地を残しながら行うのか、土地を取り上げてしまうのか、どちらかであり、これまで帝政はそれらを使い分けてきたが、地域を取りまとめることができる最上級の貴族的な身分を有する種族たちが居住するザカフカースやダゲスタンなど〔東カフカース〕では前者を採用することができるが、社会的な秩序(構成)といったものを持たず、〔その結果、〕人民全体との和平といったことが考えにくい(ありえない)、貴族的でない、「民主主義的な」種族には後者しか考えられない。(116)つまり、ミリューチンはこうした意味でまとまりに欠ける西カフカースには思い切った方策しかありえないというのである。ミリューチンはすでに見たようなチェルケス人村落社会のあり方をこのように否定的にとらえたのである。こうした判断は近代カフカース史の展開にとって決定的な意味合いを有することになるであろう。

さらに、同様な二分法をカフカース総督バリャチンスキーが抱いたことも重大である。彼はカフカースの東と西の諸民族の間には巨大な相違(огромная разница)があるという。その際、バリャチンスキーはシャミーリのイママートを国家統治の試みとして評価しようとさえした。それに対し、西カフカースでは人民は中小の共同体に分散していかなる権力にも従わず、公民的な結合は不在で勝手気ままな（необузданная）自由を謳歌することに慣れ切ってしまっている。今の西カフカースにおいてムハンマド＝アミンやセフェール＝ベイらの政治活動は全く幼弱であって、イママートのような組織化を果たしたシャミーリにくらべるべくもないというのである。[117] 彼らが難敵であったシャミーリを一致して評価するのは印象的ですらあるが、言ってみれば、近代政治における交渉主体間のあまりの不均衡を問題にしているのである。

このようなミリューチンやバリャチンスキーの見立てに対抗するかのように、ようやく一八六一年になって、チェルケス諸族はチェルケス人すべての結集を図ろうとして、「臨時同盟」（Чрезвычайный Союз）を結成し、一五人の賢人から成る議会（メジリス）を発足させ、チェルケシアを統治しようとそれを一二の管区に分けた。彼らはこれを新たな国家（権力）の確立であるとしてイギリスに承認を求め、ロシア軍司令部に対しても「チェルケス民族の統治」成立を宣言した。事態の進展を受けて、将軍オルベリアーニ（Г. Орбелиани 1804–1883）はチェルケス側の三人の代表と面会し、チェルケス人移住者に土地を与える、信仰の自由は尊重する、チェルケス人をカザーク軍団に徴兵することはしない、村や管区に裁判員や長老の選出を任せるなどとかなりチェルケス人寄りの表明をした。しかし、問題の処理をツァーリから一任されたミリューチンは、「臨時同盟」を国家体制や公民意識について全く知らない連中であるとチェルケス不信を崩そうとはしない。彼らはただロシアに反抗しようとして集まっているだけである。この動きが国外と結びつけば、新たなヨーロッパ戦争になりかねないなどと彼は考えたのであった。確かに、チェルケス議会はオスマン帝国で召集された。それだけでなく、彼らは宣言（Декларация）を出して、チェルケス人は蜂起し団結して〔対ロシア〕戦争を続け、敗北すればまとまって移民する（эмигрировать）とまで述べた。つまり、彼らはさしあたりオスマン帝国に軍事的支援と政治的連帯（チェルケシアのオスマン帝国領化）を求めたのであった。[118] それはあたかも移民を闘争手段のひとつとするかのようで、そうした意味合いでいえば、チェルケス人のなかでは戦争と移民はひとつなのであった。

第三章　帝政ロシアのカフカース統治

1　カフカースの統治者たち

エルモーロフ

帝政ロシアはカフカース地方をどのように統治しようとしたのか。すでに述べた問題関心に従って、考察を続けてみたい。第一章で触れたように、この論点に関してはロシア＝カフカース関係史研究においてかなりの検討がなされてきたが、近年、精力的に仕事を重ねているリネランダーは一八〇一年における東グルジア王国の併合から一八五〇年代の総督ヴォロンツォーフの時代までの帝政ロシアによるカフカース統治の特徴を主だった総督を取り上げながら整理して、同時代帝政期のカフカース統治研究は軍事的行政的な達成度、つまり、ロシアによる支配と生活様式の変換そのものに関心が強かったが、後年、それもソヴィエト期になると、それら植民政策の進歩的意味合いが単に強調されるようになったと回顧している。(1) ロシア＝カフカース関係史研究が時の政権のあり様に対応して感想や評論の世界に逸脱した過去を有したことは当該問題が置かれた「微妙な」位置からもたらされたのであろう。

帝政ロシアはカフカース支配に固有な構造を生み出すのに多大な時間と資源を費やした。この章ではカフカース総督(とくにバリャチンスキー А. И. Барятинский 1815-1879、総督任期は一八五六年七月〜一八六二年一二月)の営為に触れながら、カフカース統治のあり方、その固有な構造の特色を考えてみたい。そのために、バリャチンスキーの前に簡単な前置き（第1節）をしたい。

リネランダーは統治の道筋を中央集権論者（centralist）と地方主義者（regionalist）の遣り取りあるいは確執として巧みに整理しようとしているが、実際にはそれほど割り切れた話にはならないだろうというのが率直な感想である。たとえば、アレクサンドル一世は初代のカフカース総司令官クノッリング（К. Ф. Кнорринг 1746–1820）に対して、新しい行政政策の策定にあたっては何よりも地元の慣習に配慮するように指示した。これについてリネランダーは、グルジアの慣習の多くはロシアとあまりに相違し、それらを考慮することはむしろ帝国統一原則（the principle of imperial uniformity）を無視することに通じ、カフカースを帝国に完全に統合するのをむしろ遅らせることになったとコメントしている[2]。つまり、中央集権論者が陥りがちなロシア至上主義の押し付けも地方主義者が主張する地元文化尊重もそれぞれ独自に排他的には存立しえないというのが、カフカース統治を考える出発点に置かれるべき問題提起なのであろう。なお、現代ロシアの代表的なカフカース史家のひとり、デゴーエフは帝政ロシアによるカフカースの統合戦略として「中央集権主義」（централизм）と「地方（優先）主義」（регионализм）のふたつをあげ、それぞれを帝政の直接統治的な側面と現地における帝政との臣下的な関係の現れとに対応させているが、この場合、両者は必ずしも対抗的な関係にはない。とくに後者では何よりも現地人のロシアへの忠誠と職業（専門）的な適正を問題として、非ロシア人の間に帝政に対するアイデンティティー（имперская идентичность）が生まれる過程を重視している。この場合、「中央」と「地方」は対立せず、すべては予定調和的な過程として理解されるという重大な制約から自由ではない[3]。つまるところ、帝政の運営にあたって非ロシア的要素の取り扱いをどうするかということがなかば普遍的な（カフカースに限られない）難題なのである。それらを無視（あるいは軽視）できるのならば帝国統一は一挙に捗るかもしれないが、強行突破できないとすれば、どの辺に落とし所を見出せばよいのか。現実に進行したのはこうした意味での妥協（あるいは折衷）路線であったろうから、その意味では、中央集権論者と地方主義者といった分かりやすい二分論も便宜的な整理であるにすぎない。たとえ現実のロシア政治過程が当時のいわゆるスペランスキー政治の意を体しようとする地方主義者とそれに対して行政手続きの全帝国標準化を加速したい中央集権論者が繰り広げる主導権争いであったとしても、カフカース統治の本質理解はそのレベルに止まることはできないということでもある。以下にこれまでの叙述といささか重複する箇所があるとすれば、それは基本的には既述部分をさらに展開するためであり、読者諸兄姉にはご了解いただきたいと思う。

さて、一九世紀前半、ナポレオン〈戦争〉に関わって帝政ロシアは主たる力を西方〈西欧〉に向けたから、その分、カフカース地方など南方が手薄になった。この時期〈も〉、帝政は二正面〈西と南〉を同時に相手にする力量には欠けた。南方でペルシアおよびオスマン帝国との関係維持に危惧を覚えたアレクサンドル一世は、ナポレオン戦争で武勲に輝き評判の高かった将軍エルモーロフにカフカース勤務を命じた。この人はオリョール県のあまり豊かではない貴族出身で、バルクライ＝デ＝トーリ軍で参謀を務め、ボロジノの会戦で活躍した。その彼が一八一六年にカフカース総司令官〈任期一八一六〜二七年〉に就任したのである。振り返ってみれば、ツァーリがエルモーロフのカフカース統治の考え方を承認したことが、エルモーロフの名を後世に残すのに大きな力となった。さしあたりこのように書くが、実態はエルモーロフへの丸投げとでも表現した方がよいかもしれない。いずれにせよ、エルモーロフは近代ロシア＝カフカース関係史においてもっとも肝要な位置を占めるべきひとりである。ツァーリがカフカースの役人に実質的に無制限の権限を認めたことを受けて、エルモーロフは地元の伝統的な生活様式の維持・発展と帝国統一の双方を追及しようと苦心した〈参考までに述べれば、リネランダーはこうした志向性を「地方主義的帝国支配」〈regional imperial rule〉と表現している〉。つまり、彼は両者の中間にあるはずの妥協点を探ろうと腐心した。これがエルモーロフ政治の一大ポイントである。この限りで、彼は地方主義者と中央集権論者との和解を図ったという言い方もできるであろう。したがって、エルモーロフを「アジア」は暴力だけを理解できるとする暴力主義のスヴォーロフ派とみなすような議論[4]は一方的であるのだろう。そうではなく、この場合は、エルモーロフが百科全書派の思想に強く影響された幅ひろい文化人のひとりであり、デカブリストたちからも彼とそのカフカース軍からの支援が期待されたといった指摘が参照されてよいであろう[5]。たとえば、エルモーロフはグルジア人の間に必ずしもグルジア的習慣に賛同しない向きがあることを見出し、正当な伝統的手続きを明確にして、標準化することにした。やはり、彼がシベリアの慣習法を成文化したスペランスキーの影響下にあったことは明らかであろう。グルジアの慣習法がロシア語に翻訳されると、ロシア人役人はそれを無視することが困難になった。

しかし、それでも、越えるに越えられない大きな溝が両者(ロシアとカフカース)の間を隔て続けた。たとえば、ロシア人の眼からすれば、農民とほとんど変わるところがないカフカースの貴族は果たしてロシアの貴族たりうるのか。グルジアでは成功した商人は貴族になれるが、彼らは自動的にロシア貴族になれるか、といった貴族身分をめぐる諸問題などはそのひとつである。また、エルモーロフによってロシア人がグルジア教会エクザルフ(総主教代理)に任命され、宗教政策が厳格化されて、その限りでロシアとの統一度合いが強まると、個々のグルジア教会は激しく抵抗しただけでなく、西グルジアでは人民が反乱してエルモーロフは後退を強いられたのであった。[6] さらに、アゼルバイジャンあるいはダゲスタンのムスリム地域といった非グルジア地域は帝政ロシアによるカフカース行政からさらに遠くにあり、そこでは往時からロシア側は忠誠表明を受けさえすればそれらの内部事情には深入りしないことをなかば不文律としてきた。ところが、張り切ったエルモーロフはそこにもロシア人役人を投入して、ムスリム指導者たちの間に疑念を生じさせることになった。このような事例に限らず、政(まつりごと)が宗教だけでなく社会の一部になっているところでは、世俗的な統治を現実化しようとすれば、こうした困難に直面しがちであった。

それでも、カフカース国境線の右翼と中央部、つまり、カバルダ人とオセット人の土地は幾分かは親ロシア的であるとみなされた(第二章第2節も見てほしい)。なかでもオセット人は豊かな土地を求めて平地へ移住することを厭わない傾向にあったから、ロシア当局は一人五デシャチーナ(ヘクタールにほぼ等しい)を割り当てるまでしてそれを奨励し、農地を開拓させて、そこから軍隊食糧を確保することまで考えた。それだけでなく、エルモーロフは彼らを軍務に就けようともした。[7] つまり、エルモーロフによって、山岳民を山地に散在させたままその移動に任せるのではなく、平地に定住させ、場合によっては軍務に就けることはカフカースにおける人民統治の基礎的前提であるとみなされたのであった。

本書は以下でこれが帝政ロシアによるカフカース統治の伝統となったことを確認するであろう。

同じ国境線でも左翼、つまりチェチニアおよびダゲスタン方面はエルモーロフにとってはさらなる難敵であった。彼はテレク川からスンジャ川へと国境線を延長して、カフカース山麓の肥沃な土地を得ようとして、チェチェン人たちの激しい抵抗に出会うこととなった。その過程で、早くも一八二〇年代からミュリディズムの武装闘争が出現した。それに対してエルモーロフが繰り出す軍隊(一八二六年一〇月現在、当地のロシア軍は四万九〇〇〇人、大砲一二四門)との衝突が頻発した。その後、ダゲスタンの諸部族の戦闘的な信仰心はかきたてられる一方になった。別に述べるミュリディズムの問題は帝政側の仕掛けが重大な契機をなしたことは明らかであろう。(8)

ヴォロンツォーフ

その後のカフカース近代史の展開において、この時のエルモーロフの判断が結果として中央集権的な側面を前面に押しだす力があったことは否定できない。さらに、皇帝がニコライ一世に交代したことがそれを確固たるものとするよう作用したであろう。帝国の隅々までロシアのナロードナスチが強調される時代に入るのである(国民性などと訳すことがあるが、ここで言うナロードナスチについては、高田和夫『ロシア帝国論』第五章第一節を見てほしい)。それでもペテルブルグ政界では不信の眼で見られがちであったエルモーロフは、結局、一八二六年に将軍パスケーヴィチ(И. Ф. Паскевич 1782-1856)と交代させられた(任期一八二七〜三一年)。彼はアルメニア攻略やポーランド鎮圧でニコライの憶えがよかったひとりである。リネランダーは、ロシア保護主義の波がニコライの支配と一致して、それが帝国全体に手続きの標準化を求める圧力として機能したと鋭く指摘している。(9)ロシアの商工業者はエルモーロフが一八二一年にカフカースに適用した自由貿易の地位を停止するように求めた。すでに首都ではカフカースを原材料収奪と工業製品販売のための植民地とみなそうとしていたのである。そのようであれば、そこには宗主国の諸制度が導入されてしかるべきである。中央集権派が勢いづくこととなった。着任したパスケーヴィチはカフカースにロシア化に代わって地元諸制度が無秩序に横行するだけでなく、ロシア制度そのものが歪曲されているのを見て愕然としたといわれる。(10) 彼はツァーリに状況を一新するためカフカース全域に直ちにロシア法制を導入すべきであると進言した。当然のことに、これは現場にさらなる混乱をもたらした。それでも、カフカースにロシア並みの県制度を導入する話が進んだ。その際、ムスリム地域などの特別扱いは廃止して、カフカースをロシアとひとつに結びつけ、人民にロシア語を使わせることが真剣に検討されたのであった。パスケーヴィチの後任総督ローゼン(Г. В. Розен 1782-1841、任期一八三一〜三八年)は極端な中央集権論には強く反撥する気概を備えた人物であったが、首都の声は大きく、それに負けがちであった。ニコライ一世は一八三七年三月、改めてカフカース行政の改革案作成を命じた。その作成委員会委員長になったハーン(П. В Ган 1793-1862)はバルト・ドイツ人で、ロシア語が不自由であるだけでなく、ほとんど西欧暮らしでロシアもましてやカフカースも知らないのであった。こうした人事はほとんど理解不能であったが、この人がよほど強固な帝国統一観を有していたことを評価されたのであろう。実際、彼はカフカースではスペランスキーが編纂したロシア法典を唯一の指針とした。首都へ送付された提案はやはり極端な中央集権化を謳うものであり、それが大蔵、内務、法務、陸軍の四大臣で構成するカフカース再建委員会にかけられたが、その際、帝政上層部から異議が出た。その中心にいたのが国有財産相キセリョーフ(П. Д. Киселев 1788-1872)であった。彼は周囲を説得して、提案をハーンへ差し戻すことに成功した。キセリョーフは地域の伝統構造に対応する簡潔な地域行政をイメージしたが、ハーンは修正を拒否した。結局、ツァーリがそれを追認して、新しいカフカース行政令が一八四〇年四月一〇日に出された。したがって、その立法精神は極めてロシア中心的であり、カフカースにロシアのいわば地方政府を創出することを主目的とした。そのために地元の慣習と法は無効とされ、職務ではロシア語の使用が求められ、最下層の警官に至るまですべての役職にロシア人が就くことが予定されたほどであった。(11)しかし、現実に一八四〇年行政令をそのまま運用することなどできない相談であった。したがって、いかにツァーリの意向とはいえ、そうした無理が通るところに帝政がおかれた機能不全状態がよく現れたと見なくてはならない。カフカース統治はますます混乱し停滞した。一八四二年三月、ツァーリは再び見直しを指示した。これがいわば中央集権と地方主義をめぐる闘争史の転換点となり、地方主義への揺り戻しが始まった。
ニコライ一世はカフカース委員会(後出)の委員長チェルヌイショーフ(А. И. Чернышев 1785-1857 陸相を兼務)を現地へ派遣した。彼はハーンの改革がカフカース固有なニーズに対して完全に無関心であったことが初めから明らかであったとわざわざ報告するために出張したようなものであった。それを受けたツァーリは対応をカフカース委員会に任せる一方で、自らの官房に第六部を立ち上げて、そこで同委の提案と処理を個人的にチェックすることにしたが、新たなカフカース行政を確立できずに、右往左往する時期が続いた。(12)

ようやく一八四四年一一月一七日、ニコライ一世は新ロシア総督ヴォロンツォーフ(М. С. Воронцов 1782-1856)に白羽の矢を立て、カフカース軍総司令官だけでなく、カフカース地方で無制限な全権を有する「朕の代理人」としての総督職を提示した。この場合の総督は本来、代官を意味する наместник(より正確に言えば、「皇帝の代官」〈государев наместник〉)であって、初期の用語 генерал-губернатор ではない(日本語でともに総督と訳す慣例は紛らわしい)。その時、彼はすでに隠居を考えていた老人であったから、それほど皇帝は「助っ人となるロシアの英雄」(русский богатырь)を求めて、人選で追い詰められていたともいえよう。ヴォロンツォーフ自身は農奴解放に理解を示して、リベラルの評がある半面、思想堅固な君主主義者とみなされる向きもある。とくに後者が強調されるのはニコライ一世の「苦渋の決断」を慮った結果でもあろうから、その分を割り引く必要がある。それと同時に、ツァーリはカフカース委員会を単なる諮問機関に戻し、官房第六部を廃止したから、カフカース統治はヴォロンツォーフ個人の手腕に賭けられるかたちとなった。(13)

総督の地位

ここで総督の地位について改めて考えてみたい。知られるように、近代ロシア帝政は両首都だけでなく、遠隔地にも総督(府)制度を置くことで、帝国としての一体性を確保する一助にしようとした。カフカースに関して言えば、一七八五年、エカテリノダールにカフカース総督府(Кавказское наместничество)が設置されたのが始まりである。しかし、それは北カフカースを主たる守備範囲としたから、一九世紀初頭にグルジアが併合されても、それに応じてザカフカース全域が総督府によって同じように統治されたわけではなかった。そうした状況は少なくともツァーリが一八四〇年にザカフカース地方(Закавказский край)制度の創設を命じるまで続いたと見るのがよいであろう。そのようであれば、帝政ロシアが両者(北カフカースとザカフカース)をあわせたカフカース地方を行政的に本格的に統治しようとしたのはそれほど古い話ではない。ペテルブルグで地方案件すべてを解決できないことは、事情がますます不分明な僻地になればなるほど明白であった。遠隔の度合いに応じて、地域の特殊性と通信連絡の困難性は増す傾向にあった。それに対して、なかば自動的に権力中枢がどこまで軍事と民事に関する権限を地元(総督)に付与するか(できるか)という問題が派生することになった。日々の行政活動にとって、総督だけでなく一般官吏のあり方(調達など)も大きな実際的な問題であった。

ペテルブルグ大学教授グラドーフスキー(А. Д. Градовский 1841–1889)がロシアにおける総督制度の史的分析を行っているから、ここでそれを参照してみよう。彼は近代ロシアの代表的なロシア国制史家であるが、リベラルな学風でもよく知られた人である[14]。さて、一八世紀初め、ピョートル大帝がスウェーデンの事例に学んで、県制度を導入した。それはロシア国家版図の拡大成長に伴ってきめ細かな行政が求められた結果であったが、当然のことに、県に細分されてもそれは同時に国家に「編入された地方」(присоединенные провинции)でなくてはならなかった。続くエカテリーナ二世は県制の本格的確立を図って単位をさらに小さくした結果(一県当たり人口三〇～四〇万人)、県の数は一〇から四〇へと一挙に増えた。それと同時に、皇帝と元老院の直接的な監督下に総督(генерал-губернатор)を置いた。これは新しい県が行う行政活動に対する目付役として設けられたのであった。そして、グラドーフスキーはそもそもこれが総督職の本質であるというのである[15]。つまり、彼によれば、総督制度は県制度の運営に十全を図るための(補助的な)監督組織として発足したのである。しかし、実際には総督の権能は県行政に対する単なる監督に止まらず、たとえば、自らが国境地帯において独自な安全保障策を講じるなど主体的な動きを見せることもあり、総督職はたちまち「二重の」[16](дворкий)の性格を帯びるようになった。実際、総督たちは監督官の立場から離れて、独自な政治活動を行いがちであった。その結果、彼らは地方において国政(политики государства)を代表するがごとき振る舞いを見せるまでになった。しかも、プガチョーフの反乱に懲りたエカテリーナ二世はそれを「非常権限」(чрезвычайная власть)と公認して、国家制度の立て直しに活用する意向であった。さらに、一七八一年の時点で四〇県に対して総督は二〇人しかおらず、その遣り繰りに工夫が必要であったことも地方行政を県と総督府に二重化することを促したと思われる。四県から成る新ロシアの総督にはポチョームキン(Г. А. Потемкин 1739–1791)が、三県から成る小ロシア(ウクライナ)の総督にはルミャーンツェフ＝ザドゥナーイスキー(П. А. Румянцев-Задунайский 1725–1796)がそれぞれ任命されるなど、女帝が「お気に入り」(доверенные)を選んだことも総督たちに自由な振る舞いをさせる要素になったと考えられる。グラドーフスキーは、総督たちは「最高権力を行使する皇帝もどき」(полусуверенные государи)であったとまで書くのである。[17]

しかし、一八〇二年になって省庁制度(министерство)が創設され、その一方で県知事職も着実に発展すると、総督制度の位置づけはますます不安定になり、その結果、さらなる混乱を呈するようになった。総督サイドは、総督職は県と最高権力との中間的な機関であるのか、省庁に政治権力が集中する一方で、地方では総督が最高権力を代表するかたちになっているではないかと問題提起し、大臣たちは総督の「非常権限」が自分たちの活動を麻痺させかねないと不安と不平を述べたのである。[18] その後、整理して述べれば、こうした混乱を回避して総督を行政過程に介入させまいとする動きが強まり(一八三七年地方改革など)、一九世紀中葉には一般法で組織される県において総督はその存在意義を喪失することとなった。[19] その一方で、一八五三年に出された『総督に対する指示』(Инструкция генерал-губернаторам)は総督という人格に現地で機能する省庁の意味合いを付与して、それが機能する地方では実質的に最高国家権力の範疇に属するとしたのであった。つまり、総督には任された地方で最高統治の権限が与えられたということである。

この『指示』は、総督を県制度の外側に置きつつ、統治上の諸問題の解決を総督個人に委ねた。こうした総督を通じて政府は法律や命令を実施に移すだけでなく、地方情報を収集することを目論んだが、総督は政府の意向を勝手に解釈しがちであったから、当該地方で政府は通常の法的手続きを通用させることができないことも起こりえたのであった。[20]

その結果、グラドーフスキーは今や総督の「個人的な統治制度」[21]（система личного управления）さえ流通しているではないかというのである。

総督の手助けをもって拡大する遠隔地や国境周縁部の版図支配に十全を期そうとする発想は、古来のものであった。グラドーフスキーはカフカースだけでなく、シベリア、オレンブルグ、新ロシア、バルト海沿岸部などはロシア法制史上古くから「地方の特殊性」理論（теория «местных особенностей»）が適用されてきたという。つまり、これは大きく東部とシベリア、そして西部と南西部のふたつを対象とした地方カテゴリーである。ほとんど人がいない北部はその適用から外れた。さらに、実際に両首都や小ロシア（ウクライナ）などの総督たちはこの「理論」の適用範囲外である。つまり、小ロシアでは総督は特有な政治権力を意味せず、モスクワでは単なる名誉職でしかなく、ペテルブルグの総督職は一八六六年には余分として整理されたからである。「地方の特殊性」理論が適用されるのは、文化的にロシアとは異なる諸条件で特徴づけられる一帯であり、より具体的には、最近になって平定された地方、カフカース山岳民など顕著な特性を有する住民がいる所、連絡網の未整備ないし連絡不能な地、国防にとって重要かつ未確定な国境地帯など、ロシアの国家社会（государственное общество）の構成となるには多くの努力と工夫がさらに求められる一帯なのである。こうした地方では総督の「臨時権限」は移行手段として（как переходная мера）有用であるかもしれないが、それは大きな欠点（невыгоды）を伴うであろうというのがグラドーフスキーの結論であった。[22]

今日の総督制度史研究にもわずかに触れておこう。この分野で現代ロシア史学の水準を示す著作は、総督の地方での最高統治権限を次のように強調している。カフカース総督は軍事と民事、すべての権限を完全に掌握した。総督は地方のすべての統治分野に関して大臣の権限を有した。通常はその範囲で仕事をしたが、大臣権限を超える案件を直々に（самолично）解決することもあり、その場合は採択した方策をツァーリに報告するか、大臣委員会に持ち込んだのである。重要案件に関して総督は直接、ツァーリに上申できた。[23] また、本書導入部で触れた現代ロシアにおける注目すべきカフカース論は、次のように総督の機能を説明している。総督には最高の民事および軍事権が集中した。彼は地域の条件にあわせて帝国一般法を修正することができ、地元のすべての問題を解決する権限を有したが、それは大臣の権限を超えなかった。彼は中央省庁のどこへも報告義務を負わず、権限を超える問題はカフカース委員会にかけ、軍事ないし外交的性格の問題については個人的にツァーリに相談した。(24)

もう一方のカフカース委員会(Кавказский комитет)は最高統治のために用意された「領域的あるいは民族的委員会」のひとつであり、(25)ヴォロンツォーフの総督就任に前後して、一八四五年、設置された。その権限は北カフカースおよびザカフカース関係事項について閣僚委員会(Комитет министров)の所管部分だけでなく、その権限を超えるもの(軍事と外交は除く)にまで及んだ。発足時のカフカース委員会構成員は次のようであった。委員長がすでに触れた陸相のチェルヌイショーフで、以下、委員は大公アレクサンドル・ニコラエヴィチ(Александр Николаевич 1818–1881)、憲兵長官オルローフ(А. Ф. Орлов 1786–1862)、国有財産相キセリョーフ、国家評議会法制局長ブルードフ(Д. Н. Блудов 1785–1864)、蔵相ヴローンチェンコ(Ф. П. Врончeнко 1779–1852)、内相ペローフスキー(Л. А. Перовский 1792–1856)、法相パーニン(В. Н. Панин 1801–1874)、そして委員会事務局長としてブトコーフ(В. П. Бутков 1813–1881)である。この構成はほとんど変わらなかった(ただし、一八五六年に死去したチェルヌイショーフに代わって、オルローフが委員長に就いた)。しかし、この委員会はほとんど働いた形跡がない。一八六〇、七〇年代、これは重要な役割を果たす機会がなく、一八六四、六五年にはその廃止が検討されたほどであった。一八七四年八月一八日のミリューチン日記によれば、カフカース総督の大公ミハイルがそれをかろうじて存続させたのである。(26)

カフカースに話を戻す。一八四五年春、三月にチフリスに入ったヴォロンツォーフはシャミーリを打倒して、カフカースと帝国の双方に対応する新しい行政を打ち立てることを主任務とした。それにはカフカース委員会委員長チェルヌイショーフが個人的に協力した。とくにこの時期、委員長や総督はその意向を中央に反映させようと努めたと評価されるのが通例である。あたかも彼らは大臣たちがカフカース問題に直接的な影響力を行使するのを排除することで一致したかのようであった。(27)その結果、彼ら自身が背水の陣を敷かざるをえなくなったが、その後、一八五四年まで一〇年の長きに渡りツァーリの信任を得たヴォロンツォーフは、近代カフカース史上、もっとも統治に貢献した総督のひとりとなる道を歩むことになった。一九〇一年にチフリスで出た著作でイヴァネーンコは、ヴォロンツォーフはザカフカースをあたかも彼の祖国(родина)であるかのように統治し、この辺境を帝国へ接近させたと書いたのであった。[28]

ヴォロンツォーフは現地カフカース側の意向とロシア帝政との利害調整に彼一流の行政手腕を発揮した。たとえば、彼はカフカースの伝統的な社会構造と政治風土を単純で非中央集権的な行政体として改良された県制度によって包み込もうと工夫した。下級のロシア人官吏の多くは職を解かれて現地人に入れ替えられた。グルジアの役人と学者にグルジア慣習法典を改定させ、多くの案件の処理を地元の県貴族団に委任することで事実上、貴族身分に関する長年の問題の解決を図った。つまり、ヴォロンツォーフは前任者たちが遠ざけてきた地元指導者たちを活用しようとした。そのためには地元貴族連中から信頼と忠誠を得る必要があった。彼は「ムスリム貴族階級」(Мусульманская аристократия)を創出して、それを通じて文化をひろめ、ペルシアやオスマン帝国の影響に対する防壁にしようとも考えた。[29]地方の名門旧家を地方行政に引き入れ、定期的にその成果をチフリスの総督府の直接監督下にある県当局へ報告させ、ペテルブルグを経由せずに、そこで即決した。総督は文字通り、皇帝の代理人になるのである。リネランダーはそれをヴォロンツォーフの地方主義政策(policy of regionalism)などと命名して、地元貴族の役割に注目している。[30]ヴォロンツォーフは現地の人たちが自発的にロシアの役人を尊敬し、ロシア文化の良さを受け入れることを目標とし、そのためにも自らはグルジア文化を尊重した。彼にとってはいわば「カフカース風の帝国文化」が創出されることが理想であった。ロシア帝国はその内部にローカルな差異を包含し保持したところで何ら傷つくわけではあるまいと彼は見通したのである。[31]ロシア帝国というひろい枠組みの中でならば、独自な民族社会がそれぞれ進化することを許容しようというのである。それこそが帝国(あるいは帝国性)であるというのであろう。ヴォロンツォーフはさまざまな種族が織りなす地方生活を帝国の枠組みとしっかり結合すれば、相互にとって大きな利益になると理解した。彼はツァーリに対して「強硬策は善を生まないだけでなく、悪い結果しかもたらさないでありましょう」[32]と書いたのである。

ヴォロンツォーフが具体的にめざしたことはカフカース地方におけるハード、ソフト両面に渡る社会インフラの整備であった。カフカース軍管区参謀部の専門家イヴァネーンコはヴォロンツォーフがこの分野で果たそうとしたことは諸民族〔ロシア人と現地民〕の関係活性化であったとして、次の一〇点に触れている。（一）ロシアの分離派家族三五〇〇のカフカース移住、（二）黒海、カスピ海での港湾と航行の整備、（三）グルジア軍用道路の改修とイメレティア軍用道路の開設、（四）ザカフカースの最重要拠点間の連絡網整備、（五）モスクワおよびペテルブルグの商人にチフリス市場を開放、（六）地元若者をロシアでの教育に受け入れ、（七）ザカフカースに各種学校施設を開設、（八）グルジア支配層子弟を軍隊内教育施設で教育、（九）ロシアから工業を導入し産業活性化、（一〇）啓蒙のため劇場など文化施設を建設。[33] また、チフリス市民の間にひろく流布した『カフカース便覧』は、平定した地域における民生の発展を促進したのはヴォロンツォーフの主たる貢献であるとしたうえで、次のことに触れている。学校（とりわけ測量士学校〈школа межевщиков〉）や図書館（チフリス公共図書館など）の開設、交通体系の整備、ロシア地理学協会カフカース支部（チフリス）の創設、新聞（『カフカース』〈ロシア語とアルメニア語〉など）や最初のグルジア語雑誌の創刊などである。さらに、アルメニアやムスリムの貴族にロシア貴族の権利を与えたことにも言及している。[34]

カフカースを単なる植民地として搾取するだけであれば、こうした配慮は無用であった。後に見るように、バリャチンスキーや大公ミハイルはヴォロンツォーフがここで考えたこと（精神）に忠実にその具体化（実現）を図る後継者になったともいえるであろう。さらに、ヴォロンツォーフがこのような姿勢をとったことが前任総督の誰よりも現地の信頼を勝ち得るのに力があったとふつう説明されるが、ここでその主たる対象となったグルジアやアルメニアがキリスト教で、ムスリムでなかったことには注意が肝要である。

やがてカフカースでは経済が活性化し、グルジア文化は繁栄した。カフカースの若者が多く入学し、ロシア人学生は激減した。前に触れたイヴァネーンコはヴォロンツォーフがカフカース軍各連隊に「軍人養成学校」（школа военных воспитанников）をつくり、それらでグルジア貴族の若者五〇〇人を育成したことを強調している。[35] そうした卒業生が地元で軍人や役人となり、その一部はさらに進学した。そしてその中から行政と軍事で最高位を占める者たちも出るようになった。確かに、ヴォロンツォーフは彼流の地方行政がひろく非ロシア人の生活態度を帝国的な色彩に染め上げるのに一定の役割を果たすようになったが、こうした手法は文化や宗教がロシアとグルジアなど比較的に近い間でかろうじて有効性を発揮しえたのであろう。やはり、それ以外では、期待薄であった。たとえば、ダゲスタンの諸部族のように他からの干渉なしに生きることが許容されれば極めて平和的であった人たちに対しては、どのような行政的な介入も抵抗と混乱を生じる傾向にあったことも現実なのであった。

2 バリャチンスキーとミリューチン

二人のカフカース派

帝政ロシアによるカフカース統治においてヴォロンツォーフと並ぶ重要人物は、バリャチンスキー(総督任期は一八五六年七月〜六二年一二月)である。とくに本書においては、彼は中心的役割を果たすことになるひとりである。後でも触れるように、この人はツァーリに近く、帝政の核心部にいたから、その意味合いからも彼の動向は注視されるべきである。書簡類を始めとしたバリャチンスキーの個人文書は、カフカース戦争に何度も従軍した経験があり、一八五〇年代、『同時代人』(Современник)に数多くのカフカース論を掲載し、その後も精力的に執筆活動を続けたジッセルマーン(А. Л. Зиссерман 1824–1897)によって、一八八九年から九一年にかけて三巻本で公刊されたから、ここでは主としてそれらを参照することにしたい。(36)

一八五〇年五月、バリャチンスキーはカフカース軍付(состоять при Кавказской армии)を命じられるが、それは皇太子アレクサンドル・ニコラエヴィチ(後のアレクサンドル二世)のカフカース訪問にあわせた人事であり、彼は皇太子の旅行に随行して恵まれたカフカース勤務を始めることになった。ここでの二人の出会いはその後の両者の良好な関係の出発点となる。早速、その年の一〇月、ニコライ一世はバリャチンスキーをカフカース擲弾兵旅団長に任命した。[37] 一八五一年から五三年にかけてのチェチニア勤務はバリャチンスキーに対してより大きな課題を果たす自信を与えたと考えられる。軍事力だけによるのではなく、ロシア人による入植を伴う東カフカースの平定といった複合的な方策はすでにこの時期に彼の脳裏に浮かんだ構想であった。そのために彼自ら「新しいカザーク村」(новая станица)を視察した。[38] 前に触れたスタニーツァ(станица)はカザークたちの特有な集団生活の場を指す用語であるが、本書ではカザーク村などとし、これについては、第四章第1節でいくつかの事例をもって立ち入ることにしたい。ここで皇帝が彼の一連の働きを高く評価したことは、[39] その後のカフカース政策の展開にとって極めて重要である。一八五三年一月、バリャチンスキーは侍従将官(генерал-адьютант)になるが、[40] すぐ七月にはカフカース軍参謀長に任命された。[41] 将軍ベーブトフ(В. С. Бебутов 1791-1858)が病弱なため、皇帝はその後任人事を気にかけていたのであった。実は、ヴォロンツォーフがバリャチンスキーをカフカースに関して豊かな経験を有し地域事情をよく知るだけでなく、全般に信頼できる人物であると推したのである。バリャチンスキーはとりあえずベーブトフの補佐役として、一八五四年五月、アルメニアのアレクサンドロポーリ(レニナカンの旧名)へ赴任した。[42]

一八五五年三月にニコライ一世が死去すると、周囲はバリャチンスキーと皇太子(次帝)との良好な関係にますます気を遣うようになり、むしろヴォロンツォーフなどはそれをやっかむほどであったから、おのずと彼らの関係は悪化した。[43] 一八五五年六月一日、バリャチンスキーはカフカース軍参謀長職を解かれて、新帝アレクサンドル二世付き(состоять при Государе)となった。[44] ツァーリはカフカースに関してすべてをバリャチンスキーに任せることにして、同年七月二二日、いまだ四〇歳の彼をカフカース総督に任命した。[45] カフカースでのバリャチンスキーの活躍ぶりは以下にみるが、ツァーリがそれを大いに喜び満足に思ったことは、一八五九年一二月六日にバリャチンスキーを元帥(генерал-фельдмаршал)へ昇格させたことからも明らかであった。[46] 当時、元帥は彼ひとりである。しかし、バリャチンスキーはそのころから健康を害するようになった(書簡などには発作が起きた、[痛風で]左足が麻痺して歩けないなどの記述が登場する)。一八六〇年三月二一日付のツァーリ宛書簡で、バリャチンスキーは自らの体調不良に言及したあと、陸軍次官人事に触れて次のように書いた――漏れ聞くところによれば、ヴァシーリチコフが〔陸軍〕次官を近く辞することになっています。皇帝陛下がミリューチン（Д. А. Милютин 1816–1912）に交代させるお考えであれば、それは彼をより高い地位〔陸相〕に就けるための過渡的な手続きとして誠に結構なことであると存じます。しかしながら、小生にとりましても、彼はとても有用なのです。当方の体調もあり、なにとぞ、急いで彼を召し上げることなど無きようにお願いいたします。(47) このようであるから、バリャチンスキー自身がミリューチンを陸相に推薦するほど高く評価していたことは明らかである。その後もバリャチンスキーの体調が回復しなかったことは、一八六二年一二月にヴィリノからツァーリへ宛てて病を理由にこれ以上働くことはできない、カフカースから引退させてほしいと懇願していることからも明らかである。医師からは絶対安静を命じられているとも書いた。(48) これを受けたツァーリはそれまでの働きぶりを讃えて、辞職を認めるのである。バリャチンスキーはその後、療養のため国外を点々として暮らし、一八七九年まで生きるが、彼のカフカースでの活動の盛期は概ね一八五〇年代一杯であったとみてよいであろう。しかし、それはクリミア戦争やシャミーリの降伏といった大きな事件を含み、カフカース事情の展開にとって極めて重大な時期であった。そして、その後のカフカースにおける人民生活のあり方にとって決定的とも思われる諸制度を確立しようとしたのもバリャチンスキーであったことになる。

バリャチンスキーといわばペアを組むことになるミリューチンについても簡単に触れておく。ミリューチンが参謀本部の若き士官として自ら望んでカフカースに出張したのは一八三九年であったから、バリャチンスキーよりもカフカース体験は早い。彼は北ダゲスタンへの出張記録でロシアの戦術では駄目だと結論し、日記にはショックを受けたと書いた。出張記録などといっても、一四四頁もある本格的な軍事報告書で、その年の夏にシャミーリをアフリゴという集落に追い詰め包囲した八〇日間にわたる作戦を詳細に描いている。シャミーリとは四日間交渉したが、結局、彼の逃亡を許し、ロシア側は五〇〇人の死者と一七〇〇人余りの負傷者を出す損失を蒙った。巨大な犠牲がもたらした平静は一時的なものでしかなく、新たな嵐の前の静けさに過ぎないと彼は報告末尾に書いたのであった。(49) ミリューチンは、作戦基地として大きな要塞を建設して山岳民を威嚇し服従させようと軍事力に頼るだけでは、カフカースに恒久的なロシア支配など確立できないであろうと見通した。ミリューチンによれば、軍事的政治的要因は何よりも道徳的な優越性に依存するのである。そのためには、カフカースにおいて自らの国境の安全を保全し、東方において重きをなす一方で、福祉等を配慮して積極的に恩恵を与えなくてはならない。つまり、軍事力はよく考え抜かれた政策を伴わなくてはならない。それはできる限り地元の習慣を維持し、活用するものでなくてはならない。つまるところ、「われわれの支配をできるだけ山岳民たちの物質的精神的利害と調和させることである[50]」とミリューチンは考えたのであった。彼はその「カフカースにロシア主権を確立する方策に関する見解」(Мысли о средствах утверждения русского владычества на Кавказ)と題したメモにおいて、「〔カフカース攻略の〕行動様式を完全に変える」こと、力ではなく、「ロシアは偉大であり、地元の平静と福祉こそがその目標とすべき唯一の目的である」ことを山岳民に信じさせなくてはならないとも述べたのであった[51]。こうした思考法は、以下に見るように、バリャチンスキーのそれと調和的であり、両者は影響を受けあう関係にあったとみてよいであろう。もっとも、軍事力一辺倒に対する批判は彼らの専売品ではなかったことにも触れておこう。たとえば、同時代の著名な経済学者モルドヴィーノフ(Н. С. Мордвинов 1759–1845)などは武力による平定作戦をやめて、商工関係を強化してカフカースを経済的に掌握すべきこと(освоение)を訴えたのであった[52]。明らかに、カフカース攻略のための選択肢は増加する傾向にあったのである。

一八四一年、ミリューチンはロシアへ戻り、その足で西欧遊学に出て大いに見聞をひろめたが、その際、なによりもロシア士官の出来の悪さと弱さを痛感したのであった。これはその後の彼の歩みを思えば、もうひとつの大きな体験として見ておかなくてはならない[53]。

しかしながら、ミリューチンが一八四三年からの二回目のカフカース勤務で山岳民たちの抵抗を目の当たりにして、その気持ちを強硬派へと傾けたことは否定できない。カフカース人民をロシア法による支配に従わせようとすれば、まず軍事力に従わせることから始めなくてはならない。これが実際であり、現実的な対応ではないのかと考えたであろう。

もっとも、そうであるからといって、彼はカフカースに止まって前線で制圧作戦を指揮するような道は選ばなかった。思い悩んだ末にミリューチンが採ったのは、一旦、カフカースを離れ、ペテルブルグに戻ってロシア軍部の最高学府である軍事アカデミーで軍事地理学を講じるといった学問研究の道であった。カフカース戦争史の資料を集めて読み込み、対トルコ戦の作戦も研究した。あわせて、彼はロシア軍の再編立て直し策を具体的に考えようとした。

バリャチンスキーはこうしたミリューチンの仕事ぶりを評価した。そして、改めてミリューチンにカフカース行政へ本格的に参与するよう求めて、カフカース軍参謀長のポストを用意した。それに対して、一八五六年八月二八日付の手紙で、ミリューチンは体調を理由に別の人を探すよう求めたが、折り返しバリャチンスキーはほかの人事は考えられない、勤務負担を軽減するからよろしくお願いしたいと押し切った(八月三一日付の書簡)[54]。バリャチンスキーはミリューチンに全幅の信頼を置くと同時に自らも従来のカフカース政策の転換を志向していたのであった。

結局、バリャチンスキーとミリューチンの二人がその後のカフカース統治を主導することになった。後に見るが、バリャチンスキーに代わって最後のカフカース総督となる大公ミハイル・ニコラエヴィチ(Михаил Николаевич 1832-1909 ニコライ一世の四男、アレクサンドル二世の末弟。総督任期は一八六二年一二月〜一八八一年七月)も彼ら二人の経験と意向を尊重し、それらに左右されがちであった。改めて言えば、バリャチンスキーもミリューチンもともに近代ロシアを代表したいわゆるカフカース派(кавказцы; veterans of the Caucasus)である。一般にカフカース派とはカフカース地方に軍人として勤務した経験を有する者を指す。帝政ロシアの軍事史において、そこが特別に修練と試練を強いる場であったことはよく知られ、カフカースでの共通体験が特徴的な人間関係の形成に資したとされるのも通例である。彼らは首都を遠く離れた独特な環境で一時期を共に過ごしたのであるが、そこには「温かいシベリア」(カフカースの別称)に流された人たちもいれば、特有な景観と文化を求めて遠路はるばる到来する者などもいたのである。あるいはロシア中央での迫害を逃れた古儀式派など宗教的な異論派たちも多かった。これらの人びとがカフカース派をとりまいた社会史的な意味合いも見落とせない。同時に、この時期、こうしたカフカース派の動向が帝政ロシアの南下政策において重きをなしつつあったことにも注意が肝要である。とくにそれはバリャチンスキーとツァーリの個人的な関係が醸し出すことでもあった。たとえば、一八五七年七月三一日にバリャチンスキーはツァーリ宛に率直に次のような書簡を書いた——私がインドを獲得しようと何かロマンチックな志向性を持っているかのような噂が私の耳にまで届いておりますが、そのような軍事的拡張をしようなどとは少しも考えてはおりません。このことはすでに親しくご説明申しあげておりますから、お分かりいただけるものと存じます。〔しかしながら〕われわれは中央アジアとペルシアの商業を掌握しなくてはなりません。そのためにヴォルガ川とカスピ海の水運、カフカース山脈の陸路を整備しなくてはなりません。これら交易はロシアのみならず、西欧にとっても有益なものになります。とくに今は、イギリスと中国は戦争やインド反乱の手当てに追われて、ロシアへ圧力をかけ続けることができません〔から、そのようにする好機です〕。カフカースはロシアの将来的な福祉(благо)のために必要か否かという問題はたえず考えておかなくてはなりません。(55) この引用はバリャチンスキーにとってカフカース問題の射程がさしあたりどのようであったかを知る手掛かりをも提供するが、それは軍事力ではなく、交易や福祉を強調するものであった。明らかに、彼は視野がひろい近代主義者であった。

カフカース派の中で抜きん出た彼ら二人はロシア軍政の非能率を強く批判して、その近代化を図ろうともしたから、その意味ではいわゆる「大改革」の時代をあたかも象徴する寵児にもなりえたのであった。しかし、一八六一年になかば周囲の予想通りに陸相となったミリューチンが進める軍制改革にいわば後見人であったバリャチンスキーが異を唱えて、両者は衝突する。この「事件」については、後述することにしよう。

戦後カフカースの基本構想

一八五六年三月、パリ講和がほぼ決まりかけた時点で、ツァーリを中心としてバリャチンスキー、ミリューチン、ヴォロンツォーフなどカフカース統治に深く関わってきた者たちが戦後カフカースに関する基本構想を検討する場が設けられた(ヴォロンツォーフはその年の一一月に七四歳で死去する)。そこで、バリャチンスキーは早急に取り上げるべき課題としてアブハジアなどの黒海北部沿岸拠点の再開（возобновление）を挙げ、そのために軍隊によって森林の開発と移住を推進し黒海沿岸線（Черноморская береговая линия）を建設すべきことを強調した。クリミア戦争で西欧列強はロシアの黒海進出阻止を果たし、それは帝政側に最大級のダメージを与えた。すでに見たように、帝政ロシアはいわば「黒海への復帰」を戦後最優先の課題としたが、こうしたバリャチンスキー発言はその現れのひとつとして見ることができる。ただし、その場で議論の中心となったのは、カフカース軍の編制のあり方についてであった。バリャチンスキーはカフカース国境線を東西ふたつの翼（фланг）に分けるように提案した。[56] これに対して、陸相ドルゴルーコフ（В. А. Долгоруков 1804-1868）はカフカース地方全体を軍事的に四つに分けて、それぞれに第一九師団、第二〇師団、第二一師団、擲弾兵師団を張り付けるよう主張し、さらに、侍従将官ムラヴィヨーフはバリャチンスキーの構想に同意しながらも、部隊編制の混乱を排除しようとして全部隊を二つではなく三つに分けるよう提起した。[57] この間、カフカース国境線は伸長を重ねて長大になるだけでなく、別に見るように、カフカース地方の東と西は山岳民の動向などで相違が顕著になっていたから、カフカース地方全体を一括して取り扱うことはすでに限界に達していたのであった。彼らはカフカース軍の編制をより柔軟にして、こうした事態に対応する能力を増そうとまず考えたのであった。

さらに、「カフカースの従順な（покорные）種族に対する行政措置について」という報告で、「人民を真に完全に平定する基盤となる精神的な影響をもたらす武力以外の行政的方策について」改めて問題に取り上げ、国家に対する公民的な自覚を根づかせること、土地所有制度を確立すること、地元貴族を支援すること、商工業を発展させ山岳民との交易関係を築くこと、キリスト教を布教することなどを列挙した。[58] これらはおよそ考えつくかぎりの主要な政策（候補）であり、カフカース地方もひろい意味で「大改革」の過程に置かれたことは明らかであった。このように、カフカース行政のあり方をめぐって改革的で非軍事的な側面への目配りも明瞭になったが、問題はこれら方策の実施のタイミングにあった。新任の陸相スホザネート（Н. О. Сухозанет 1794-1871）は資金不足から早急な平定など困難であり無理であるとして、バリャチンスキーを急ぎ足だと牽制した。彼は、一八五七年五月一五日付の書簡で、バリャチンスキーが求めた第一三師団と第一八師団のカフカース残置、カスピ海からアラル海への鉄道建設（中央アジアへの介入）、黒海東岸の開発（ポチ港の建設など）といった事項に関して、それらも時期尚早であると自らの考えを繰り返し表明したのであった。[59] したがって、ツァーリがバリャチンスキーを支持して、これらの懸念を払拭することがなければ、その後もカフカース行政改革は停滞を続けた可能性を否定できない。

バリャチンスキーは、シャミーリ捕囚（一八五九年八月）以前に、クリミア戦後の山岳民とのいわゆるカフカース戦争は東カフカースと西カフカースでは性格が「全く異なる」（весьма различный характер）との認識を示し、われわれの目的と行動様式はそれぞれの側で「完全に異なる」（совсем иные）であろうと見通していた。それに応じて、ますます、地理的区分（東西、つまり左翼と右翼の二区分）に従って、それぞれの司令官に権限を集中することが必要になると考えた。おそらく右に見た五六年三月の検討会での議論も踏まえてのことであろう、そのためにバリャチンスキーはカフカース地方を合計五区分とすることにした（その内容は一三九頁を参照してほしい）。それぞれに司令部を置き、それらをチフリスで統括するが、五区分いずれも特徴的な気候と地元条件で性格づけられるから、軍隊にもそれらへの対応が求められ、司令官には独自行動を支えるに十分な手段を供するものとした。ともかく、帝国の全般的状況に照らして、カフカースの軍事状況が「極めて特異であること」（резко отличали）を踏まえなくてはならない、というのである。[60]

クリミア戦後、帝政ロシアによるカフカース経営はこのようなバリャチンスキーの線で進むことになった。一八五七年、彼はミリューチンにそれら改革案を持たせて上京させたが、カフカース地方の鉄道建設などそのほかの案件の請願はミリューチンに任せた。ミリューチン自身は鉄道問題をとくに気にかけていた。鉄道による効率的な兵員輸送は、とりわけアジアにおいて、ロシアを優位に立たせることであろう。彼は「鉄路はロシアをしてアジアの支配者にする」と語った。[61] そのような夢想はイギリス帝国への対抗意識に支えられてもいた。当時としては、いきなり鉄路を敷くのは困難であったため、ザカフカース鉄道の代わりにポチからチフリスまで馬車鉄道（конножелезная дорога）をつくる話が出ていた。[62] これは黒海沿岸部から回り込み、カフカース統治の中心・チフリスに至るルートである。大公ミハイルがバリャチンスキー構想を実現させて、二つの海（黒海とカスピ海）がレールで結ばれる（チフリスからバクーへ至る）のは二〇年ほど後のことである。一八五七年一〇月二九日、ペテルブルグからミリューチンはバリャチンスキーに手紙を書いて、外相ゴルチャコーフがわれわれの改革案に反対し、その一方で大公ミハイルは理解を示していると伝えた。[63] 外相の第一の懸念は紛れもなくイギリス帝国の出方にあったから、彼は積極的運営案にはすべからく反対する立場をその後も崩そうとはしないであろう。こうした意味からも、バリャチンスキーたちにとって大公ミハイルの存在は決定的でさえあった。

その後、バリャチンスキー自らが「鉄道に関する手記」（日付不明、おそらく一八六八年）を書いているから、カフカース関係者にとって（も）鉄道は重大関心事項であり続けた。それによれば、地方統治（управление краем）にとって対内的にも対外的にも連絡が必須であることを重視すれば、経路の建設と整備に力を使うべきである。バリャチンスキーが経路を重視したのは、カフカースがロシアとは依然として地図のうえでしか繋がっていない現状を憂慮したからである。道路についていえば、グルジア軍用道路、オセチア軍用道路、イメレティア軍用道路の三本が重要であるが、[64] それらは名称が示すようにいずれも軍事がらみである。ロシアとカフカースは軍事に限らず経済的にも結合されなくてはならないが、カフカースは帝国の中心から離れるだけでなく、国家の戦略的な結びつき（ネットワーク）からもいまだ外れているのだ。たとえば、兵糧に関して「アジアの側では戦争が戦争を食わせるようなことはしない」（В азиацкой стороне, где война не питает войну）から、どうしてもロシア中央からそれを運搬する必要があるが、そのためのインフラ整備は全く遅れている〔それはカフカース戦争が長期化した原因であり、結果でもある〕。現状では国家の力は分散していて、集中することがむつかしい。バリャチンスキーは、このように基本認識を示したうえで、ロシアとカフカースを結ぶ三本の経路について、次のように触れた。（一）クリミア敗戦の結果、黒海経由はロシア当局が完全には抑えていない現状にある、（二）ダリヤル〔峠。つまりグルジア軍用道路〕経由は結合するよりむしろ引き離す（разъединяет）ほうだ〔カフカース山脈核心部を南北に横断するこの道路はとくに冬季通行が困難である〕、（三）ヴォルガ川およびカスピ海経由がザカフカースとロシアを軍事的に結ぶためのすべての条件を最高度に満たしている。軍隊の移動はカフカース国境線から山脈を越えるよりも容易である。有事にはモスクワからバクーまで三週間で兵員を送ることができるであろう。将来的にカスピ海から黒海まで鉄道を建設することにするが、最優先はバクーを始点にしてチフリスまでである。チフリスと黒海を結ぶのはその次になる。こうしたことは軍事に限った話ではない。ザカフカース経由のヨーロッパ＝アジア交易にとって鉄道は必要なのである。鉄道経営にとってもそうした交易は必須であろう。このように、バリャチンスキーは将来的にはふたつの海(黒海とカスピ海)を鉄道で結ぶことまで考えたのであった。

さらに、バリャチンスキーはカフカース山岳民をどのように扱おうとしたのか。彼は次のように見て、その対策に思いを巡らせた——彼らは氏族(роды)に分かれ、時に大変に多数である。氏族のすべての成員は相互の責任と保障で固く結ばれている。彼らが点々とフートル〔小村落〕に住む限り、それらを逐一、監視(надзор)することなどできない相談である。氏族の成員たちは一緒に暮らし、長老(старшины)が家長(семейные начальники)を兼ねている。氏族と種族(племена)全体の間で生じた案件はロシア当局には秘密にされている。氏族が村落ごとに割れる時に、長老が社会的なリーダー(общественный начальник)となるのである。そうした長老を支援すれば、氏族はそれによって自動的に山岳民の公権力(официальная власть)を支持することにつながるのである。しかしながら、氏族間の争いが彼らの秘密を露わにする時がある。そこにつけこむ余地が生じる。(65) このようにバリャチンスキーは山岳民対策として山岳民社会の長老たち、有力者上層部の取り込みが最重要であるとみなした。

繰り返すが、バリャチンスキーは、ミリューチンと同様に、山岳民を平定するには軍事力だけでは全く足りないと認識していた。終生、彼はミュリディズムとの闘争は武力のみではうまくいかないとの確信を変えることはなかった。バリャチンスキーは「非軍事的な闘争」(гражданская борьба)が必須であるとみなし続けた。ムスリム世界ではシャリアート(イスラーム法典)ではなく、むしろアダート(慣習法)を十分に尊重して、人民をロシア主権(владычество)のもとへと引き込み、ムスリム指導者たち(イマームやナイブ)の影響から切り離さなくてはならない。山岳民たちを社会的文化的に、つまりロシア的に変容させることなしにはカフカース統治に十全を期すことなどできない。カフカース地方にロシア帝国の一員となるべく構造的かつ有機的な関連性を人民レベルで(も)与えなくてはならないということである。日付不明であるが(おそらく一八五九年ごろ)、バリャチンスキーはカフカース事情に関して手記(записка)を残している。これらの問題に関連して、少し長くなるが、次にその大意を紹介しよう。

カフカースにおいて、精神的、ムスリム的な要素は全く衝撃的ですらある(весьма потрясенным)。当初、この要素に関しては十分に考えられてこなかった。しかし、それは人民に接近するのに〔むしろ〕最良な手段である。〔カフカース〕戦争になって、彼らは宗教結社をつくりだし、ミュリディズムをめざすようになった。〔その結果、〕ロシアの主権に対抗する宗教的機運がカフカース山脈全体を覆うほどである。山岳における民族的な団結とそれに随伴するイマームたちの強力な権力に対してわれわれは戦闘手段を充実させるだけでなく、ひろめなくてはならないが、そのためにはより強大な部隊が必要である。その戦闘行為は一帯を鎮圧しようとするが、もたらされる平定は堅固なものとならなくてはならず、〔そのためには究極的に〕ミュリディズムの精神的原理を排除しなくてはならない。ミュリディズムは宗教的な秩序(религиозное учреждение)であるだけでなく、社会法(общественный закон)でさえあるからである。それはあらゆる世俗的権力の法秩序(законность)を斥けて、いかなる政府も認めないのである。トルコのスルタンなどはミュリディズムをすべてのマホメット教徒にとって正当なる君主(законный государь)であるとみなすほどだ。シャリアートはすべてのイスラーム教徒にとって宗教的な審判(суд духовный)であると同時に世俗的(светский)かつ規定的な法でもあるのである。したがって、カフカースでは武力による勝利だけでは駄目なのである。〔それだけならば〕やがてミュリディズムが復活することを覚悟しなくてはならない。そのためにまず実現しなくてはならないのは、最上級身分の復活(восстановление высшего сословия)、貴族階級(дворянство)のそれである。それによってイスラーム教(исламизм)を弱体化するのである。あわせて世俗的な原理をより多く導入しなくてはならない。さらにカフカースに正教を復活させるよう努めなくてはならない。[66]

論旨は明解であろう。バリャチンスキーはムスリム社会がシャリアートによる拘束から解放されるように地元「貴族」の復権に力を貸し、あわせてむしろ慣習法により大きな影響力を持たせようというのである。さらに、一八五九年夏のシャミーリ降伏に続く次のようなバリャチンスキーの記述を参照するのがよいであろう――現在、山岳統治（горское управление）の主要課題はミュリディズムをつくりあげている原理自体を無力化すること、つまりいまだにその痕跡を留めている所に最上級の身分を復興させ、彼らが存在しない場合にはそれらを創出することである。それと同時に、商工業、人民教育、とくに女子教育をムスリム上層部に普及し発達させることが重要である。〔しかしながら〕カフカース諸族（кавказские племена）を具合よく〔そうした方向に〕つくりあげる（устраивать）ことなど容易ではない。カフカース軍の現状は基礎的な条件を満たしたとしても、いまだ人民統治（народное управление）を果たしてはいない。〔そのために〕地元の特性に合うような枠組みがなくてはならない。〔最終的には〕先住民支配（управление туземцами）が打ち立てられなくてはならないのだ。[67] バリャチンスキーが平時における統治方式にまで思いを巡らし、カフカース運営の本格化、つまり、カフカース地方のロシア帝国への構造的な組み込みを模索している様子はこれらからよくうかがわれるであろう。

構想の具体化――東カフカースと西カフカース

以下、バリャチンスキーたちは戦後カフカースの基本構想をどのように具体化しようとしたのかを見てみたい。平定した地域における民生の発展を促進したのはヴォロンツォーフの主たる貢献であるとしたうえで、少しだけ時間を戻すことから始めたい。すでに三五頁で触れたように、帝政ロシアはようやく一八二〇年代末、ふたつの戦争（対ペルシアおよび対トルコ）に勝利して得た国際関係上の展望を手掛がりにして、カフカース地方を単なる植民地としてではなく、帝国の構成員として遇する決意をしたとみなしてよいであろう。それは帝政の転換点であったとでも評しうることがらである。これは第一章でカフカース構想史を大きく二分した理由でもあった。

それでも、カフカースの処遇をめぐって議論は続いた。著名な当時の蔵相カンクリーンなどは国庫事情を考えれば、ザカフカースでさえ編入してロシア帝国の構成とすることなど到底容認できないとする強硬派であったが、他の大臣たちはまずキリスト教徒のグルジアに県制度を導入して、それを徐々にひろめればよいであろうとなかば簡単に考え、その一方で彼らはカフカース戦争に加わるダゲスタンの諸部族は特別な軍管区に分離すればよいと主張したのであった。その結果、一八四〇年四月一〇日に承認された外カスピ海地方（Закаспийский край）統治法は、グルジアなどロシア法を適用する部分とそれとは別に特別な軍管区統治（военно-окружное управление）のもと地元条件に独自に対応する部分とのいわば二重編成を採用した。[68] これは対象をさまざまに非ロシア的な要素が濃く取り扱いにより大きな困難が想定される地域とロシア的な要素がほどほどあって対応が比較的に容易であると思われる地域に大きく二分する考え方であり、必要に応じて軍事的な関与に強弱をつけながら、地方統治を完遂しようとする帝政の姿勢は明瞭であった。こうして、ひとつの地方において、平定に手間どる地帯には軍事的な手当てをもって強く対し、治安が安定した一帯にはロシア内地並みの県制度を導入するといった複合的な統治手法が普及することになった。

しかし、たとえこうしたなかば伝統的な統治方法が存在しなくても、クリミア戦後のカフカース事情は複合的なそれを求めたことであろう。繰り返し指摘するように、当時、カフカース地方は東と西で大きく事情を違えていた。バリャチンスキーは一八五九年八月のシャミーリ逮捕が遂に「カフカース東部の最終的な鎮圧」（окончательное замирение Восточной части Кавказа）をもたらしたとみなしてそれを評価した。つまり、「カスピ海からグルジア軍用道路までの間で昔からわれわれに敵対してきた山岳諸種族すべてが平定された」。それに伴って、「わが新しき臣民の間に市民的教養（гражданственная образованность）と社会福祉（общественное благосостояние）とを普及させなくてはならない」と彼は早速、その年の九月三日に書いたのであった。[69] これで少なくともカフカースの東半分（カフカース軍左翼）では、帝政にとって自らの権力確立に本格的に着手する環境が生まれたのであり、また、そのように励まなくてはならないと彼は展望し強く決心した。グルジア貴族団はカフカース委員会を通じてツァーリに対して八月二五日（シャミーリ降伏の日）を少なくともチフリスでは今後は祝日にするよう働きかけたほどであったから、[70] 別にバリャチンスキーひとりが浮き上がっていたわけではない。

その一方で、西カフカース(カフカース軍右翼)はいまだはるかに流動的であった。そこでは進出を果たそうとする帝政ロシア側とそうはさせまいとする山岳諸種族との間に物理的にも精神的にも広大で不安定な空間がひろがったままであった。クバン川とラバ川に挟まれた山岳地帯に住む諸部族は平和的であるとみなされていたが、彼らは強盗(разбойничь)を生業とする集団であったから、そのことだけでも帝政側にとっては気掛かり以外の何物でもなかった。[71] バリャチンスキーは東カフカース平定を担保するため軍事力をとどめてそれを西カフカースへ派遣することを躊躇したから、事態を一気に打開することなど無理な相談であった。したがって、西カフカースでは決定的な行動よりもそれを念頭に置いたいわば準備的な作戦が追求されることになった。それでもそれはカフカース山脈深くに籠る山岳諸種族に対ししっかりとしたカザークの防御線(ライン)をもって立ち向かうのがやはり基本であり、山脈を挟んで北側(クバン川とラバ川側)と南側(黒海沿岸側)の両面から攻め立て殲滅する手はずであった。

同時に、山脈を南北に貫く連絡路の維持と構築も戦略遂行上、必須であった。ツァーリはこれらのためにさしあたり、(一)クバン川上流部とラバ川流域に毎年少なくとも五つのカザーク村を開設すること、(二)アゾフ・カザーク軍団をカフカースへ移動させることを命じた。[72] いずれにせよ、ロシア側からすれば、クリミア戦後もカフカースでは軍政が前面に出ることが求められたのであった。

ロシア帝政は西カフカースに支配権を確立するにはカザークを始めとする「武装したロシア住民」がカフカース山脈の南北両面に入植することによって初めて可能となるとする考え(信念)を持ち続けた。そのためには必要に応じて先住民を強引に排除することが想定されたが、その一方で彼らを活用することも考えられた。現にロシア当局は現地チェルケス人の一部をロシア側の入植に協力させるだけでなく、オスマン帝国やドン地方へと追い出していた。新しいカザーク村を開くために、アゾフ、クバン、黒海、ドンなど周辺のカザーク軍団からカザークが家族ともども移住してきた。さらに、ロシア南部諸県からは国有地農民も入ってきた。[73] つまり、カフカース平定のいわば最終局面では(も)住民構成にはかなりな変化が生じることになった。これら人員配置の問題はカフカース情勢を左右しかねない重要な要素となる

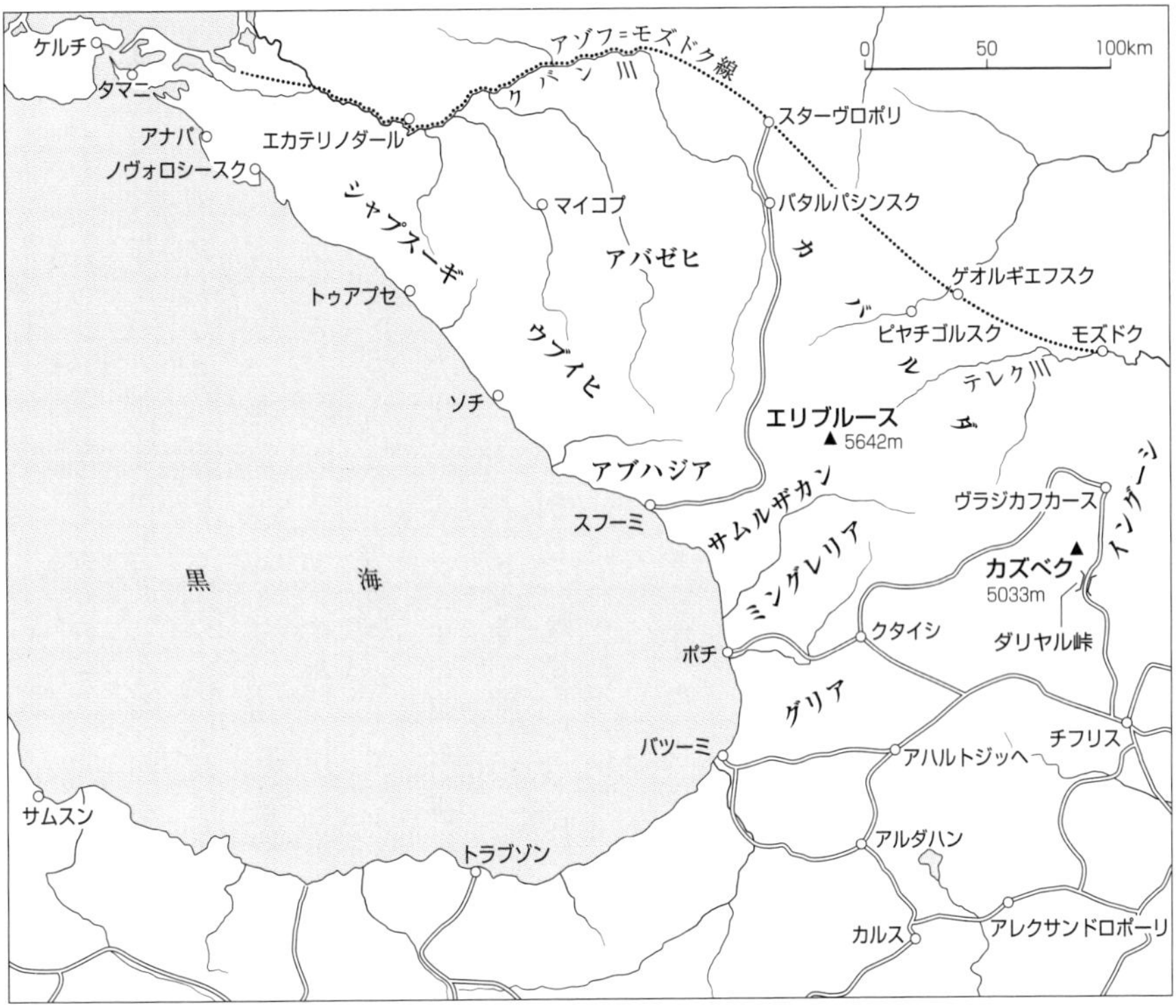

図3　西カフカース　「西カフカース」は本書がとくに強調して使う独自な地域用語である。ヴラジカフカースとチフリス(現トビリシ)を結ぶ「グルジア軍用道路」の西側，北はアゾフ＝モズドク線，南は黒海東岸部でそれぞれ囲まれた，帝政ロシアによる取り込みがもっとも遅れた一帯である。
〔出典〕 W. E. D. Allen and P. Muratoff, *Caucasian Battlefields*, Cambridge University Press, 1953 の付図を加工。

から、次章で詳しく検討することにしたい。千年も昔から住んでいるチェルケス人を追い出せば、西欧諸国は黙ってはいないだろうと駐コンスタンチノーポリのロシア大使館は気にかけたが、これに対してはミリューチンがチェルケス人の多くはすでにオスマン帝国へ出ており、その一部はラバ川を越えて〔北方の〕平原に入植している。地域はカザーク村によって実効支配がなされており、心配するには及ばないと答えたのであった。[74]

このように、クリミア戦後のカフカース統治は軍政中心のままで出発した（せざるをえなかった）。陸軍次官であったミリューチンは一八五六年初のメモランダムにクリミア戦時にカフカースへ増派した軍隊は征服を完遂し、ロシアの恒久的支配を確立するために〔残置して〕使うべきことを書き、この提案はムラヴィヨーフやバリャチンスキーなどに回覧された。これを支持したバリャチンスキーは自ら計画を具体化し、カフカースに軍区（военные отделы）を導入して、それぞれの指揮官（начальник）に大幅に権限を移譲する一方で、山岳民との闘争は従来どおり一元的にカフカース総司令官が統制し、防衛から攻勢へ転じることを構想した。[75] これを諾としたツァーリが一八五六年七月二二日の命令でバリャチンスキーを新しい総督に任命するだけでなく、あわせてミリューチンを補佐役の参謀長に就けてカフカース戦略のさらなる展開を図ったことについてはすでに述べた。バリャチンスキーはカフカースに着任すると、対トルコ戦のためにロシア内地から派遣されていた第一三師団と第一八師団を山岳民との闘争に回し、軍事作戦を東カフカースへ集中して、三方向から攻勢をかけた。ここでその過程を具体的に述べるまでもなく、戦果は圧倒的であった。一八五八年にはチェチニアの住民の多くは帰順し、従順となって、新しい村落のために平地に用意された土地に移住した。シャミーリは追い詰められ、民意は彼から離れ、一八五九年八月二五日、彼はダゲスタンの山奥グニブ（Гуниб）で四万の軍隊に包囲されて降伏した。丁度、この日はアレクサンドル二世の誕生日であった（「バリャチンスキー軍政」に触れるため、この文節の記述にいささか繰り返しがあることを許されよ）。

バリャチンスキーはシャミーリを降伏させるために三年間の総督生活を費やしていた。その間、一八五六年八月一六日、ツァーリはカフカースに軍政総局（главное военное управление）を設置して、本格的に軍政を導入するよう命令した。

それに対応して、バリャチンスキーはよりきめ細かい統治を実現するためにカフカース地方を次の五つに分けた。つまり、カフカース山脈東部は左翼（левое крыло）、沿カスピ海地方（прикаспийский край）、レズギン警備線（лезгинская кордонная линия）の三区（отдел）に、西カフカースは右翼（правое крыло）とクタイシ総督府（кутаисское генерал-губернаторство）の二区である。これら各区に独自な司令部が置かれ、それぞれがチフリス中央と繋がった。ミリューチンはこのような複合的統治法に大いに共感し、刺激を受けた。[76] さらに言えば、後に彼が陸相として全国に軍管区制度を導入するのは、こうしたカフカース体験から重大な示唆を得たからであろうとも想像される。一八五七年一二月と五八年四月の勅命によって、カフカース軍が創設された。これまで個別的な軍団（корпус）としてあったのが、軍（армия）に格上げされたのである。それに伴って参謀部などは正則な組織（правильная организация）となり、地方統治（местное управление）のための行政区分も一段と進むことになった。新しい軍事機構（военное устройство）が地元諸条件によく対応するため三年間試行されたが、それは（行政）改革を伴うものであった。一八五七年四月、軍政総局に付属して特別に臨時部局（Временное отделение）が設置され、それが改革問題を担当することになった。バリャチンスキーは軍政総局の民生部門が行政のニーズに十分に対応していないと認識していた。一八五九年一月一日付で、彼はカフカース総督府の総局と定員に関する法律（「カフカース総督府統治法」といっておく。これは一八六六年まで有効であった。内務、司法、大蔵、国有財産、監査の五部門制を採用した）を出して、カフカース行政がいかに広範囲をカヴァーするかを明示したから、同時代の代表的なカフカース観察者のひとりであったエサジェはあたかも独自なカフカース省（Кавказское министерство）ができたようだと感想を述べたほどであった。[77] こうした局面をとらえて、現代のカフカース史家モスタシャリはバリャチンスキーのペテルブルグ中央からの自立志向性の所在さえ強調している。[78] そうした印象を抱くにはバリャチンスキーがカフカース地方の財政を中央の大蔵省管轄から外して総督に一任するようツァーリに請願し許可を得たといったことも作用しているかもしれない[79]が、しかし、これは誤解を生じかねない言及である。たとえ表向きそのように見えようとも、彼自らの最終目標が帝政の中央に陣取ることであったのは以下の本論に示す通りである。総局長（начальник Главного управления）が民生部門の長を兼務した。このことは民生部門を重視したとする見方と結局は軍事優先を確認したに過ぎないとする意見を並列させるが、ベースに軍事があることに変わりはない。

バリャチンスキーは、一八六〇年、山岳民平定の先頭に立たせた将軍フィリプソーン(Г.И.Филипсон 1809-1883)に対してカフカース山脈北面におけるカザーク入植を成し遂げて第一九師団参謀部を設置するように命じた。バリャチンスキーは後にミリューチンが陸軍次官に転出すると後任のカフカース軍参謀長に彼を任命したほどだから、フィリプソーンを高く評価していた。[80] もうひとり、バリャチンスキーが現場で当てにしたのは、エヴドキーモフ(Н. И. Евдокимов 1804-1873)であった。この人はカフカース生まれで山岳民の性格を知り尽くし、一八五五年にはカフカース軍左翼司令官に任命されてシャミーリ逮捕に武勲があった軍人である。この年の八月末、バリャチンスキーは体調不良を押してヴラジカフカースに出張し、約一カ月かけて西カフカースをめぐる最重要事案の解決策を講じた。つまり、軍事的平定、キリスト教徒住民による入植、クバン、テレク両地方の新しい組織、カフカース国境線カザーク軍団の分割に関してである。審議のために召集されたのは、右に触れたフィリプソーンとエヴドキーモフのほか、カフカース軍団と黒海軍団の政府任命カザーク隊長たち四人であり、ミリューチンが陸軍省を代表してそれに加わった。[81] まず、彼らは山岳民との闘争を早期に終結させることが西欧列強によるロシア評価を高めるだろうことを確認した。やはり、西欧の眼が気になるのである。その場で採用されたのは、次のようなエヴドキーモフ案であった――軍事作戦をラバ川とベラ川の上流部から開始して徐々にアバゼヒ族を追い出した後、シャプスーギ族、ウブイヒ族、その他を黒海方面へ押しやり、スターヴロポリ県のステップ地帯へ移住したくない者をオスマン帝国へ追放する(изгнать)。そして、空いた広大な地域にロシア人が入植する。このようにしないことには西カフカース獲得は完全にはならない。なぜならば、随時、トルコ政府がロシアと敵対させせようとして山岳民のもとへ密使(эмиссары)を送りつけ、相変わらず武器さえ供給しているのだ。バリャチンスキーはこの提案を認めて、エヴドキーモフ本人をクバン軍団隊長に任命した。[82] 翌六一年九月一八日、エヴドキーモフはカフカースを訪問したツァーリに、五年もあれば西カフカースを平定できると報告した。それに対し、アレクサンドル二世も西欧列強がそれを許すだろうかと心配したのであった。[83] 帝政ロシアによる（西）カフカース支配について回った西欧の影は何とも払拭しがたいものであった。

このようなことから、クリミア戦後、カフカース攻略を実際に推し進めた中心にいたのは、バリャチンスキーとミリューチン、それにフィリプソーンとエヴドキーモフの四人であったとみなしてよいであろう。彼らがクリミア戦後のカフカース軍政を担ったのである。前二者がペテルブルグで関係を調整し、後二者が現場を取り仕切ったのである。一八六〇年秋から帝政による西カフカース攻勢がいよいよ本格化した。ツァーリはバリャチンスキーへの手紙でそのために経費が増大したことに不満を表明するほどであったが、いかに金がかかろうと彼ら四人にとっては「道路、橋梁、防御施設、伐開線、そして何よりもカザークによる地域の植民、これらはロシア支配の確立のためには必須条件」[84]（sine qua non）なのであった。

3　総督府政治と軍事的人民統治

チフリスの総督府政治

カフカース総督府政治の中心地となったのは、チフリス（現在のトビリシ）市であった。早い段階からペテルブルグ中央はチフリス市を帝国の他の都市同様の扱いをしてきた。一八四〇年のチフリス都市社会統治法（Положение о городском и общественном управлении Тифлиса）は「三大身分」（три главные сословии 内実は不動産所有者、商人、手工業者の三者）による「社会的な」統治を認めた。彼らの代表者が、政府代表者を加えて、市を運営したのである。一八六六年八月に新しいチフリス市社会統治法（Положение об общественном управлении города Тифлиса）が一八四〇年法に取り替わったが、これは明らかに、一八四六年のペテルブルグ、モスクワ、およびオデッサの各都市法を下敷きにしたものであった。帝国主要諸都市の事例を参考にして、それらとの一体化がめざされたことは確かであった。この一八六六年法は身分ではなく、共通の特徴を有する範疇(разряд)によって都市社会を四つのカテゴリーに分類する工夫を加えた。つまり、(一)都市に不動産を有するか、そこで「商業と工業」に従事する世襲貴族、(二)同様な条件を満たす一代貴族と名誉市民、(三)「不動産を有する市民」(граждане)、ただし先住民は含まない、そして、(四)市の義務を果たす、不動産を持たないチフリス住民のすべてである。(85)

知られるように、都市と訳されるロシア語 город あるいは град は柵や垣根を意味する ограда や огорожа から発していて、防御、戦略に起源的な含意を見出すのが通例であろう。また、時間の経過とともに、「柵に囲まれた場所」(огороженные места)が周辺地域を統治するようになれば、そうした軍事的な原初的意味合いは後景に退くのも一般であったが、その過程は地域の特殊事情に応じてさまざまであったろう。また、帝政ロシアの都市論一般でよく言われたことに、都市における農村的色彩の濃さがあり、さらには本来的な「都市住民」(городская обыватель)層の弱さあるいは脆弱性といった諸問題もあって、近代ロシアにおいて帝国各地で都市の順調な発展をいうことは一概にはむつかしいところである。(86)

さて、チフリス市であるが、この町を代表したホテルは「カフカース」(Кавказ)と「ロンドン」(Лондон)のふたつであった。これらはカフカース地方の中心地がイギリス帝国の動静を気にかけていたことを象徴するようにも思われてならないが、それはともかく、一八六五年九月四日、ツァーリが裁可し、カフカース戦争の終結と地域の完全平定を祈念して、カフカース軍大聖堂(Собор Кавказской армии)がチフリス市内に建立された。(87) 帝政ロシアにとって、チフリスはそうした位置にあったのである。近代ロシアにおける代表的な戦略家のひとりであったファデーエフは、そのカフカース＝トルコ戦域の戦略的な分析において、チフリス市がザカフカースとロシアを連絡する主要路であるグルジア軍用道路の出発(到着)地になっているだけでなく、そこからオスマン帝国へ至る五本の道路が出て、それらは四つの都市(バツーミ、アルダハン、カルス、バヤゼット)と結んでいる。これら五本の道はわれわれがオスマン帝国へ至る唯一の出口であると同時に、トルコ人にとってはザカフカースの心臓部で達するやはり唯一の入口でもあると書いたのである。(88) チフリス市はこのように戦略的にも統治的にも中心であっただけでなく、宗教性によっても象徴化されようとしたのであった。ここで重大な注記をすれば、カフカース軍大聖堂造立がカフカース戦争の時代が完全に終わったことを内外に表明するものであると解釈すれば、いまだ決着をみない西カフカース情勢はカフカース戦争の単なる延長ではなく、別の新しい局面(フェーズ)として位置づけられなくてはならないだろうことである。ファデーエフもそのあたりのことをおそらく意識してのうえであろう、カフカース戦争とは別に「西カフカース戦争」(Западно-кавказская война)という言い方をしている。[89] 筆者はこうした意味合いからも「西カフカース戦争」論の必要があるだろうと考える者である。

チフリス県知事オルローフスキー(К. И. Орловский)は「最高の行政」に役立てようと図って、カフカース統計委員会を叱咤激励してチフリス市「一日センサス」を行わせた。その実施日は一八七六年三月二五日であったから、カフカース軍大聖堂の造営から十年余りを経た、露土開戦の一年ほど前のことである。その日が選ばれたのは復活大祭の祝日で市民たちが家にいるからということだから、基準はあくまでもキリスト教であった。[90] ロシア地理学協会南西支部が一八七四年三月にキエフ市で同様な「一日センサス」を実施しているから、[91] このチフリスが特例ということではない。同協会の最初の支部として、一八五〇年に総督ヴォロンツォーフの館に開設されたカフカース支部は一八六六年から統計資料を調査刊行したから、こうした仕事が当地にとっても最初というわけでもない。帝政ロシアも政策的必要や学問的関心の高まりがナロードに対する調査研究を求めさせる時代に入ったのである。まずここではセンサスの結果を主に人口面から取り上げ、チフリスにおける総統府政治の一端を垣間見ることにしたい。

この「一日センサス」はチフリス市人口を総計一〇万四〇二四人としている。内訳は男六万六一四七人、女三万七八七七人で、ほぼ二対一のアンバランスである。一般にヨーロッパでは女が男よりも多いのだが、ここでは正反対で、そのことは都市住民の性向(нравственность)にさまざまに影響せざるをえない。ほかとくらべて、とくにチフリスではその傾向(性差)が著しいと資料編者がコメントしている。[92] こうした現象をもたらしたのは、何よりも軍隊の駐屯である。その当時、都市住民一〇〇人当たりに占める軍人数はペテルブルグで四・三人、モスクワでは二・二人であったが、キエフで九・六人と増え、ここチフリスではさらに一一・九人とはるかに高い水準にあった。これはそもそも両首都の人口が多かったといったことだけではなく、帝国周縁部に兵士が重点配備されたことを反映して、この街は明らかにますます軍事化する傾向を見せている。現役兵士の集積は、したがって、市民の年齢構成を若くした。チフリスでは二〇歳から三五歳が全体の四割余りもいる。市民の間で三大民族は人口順にアルメニア(三万七六一〇人)、ロシア(三万〇八一三人)、グルジア(二万二二五六人)であったが(これら三者で全体の九割に近い)、アルメニア人とグルジア人は女が男よりも多く、男が多いのはロシア人だけである。つまり、チフリスに駐屯する兵士はおそらくその多くがロシア内地から派遣されたロシア人たちである。兵士のほとんどがロシア人であることは、居住場所分布からも明らかである。兵営にはロシア人男子が一万人強いるが、アルメニア人などはわずかに九人でしかない。グルジア人はほとんどが民間宿舎に住んでいる。(93) 露土戦争後の一八八〇年一月一日現在とされる別の数字は、軍隊を除く市人口を八万六四五五人としている。軍人が多いロシア人は一万九八〇四人でしかなく、三万八五一三人のアルメニア人、二万二二八五人のグルジア人に次ぐ三番手である。(94) これもロシア人=兵士論を傍証する。チフリス市内には山岳民など諸部族はほとんどいない。そこは彼らを統治するための基地であり、作戦本部でもあったから、そのような異分子には相応しい居場所にあたらない。宗教別ではロシア人とグルジア人は(東方)正教に、アルメニア人はアルメニア正教に分類されていて、ムスリムはシーア派とスンニ派あわせて四%ほどでしかない。(95) このように、チフリスはロシア中央の直接的な出張所の色彩が濃い。これは総督府政治を可能にした基礎的条件である。

カフカース経営の本拠地チフリスには「外国人」はそれほど多くはない。むろん、ここで「外国人」とはグルジア人やアルメニア人など帝政ロシアの版図内にいる非ロシア人を指すのではなく、本来的に版図外とみなされる非ロシア人をいうのである。センサスはそうした「外国人」を全体の四%ほどに相当する四二二七人数えている。(96) そのうちペルシア人が二五九八人と過半を占め、その次にトルコ人が七〇六人いる。両方とも経済や軍事の関係でカフカース軍政と深く関わったはずだが、今の筆者にはその内実を知ることがむつかしい。そうした活動について人口数でその重大さを推定するのはほとんど無意味であろう。こうした「外国人」の動向は、歴史研究にとって興味深いのだが、見えにくいことも確かであろう。

言語面を見ると、母語と民族との間に大きなズレは認められない。ロシア人はほとんどが母語をロシア語としている。アルメニア人やグルジア人についても同様にアルメニア語とグルジア語である。ただし、センサス報告書は次のように指摘している。チフリスではグルジア語が家庭用（домашный）あるいは会話用（разговорный）の言語として優勢であり、アルメニア人の多くは、アルメニア語を知らずに、グルジア語を話しているというのである。つまり、民族も宗教もアルメニアである者が言語面からはグルジアに分類されることになるが、数値を見る限り、特段に多い訳ではない。母語をロシア語とする者は全体の二九・八七％で民族をロシア人とする者は同様に二九・六二％であり、アルメニア語は三四・五三％、アルメニア人は三六・一六％、グルジア語は二三・一四％、グルジア人は二一・三〇％であるから、アルメニア人の場合はアルメニア語以外を母語とする者がいることになるが、その数は目立つほどでないであろう。[97] それよりも言語に関して注目すべきは、ロシア人以外の識字者のうちロシア語ができる（直訳すれば、「ロシア語の読み書きを知っている」〈знающие русскую грамоту〉）者の割合がアルメニア人、オセット人、ユダヤ人、ポーランド人、タタール人ですべて四割を超えていることである。[98] こうしたことはカフカースにおけるロシア語の普及事情を良く示すのであり、明らかに、これも総督府政治を支えた重大な要因である。

もう少し、別の側面から見てみよう。バリャチンスキーはチフリスの街に公共の公園を開設するだけでなく、そのほか、オペラ劇場も開き、養老院や幼稚園を整備するなどしたから、確かに彼は市民生活をロシア並みにしようと精を出したのであった。[99] すでに触れたように、バリャチンスキーの内政でとりわけ注目されるのは、人民教育とくに婦人教育の充実に努めたことである。彼はそれがカフカースの精神的再生を象徴すると考えたのであった。同時に、それはカフカースをロシア化しようとする文脈のなかで生じたことであるから、念を押すまでもなく、それはロシア的な再生ということでもある。従来、学区の後見人（попечитель）によって教育が私物化され、いい加減にされてきたと断定したバリャチンスキーは学校運営の責任者を後見人から県知事へと交代させ、チフリス検閲委員会からも後見人を外して総督直轄とした。[100] ここでいう後見人制度は近代ロシアの教育史上、ロシア各地でも観察されたから、特殊カフカース的なものではなく、どこでも地元の貴族など有力者が就任することが多い、なかば名誉職的なものであった。いわば後見人教育の腐敗といった現象は帝政ロシアでは普遍的ですらあったが、それへの対応あるいは改善はふつう後見人の交代など個別的なものであったから、ここにもバリャチンスキー統治の民政局面の特徴を見ることができるであろう。

バリャチンスキーがさらに力を使ったのにカフカース地方におけるキリスト教の復活問題があった。一八六三年一月一〇日付のツァーリ宛書簡でバリャチンスキーは、一八六〇年六月にカフカース・キリスト教復活協会(Общество Восстановления Христианства на Кавказе)がチフリスに創設されたことに触れながら、今後のカフカース行政で気掛かりな重点事項として、次の六点を列挙した。つまり、(一)婦人教育、(二)シャリアート(イスラーム教典)の廃絶、(三)キリスト教の復活、(四)通信連絡網、(五)灌漑、(六)植民である。[101] これらをまとめれば、宗教(二)、(三)は教育(一)およびインフラ整備(四)、(五)、(六)と並ぶいわば民政三大事業のひとつであったとみなしてよいであろう(ただし、とくにインフラ整備は軍政との関係も深い)。キリスト教の復活に関する課題はそれまでグルジアではエクザルフ(大主教)に従属した委員会で取り扱われてきた。しかしながら、資金不足だけでなく、当事者の熱意や創造力のなさ、あるいは単なる惰性といったものが事態の進展をもたらすまでもなく、ムスリム隆盛の前に無気力と無関心に陥りがちであった。早くも一八五七年にバリャチンスキーはニコライ一世への書簡でこの問題の重要性に触れ、ツァーリがそれに同意したことがあった。彼は、その年の一一月二二日付のバリャチンスキー宛書簡で、この問題をカフカース委員会の議題にすることを伝えた。[102] グルジア任せにはしないで、帝政ロシア自らが乗り出すというのである。一八六〇年一月二一日に開催された同委員会はこの問題を審議して、アブハジア人、オセット人などカフカース山岳民の多くはかつてキリスト教徒であったことを思い出したうえで、ロシア政府によって支援された真のキリスト者の自己犠牲においてのみ山岳部において難敵と渡り合うことができると結論したのであった。[103] したがって、この問題も関係者によって、民事に限らず、軍事にも強く連携するものとして意識された。さらにカフカース委員会は、イメージ的には自由経済協会やロシア地理学協会のようなものとしてペテルブルグにカフカース山地で正教を支援するための組織をつくる必要性も認めた[104]。モスクワのフィラレート(府主教)もそうした考えであった[105]。これに対して、バリャチンスキーはそのような鷹揚な対応を嫌って、組織はあくまでも最前線のチフリスにおくことを主張し、結局、ツァーリが認可し、皇后マリアがそれを保護することになった[106]。右に触れたカフカース・キリスト教復活協会はこうした流れから生み出されたもので、政府や地方などから資金を得て、山岳部に教会や学校を建設するなどの活動を行った。やがて、これは協会(общество)としてはカフカース地方最大級なものとなり、会員千人以上を誇るようになった[107]。

このように、総督府政治のあり方をチフリス市に見るのはそれ相当な理由があるのだが、カフカースの別の都市も取り上げてみよう。すでに触れたように、デルベント市はカスピ海に面した南ダゲスタンの拠点都市であり、帝政ロシアを含めてカフカース地方に関心を抱く諸勢力はひとしくその制圧を望んだ場所であった。以前はペルシアの要塞であったが、ロシア軍が一七二二年、一七九六年の二度、占拠したことがあり、結局、一八一三年のゴレスターン条約(三五頁を参照)でロシア領となった。一八五〇年六月一〇日にツァーリの認可をえて、バリャチンスキーは、ダゲスタン地方法(Положение о Дагестанской области)を出すと同時に、デルベントに特別市制度を導入した。ロシア内陸諸県の総督と同等な権限において民政を執行する地方長官(начальник области)にデルベントの特別市長(градначальник)を従わせてロシア中央部との関係を規定したのである。その結果、デルベント特別市の住民は帝国一般法によって統治されることになった[108]。たとえば、一八六七年七月、市会は帝国法に則り市民に武器の携行を禁じる「刀狩」の実施さえ検討した[109]。一八六三年一一月一二日にはカフカース総督(大公ミハイル)が初めてデルベント市を訪問した。このように、クリミア戦後、デルベント市は一気に帝国との一体化が進んだが、市民に占めたロシア人の割合はチフリスほどでさえなかった。つまり、一八八六年の数字であるが、総数一万五二六五人(男八七七八人、女六四八七人でやはりかなりの不均衡)の市人口で最大グループはペルシア人(つまり、タタール人)の八九九四人でほぼ六割と過半であった(男女比は五対四で、全員がシーア派)。次がユダヤ人で二五六八人(一六・八%、男女比は半々)、ようやく三番手がロシア人で一五六一人(全体の一割ほど。男女比は三・三対一と圧倒的に男子が多い)、アルメニア人が八七五人(五・七%、男女比は四対三)、これら四者で全体の九割を占め、やはり山岳諸種族はほとんどいなかった[110]。本格導入となった市政の中心にロシア人がいたはずであるが、その数はかなり限られていたことがよく分かる。バリャチンスキーはじめ関係者たちは、山岳民たちは総督府政治の展開に決して寛容ではないであろうとなかば覚悟していたが、やはり、カフカース軍参謀長カルツォーフ(А. П. Карцов)は、一八六二年三月八日付のバリャチンスキー宛手紙で、ダゲスタンではかつては汗(ハン)による統治の主敵はミュリディズムであったが、今やわれわれの統治方式であると書いたのであった[111]。

関連して、北カフカースの主要都市のひとつ、スターヴロポリ市における教育事業にわずかに触れれば、クラスノーフという人が一八八七年に同市におけるギムナジア史を書いていて、それには陸軍幼年学校(кадетские корпусы)といったいわばエリート養成機関で山岳民出身者を教育しようとする話が出てくる。ロシア帝政は山岳民を選んで軍事作戦の促進に資する人材を育てようとしたから、彼らを一方的に無視して追放し、あるいは殲滅することだけを考えていたわけではない。そこで教えたのはまずはロシア語、臣民として不可欠な基礎知識や作法、つまり、教養であったから、帝政の意図は明瞭であった。ロシア中央部の学校では山岳民子弟にとって気候が厳しくホームシックになり、ましてやロシア語が自由ではないのだから大変なことだ。それゆえ、地元のスターヴロポリとエカテリノダールに学校をつくったらどうか。実際にカフカース総督府はこのようなことを考えて、山岳民たちはむしろそれに好印象を抱いたといった話までクラスノーフは紹介している。また、一八五三年、やはりスターヴロポリとエカテリノダールにあるギムナジアに東洋語学科(отделение восточных языков)を設置する考えが登場したことにも触れている。それは一八五〇年から同様な学科がドン・カザークの根拠地であるノヴォチェルカースクのギムナジアにつくられたことに刺激を受けたのである。その目的はカザーク子弟をカフカース軍通訳に養成することで、アラビア語、タタール語(あるいはトルコ語)だけでなく、山岳民の言葉(наречие)も習得するのである[112]。したがって、一九世紀中ごろ、カフカース地方の都市では山岳民を

図4　ロシア中央部とカフカース

取り込もうとして、学校教育を活発化させていたことがよく分かるであろう。

さらに、インフラ整備関係で交通体系に関して少しだけ見てみよう。その面での都市の環境整備はバリャチンスキーの時代にかなり進んだ。チフリスとロシア中央部を連絡するために何本かの舗装道路(шоссе)を整備して連結することは一義的には郵便のためであったが、同時にそれは極めて軍事的な意味合いも有した。ヴラジカフカース＝チフリス間のグルジア軍用道路の整備事業はバリャチンスキーによるカフカース統治の記念碑とされることが多い(113)。彼の総督時代には鉄道を通すところまではいかなかったが、ここでもいささか鉄道にこだわれば、時代が鉄道を欲したことはロシアにとってもカフカースにとっても同様であった。戦略家ファデーエフは、もしロシアの鉄道がザカフカースと結合されれば、この地方の非常事態(исключительное положение)は廃され、アジアにおけるトルコ国境はヨーロッパにおけるのと同じ条件になるであろうとまで述べた(114)。鉄道が有する総合的な社会的政治的力量を十分に評価しての話である。すでに触れたことがある軍人シャヴローフは、鉄道による南下政策の貫徹に世論を喚起しようとしたひとりであった。この人は一八七一年にピョートル大帝の遺訓(一二三頁以下を見てほしい)に従って中央アジアへの進出を果たすべきだと述べただけでなく(115)、さらに一八八三年にはその課題をザカフカース経由で果たそうと議論したから(116)、全く一貫した信念を持ち合わせていたのであろう。後者小論の末尾を見るとクタイシで執筆されたことになっているから、彼のカフカース勤務がこうしたものを書かせたようにも思われる。シャヴローフは外国(とくに英国)の東方進出に負けずにロシアも頑張らなくてはならないと繰り返し強調し、そのために鉄道を重視したのである。ロシアもなけなしの金を叩いて鉄道を供用するまでになったが、それによってロシア穀物が外国へ出る一方では安い外国製品がロシア市場へ入るようになり、鉄道(ザカフカース鉄道など)がむしろ外国のためになっているのが現状である。そうした状況に甘んじることなく、ロシア工業製品をアジア市場(中国、中央アジア、ペルシアの三方面)で販売するためにロシア内地から最短の鉄道を建設すべきであるなどと主張したのであった(117)。カフカース当局はイギリス製品がロシアの鉄道経由でペルシア市場を席巻するのを黙認しているではないか。こうしたザカフカース経由は禁止すべきである。ロシアからのザカフカースへの道のうち、今次のクリミア戦争時に黒海経由を禁じられ、山岳経由を強いられた結果、大変に苦労したことは記憶に鮮明なところである。それに対して、カスピ海経由は推奨できる。古来、ロシアはアストラハンおよびカスピ海経由でペルシア、中国、そしてインドと交易してきた。ロシアの利益とはならない鉄道をさらにカフカースにつくることほど不釣り合いなこと(несоответственность)はないであろうと断言して、シャヴローフは次のようにモスクワとカスピ海を結ぶ鉄路を建設するよう主張した。つまり、モスクワ↓ツァリーツィン(現在、ヴォルゴグラード)↓ショルコザヴォツカヤ(チェチニアに所在)↓ペトロフスク・ポルト(ダゲスタンに所在)↓デルベント(同)↓バクーである。[118] これはモスクワからバクーまでほとんど一直線に南下する最短ルートである。カスピ海西岸に位置するダゲスタンの中心都市マハチカラは一八四四年に帝政ロシアによって「ピョートル要塞」がつくられたことから、それに因んでペトロフスク・ポルトと呼ばれたことがあった。この人は黒海ではなく、カスピ海の「売り出し」に忙しく、黒海では西欧列強との競争に勝てないが、カスピ海ではロシアは唯一の工業国として振る舞えるなどと平気で言うのである。[119] ロストフ＝ヴラジカフカース線はヴォルガ川から遠く軍事物資の輸送も楽ではない。それよりもツァリーツィン＝バクーの方がよいのである。[120] 要するに、彼によれば、依然としてザカフカースは、北カフカースとは違って、ロシアから孤立しているのである。そこが少なくとも北カフカースのようになるためには、ロシア内陸諸県と直接結ばれて入植者を呼び込まなくてはならない。この点でもそもそもが郵便輸送のためにつくられたロストフ＝ヴラジカフカース線は中途半端な存在でしかない。[121] このように、シャヴローフは軍事・民事両面からカフカースの鉄道事情を考えて、「モスクワからツァリーツィン経由でカスピ海沿岸を南下してバクーに至る路線」の建設を強く推奨したのであった。バクーからならば、ザカフカースにはカフカース山脈を避けて回り込むことができる。確かに、これは一家言であるが、別に見たように、おそらくそうしたことはロシア軍部において共通認識となった事柄であった。

バクーからカスピ海を東方へ横断して中央アジア方面をうかがう議論がシャヴローフには欠けたが、ミリューチンの日記(一八七四年一月三日)にはインドとヨーロッパ鉄道をヒマラヤ山脈および中央アジア・ステップ経由で結ぶレセップス提案を帝政中枢で検討した話が出ている。ロシアにとってそれは役立つどころか、むしろ有害であろうとする意見が勝ったこと、それでもトルキスタン総督のカーウフマンがトルキスタン地方と欧露を〔鉄路で〕結ぶのを支持し、工兵畑を歩いた将軍メーリニコフ（П. П. Мельников 1804–1880 交通大臣一八六五〜六九年）がアム・ダリア川の古床航行の夢を語ったが、ともに却下されたのであった。[122]

いささか、議論が脇に逸れたかもしれない。さて、一八六九年がカフカース総督府行政にとってひとつの画期となった。クバンとテレクそれぞれの地方にあった軍団（войско）と州（область）が統一され、従来のカザークによる土地割り（区分）は廃止され、それに代わってクバン地方は五つの郡（уездные управления）に、テレク地方は七つの区（окружные управления）に分けられた。そして、それぞれの郡長ないし区長がカザーク村だけでなく、国有地農民および一時的義務負担農民の村、山岳民の村落、そして移住者部落（колония）、すべての運営を監督することとなった。そのようであれば、カザークたちは日常的に非カザーク諸身分の人たちと交流しうる環境にますます置かれたはずであった。実際、すでに帝政はカザークを身分的な縛りから解放して、より一般化する方向を探っていた。それに伴って、カザークが保有した軍事力も同様な扱いを受けることになった（これらについては、さらに第四章第1節でも触れる）。当然、監督者（郡長あるいは区長）は農村共同体と郷に関して農奴解放令の諸規定を参照し、それに拘束されたから、カザーク村を農奴解放令の農民向けに設定した原理でもって改革しようとすることはその住民をその他の住民たちとひとつにしようとする（объединить）志向性の表れであるとする『陸軍省百年史』における記述はその通りに受け取ってよいであろう。それは、一八六八年のツァーリ宛陸軍省報告がカザークの軍事制度の独自性は維持しつつも、できる限りカザーク身分をその他とひとつにするとしたことを紹介している。[123] 従来、カザーク村の社会的（民事的）運営が依拠していたのは、一八三五年のドン軍団法が定める規則であった。ここにきて、カザーク村は一般行政の対象となり、その特別な地位を喪失することになった。年末にとりあえずクバン軍団の一二村とテレク軍団の二村が「公民の身分」（гражданское состояние ここではこのように訳すが、「身分」は旧来の сословие ではない。「地位」などとしたほうがよいかもしれない）へ編入された。[124]

このようにカザーク村の民事部門が一般化される方向性が生じたが、翌一八七〇年になって、兵役法（Положение о воинской повинности これについては第四章第3節で触れる）とクバンおよびテレク両カザーク軍団の戦闘部隊保全法（Положение о содержании строевых частей Кубанского и Терского казачьих войск）が出されて、部隊自体の一部が廃止され、カザーク隊長権限が参謀部へ移されるなど軍事部門でも改革を迫られることになった。[125] この一八七〇年、カザーク軍団における全員勤務（поголовная служба）態勢は廃止され、軍務には男子住民から一定数が選抜（籤引き）されるようになり、そして、テレク地方に県制（общие губернские учреждения）が導入されたのであった。[126]

軍管区制度の導入と総督府政治

この時期、総督府政治自体が曲がり角に立っていた。特殊総督府的な政治を狭めて、各地域が帝政一般と調和する方向性がなかば強制力を伴って模索され、そうすることで帝国の一体化が促進されようとした。そのために持ち出されたのが、軍政の地域制度（территориальная система военного управления）であり、それは「帝国全体で、統治のすべての分野に地元当局の監督を均等かつ系統的に割り当てよう」（равномерно, систематически распределить надзор местных властей по всей Империи и во всех отраслях управления）とするものであった。[127] そのために導入されたのが軍管区制度（военно-окружная система）であり、フィンランドから東シベリアまで全帝国を一六の軍管区に分け、それぞれの軍管区に評議会、参謀部のほか、主計、砲兵、工兵、衛生兵などの担当部署が置かれたのである。これら組織は基本的に旧来の陸軍省と同様であるから、その分、中央の役割は軽減され、現場の働きが期待されることにもなった。つまり、各地域の当該機関が個々具体的な案件に対する執行権を行使し（それを果たす場所が軍管区である）、ペテルブルグの陸軍省は全体の動きを眺めて基本的な目標から外れないよう舵を切る役割だけを担うようになった。[128] そうした意味合いで、統治の平準化をしようというのである。

こうしたことを提唱して実現に移したのは、一八六一年一一月九日に、四五歳の若さで陸相に抜擢されたミリューチンであった。彼は、早速、翌年一月一五日にツァーリに上奏して、軍制の抜本改革を提起し、非中央集権化、現場による判断の尊重、手続きの簡素化などをそのための基本精神に掲げた。すでに、ミリューチンは当代きっての改革派として聞こえていたが（陸軍省創設百年を記念して出された多巻本戦史でさえ、ミリューチンを改革派として強調している）[129]、それを言い換えれば、一八七〇年のプロシア（普仏戦争）が提示したことを単に安全保障の問題に限定してみるのではなく、それをビルドゥング（Bildung 広い意味での教育、教養）の問題として把握することができる感性が社会的に出現したということでもあった。それは軍制がニコライ一世期に流行した指揮命令の精神主義的でカリスマ的なシステムから脱して、客観的な知識を基盤とした合理的な軍事計画の時代に入るということでもあった。

もっとも、それだけでなく、クリミア敗戦とそれに引き続く政情不安が彼に一層の決断を強いた側面を否定することもできない。クリミア戦後もカフカースで戦闘が続き、ポーランドおよび西部地方は問題を抱えたままであっただけでなく、農奴解放など「大改革」の実施もあって、国内保安上も軍事力を軽減させうる環境にはなかった。しかし、財政事情は軍事力の維持と向上にこれまでと同じやり方をして出費を重ねることをもはや許さなかったのであった。

そのアイデアがミリューチンの脳裏にたとえ以前からあったとしても、それが政策として煮詰まり、実施に移される直接的な契機となったのは、一八六〇年代初のポーランドおよび西部地方問題であり、それへの対応として、一八六二年、ポーランド王国総督府に軍司令官を置いて総督補佐とするのとあわせて、ワルシャワだけでなく、ヴィリノとキエフを加えて三つの軍管区を制定したことであった。その後、オデッサとリガにもつくられて、一八六四年中ごろ計五管区となった時点で、制度のいわば全国展開が図られた。その際、ミリューチンは帝国を大きく周縁部と中央部に二分するだけでなく、そこに配備する軍隊も前者には現役を、後者には予備役を充てて、軍事費の削減と軍隊運用の効率化を図ろうとした。軍管区制度の導入には過度の中央集権の弊害を是正する意味合いがあったことはそうした局面からもよくうかがわれたが、その分、検討段階では反対があった。したがって、この制度は軍制改革の目玉のひとつとなった（あとひとつは国民皆兵であるが、これは第四章第3節で扱う）。反対に対して、ミリューチン自身が軍管区制度をロシア在来のものとして強調したことは特徴的であった。そうすることで、彼は要らぬ批判をかわそうとしたのであろう。後年、一八八二年、ミリューチンはリベラル系の雑誌『ヨーロッパ通報』(Вестник Европы)に「皇帝アレクサンドル二世の軍制改革」を寄稿して、軍管区的なものはロシアにも今世紀初めには存在したこと、ロシア帝国周辺部に所在する地方軍事権力を「恰好な見本」(готовый образец)にできること、軍管区制度にかなりな程度(достаточная степень)独立性を与えて、過度な中央集権化を廃しうること、それは軍隊の編制に柔軟に対応できるだけでなく、その動員時間の短縮をもたらせることなど、軍管区制度導入の歴史的な背景と利点を改めて強調したのであった。[130]

ツァーリは一八六四年八月六日付で軍管区統治法(Положение о военно-окружных управлениях)を発布して、軍管区制を全国展開するように命じた。まず、モスクワ、ペテルブルグ、フィンランド、ハリコフ、カザンの五軍管区が新設された。したがって、制度的由来は一八六四年の前後で異なることになるが、その後、全体がひとしく軍管区統治を行うこととなった。さらに、同日に軍管区統治法といわば抱き合わせで軍管区地方軍統治法(Положение об управлении местными войсками военного округа)が出されて、軍管区および県、さらには郡それぞれのレベルに指揮官(начальник)が置かれることになった。そして、翌一八六五年、カフカースだけでなく、オレンブルグ、西シベリア、そして東シベリアといった帝国周縁部にも制度の導入が一挙に進んだのであった。その際、地元代表の意見を取り込んで、具体的な制度設計がなされたこともうひとつの特徴であった。[131]

一八六六年のツァーリ暗殺未遂事件が軍制改革にもブレーキをかけたことは否めないが、それにも増して一八七〇年の普仏戦争が与えた衝撃は強烈で、帝政ロシアでもプロシア流の軍制改革から大きな影響を受けることになった。つまり、軍隊の動員と集中の能力向上(直接的な対応例として、ポーランドと西部地方)、あわせて広大な帝国版図に対応する軍隊配置の工夫(カフカース)、それらを実現するための組織的非中央集権化の遂行(軍管区制度)といったことが再確認されたのであった。ここでは急いで結論的な言い方をすれば、ミリューチン軍制改革の要点のひとつは、中枢部(それも参謀総長ではなく、陸相。注記すれば、参謀本部は陸軍省の組織的一員であるが、陸相は参謀本部の構成員のひとり〈に過ぎない〉〉に権限を集中する一方で、具体的で実際的な運営を地元の諸機関に委任するいわば地方主義にあった。各地方に創設された軍管区はその環境を整備するためのものとなり、その分、下級機関は独自性を発揮できるだけでなく、そうすることが求められた。全体から見れば、中央が統制できる限りにおいて、地方は自由に動くことが許容される関係論の成立が軍事の分野でも模索されたのであった。アレクサンドル二世の治世二五年周年を記念して軍部が大冊の六巻本として刊行した『ロシアにおける軍政概史』の第四巻は、軍管区制度の原理を次のように説明している。第一に陸軍省の執行権が地方(地元)との間で分担されること、第二に主要な軍隊高官に現地で練兵された者を充てること、第三に陸軍省から権限を委譲された地方統治は独自になされてしかるべきであるが、必要な限り両者間の連携をとること、そして第四に、決定プロセスの簡易化を促進して、遅れを解消することである。[132] これらはここで言う地方主義の内容を示すものとして読むことができるであろう。同様に、陸軍省百周年を記念して刊行された多巻本の一冊は、軍管区制度の導入によって、陸軍省の役割は「非常に著しく」(весьма значительно)縮小したとして、一八六六年の陸軍省各局における文書の取り扱い数は一八六三年とくらべて七七万八八四〇件から五三万九四九五件へと三割も減ったことを紹介している。[133] 制度の導入によって中央が命令や指示を出す機会や地方が伺いを立てる必要が少なくなったということであろう。

むろん、ここでいう地方主義は中央によって統制されるべきものであったが、それだけでなく、ミリューチンは軍制改革には地域的な偏差が不可避であると考えた。[134] カフカースなど帝国周縁部で民事と軍事が一緒になされている軍管区では総督に権限を集中させており、そこでは帝国中央部と同じスピードで非中央集権化を推し進めるのは時期尚早であるとみなされたのである。[135] すでに触れたように、一八六五年八月六日、ツァーリの命令によって、前年同月同日付の「一般法」(общее положение)に基づいてカフカースにも軍管区制度が導入された。軍制改革の大きなうねりがカフカース地方にも及んだことは明白であったが、バリャチンスキーは総督時代にカフカース地方を区分して統治することを試み、それがミリューチンに与えた影響は明瞭であったから、このように見れば、これにはいわば先祖返り的な側面があり、その意味では軍管区制度導入にはカフカース経験の全国展開といったニュアンスがあることも指摘しておこう。これは、

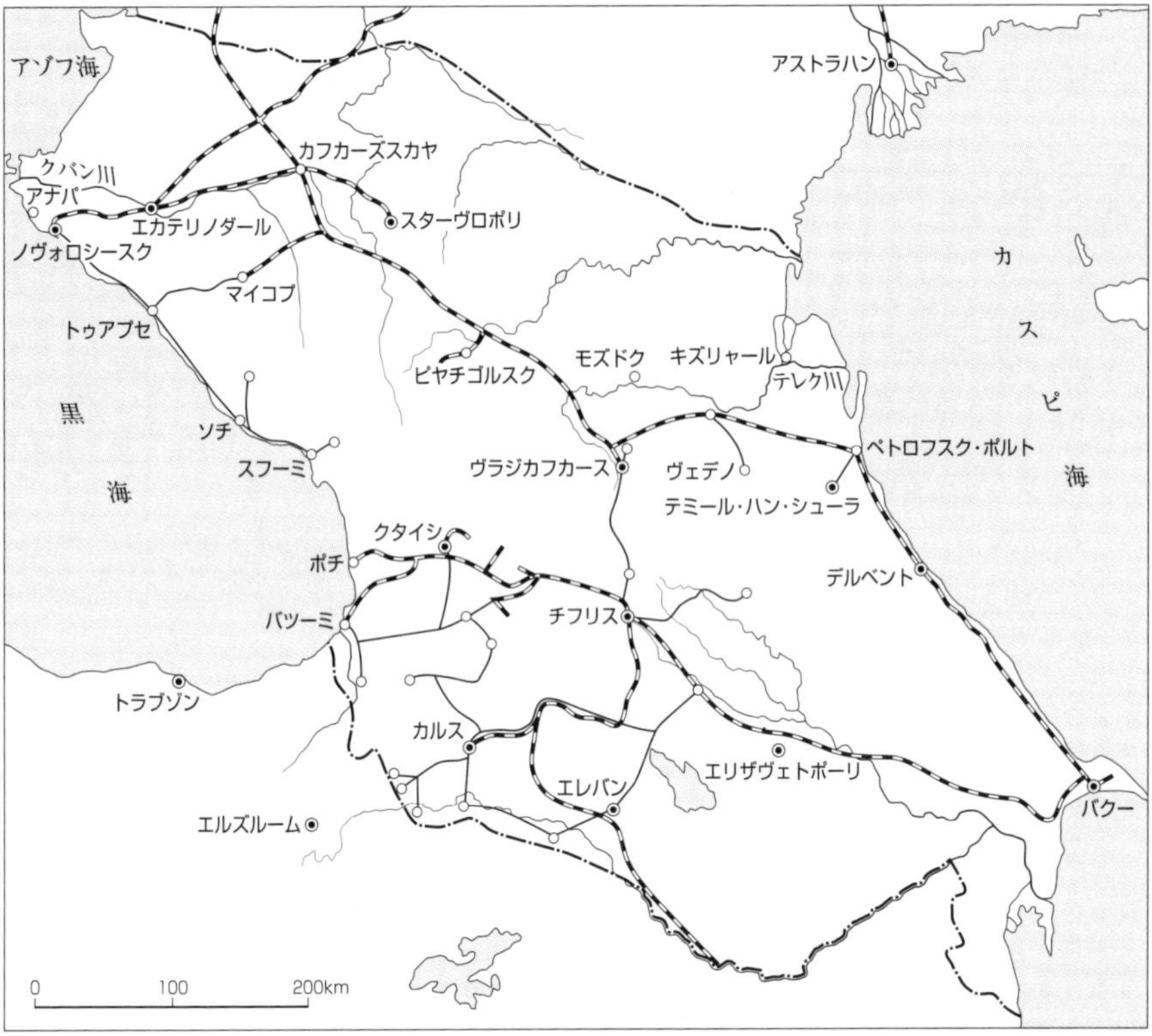

図5　カフカース軍管区　19世紀末のカフカース軍管区。図の上下破線でくぎられた内部である。この図版をわざわざ引用するのは，鉄道路線のかなりな広がりを確認するためでもある。カスピ海沿岸の拠点都市バクーはチフリス経由で黒海へ至るだけでなく，ロシア中央部へと北上する路線ともつながっている。
〔出典〕 Военнал Энциклопедия T. XI. СПб., 1913.

この制度はフランスやプロシアを参考にしたであろうと想像を逞しくする前に考えるべきことがらである。

カフカース軍管区の対象となったのは、北カフカースだけでなくザカフカースを含むカフカース地方すべてである（図5を見てほしい）。軍管区には最高意思決定機関として独自な評議会（совет）が置かれ、それまでの軍参謀部は廃されて、管区参謀部（окружный штаб）に代わった。それがカザーク軍団を取り扱うだけでなく、軍事的な測量も担当したが、陸軍省は特殊カフカース事情を考慮して特別な機関の設置を認めたのであった。つまり、これはひろく山岳民対策の一環でもあったが、その中に、軍事測量部（военно-топографический отдел）があり、それは「全く住民が少ない所や平定なかばの地方で、国家的な測量を行った」のであった。[136] それだけでなく、クバン、テレク、ダゲスタンの地方（область）レベルにそれぞれ軍司令官（командующие войсками）が配置され、その分、きめ細かく作戦を指揮できるようになった。[137] カフカース軍のレベルも帝国のその他の軍と同一水準にすることがめざされ、一八六八年二月二四日には地元軍団（местные войска）がロシア内地諸県の軍管区軍団と同一水準にするため急進的な改革がなされた。[138] また、チフリス市での軍人教育も整備され、一八七一年にはそこに軍事ギムナジアが創設されたことについてはすでに触れた。[139] 一八六九年、新しい陸軍省法（Положение о военном министерстве）が制定されたが、それは陸軍省が全般的な針路や主要な統制のみを扱い、それ以外の具体的な実践は地方各地に任せることを主旨として、これまで述べたような軍制改革の特徴を追認したのであった。[140]

さて、カフカースではカフカース戦争の終結がもたらした東カフカースの平定に伴って、ロシア帝政にとっては少なくともダゲスタン全域を統一された統治のもとに置く必要性が生じていた。すでに触れたように、バリャチンスキーなど関係者たちは、カフカースの真の平定は軍事力のみでは達成できないと考えていたから、「ロシア政府のモラル的影響を山岳諸民族へ」及ぼすことを本格的に実行すべき時がきたと判断した。「彼ら〔山岳民たち〕は自らの宗教、習慣、生活様式の不可侵性を確信しているのだ。われわれは全力をあげて、われわれの主権（владычество）を物質的にも精神的にも山岳民たち自身の利益と一致させなくてはならない」とミリューチンは自らの決意を日記に書いたが、[141] この文句に帝政側の狙いが凝縮されて表現されているであろう。東カフカース平定が西カフカースの諸部族に与えた衝撃は大きく、降伏するのか、オスマン帝国へ移住するのか、それとも抵抗を続けるのか、彼らは重大な判断を迫られることになった。一八五九年夏、早々にブジェドゥヒ族、アバゼヒ族、ナトゥハイ族といった人たちは帝政ロシアへの降伏と忠誠を表明した。抵抗を続ける山岳民たちは西カフカースのカフカース山脈北斜面および黒海沿岸部の狭い一帯に封じ込められるかたちとなった(142)。帝政関係者の間では新しいダゲスタン統治(の成果)がそれら西カフカースの山岳民に対しても波及効果をもたらすことが望まれた。

一八六三年初、バリャチンスキーに代わるカフカース総督として大公ミハイルがチフリスに着任した。西カフカースは相変わらず不安定な状態にあり、それを改善してカフカース地方全域に平静と秩序をもたらすことが彼の最大の課題であり、その最終目標は「ロシアと山岳ナロードナスチの有機的統一の確立」(установление органического единения горских народностей с Россией)にあった。大公にとってはオスマン帝国の動きも同様に気掛かりであった。オスマン帝国が山岳民に武器を供給するといった両者の直接的な関係だけでなく、何よりもそれとの戦争(の可能性)が絶えず大きな影を落とした。しかし、クリミア戦後、帝政ロシアがもっとも欲した黒海東岸の要衝バツーミ方面へ北カフカースから軍隊を移動して攻勢をかけようにも、そのために手薄になって何が起きるか気掛かりで、決心がつきかねた。シャミーリ降伏後も、少なくとも露土開戦(一八七七年)まで、帝政ロシアはチェチニアとダゲスタンに強力な軍隊を維持し続けることになった。カフカース軍管区は大きな軍事力を抱えて、皮肉なことに、その運用に悩む日々を過ごした。そこには第二〇師団と第二一師団がいて、さらに新たに編制された第三八師団がそれらを補強していた。これら歩兵に加えて、隣接してテレク・カザーク連隊の過半が東部山岳地帯にあった。山岳民の反乱に懲りて、このように兵力をなかば「凍結する」一方で、当局はダゲスタン外部で非正規の騎兵として若者(山岳民を含む)を徴用して、山岳部における活動分子の一層の弱体化を図る戦術を採用した(143)。このようにして、西カフカースでの山岳民との抗争は、結果として、大規模に正規の軍隊を投入をすることなく、推移することになった。

ダゲスタンについて見ると、行政の新しい基盤として、一八六〇年四月五日にバリャチンスキーの手でダゲスタン地方統治法(Положение об управлении Дагестанской области)が出され、同地方はカフカース総督府の管轄に入った。シャミーリのイママートがそこへ吸収されるかたちになったのである。地方長官にはロシア将軍が就き、軍と民の全権を掌握したから、彼は中央部ロシア諸県の総督と同格であり、とくに山岳民に対して武器使用、軍事裁判、行政流刑などが任された。ダゲスタンは四つの軍区(военный отдел)のほか、旧勢力ハンたち(ханы)の領域と都市(デルベントとペトロフスク・ポルト)とに分けられた。別にも触れるが、帝政はカフカース統治に旧勢力をいわば活用することを基本としてきたが、ここではそれに依拠することを止める方向へ転じたことが特徴的であった。ツァーリ政府は旧勢力に土地と年金を与えてお引取り願ったのであり、ダゲスタンでは一八六七年までにハンによる支配(ханство)は消滅した。(144) したがって、一八六五年に軍管区制度が導入された時には、すでに当地ではそれに向けた準備が進んでいたのであった。

二人の対立

総督府政治の具体的な展開過程の特徴を見る前に、バリャチンスキーとミリューチンの対立局面に触れておきたい。いささか論調が乱れるかもしれないが、それは今次の軍制改革の性格あるいは軍管区制度の評価問題にも大きく関わっていて、参考にされるべきと考えるからである。

すでに触れたように、一八六一年一一月に陸軍次官から陸軍大臣へ昇任したミリューチンは一連の軍制改革を実施するが、その中に戦時と平時の双方における軍隊運用のあり方を見直す問題があった。その背景にあったのは、軍事費削減という喫緊の課題であり、具体的には平時(予備)を整備することでそれに貢献しようとする案件をめぐって、カフカース軍政を経験するなかで圧倒的な信頼関係を構築してきたと自他ともに認めていた彼ら二人が鋭く衝突したのである。事のきっかけは、一八六八年四月一七日にツァーリが承認した戦時軍隊運用法(Положение об управлении армиею в военное время)である。療養のために国外(ドイツ)にいることが多かったバリャチンスキーは、その年五月に帰国して、成立したばかりの新法について初めて知り、ツァーリに自らの戸惑いを伝えた。「ペテルブルグに戻った時には法案成立から一カ月経っていたが、自分の意見をツァーリへ伝えるのが義務であろうと考えた。とくに、軍総司令官および戦時の総司令部のあり方についてである」[145]。しばらくして、一八六九年三月二〇日にツァーリ自らがバリャチンスキーの意向に触れた手記を出し、それはミリューチンだけでなく、二人の大公およびポーランド総督ベルグ(Ф. Ф. Берг 1793-1874)にも回覧された。ツァーリがこの問題の処理に悩んでいたことは明らかであった。大公ニコライとベルグは今更ながら新法の見直しを否定したが、カフカース総司令官の大公ミハイルは、ツァーリが同意することを条件に、バリャチンスキーが指摘する諸点について再検討することを認めた。これを受けたミリューチンは大公ミハイルの意向を無視しがたく、ツァーリに新法見直しの必要性を否定できないと報告した。個人的にその必要性を否定したとしても、立場上、彼としてはそうせざるをえなかったであろう。なぜ、このような事態が生じることになったのか。バリャチンスキーとミリューチンの間で遣り取りされた論点は多岐に渡ったが[146]、筆者なりに整理すれば、次のようなことであったと考えられる。

ミリューチンは国家福祉とロシアのニーズに対応した軍隊を創出することが肝要であると強調する。その利益を擁護し、できるだけ支出と犠牲を小さくして、それを達成することが理想であるが、これにはバリャチンスキーも同意したから、二人は目標が同じでも、その手段や実施機関の形態などをめぐって、意見が分かれたのではないかとまず想像される。しかし、実際、そうしたことは制度設計について回る、なかば日常茶飯なことがらであって、そのレベルで深刻な対立が起こると推測するのは難しく、資料からも関連個所を見出すことはできない。そのようではなくて、むしろ、この遣り取りには感情的な側面があったのではないのか。つまり、バリャチンスキーは原案を見ていないと言い張り、ミリューチンは国外にいたバリャチンスキーにもそれを送った。なぜ、届かなかったかは知らないといった応酬があった。改革案は二一一名に回覧されたから(回覧リストからバリャチンスキーが漏れることはありえない)、この点ではミリューチンが正しい。参考までにジッセルマーンの解説を見ると、法案はしかるべき〔二一一人ではなく〕一七七人に回覧し

（今の筆者には数値の違いを吟味する余裕はない）、軍事評議会（Военный совет）で審議された[147]。何らかの理由で読めなかったとしても、ミリューチンが非難されるのは筋違いであろう。それを知ってか知らずか、バリャチンスキーはミリューチンの回答〔の仕方〕は官僚主義的であると強く非難し、二人はこの問題をめぐって、実に延々と三年以上も文書を交わして抗争対立を続け、両者のカフカース時代の良き思い出を大きく傷つけることになった。いずれにせよ、手続きに瑕疵がないとなれば、バリャチンスキーにとってはますます面白くないことになったであろう。法案に関してミリューチンによる「言い訳」のポイントは（別に彼は言い訳する必要を認めたのではないが）、新法は旧法（一八四六年）と原理を違えず、ただ以前の軍隊運用の複雑なメカニズムを簡素化しようとするだけであるということであった[148]。しかし、たとえそのような大義名分があったとしても、バリャチンスキーにはどうしても譲れない一線があった。次のようなことである——ロシアの国軍においては、最高権力にすべてが集中する不可分性（нераздельность）を維持するために、いつでも軍の直接的指導者はツァーリ自身なのである。ロシアの軍制はこのような考えによって発展してきた。たとえ司令官がツァーリに代わって指揮することがあったとしても、それは一時的、便宜的なことであって、むしろこの原理を維持するためである。そのためにロシアでは戦闘統帥（боевое командование）の独自性はいつでも完全なのである。旧法でニコライ一世が明らかにしたのは、まさしくそうしたことなのであった〔ミリューチンはそれを分かっていない〕。私は個人的に陸相〔ミリューチン〕の決定にはがっかりした（огорчило）。彼は私のもとで〔カフカース軍〕参謀長をして私の考えを誰よりもよく知るはずなのである。私の意見がたとえ尋ねられることがなかったとしても、彼はそれをツァーリへ伝えるべきであったのだ[149]。当時、私はロシア軍でただ一人の元帥であったからだ。このようなことが新法に関する私の第一印象なのである。

さらに、次のようなバリャチンスキーの発言も紹介するのが有意味であろう——軍隊は戦争のためにつくられている。このことだけが平時においても軍隊の存在を説明し、条件づけている。それ故に、陸相が新しい戦争法がロシア軍にとって必要であるとして、一八四六年法が平時に十分でないと言明することは「全く正しい」（весьма правильно）。しかし、ニコライ一世の戦時法(Устав военного времени)は戦争の役に立たないのであろうか。陸相はこのことに触れず、その所在さえ黙っている。一八四八年の旧法は管理権(распорядительная власть)と執行権(исполнительная власть)の不可分性を破棄することを認めず、軍の最高指導部としての大本営(главный штаб)を廃止することを許さなかった。陸相の気掛かりは新しい戦争法を軍隊の平時の運用、つまり軍管区制度に適用するところにある。[150] つまり、バリャチンスキーは大本営の絶対的な権限(の一部)を軍管区に委譲するようなことは断じて認めることはできないと言いたいのである。

こうしたバリャチンスキーの中央集権主義に対して、ミリューチンは、新法が〔バリャチンスキーが指摘するような〕基本原理に背くものではないことは、「帝国のすべての陸軍に対する最高指揮権は皇帝陛下に集中する」と新しい陸軍省法の第一条にあることから明らかであろうと間接的な回答をしている。

ここでバリャチンスキーが危惧しているのは、ミリューチン軍制改革によって最高戦争指導者としてのツァーリの独自性が脅かされることになるのではないかといった新法そのものからは離れたより大きな問題なのである。そのために、軍管区制度は槍玉にあげられる運命にあった。彼は新法を出しにして、そういうことを言うのであるが、その背後には自らは制御しかねる心の動きがあったように思われる。バリャチンスキーは、陸相ミリューチンは軍制改革を大義名分にして出しゃばって、ツァーリの大権を傷つけようとしているのではないのか。ツァーリだけに許された権力行使をしようとしているのではないか。そもそも陸軍大臣に軍事的な資質などを求めるのは筋違いであり、その意味では彼は何も期待されてはいないのだ。陸軍大臣は良き行政官(администратор)でありさえすれば十分なのである。[151] これがバリャチンスキーの本心であり、もっとも言いたかったことであろう。ミリューチンを陸相に推挙したのは単なる行政官としてであったのに、事もあろうにその職分を大きく逸脱しようとしているのはとうてい見過ごしにできないとバリャチンスキーは強く思った。

こうした追及に対して、ミリューチンは、行政上の便宜(удобства)を改善することは戦争をうまく遂行するための条件に反しないだけでなく、それがうまく機能すればするほど、戦時における軍隊運用はますます好都合になされるだろうと譲らない[152]。つまり、彼は陸軍大臣として軍隊の運用に手を出すことは当然であるというのである。ここで、碩学ザイオンチコーフスキーの言い方を借用すれば、ミリューチンは「完全にすべての問題は陸軍省の壁のうちで解決されなければならない」(положительно все вопросы должны были решаться в стенах военного министерства)と考えた[153]。ミリューチンがそのように言うのを待っていたかのように、バリャチンスキーは、新法では陸相が総司令官の命令を評価する権限まで与えられているではないかと言い返す。これに対して、ミリューチンはそのようなことが新法のどこに書かれているのか。わが国の法では軍管区の司令官が平時にも陸相に従属していることなどありえない。彼らはただひとり、ツァーリに従うだけであると反論したのであった[154]。

バリャチンスキーが理想としたのは、プロシア型の軍隊運用であって、参謀総長がその一切を統括し、陸軍大臣は単なる執行官ないし事務官のひとりにすぎないとする立場であった。そして、個人的には「ロシアのモルトケ」になることが彼の終生の夢であった。むろん、モルトケは近代ドイツ陸軍の父とされるプロシアの参謀総長である。バリャチンスキーのこうした「野心」については、かつてザイオンチコーフスキーが指摘したことがあった[155]。それをこともあろうに、腹心とみなしてきたミリューチンによって破られるのは全くもって我慢ならないと彼は思ったに相違ないのである。もっとも、ミリューチンによる「邪魔」がなく、さらに自身の健康状態を保ちえたとしても、バリャチンスキーがそのような参謀総長としてつつがなく人生を終えられたかは極めて疑問である。なぜならば、ロシア軍は参謀総長を補佐する優秀な士官団を欠きがちであったからである。そのことはペテルブルグ中央に限らず、カフカースを含めたそれぞれの軍管区においても同様であった。軍政の運営にとって、この問題は死活的ですらあった。

こうして、二人の対立は決定的となった。後年、ミリューチンはバリャチンスキーと出会う機会があったが、彼とは握手さえしたくないほど、それは「極めてつらいことであった」(крайне тяжело)と日記(一八七五年二月二七日)に書いたのであった[156]。

軍事的人民統治

カフカース総督府政治に戻ろう。帝政はクリミア戦後の西カフカース攻略の尖兵としてやはりカザークに頼った（正規軍を温存したことについては、すでに述べた）。西カフカースの制圧と開発を推し進めるため、すでに触れたように、カフカース国境線軍団を分割して再編したが、その際、黒海カザーク軍団は新設のクバン・カザーク軍団（Кубанское казачье войско）へ編入されることになり、一八六〇年一月二六日、ツァーリはこの措置を認可した。[157] ただし、ここで注意すべきは、この改編に対してウクライナ出身者をとくに多く抱えた黒海カザーク側がそれによって自らの小ロシア的性格が大ロシア側へ埋没するのではないかと危惧し、この措置を大いに不満に思ったことである。その周辺にいたウクライナ贔屓（украинофильство）の人たちも同様であった。しかし、この改編は単なる名称変更などではありえず、戦闘要員の狩り出し的な意味合いを有し、その分、無理をしたのである。とりあえず、そのために九万人を確保しようとして、カザーク村ぐるみの移住が推進された。苦労して開拓し、建設した畑や建物を手放し、遠距離を村ぐるみで移動するなどカザークたちは実に辛い決断を迫られた。そのような無理難題をいうのは、到底、ツァーリの本心とは思われない。それは単なるウクライナ苛めではないのかとして、移住命令を拒否するケースも出る始末であった。ペテルブルグ中央はこうした事態の発生に不意を突かれて、不愉快を感じただけでなく、カフカース各地でカザーク反乱が起きるのではないかと不安にも駆られたほどであった。結局、一八五五年から一八六〇年の間にカフカース線に新たに二〇のカザーク村がつくられ、それに応じて新しい連隊が編制されることになったが、その背後にはこのような事態が生じており、したがって、侵攻する側も問題を抱えたままであった。[158]

こうした状況下で、すでに触れたように、バリャチンスキーの健康悪化が進んだ。彼は一八六一年二月二一日のツァーリ宛書簡で左足が全く機能を喪失したと述べて、四〜六カ月休職させてほしいと申し出た。[159] その後、バリャチンスキーは療養のためにドイツと行き来する生活を送るが、それでも同じ一八六一年の八月にドレスデンからツァーリに宛てた手紙で、右翼（西カフカース）の最終的な平定には軍事的植民（военная колонизация）を強化する必要がある。このことはミリューチン〔たち〕に伝えてある〔任せてある〕と述べているから、[160] 彼はその考えを全く変えずにいて、カフカース統治に対する情熱も失っていない。実際、この年に、カザークたちの懸念と抵抗を押し切るようにして、新たに一一のカザーク村(計一九〇八家族)がクバン川とラバ川に沿った「国境線」を固めるようになった。それらはカフカース山脈寄りの左岸一帯に入植したのである。このような対応は、一八六二年五月一〇日にツァーリが裁可した、いわゆる西カフカース山麓移住法(正式名称などの解説は、後に一九二頁で行う)によって裏打ちされた。エヴドキーモフの提案がもたらしたこの法律によれば、広大な土地を用意して数万人規模の、カザークなどの家族を入植させる手はずであった。[161] これほど大規模な入植事業によって西カフカース事情に一大転換をもたらそうというのである。かような内容の法律を出すことによって帝政ロシアは平定に対する自信を示そうとしたとも考えられる。したがって、カザークの組織的な入植へと踏み切ることで、カフカース情勢は一大転換点を迎えたとみてよい。参考までに触れれば、戦略家ファデーエフはカザーク入植を国家の安全保障と関連させて、次のように述べたのであった。ツァーリ政府が「西カフカース戦争」で目的としたのは、当地の山岳民を黒海東岸部から動かし(сдвинуть)、そこへロシア人を入植させることであった。そうして東岸部をロシア領とすることは安全保障にとって「全く必要なことであった」(совершенно необходима)。つまり、われわれは山岳民たちをオスマン帝国へ追い立てるつもりはなかった。実際、ツァーリ政府は彼らのために〔西カフカースに〕一五〇万デシャチーナの土地を用意し、平地へと移動させようとした〔が、山岳民たちの多くはオスマン帝国へ出て行ってしまった〕。このように、山岳民の移住は「われわれの意思によるものではなく、それはわれわれとは別のところで生じたのである」(не было делом нашей воли, оно произошло помимо нас)(『カフカースからの手紙』第九書簡)。[162] このように、ファデーエフの議論は明快であるが、この辺りの問題は大きく複雑なゆえ、改めて第四章第1節「カザークによる入植」で取り上げることにしたい。

さて、ヴォルコーヴァは、移住せずに留まったノガイ人たちが一八六一年に同じノガイ人がオスマン帝国へ大量に移住を始めて空くことになった四〇万デシャチーナの土地利用を求めてきたのを当局が認可したことに触れているから、[163]

この年(一八六一年)が山岳民の自由な土地利用と組織的なカザーク入植が併存した最後の時期ということになるであろう。その後、後者が前者を圧倒する過程が始まるのである。その間、山岳民の多くの村落は破壊され、住民は退去を迫られて、オスマン帝国へ出る者もいた。それだけでなく、約九〇もの村落が消滅したアブハジアでは、住民たちの多くが山岳部深くへと逃げ込んだのであった。その多くは武力による抵抗を試みるためである。[164]

このように、西カフカースにおいては、東カフカースにおける直接的な戦闘行動とは違って、カザークによる入植といったいわば軍事と民事が一体となった方策が重視された。それは当地における土地関係に重大な変更をもたらし、山岳民が移住や移民を強いられることになかば自動的につながった。一八六一年九月一一～二五日、アレクサンドル二世が西カフカースのクバン地方と黒海沿岸部を巡行した。彼は依然として不穏な動きを見せる西カフカース情勢が気掛かりで、矢も盾もたまらず自ら足を運んだのであった。その際、ツァーリはエカテリノダールでチェルケス人代表団を接見した。チェルケス人たちはその六月に代表者たちが集会して、何があっても自らの生活(の場)を守ることを相互に確認していた。そのために、彼らは一五人から成る「偉大な自由会議」(Великое свободное заседание)を結成しただけでなく、イギリスやオスマン帝国から支援を受けるつもりでいた。[165] 接見は直訴の場となった。代表団は父祖の地を奪うのを止めるよう懇願した。それに対して、ツァーリはいともあっさりと一カ月の猶予を与えるから、クバン〔の平地〕へ移住するか、オスマン帝国へ出るか、どちらかに決するよう告げたのであった。[166] チェルケシアの人びとの間ではアバゼヒ族だけが自分たちの土地をクバン川北側の土地と交換してもよいと考えていたが、他の種族には移住も交換も全く受け入れられないことであった。[167]

このような入植、移住あるいは移民は西カフカース人民の生活にとって極限の決断を強い、その意味では戦争同様の衝撃を及ぼしたが、何よりも特徴的であったのはこれらを契機として総督府が人民の生活のあり方に対する介入を強めたことである。この場合、採用されたのがバリャチンスキーが言うところの軍事的人民統治(военно-народное управле-ние)であった。これはしばしば誤解されるのだが、後世の歴史家が生み出した用語ではなく、同時代当事者たちのものである。一九〇五年から一五年までカフカース総督であったヴォロンツォーフ＝ダシコーフ（И. И. Воронцов-Дашков 1837-1916）は、軍事的人民統治を次のように説明している。ロシア軍が地元の山岳民たちが逃走した時期に、カフカースで生み出した軍事的人民統治の方式はカフカース軍総司令部の最高指導部のもとにある個々の士官たちへ行政権を集中する一方で、住民にその内部事項を自らの慣習法（アダート）によって取り仕切らせることで成り立った[168]。つまり、それは軍政に不足するところを現地民の独自な生活によって補完しようとするものであった。この面からも彼らの生活空間のあり方は注目されなくてはならない。

一八五九年八月二五日、シャミーリが降伏すると、直ちにバリャチンスキーはミリューチンに対して新たに平定された（山岳）共同体にロシア統治を樹立するとその決意を伝えたが、その際、バリャチンスキーの脳裏をかすめたのは、カフカース人民にその伝統的な共同体生活を任せ、それを外部から統制する考えであった。そうするにはイスラーム法典（シャリアート）の影響力を殺ぐことが肝要であり、それに代わるべく慣習法（アダート）の役割を重視したのであった。つまり、山岳民の世界は複合的で、そこではイスラームは決定的な位置を得ていないことがこれら判断の根拠にある。したがって、旧ソヴィエト史学のカフカース史研究の到達点に位置する作品がする次のような説明は全く的外れである――軍事的人民統治は軍人が無統制に地方統治を行う封建的な上部構造であり、全体に勤労人民に対する公然たる敵対を特徴とする[169]。より正確に言えば、軍事的人民統治は、バリャチンスキーが創案したのではなく、早くも一九世紀初頭、やはりダゲスタン地方で始められ、それが山岳民統治方式のいわばモデルとして取り扱われたことがあり、一八五二年にはそのチェチェン版がつくられ、今度はバリャチンスキーによって西カフカースを対象とすることになったのであった[170]。また、カフカース軍管区参謀部の軍事史部門に所属したイヴァネーンコ（В. Н. Иваненко）は、ダゲスタンでの軍事的人民統治の特徴について、次のように整理している。（一）その地元民は帝国法ではなく、「人民の習慣および特別な決定によって」統治される、（二）地元民の裁判は人民裁判（народный суд）とし、それは地元軍事当局の管理下に置かれるが、帝国法ではなく、アダートによるものとする、（三）行政当局者は「有害な住民たち」（вредные жители）を追放することができる。これらを基本的な考え方として、一八六〇年四月五日にダゲスタン地方統治法が成立したというのである。(171)

カフカース生活が長くいわば事情通であったバリャチンスキー関連資料の編者ジッセルマーンは、司法分野に関して次のようにコメントしている。ロシア法制度の導入に伴って、アジアの地では(на Азиатскую почву)司法は不足と麻痺を呈するようになった。〔その一方では〕自己の家庭生活に閉じ籠りがちなアジア人(Азиатцы)は進取の気性に乏しく、できる限り当局との衝突を回避して、仲裁や慣習法によって案件の解決を図り、権力が私生活に介入することをヨーロッパの人間にくらべてはるかに望まないのである。(172) ジッセルマーンはロシア法の世界に山岳民たちを誘導するのは何とも大変なことであると言いたいのである。山岳民たちをシャリアートよりもむしろアダートの世界に置き、それからロシア法に慣らすこと、これら一連の流れが軍事的人民統治なるものの実際であるということであろう。シャミーリのイママートを取り上げた時に、彼がシャリアートの厳格さを現実主義的に緩和したことに言及した。さらに人びとの間ではシャリアートそのものがよく知られず、アダートが流通したことにも触れた。いずれにしても、帝政にとって進出先でロシア法秩序を確立することは究極的な課題のひとつに相違ないが、「未開のアジアの地」ではそれが至難な事業となることは誰の目にも明らかであった。イスラーム法秩序に頼んでカフカース地方の平定を図ることはできない相談であったが、実際には、カフカース地方ではシャミーリのイママートに限らず、イスラームの影響下にあった地域では宗教、家族関係、遺言状、相続に係わる民事訴訟はシャリアートによって判決され、残余の事項はアダートに依るといったいわば「棲み分け」がなされていたのであった。(173) アダート裁判が駆逐されずに残ったのはコーランによる罰則が過酷であり、それが嫌われた結果であると、誰よりもロシア当局は推定した。すでに見た三代のイマームはアダート裁判をシャリアート裁判に取り換えようしたが、前者が人民の心情と必要に対応する限り、それは叶わぬことであった。いかに人びとがアダートに親しんでいたかは、シャミーリが敗退すると、ダゲスタンではそれらを基準とした権利義務関係が本格復興し、シャリアートはもはや記憶の断片でしかなくなり、以前と区別して今を「アダートの時代」(アヴァール語で

батлил-замана、ロシア語でвремя адата）と呼ぶほどであったなどと強調されることによく示されるであろう[174]。そして、帝政サイドはアダートの世界ならば「付け入る」ことができると考えたであろう。そのようであれば、「シャミーリ後」の西カフカース状況を帝政とイスラームとの闘争として（のみ）見ることはますます躊躇されるであろう。

　確かに、帝政ロシアは統治活動を本格化しようとして、一八三九年、ダゲスタンで初めてアダート裁判を認めた。その動きがシャミーリ後の一八六〇年からバリャチンスキーなどによって強化されたのであった[175]。とくに、一八六三年の山岳民たちの蜂起を受けて、管区統治の全面的な見直し作業が行われ、一八六四年四月二五日法によって管区（округ）を六つのナイブ区（наибство）あるいは単に区（участок）に分けて、それぞれに専任の責任者・ナイブ（наиб）を置くなど「抜本的な」改正を行った。ナイブは地元の言語、法制、慣習などを熟知した住民から選ばれ、政府に臣従しつつ警察権力を行使した（山岳民たちの闘争の過程などでも彼らが独自にナイブを選ぶことは別にみる通りである）。同時に、イスラーム教徒とキリスト教徒が混ざる村落では特別にキリスト者から村長（スターロスタ）を選任するなど正教への配慮が露骨になったのも特徴のひとつであった。裁判ではアダートによって審議する管区口頭裁判（окружный словесный суд）が設置された。わざわざ「口頭」をいうのは、慣習法アダートを尊重することを強調するためである。その上級に人民裁判（народный суд）、下級に農村裁判（сельский суд）が位置し、アダート精神で貫かれた三審制がダゲスタン地方に成立することとなった[176]。末端部の農村統治は、（一）農村集会（джамаат; сельский сход）、（二）当局が任命する運営責任者である村長（правительственный старшина）、そして（三）イスラームの司祭兼裁判官（сельский кадий）の三者から成り立った[177]。管区口頭裁判には支配層から要員が任命され、民事・刑事の双方を担当した。殺人などより重大な刑事案件は必ずそこで扱われた。審理には関連するアダートを添付することが求められた。つまり、アダートに新しい司法の起点の位置が与えられた。同時に、結婚、財産など民事にはシャリアートが適用された。しかし、アダート適用にも先例がない場合は、帝国一般法が用いられた。このようにして、旧来の山岳民裁判と帝国司法との間のいわば均等化が始められた。さらに、ダゲスタン地方レベルではロシア法（つまり、帝国法）によって事案が処理されるのが普通となった。ただし、都市で発生した犯罪は帝政下の地方裁判所で審理された。[178]
一八六二年一二月にバリャチンスキーに代わってカフカース総督に就いた大公ミハイルがカフカース山岳民との闘争の終結を宣言するのが、それから一年半ほど経た一八六四年五月である。そこで大公は、ロシアは実にほぼ百年に渡って戦い、血を流し、遂にここカフカースをロシアの一地方(Русская область)とした。それはロシア国家の不可分な一部(неотъемлемая часть русского государства)になったと述べたのであった。[179] 一八六五年には土地不足の恐れが生じて、カフカース線へのカザークによる新たな入植は中止されるほどになった。その通りであれば、移住希望者が予想を超えるほど増えたか、入植適地が不足したのであり、それほどロシア側によってカフカースに対する認知と支配、つまり開発が進んだということであった。実際、この点をめぐって『陸軍省百年史』は有利な移住条件が人気を博して希望者が殺到したような書き方をしている。[180]
明らかに、時代は変わろうとしていた。一八六五年八月六日、カフカース総督府には特別にカフカース山岳統治部門(Кавказское горское управление)がつくられ、軍事的人民統治はいよいよ本格化した。これは一八五八年四月、カフカース軍参謀部に設置された同様な部門を制度的な起点としたものであった。目標とされたのは、軍事力による殲滅ではなく、福祉向上であり、山岳民たちをできる限り速やかにロシアのナロードナスチと統一させること(объединение)であった。したがって、これは山岳民たちのロシア(国民)化とでも言いうる側面を明らかに含んだ。そのために、とりあえずめざされたのは、山岳民社会における福祉の最重要基盤として農業を定着させ改善することであった。彼らの間に小営業(ремесло)を発展させ、場合によっては教育を施して学ぶことの有用性を体感させようとした。[181] 要は山岳民を安定した定住生活へと導くことである。すでにその年の四月一八日にはクバン地方で山岳民に割り与えられるべき土地が示され、一八六九年にはダゲスタンで山岳民の身分的＝土地的権利関係を規定する作業が行われた。[182] このように福祉向上にこだわる背景にあったのは、カバルダ地方(の山岳民たち)がカフカース戦争に参加しなかったのは、そこにイスラーム寺院を建て、小学校を開き、バザールの日を決めるなどして、山岳民の福祉向上に努めた結果であるとする現場体験に裏打ちされた認識(あるいは確信)であったろう。[183] テレクとクバンの両地方が一八六九年九月になってこのカフカース山岳統治部門から外れ、一般の県制度へ移行することになったのは、ロシアとの一体化がそれなりに進んだと認定されたからである。[184] クバン地方についてみると、一八六五年以降、その山岳民は五つの軍事的人民管区(военно-народный округ)に分けられたが、それは一八七一年までの比較的に短期間であり、その後は五つの郡(уезд)制が導入された。したがって、軍事的人民統治は全国的な県郡制導入に至る過渡段階に位置したことが分かるであろう。なお、山岳民が集中したのは、エカテリノダール郡、マイコプ郡、バタルパシンスキー郡の三郡である。[185] 山岳民に対して行う軍事的人民統治のための行政改革だけでなく、カザーク軍団のあり方にも変更が加えられたことについては、次章第1節で触れることにしたい。いずれにせよ、クリミア戦後、このような形で帝政ロシアによるカフカース統治は進むことになったのである。

さらに、軍事的人民統治の実施は、大公ミハイルによって農奴解放と並行してなされたことにとくに着目しよう。ロシア中央での「大改革」とカフカース地方もやはり無縁ではありえなかった。もっとも、農奴解放などといっても、そもそも北カフカースには農奴は少なく、ザカフカースにかなりの数がいるとするのが、一八五九年に実施された第一〇回センサスの結果であった。それは北カフカースのスターヴロポリ県に約八〇〇〇、ザカフカースには約五〇万の農奴を数えたのである。当時、ザカフカースの総人口は二六八万ほどとされたから、農奴はその二割に近い数字であった。しかも、農奴制はムスリム地域には見られず、世襲貴族に限って農奴を所有できたが、ロシア人を農奴にすることはできないのであった。[186]

これに対し、現代のロシア(および旧ソヴィエト)の研究は西カフカースにも従属農民の存在を認める傾向にあり、カフカース戦争期、カバルダなどの山岳民の奴隷化(закрепощение)が続き、その後の農民改革時にはその数は非常に著しい(значительно)ものとなり、一八六〇年代、北カフカース全体で五万五〇〇〇人が解放されたなどとするのだが、[187] まず、奴隷と農奴は厳格に区別されなくてはならないといったレベルの問題とは別に、ツァーリ政府が、とくにニコライ一世期からカフカース支配を強化しようとして地元有力者=貴族連中(аристократия)の歓心を買うために、彼らに多くの土地を与えて巨大地主とし、むしろ人為的に農奴制を生み出そうとした側面があることを否定できないことである。[188] 参考までに触れれば、戦略家ファデーエフは、農民の強制的な移住（насильственное выселение）を鎮めるために、農民に〔農奴制からの〕自由を宣言するのが人間的にも政治的にも有用であると述べて、農奴解放と移住問題をリンクさせている。ムスリム地域には農奴が存在しなかったことを考慮すれば、彼も農奴を従属農民一般に還元しているようである。[189] このように見れば、したがって、この問題系はツァーリ政府による自作自演の側面があることを否定できない。あるいは農奴解放を待たずに、「魂〔農奴〕の救済」（спасение души）のために「解放」がなし崩し的に進み、北カフカース住民の間で徐々に「アザートゥイ」（азаты）と呼ばれる一群の人びとが生み出されたが（カバルダで約一万七〇〇〇人）、当局はこの部分を加えなかったことから北カフカースには農奴が少ないという印象を強めることになったとする指摘もあるが、[190] アザートゥイは元来はササン朝ペルシアで特権的な戦闘要員や戦時に従軍することで日頃の納税を免れていた中小の地主などを指す用語であるから、それをそのまま農奴視できるか、問題としない。したがって、筆者としては、北〔西〕カフカースにおける「農奴」の大規模な所在については、判断を保留したい。むしろ、土地改革に「農奴解放」が活用された側面が強い印象を抱く。つまり、それを口実にして土地制度をいじり、ロシア国家による土地所有を達成し、あわせて租税制度、いわゆる戸別徴集制（подымщина）と金納制を確立することである。たとえば、オセット人にとって、戸別課税は少額ではあったが、それは彼らにとって唯一の国税支払いであり、[191] その一方で、ツァーリ政府はチェチニアとダゲスタンでは「道路・馬車輸送税」まで課して一人一日当たり二五カペイカを徴集したのであった。[192] いずれにせよ、一八六四年になってザカフカース中央委員会（Закавказский центральный комитет）なる組織が一八六一年二月一九日付のいわゆる農奴解放令を下敷きにして、地方の特殊事情を考慮した実施最終案を作成した。一〇月にツァーリがそれら関係諸法（グルジア語版も作成された）を裁可し、大公自らが主内容を説明した。地主も農民もともに改革を「大変に平静に」（вполне спокойно）受け入れ、何の反対もなかったとされるが、[193] それはいささか過度な整理であって、たとえば、アブハジアでは農民改革の準備作業をめぐって人民側の反乱が観察されたのであった。[194] カフカースの地においても改革に対する期待と不安が交錯したと見なくてはならない。

一八六六年夏、チフリスにカフカース農民問題特別委員会(Особый комитет по крестьянским делам на Кавказе)が設置され、早速、カフカースでの「農奴解放」実施を確認したが、「農奴」所有者の一部は買い戻し金の支払いを強く求め、そうでなければ、解放を認めないだけでなく、「農奴」をオスマン帝国へ移住させると脅しをかけた。[195] 次章で見るように、オスマン帝国移住はここでもある意味、極めて日常的な扱いを受けていたのである。

さらに、カフカースにおける「農奴解放」に特徴的であったのは解放された「農奴」たちが平地で共同体村落(セレーニエ селение)を形成して農耕に勤しむようになることは間違ってもなかったことである。彼らが向かった先は山岳部の村(アウール аул)であった。彼らは定住せず、したがって、農耕生活を選択しようとはしない。ヴォルコーヴァの例示から引用すると(彼女自身がこうしたコメントを付しているわけではないが)、一八六七年冬、カラチャエフ(スターヴロポリ地方)で従属農民の半分以上が解放されたが、翌年、カラチャエフ人一万五二〇〇人のうち、ほとんどの一万三三〇〇人がアウールに住み、新たにつくられたセレーニエには一九〇〇人だけなのであった。[196] したがって、「農奴解放」は所定の成果ないし効果を生み出さなかったであろう。

ツァーリ政府が北カフカースで進めた土地改革の原案となったのは、カフカース軍司令官で総督府評議会議長であったオルベリアーニ(Г. О. Орбелиани 1804-1883)が作成し、一八六一年七月六日、ミリューチンに宛てた提案であり、「山岳民に定まった土地を分与すること」(наделение горцев постоянными землями)を最終目標とするものであった。グルジアの名家出身の詩人でもあったオルベリアーニによれば、クバンとテレク両地方の山岳社会(горские общества)にはふたつの伝統的な土地所有形態、つまり、私的で封建的なもの(частная феодальная)と共同体的なもの(общинная)とがあり、将来的には前者に依拠した「上流階級の封建制」(феодальные права знати)は廃する必要があると考えた。そうしないことには、これら地域にロシア権力を確立することはますますむつかしくなるであろう。一方で、山岳民の共同体的な土地所有を支持したのは、そうすれば、山岳民はプロレタリア化せず、ロシアの敵となることを予防でき、最終的にはカフカースの開発に資するだろうからである。同時に、山岳部の上流階級には失うことになる封建的な特権の見返り（土地）を与えなくてはならない(197)。つまり、オルベリアーニの計画は山岳民には共同体的土地所有を発展させ、あわせてロシアに協力的な上流階級から山岳土地所有者層を創出しようとするものであった（ここでは立ち入らないが、オルベリアーニと並んでツァーリ政府による地元人材の活用で知られるのは、コドゾーコフ〈Д. С. Кодзоков 1818–1893〉である。彼は若い時にモスクワでホミャコーフの家に寄宿したことがあり、カバルダ人としてモスクワ大学〈哲学部〉を最初に卒業した人である。地元の法慣習などに詳しく、長年、山岳民の身分制度検討委員会の代表を務めるなどした）。

この案が承認されると、山岳民の身分や土地関係に関わる調査（例のアダート研究も含まれる）と新たな領域の区割り（境界測定）が行われた。それらに関して、わずかに次に言及しておく。バリャチンスキーは国家による境界測定（государственное межевание）を実施することなしには統治を確立できず、また生産力をあげることもできないと考えたが(198)、ツァーリ政府は小ロシアや西部諸県における境界測定の実施を計画する過程でカフカース地方に関しても検討して、そのための案を一八六一年六月に策定した。この作業はカフカース総督が責任を持つこととして、翌年の一月一日付でザカフカース境界庁（Закавказская межевая палата）が定員五名で開設された。彼らはカフカース総督だけに従ったのである。カフカース軍管区参謀部の軍事史部門に所属したイヴァネーンコは境界測定作業の実施をバリャチンスキー統治における金字塔として高く評価した(199)。その後、一八八三年四月、この事業は法務大臣の管轄下に移され、その分、帝国の一体化が進むことになった(200)。

カフカースに関してさらに先を見ると、一八六三年八月二九日に共同体的土地所有法が定められ、「人民の習慣として」それを認める一方で、上流階級はそれまで通りに人民からの税収を確保し、自らの権限をあらかた維持した。問題はここで求められた共同体そのものにあった。当局は従来の村（アウール）は散在しており、それらをまとめて新規に共同体をつくり出そうとした。そうすることで、戦略的に重要な拠点の入植地（поселение）を強化しようとした。平地に下りた（下ろされた）山岳民たちも例外なく、こうして彼らは帝政の網に絡め取られたのであった。その結果、それまで一一六あったカバルダのアウールは統合されて、一八六五年には三九のセレーニエに生まれ変わることになり、それぞれの共同体的所有に合計三〇万デシャチーナ以上の土地が割り与えられた（一戸あたり、三六デシャチーナ）[201]。もっとも、農民分与地の七割は農耕に適さない不良地であった。こうした過激な土地改革（共同体と村落との極めて人為的な創出）を突き付けられて、山岳民たちは途方に暮れたであろうことは容易に想像される。

そして、カフカース軍に勤務するなど協力的であった地元の上流階級に巨大な土地を与えることが土地改革のもうひとつのステップとなった。法律で彼らは「名誉ある地元民」（почетные туземцы）と呼ばれ、ロシア貴族に準ずる扱いを受け、クバンとテレク両地方に約七万デシャチーナの私有地を得た。山岳民出自の最上級軍事ムスリムのいわばエリート集団がカバルダ地方を中心として約二〇〇家族、発生した。彼らに限らず、カフカース軍の高級軍人一般にも階級に応じてかなりの規模の分与地がまさしく振る舞われたことも見落とせない。たとえば、かのロリース・メーリコフは北カフカースに八二五九デシャチーナを得たのであった[202]。明らかに、この時期、（北）カフカースでは土地関係に大きな変動が生じて、社会的な流動性は増す傾向にあった。土地の割当てが国税を伴い、一八六五年から一戸当たり三ルーブリ前後が徴収されることになった[203]。さらに指摘すべきは、土地の大盤振る舞いを受けた将軍や地方名士たちがそれを持てあまして、カフカース地方における借地農業に道を開いたことである。そうした大規模なものでなくても、別に触れるように、地元住民のほかにいわゆる余所者（иногородные）が流入して、彼らも借地関係を結ぶようになったことも目立つ点である。

【補論】 ここまで見たカフカース地方における軍事的人民統治の方法が中央アジア統治のいわば先例にもなったであろうことに、関連法規を紹介することで、わずかに触れておきたい。まずは、トルキスタン総督府が作成した一八六七年から一八八一年にかけての活動に関するツァーリ宛上申書（案）*を見ると、当地の住民たちは旧制度に反対していたから、帝政ロシアが総督府制度を持ち込んでも反対に出会うことはなかった。人民は「アジア的専制」（азиятские деспоты）からの解放を遂行しようとするロシア権力に対する見方を大きく変えているというのが全体的な前置きであり、自信に満ちた書きぶりである。その中で紹介された、一八六七年六月にステップ委員会が作成したトルキスタン総督府行政臨時法案の骨子を見てみたい（ステップ委員会はカフカース委員会に対応するものである）。これはさしあたり三年間の試行を予定されたものであるが、次のように整理することができる。（一）軍事と〔民事〕行政を分けない、（二）帝国のその他の地方に存在するものにできるだけ似せて最高統治を構築する、（三）内政では先住民からの選出者に政治的性格を有さないすべての事項を任せる、（四）当分の間、ロシア法では規定できない権利関係について、地元の法、シャリアートおよびキルギスの慣習は有効とする、（五）先住民統治から彼らの法や慣習を排除することは国益を決定的に害する、（六）地元統治の要求の発生と複雑化に応じて権力機関を徐々に発展させる、（七）地元事情に応じてできるだけ完全に裁判を行政から分離する。狙いは明確であるから、とくに追加して説明する必要はないであろう。

＊　Проект всеподданнейшего отчета ген.-адьютанта К. П. Кауфмана по гражданскому управлению и устройству в областях Туркестанского генерал-губернаторства, 7 ноября 1867–25 марта 1881 г. СПб., 1885, 43.

第四章　カフカースにおける人の移動

1　カザークによる入植

クリミア戦後、カフカースにおける人の出入りは実に顕著なものとなった。それらの動きはこの地方がロシア帝国に最終的に組み込まれること、そして、この地方が早速、帝政のために働くよう強いられたことを極めて具体的かつ実際的に示すものであった。つまり、人の動きが政治的転換や社会変動をもっともよく具現するバロメータとなりうることはこの場合も例外ではない。むしろ、それらのことを明示する手段（手立て）としては他に得がたい局面でさえあるだろう。歴史研究においても、人の移動（問題）は繰り返しその重要（大）性が確かめられてよいであろう。

この場合、人の出入りはカフカース地方とオスマン帝国など周辺部諸地域との間で昔から存在した、巡礼、出稼ぎ、親族関係訪問などいわば歴史的な人の移動に対して、新規に人為的あるいは政策的なそれが重なることもあった。前者は日常的な風景としてあることを最大級の特性とし、一見して無秩序で自然発生的な移動に対する印象は当事者にとっても周囲の観察者にとっても小さなものであったかもしれないが、後者は非日常的で、時に強制力を伴うことが多く、関係者にとってストレスが強い属性を専らとしたから、これらの意味合いから人の出入り全体は複合的な性格を有したはずだが、この一九世紀後半、つまり、帝政ロシアにとって版図の最終的確定とそのための戦争の時代、何よりも後者の動きが大きく目立つようになった。

このような文脈から、本章で取り上げようとするのは、まず、カザークを中心とした「軍事的植民」の問題であり、ロシア側からのそうした植民者の流入が最終的に西カフカースにどのような状態をもたらすことになったのかを見て、侵略先を版図化することの実態と意義を考えてみたい(第1節)。これについで、そうした植民者を受ける側に立った人たち(山岳民たち)はこの非常事態にどのように対応しようとしたのかを彼らの移住問題を通して検討することにしたい(第2節)。そして、露土戦争が西カフカースをも巻き込んで、その住民を最終的に「臣民化」しようとするが、この戦争が有したそうした駄目押しの機能を徴兵と動員の局面を中心に観察し、それらに対する人びとの動きを山岳民の反乱にみることにしたい(第3節)。

「カザーク王国」

早速、カザークの話から始めたい。ロシア帝国史にあっては、古来、ひろく避難民たち(беженцы)などがまさしく波浪のごとくロシア中央部から南の北カフカース方面へと押し寄せたイメージを描くことはあながち不当ではないであろう。その中にあって、カザークによる入植もモスクワ・ルーシ以来、繰り返されてきた。その結果、カザーク軍団が帝政ロシアのカフカース侵攻に果たした役割と位置は途轍もなく重大なものになった。一九世紀後半、何よりもカフカース戦争の終結を受けて、帝政はカフカース地方の帝国への組み込みを本格化させ、そのためにカザーク軍団のすがたを大きく変えようとした。すでに見たように、この時期、カフカースにおいて軍事的人民統治が展開され、それに応じて歴史的なカザーク入植もいわば最終的変容をみせることになった。ここでは、入植問題を中心としてそれら諸様相に触れてみたいが、いささかの前置きをすることにしたい。

従来、人びとはカザーク軍団がカフカース地方における帝政ロシアの存在(プレゼンス)を代表するといった印象を抱きがちであった。一例をあげれば、一八四〇年代、農政家にして著名なロシア社会観察者であったハクストハウゼン

（August von Haxthausen 1792-1866）は、ロシア中央部だけでなく、カフカース地方にまで足を伸ばす機会があった。彼はその第一印象として、何がなくても、カザーク村（スタニーツァ станица 後に詳しく取り上げる）だけは点々としてあった。そこには六〜一〇人ほどのカザークがいて、ふつう三年間とどまったのである。どこでも彼らは完全に定着していて、何ともゆったりとしていたとその印象を述べている[1]。ハクストハウゼンが見たのは哨兵たちであったかもしれないが、当地におけるカザークの存在が脳裏に焼きつけられたことは確かなようである。「何がなくても」、カザークだけはいたのである。

さて、一八五六年初めには帝国各地に合計一五のカザーク軍団があった。それらの人員総数は二七四万人ほどであり、最大のドン軍団は八七万人である。そのうちカフカース地方には、当時の名称でいえば、黒海軍団（Черноморское войско）一六万人とカフカース国境線軍団（Кавказское линейное войско）二六万五〇〇〇人のふたつが駐屯していた。合計四二万五〇〇〇人はドン軍団に次ぐ規模である。ほとんどは軍隊身分（войсковое сословие）であり、特徴的なことに、そのほぼ半数が女性であった。つまり、一般の軍隊とは相違して、カザーク軍団兵士は家族とともに農業など経済生活を営みながら、祖国防衛の任にあたることを旨としていた[2]。そのほかいわゆる異族人とされたカフカース山岳民から成る「非正規」軍が四〇〇〇人弱いたことに注意しなくてはならない[3]。帝政にとって、この面でもカフカース地方の先住山岳民との関係調整は主要課題のひとつであり続けた。

本書で何度か引用する多巻本『陸軍省百年史』のうち土地開発（землеустройство）を扱う一冊は、一九〇六年現在のカフカース地方の土地利用に関して、次のような見通しを与えている。クバン地方の総面積は八六二万七〇〇〇デシャチーナで、そのうち実に六七九万（全体の七七％。以下、単位省略）がカザーク領地であり、残りの一八三万七〇〇〇が農村共同体、私有地、官有地で、都市は二万八〇〇〇でしかない。ここでいう総面積には山岳民の土地とされる部分が除かれているが、その広さはわずかに二万八〇〇〇ほどでしかない。カザーク領地六七九万の内訳はカザーク村が五二四万余でやはり七七％を占めたが、軍団の予備一〇四万余のほかに、士官や兵卒の個人所有地が五〇万あることが注目される。一方、テレク地方の総面積は六六七万五〇〇〇であるが、農村共同体が三六五万八〇〇〇ともっともひろく、カザーク領地はそれに次いで二〇一万と全体の三割ほどであり、以下、私有地五〇万、官有地四〇万などで、都市は四万五〇〇〇である。ここでは山岳民の土地は農村共同体とされた部分に含まれていて個別に数値を引き出すことはできないが、クバン地方と状態に大差があるとも思われない。テレク軍団領地二〇一万の内訳はカザーク村が一七四万とその八七%ほどを占めたが、軍団予備一一万のほかやはり士官と兵卒の私有地一六万があることが目立つ。つまり、これらによれば、二〇世紀に入ると、北カフカースで先住した山岳民たちの独自な土地制度は全体の一%にも満たない。彼らの先祖の地のほとんどがロシア側に渡っている(つまり、版図化されている)とみなしてよいであろう。[4] こうした状況はカザーク軍団が行う土地開発なるものによってもたらされたといっても過言でない。両地方あわせると、カザーク領地は全体の五七・五%と過半を占め、とりわけクバン地方、つまり西カフカースは「カザーク王国」とでもいいうる印象を与えるであろう。これらはカフカース史におけるカザーク軍団の決定的な位置を示すのであり、当地におけるそれらの動向は丁寧にフォローされてしかるべきであろう。

クバン軍団とテレク軍団

北カフカースのふたつのカザーク軍団はいずれもドンと小ロシアとを起源とするものであった。一八六〇年にカフカース線の編制が大きく変更され、黒海軍団およびカフカース線軍団の一部が一緒になって右翼＝クバン地方を担当するクバン軍団に改称され、カフカース線軍団の残りが左翼＝テレク地方を担当するテレク軍団となったが、一八九六年にペテルブルグでクバン軍団創立二百周年を祝う集いがあり、それを記念して同じ年にクバン地方の中心、エカテリノダール市で刊行された『クバン・カザーク軍団二百年史』によれば、同地方への移住者は本質的にカザークであり、いつも戦闘準備があった。ツァーリ政府は禁じたが、ドン〔カザーク軍団〕当局は逃亡者(беглые люди)の受け入れを続けて軍団の維持と発展を図り、その系列に生まれたホピョール・カザーク(Хоперские казаки)がクバン・カザークのいわば祖先となった。(5) ホピョールはドン川の支流のひとつである。さらに遡って、古くはザポロージェ・カザークをその起源としたとする議論もある。一七七五年にザポロージェ・カザークが廃止されると、兵士の一部は農奴になり、さらに五〇〇〇人ほどはオスマン帝国領(ドナウ流域)へ逃れ、その他は新天地を求めてロシア国内各地へと散った。一七八七年に始まる露土戦争にあたり、ポチョームキンがザポロージェ・カザークを復活して活用することを思いつくと、エカテリーナ二世はそれに「忠実なカザーク軍団」(войско верных казаков)の名称を与え、オスマン帝国に備えてカフカース地方最西端の、黒海とアゾフ海に挟まれたタマニ地方に入植させた。この時も軍団には戦闘と入植、ふたつの任務が与えられた。実際に一七九二年から入植が始まると、タマニ沿岸部は黒海地方(Черномория)、そこへやって来た者は黒海人(Черноморцы)とそれぞれ呼ばれるようになった。黒海人たちはすぐに黒海地方から東方へ移動を始めて西カフカース地方最大のクバン川流域(クバン地方)へと進出し、一七九四年にはこの地方の中心となるエカテリノダールの基礎を築いた。(6) ホピョール・カザークがクバンで独自なデヴューを果たすのは、一八二三年にカフカース地方総司令官エルモーロフの提案による。(7) つまり、それをクバン軍団のいわば祖先にあたるとする同じ著者の言及はそうした意味なのであろう。ここでカザーク軍団は旅団(бригада)に分けられ、さらに旅団は連隊(полк)から構成された。二連隊で一旅団はこの時期の欧米水準と同じである。その構成に小ロシア関係者が多かったのには次のような事情が大きく作用したと考えられる。ツァーリ政府は一九世紀に入ると、一八〇八、一八二〇、一八四八年と断続して、合計一〇万人以上を小ロシア諸県から黒海沿岸部へ移民させた。それらとは別に、一八〇九、一八一一年、ポルタワとチェルニゴフの両県から四万人余(男女ほぼ半数)を出し、一八二〇、一八二五年にはやはり両県から五万人弱を移民させ、一八四五、一八五〇年に両県やハリコフ県などから一万五〇〇〇人を追加した。これら国内移動だけでなく、たとえば、一八〇八年、政府はザポロージェからオスマン帝国へ出ていた五〇〇人が黒海地方へ入ることを認めた。(8) クバン・カザークの間では小ロシア語が流通し、牧畜と漁業が主たる生業となった。そこでは農業はとくに発展はしなかったが、人びとは何とか穀物を自給する生活を営んだ。このように、多くが小ロシア人から成り立った黒海軍団は、すでに触れたように、一八六〇年になってクバン軍団(Кубанское войско)と改名された。

やはり一八六〇年にテレク軍団(一六世紀後半、帝政ロシアがつくったテレク要塞から名を採る)と改称されたもうひとつのカフカース国境線軍団はどのようであったか。黒海地方経由のほか、帝政はいわば直接的な南下でもってカフカース侵攻を果たそうとして、ここでもドン軍団を動員した。根拠地であるドン軍管区は周囲をサラトフ、ヴォローネジ、エカテリノスラフ、ハリコフなどの諸県と接し、ドン川など域内を貫流する河川のすべてはアゾフ海(そして黒海)へと注ぐロシア南部にひろがる小ロシア地方の東部にあたり、同軍団はやはり小ロシア人が多いことでも知られた。古く一七世紀にアゾフ海の争奪戦をタタール人やトルコ人との間で繰り返した時に、小ロシア(およびポーランド)からの軍団参加者が目立って増えたといわれる(数的には大ロシア諸県出身者が過半を占めたが)。一九世紀になると、カザークに限らず、農民たちもいわゆる「ドン川越えの道」(Задонский тракт)を辿ってノヴォチェルカースクからスターヴロポリ方面へと南下を始めた。この動きに加わった農民にも小ロシア出身者が多かった。カザークの間で小ロシア民謡が歌われ、とくに農婦は小ロシア語を使い続けるなど生活慣習の端々に小ロシアが顔を出したが、それでも農夫になると純粋な(大)ロシア語を話したとされるから[9]、全体からすれば、大小二つのロシアが混在したのであろう。すでに一二五頁で触れたように陸相ミリューチンは一八三九年、カフカースに出張したのだが、その際、彼はチフリスからの帰りをグルジア軍用道路経由に選び、スターヴロポリまでの沿道を五キロごとの哨所に小ロシア人カザークが立って護送してくれたと印象深く回想している[10]。

隣人には先住のチェルケス人たちがいたが、これらカザークたちが彼らにどう対応したかについては、従来、大きくふたつの見方が提示されてきた。ひとつはいわば公的(あるいは表向き)なもので、他は実際的あるいは生活的とでも形容しうるものである。その一帯のステップはもともと自由に闊歩する遊牧民たちの世界であったから、武装集団(カザーク)の出現は彼らをいたく驚かせ警戒させたことは想像するにたやすい。カザークたちは、チェルケス人たちは邪悪であり(лихие)、自らが入った土地は「完全に空いている」(совершенно свободен)とみなしてその行為を正当化したといわれるが、これは表向きの話であろう。一八五八年に出されたポプコの黒海カザーク史を見ると、黒海カザークを自称する著者の議論は決して単調でなく、各所に注目すべき指摘を含んでいる。右に見た『二百年史』が公認の正史だとすれば、これは内実を語っているようにも思われる。ポプコは黒海カザークとなる者たちがザポロージェの本陣を出立してこの地方へ入ったのが一七九二年であったとするところから議論を始めている。この初期の住民にはオスマン帝国から出てきたひとつかみのザポロージェツ(запорожцы)がカザークを名乗って入り、それだけでなく、クバン地方から自発的に出てきたチェルケス人とタタール人がつくるふたつの村がこれに加わった。しかもチェルケス人の間には少数のアルメニア人とギリシア人の家族がいたという。(11) つまり、当初からカザーク軍団の中には山岳民が入っていたというのである。進出先で先住の人たちとの関係は決して単純ではありえず、こうした指摘は貴重である。

【補論】 現代ロシア史学界による包括的な北カフカース論は、山岳民のカザーク化をむしろ強調する立場を採用している。カザーク化した彼らは洗礼を受けて正教徒になるだけでなく、独自な大村(слобода)を形成したこと、関係者の間で「盟友関係」(куначескво)さえ生まれたこと、さらには山岳民の上流階級(знать)出自の者からロシア(カザーク)側に勤めて、ロシア貴族の扱いを受け、山岳民(の反乱)を相手にする者が出現したことなどを紹介している。Северный Кавказ в составе Российской империи, M., 2007, 71-73, 83. このように、山岳民のロシア化を強調するのにカザーク化をいうのであるが、帝政ロシアは山岳民だけでなく、カザークにも必ずしも信を置いてはこなかった背景事情を考慮に入れなくてはならないであろう。山岳民たちが義務として兵役に服するようになるのはようやく一八八七年からのことで、それも実際には金銭支払いに代えられたといった事情にも目配せする必要があるであろう。История народов северного Кавказа, M., 1988, 284.

ポプコはクバン地方の中心都市エカテリノダールの定期市やバザールでは木材を必要としたカザークと塩を求めるチ

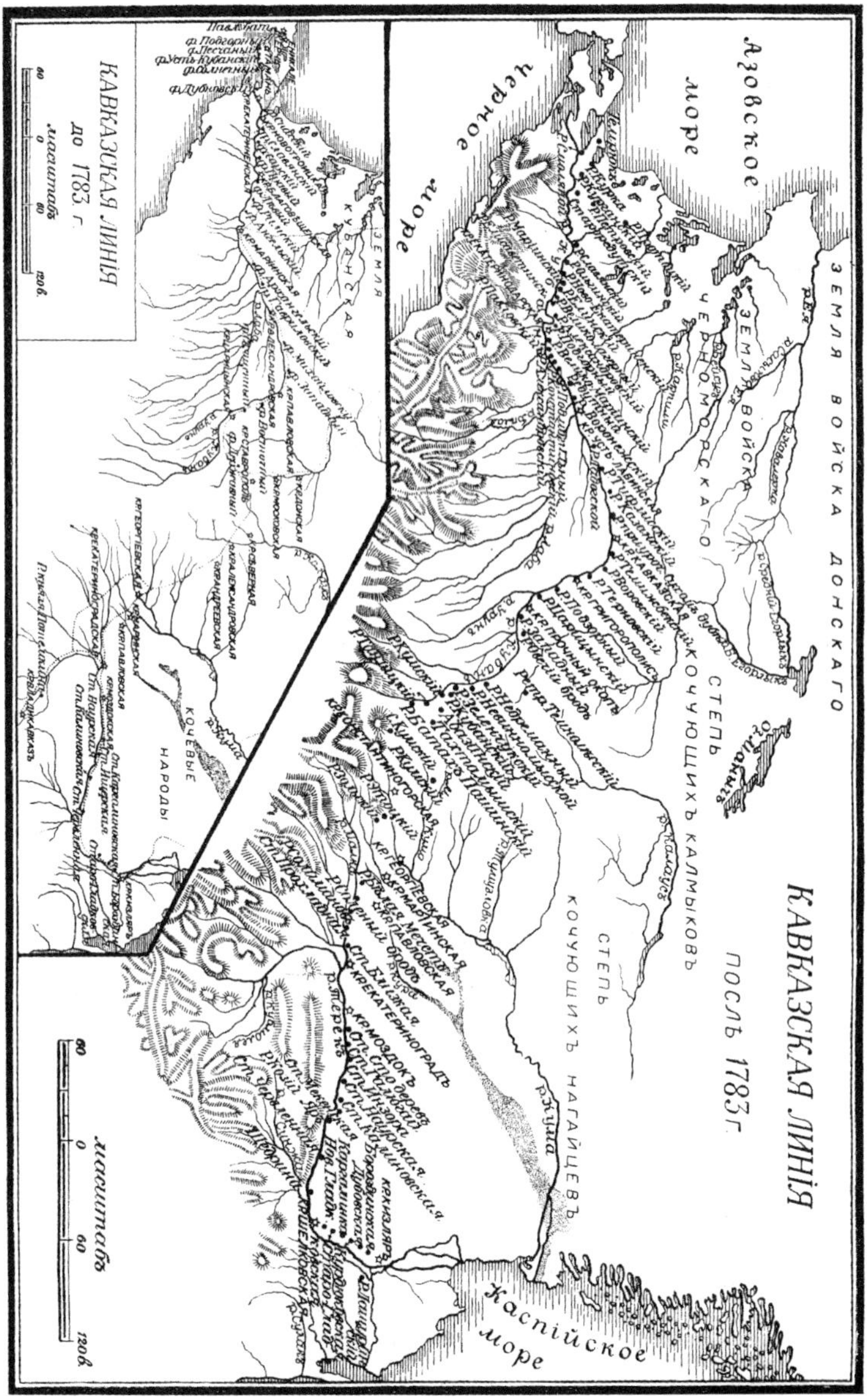

図6　カフカース国境線　『軍事百科事典』の第11巻(1913年刊)見出し項目「カフカース国境線」の付録図版「1783年以降のカフカース線」である。18世紀末からかなり後と思われるが，左側(西側)のクバン川と右側(東側)のテレク川に沿って拠点が見事に線上に並んでいる。左下の1783年以前とくらべるとその差は一目瞭然である。
〔出典〕 Военная Энциклопедия Т. XI. СПб., 1913.

ェルケス人との間に取引関係があったとし、それ以外の交易品にも詳しく触れている[12]。それだけでなく、カザーク側がチェルケス人を高く評価していたとも指摘している。つまり、チェルケス人の服装、馬具、武器、馬などどれをとってもカザークの士官や下士官には軍事的な粋の対象であり、チェルケス的であることは彼らの間で好まれ、尊重（уважение）されたとまで書いている[13]。参考までに、もうひとりだけ同時代の議論に言及しておきたい。一八九〇年にヴラジカフカース市で出版されたテレク・カザーク史の著者マクシーモフは次のように述べる。テレク・カザークはさまざまな分子からつくられたが、そこにおいて異族人の数は「大変に著しい」（очень значительно）ものであった。そこでは非キリスト者からなる村がいくつもあった。先住民たちがカザークになろうとする理由としては、生来の勝手気ままで陽気な暮らし方、生まれ故郷で受ける迫害、貧困、浮浪者生活、見受け金を払わずに花嫁を得ようとする魂胆など大変に多かったのである。これらのことはカザークと異族人の隣人関係をますます接近させること（сближение）となった。カザークの女性はカバルダ人やチェチェン人の女性から衣服や装身具を模倣して自分のものとした。つまり、家庭生活も異族人から影響を強く受けたのである。場合によっては、カザークの女たちの家事をノガイ人やチェチェン人の働き手が手助けすることもあった[14]。これ以上の引用は不要であろう。カフカース地方全体ではカザークと山岳民との間の関係が日常的に形成されていたということである。そのようであれば、両者を敵対の関係だけで見ることはできない。

　事態が動くのは、エカテリーナ二世による北カフカースを「第二の新ロシア」にしようとする農民入植計画が頓挫するなか、カザーク軍団の復活と活用を図ろうとして、一七七六年にポチョームキンがモズドク（Моздок）からアゾフ海までの国境、いわゆるアゾフ＝モズドク線の警備を強化する必要性を述べてからである。モズドクはテレク川河畔の拠点であり、テレク川を下ればカスピ海に至るから、一八世紀末の帝政ロシアはアゾフ海とカスピ海を結ぶ線を自らの国境とみなしたのであった（図6解説を参照）。そのためにヴォルガ川一帯のカザークは南へ移動することになり、ホピョール・カザークもそのようにした。しかし、ロシアが国境にしようとした地帯には先住の人びとがいて、それを認めようとはしない。アゾフ＝モズドク線が通過することになるカバルダ地方（カフカース山脈北麓）のカバルダ人たちは元来、平和的な種族として知られたが、先祖代々の土地を奪うことに激しく抵抗するだけでなく、クバン地方一帯の諸種族も反抗するようになった[15]。その一方で、帝政ロシアはアゾフ海からテレク川中流の拠点モズドクまで逆茂木を延々と連結して、実効支配の領域を画そうとした。モズドクから先はテレク川がいわば自然の境界となってカスピ海に流れ込んでいたから、一九世紀前半には北カフカースを東西に黒海からカスピ海まで見通せるようになった。テレク川左岸(北岸、つまりロシア側)に沿って入植したいくつものカザーク村が「ルーシと山岳民たちとの自然な境界[16]」となった。モズドクの東方、カスピ海寄りのテレク川下流の拠点キズリャール(Кизляр)にも部隊が設置され、それを含めて合計六つのカザーク部隊を繋いでアゾフ＝モズドク線が成り立った一八三二年にそれらがカフカース国境線軍団(Кавказское линейное войско)としてひとつにまとめられたのであった[17]。ここで国境線と訳した линейное は国境線に配置されたといった意味合いであるが、この形容詞を冠するカザーク軍団はこれだけである。一八三七年にはより山脈側に入ったヴラジカフカース(Владикавказ)に小ロシアからふたつの連隊がやってきて、八つのカザーク村をつくるなど軍団は強化されたのであった[18]。

このような北カフカース侵攻とそれを担ったカフカース国境線軍団の精神は同じカフカース地方にあったもうひとつの黒海軍団にも流れていたとみなくてはならない。クバン州統計委員会の名誉会員であったシチェルビーンがそのクバン・カザーク軍団史の冒頭で、「カザーク階級はロシアの国家および人民の生活のもっとも顕著な現れのひとつである。カザークは同時に国家辺境の先進的植民者であり、その境界の保護者であり、ロシア民族性の擁護者であり、正教のための戦闘者であり、そして人民の生活様式の独創的な形態の創造者である[19]」と述べたのである。このようであったから、カザークによる入植をめぐるこの間の事情は、少なくともカフカース地方においては、帝政ロシアの国家意思の有り処を探るのに格好な素材を提供したともみなくてはならないであろう。

国境線勤務

カザーク軍団に課された任務は、軍事と民事の両面に及んだ。前者は究極的には戦闘であり、日常的には国境線勤務(линейная служба)であった。後者はすぐ後に見るように、主に入植、農作業である。歴史的に見れば、カザーク軍団の多くはそのためにあった。一九世紀後半のカフカース地方においても同様であり、彼らはロシア帝国が完成を見る終盤の一大局面を担当することになった。黒海斥候(черноморские пластуны)と呼ばれた集団がいて、入植が進んだカフカース山脈北面とザクバン平原(закубанская равнина)における山岳民たちとの境界をめぐる日常的な紛争に対処した。しかし、全体を見れば、その対象領域は広大で、全長二六〇キロほどの防御線を構築し維持する必要があって、そのために約六〇の哨所(посты)と一〇〇余りの前哨(пикеты)がつくられた。前者には五〇～二〇〇人を、後者には三～一〇人のカザークをそれぞれ配置したのである。[20] したがって、すでに引用したハクストハウゼンの観察記は、前哨についてであったかもしれない。これら哨所や前哨は決して守備だけのものではなかった。境界を守護し侵入者を撃退するだけでなく、彼らは自ら進軍(походы)して軍事的な徴発(реквизиция)を行ったから、[21] 最前線で帝国の版図を維持するだけでなく、それを拡張したのも彼らであった。そのことを戦略家ファデーエフは「カザークは少しずつ国境を浸食する、ロシア人民の海岸にくだける波である」と表現した。[22] 彼はカザークをロシア人民に置き換えて、それが絶えず新天地(この場合、西カフカース)に流入するイメージを描く。しかも、そうした「軍事的入植」には黒海側からの(西欧列強およびオスマン帝国による)攻撃からすべてのカフカースを防衛する役割が与えられる。さらに言えば、ファデーエフの場合、カフカース征服(завоевание)をカザンやアストラハンを屈服させたのと同じようにロシア＝アジア問題(русско-азиятский вопрос)において決定的な出来事であるとしたうえで、「すべてのロシア史はひとつの果てることなきアジア問題である」[23](Все русская история один безконечный азиятский вопрос)と定義したのであった(『カフカースからの手紙』第一二書簡)。彼によれば、ヨーロッパはヴィスラ川とドナウ河口で留まったが、ロシアのスラヴ人はさらに東方へ進み続けたのである。このように、ファデーエフはカフカース問題をアジア問題の中核に据えて、さらに次のように述べる。「カフカースにおけるロシア主権の樹立はアジア問題の総体に対して決定的な影響を与える」(『同』第一三書簡)[24]。カフカースを「ヨーロッパ・ロシアの続き」(продолжение России европейской)ではなく、「アジア・ロシアの始まり」(начало России азиятской)としてみるべきである[25]。さらに言えば、「カフカース平定は一九世紀ロシア史上最大級の対外的事件であり」(『同』第一書簡)[26]、「カフカースはロシアの政治的全将来の半分を占めるのである」(『同』第二書簡)[27]。このように、ファデーエフはアジアへのさらなる侵攻の一環としてカフカース攻略をとらえたのであった。カフカースは、彼にとって、「アジア重視」のための重大な契機になったのである。ヨーロッパ(西欧)ではなく、ロシアならば、「アジア」を相手にできるともいうのであろう。

いささか議論が脇にそれたかもしれない。さて、こうした国境線勤務はなかば必然的に先住の山岳民たちとの闘争を伴った。クバン地方ではその最西端のアゾフ海にクバン川が注ぐ一帯からアゾフ海沿いに海岸線を黒海側へ回ったところに位置したアナパの町までがカザークが最初に攻勢をかけて、山岳民たちを追い払った地帯となった。こうした露払いの後に、移住者はアナパに到着し、そこから宛がわれた土地へと分散移動した。彼らの最初の村(スタニーツァ)がつくられたのは、一八三六〜三七年のことである。それと同時に、当事者たちの間にアゾフ＝モズドク線とは別に黒海沿岸線の考えが生じたことも重要である。ツァーリ政府はこの一帯を「征服途上の地方」(полупокоренная провинция)と呼び、チェルケス人たちが襲撃を仕掛けるのはカザークが彼らの村落(アウール)を破壊したことに対する単なる報復にすぎないとみなし、「強国ロシアのもと、平和な生活を送るほうが利益になることを[彼らに]示そうとした[28]」のであった。

入植者のあり方

もう一方の民事関係に触れれば、それは何よりも新天地に入植して開村することであった(同時に、それが軍事的意味合いを有したことが味噌である)。したがって、開墾のために労働力を投下しさえすれば、その土地は自らの利用に任されるとする考えは、近代ロシアにおいてロシア中央部をはるかに越えてほとんど普遍的でさえあった。しかし、ここでまず注目すべきは、一八六〇年代初頭、ツァーリ政府によって辺境各地への入植事業(開墾)が大いに促進されようとした時、必ずしもカザークだけを用いることにはこだわらない方針が示されたことである。この時期、カザーク軍団のあり方と評価はもはや曲がり角にあった。このことは開発の担い手において中央部との共通化あるいは標準化に道を開き、カザーク以外の余所者がカフカース地方にも流入する大きな契機となったから、近代カフカース史にとって計り知れないほどの意味合いを有したのであった。

少しだけ振り返れば、カフカースの現場でまずカザーク入植に動いたのは、カフカース軍司令官に任命された将軍エヴドキーモフであった。エヴドキーモフはクバン川からラバ川にかけての西カフカースにカザークを入植させることを推進した人である。もっとも、ファデーエフによれば、エヴドキーモフは山岳民の追放を黒海沿岸部だけに限る考えであったが、周囲の者たちが「気を利かせて」その全面展開を行うことにしてしまったというのである。いずれにせよ、そうした軍事的植民が山岳民の移住と抱き合わせに構想されたことは確かで、それがカフカース平定の主要手段となる道がつけられたのであった。カザークは単なるエクスペディションを行うのではなく、カザーク村の開設を伴う系統的な入植を行い、そのカザーク入植地でもって山岳民根拠地を包囲する(最終的にその壊滅を図る)ということである。ツァーリはこのような計画に賛同した。カフカース平定に際しては、先住する山岳民から奪った土地に新しい村をつくって、徐々に山岳民を住むことができないようにして、最終的には「彼らを完全にこの国から追い出してしまう」ことを考えたのであった。(29) 一八六一年にはツァーリ自身がクバン軍団を訪問するまでして、この動きを奨励しただけでなく、その六月二四日には最前線に移住するクバン・カザークに割り当てなどを増やすことを決め、さらに翌年五月一〇日にはカフカース山脈西部山麓にロシア内地からも移住者を入植させることにした。(30) それだけでなく、ロシア軍をカフカースからの移民運搬にも関わらせることにもした。(31) こうして、短期間にクバン地方の山麓(カフカース山脈北面)は一連のカザーク村で覆われる道筋がつけられた。

【補論】 ここで参考までに触れれば、帝政ロシアにおいていわゆる軍事的植民と称して軍隊を〔農村〕開発に活用することが初めて本格化したのは、一八世紀初頭、アレクサンドル一世の時代であったろう。それをナポレオン戦争が大きな財政負担を強いた結果であるとする通説を批判したのが、若きリチャード・パイプスであった。彼は、そうした側面があることを否定しないが、当時、実験的にそれを試みていたアラクチェーエフ(A. A. Аракчеев 1769-1834)にツァーリが好印象を抱き、軍隊を活用する農村部改造を考えるようになったことが大きいと指摘した。実際、ナポレオンの侵攻以前にその試行は始まり、北部のノヴゴロド県と南部ハリコフ、ヘルソン、エカテリノスラフの三県において、とくに事業は進展したのであった。その際、軍事的な植民は理想として計画された合理性に従うことが求められたが、諸般の事情がその実現を果たすことを困難にしたのであった(Richard E. Pipes, The Russian Military Colonies, 1810-1831, *The Journal of Modern History*, Vol. XXII, No. 3, 1950.)。軍事的植民なるものは、どうやっても計画通りにはいかないということであろう。

従来、カザークが駐屯する村などを離れて新天地へ移住する際、希望者を募るか、籤引きをするのが一般的であったが、一八六一年にカフカース総司令官バリャチンスキーはクバン軍団に対して「カザーク村をあげて」(целыми станица-ми)移住するよう命令(распоряжение)を出した。従来の慣行が一方的に破られて、カザークの間に動揺がひろがり、クバン軍団隊長(アタマーン)が重大な決意をすることも予想される状況が生じた。これを受けて、エヴドキーモフは移住を拒んだカザークを赦免しただけでなく、その年に予定された移住計画自体を中止にして入植は主に希望者とし、それで不足すれば、籤引きとすることが再確認された。それだけでなく、入植者への特典として、土地の私有を認め、さらにカザーク身分以外の者が参加することも歓迎する(既設のエカテリノダールにも住居を新築することを認めるなど)方針へと転じたのであった。つまり、カザークによる軍事的入植を推進するにしても、カザーク自身がそれに素直に対応したわけではなかったから、早速、当局は人手の確保に励まなくてはならなかったのが実情であった。カフカースに新しいカザーク村を増やすために、(一)すでに何年か前線に勤務した妻帯の兵卒をカザーク身分に切り替える、(二)ロシアの内陸諸県から国有地農民を移住させる、(三)黒海および国境線の各軍団からカザークを移住させる、(四)ドン・カザークを移住させるといったことが考えられた。[32]

これを受けて、一八六二年五月一〇日に出されたいわゆる西カフカース山麓移住法(正式には「クバン・カザークおよびその他ロシアからの移住者によるカフカース山脈西部地方山麓への入植法」〈Положение о заселении предгорий западной части Кавказского хребта Кубанскими казаками и другими переселенечами из России〉)が従来の軍団による共同体的な土地利用形態を横において、私的かつ世襲的なそれを導入するのに道を開いたのであった。その際、ウサージバ(屋敷居住地 усадебная оседлость)は共同体規制から外されることになった。[33] 全体として、単に入植地をひろげるのではなく、その私有化を進めてカザーク土地所有の性格を変えようとするものである。それによって、一三六万デシャチーナに一万七〇〇〇家族(一家族四人、一人二〇デシャチーナを標準とする)が入ることが予定された。一万七〇〇〇のうち、割当てはクバン軍団(一万二〇〇〇)を始めとして、アゾフ軍団とドン軍団のカザーク、国有地農民、カフカース軍の既婚の兵卒(нижние чины)で、その他、希望者もテレク、ドン、新ロシア、ウラル各カザーク軍団およびすべての自由な担税身分(свободные податные состояния)から募られたのである。六年間で入植を完了する予定であった。[34] さらに注目すべきことは、この「入植法」公布と同時に、カフカース当局がクバン地方の山岳民に新たにカザークが入手した土地を引き換えに分与する計画を立てたことである。つまり、そうすることで山岳民たちを彼らが慣れ親しんだ居住地から平地へと追い出そうというのである。当局はそのようにして移住させるべき山岳民男子を一五万一三〇〇人と見積もり、彼らの移住先としてクバン川左岸に八六万四〇〇〇デシャチーナ(一人当たり四〜五デシャチーナ)を予定したが、次節に見るように、山岳民の多くがオスマン帝国へ出ることを選択した結果、一人当たり九〜一四デシャチーナの配分が可能になったほどであった。[35] 旧来のカザーク的秩序だけでは事態に対応しえないと判断されたのであろう。この企てにはカザーク身分以外の者の参入のほか、カザーク関係者には土地が分与され(将軍に一五〇〇、参謀部将校に四〇〇各デシャチーナなどと階級ごとに基準が定められた)、土地売買の促進も盛り込まれた。そのために公的な境界設定事業(межевание)が促進されて、土地の商品化を行い、その売買や賃貸によってクバン軍団の資本増強を図ることが確認された。こうした西カフカース山麓移住法に関して、『陸軍省百年史』はそれがカザークの土地開発に「完全に新しい原理」(совешенно новые начала)を持ち込み、初めて〔土地〕私有の発展を促し、カザーク村にカザーク身分以外の者が腰を据えること(водворение)を許したと、高く評価したのである。(36)

境界設定事業はカザーク軍団の歴史とともに古く、そこではさしあたりイスラーム教徒の土地との境界を確定することを意味したが、カフカースではエルモーロフが一八一九年三月六日の法令でそれを定めたのが始まりとされる。一八七〇年のクバン、テレク両地方の行政改革により、カザーク地の境界設定は地方当局(межевые учреждения)が担当することになった。(37)その際、優先されたのは軍団関係者であり、その階級や勤務年限などに応じて購入できる面積は異なった。すでに引用した一九〇一年のイヴァネーンコはバリャチンスキーがカフカースで果たした数ある善行(благодеяние)の中で、ザカフカース地方境界設定法の制定と関係機関の創設がもっとも大きいとみなした。それまで当地の土地制度は全く惨めなものであって、官有、教会有、私有などそれぞれが境界なしの状態であったというのである。(38)これだけでなく、カザーク関連法規の見直しを行って、カザーク周辺で商工業の発展が著しく阻害されている諸問題を検討する委員会まで設置して、西カフカース山麓入植問題に絡んで、「カザーク問題」全般の洗い出しがなされるまでになった。(39)

実際には、西カフカース山麓移住法は四年間続いて一八六五年に終了し、新しい村が九六(一万一五〇〇家族)つくられ、あわせて新規に七連隊と一大隊が編制される「成果」を生み出した。(40)別の資料によれば、一八六一年から四年間で八三村、一万四〇八一家族(内訳はクバン・カザーク五八・九%、その他のカザーク軍団と退役兵士二五・三%、国有地農民など一五・八%)である。(41)いずれにせよ、当初の目標よりも若干少ないが、この移住法によって、想定されたように余所者(иногородние)が西カフカースへ押し寄せ、市民身分(гражданское состояние)の領域が拡大を始めたことは後者の資料からうかがわれる。その後、ツァーリ政府はこれ以外のカザーク軍団に対しても類似の規則を制定することとなった。一八六八年と一八七〇年にすべてのカザーク軍団に共通する余所者法（Правило об иногородних）が出されて、彼らの土地所有が保証されるようになったのである。[42]カフカースの軍団でその不動産を余所者に売却するための規則が出されたのは、一八八三年である。[43]世紀末が近づくにつれて、カザーク村の土地を取り分（пай）に分けることが経営上の支配的な形態となったのである。[44]

このようであったから、一八六〇年代、入植者の相貌は変化する曲がり角にあったとみなくてはならない。当局にとって別に適当な主体があれば、カザークに限らず、それに頼って入植を行う（行わざるをえない）ことは時間を追ってはっきりしてきたように思われる。その結果、どのような問題が新たに出現することになったのか、ここでは、その一端をペテルブルグで出されていた『経済雑誌』（Экономический журнал）の第一六号（一八八六年一〇月）に掲載された「カフカースの開拓とカザーク」（Колонизация Кавказа и Казаки）と題した好論（無署名）に垣間見ることにしたい。これはポチからノヴォロシースクに至る六〇〇キロの黒海東岸部（行政区分では黒海管区 Черноморский округ）を具体的対象に取り上げている。この一帯はすでに見たクバン軍団やテレク軍団が活躍した地方とはカフカース山脈で隔てられた南側山麓で、黒海沿岸とはいえ北方の帝政ロシア側から見ればもっとも遠いところに位置して開発が停滞した一帯であった。さて、無署名氏によれば、カフカースの西部地方からは地元山岳住民が出てしまい、ロシア人によって平定されると（この問題は次の第2節で取り上げる）、ツァーリ政府はこの地域の入植に便宜を図ろうとして、一八六六年〔三月一〇日〕に黒海沿岸部入植法を出して、二〇年分一五〇万ルーブリもの予算をつけ、役人を派遣し、事に当たらせた結果、八〇〇〇から一万何がしかの住民が当地に入ることになったが、その多くはアルメニア人、ドイツ人、ギリシア人、チェコ人、さらにはフィンランド人など外国人であって、ロシア人は全くの少数であった。こうした事態が生じたことに対して、一八八一年のカフカース総督報告は次のように述べている——ツァーリ政府は〔黒海〕地区に土地の私有化が促進することを必要とみなし、そのために官有地を破格の条件で私有地とすることを認めるまでした。そのうえで政府は植民事業と移住者に対して格別に配慮して多額の出費をした結果がこのような〔無残な〕ものであり、全くもって不満足である（つまり、ロシア人ではなく、外国人が優遇される結果になっていると言うのである）。

この論者はこの間の黒海管区における移住のあり方を回顧して、そこでは移住者が数的に不足しただけでなく、ロシア人が少数派であったのは失敗であったとして、当局は植民を成功させるために、さらに次のような手を打つべきであると述べた。つまり、（一）黒海沿岸部の車道とカフカース山脈を越えてクバン地方に至る車道を整備する、（二）国益増進のために沿岸で通商航海を促進する、（三）〔そのために〕沿岸航海〔路〕を確立する、（四）小規模でもよいから人工の港湾を建設する。このようであるから、改めて指摘するまでもなく、黒海管区に基礎的なインフラが全く欠けていたことは明瞭である。この人はこの地域は「いまだ研究さえされていない」（не было еще и изучен）ともいうのである。これは正直なところであろう。とりわけ強調されたのは、植民をする主体の問題である。ロシア人を欠く現状ではこの地方にロシア文化を創造できないばかりか、ロシアの利益とは無関係な（чуждые）連中が集められる結果に終わっている。むしろ、ロシア人農民の移住が抑制されているのではないのかと思われるほどである。カフカース当局の役人たちにはポーランド人、ドイツ人、アルメニア人などが多数いて、必ずしもロシアに好意的ではないのだ。ここでも繰り返されるのは、ロシアの最良の息子たちを新しい地方へ送るのではなく、その代わりをポーランド、タシケント、さらには遠くシベリア、そして地元カフカースなど〔の人間〕に求めることである。悪名高き「タシケント野郎たち」（ташкентцы）は先住民の不満を増幅して、中央政権の頭痛の種となるだけでなく、ロシアの品格（достоинство）を台無しにすることしかしないのである(45)。

論者はこうした議論を経てカザークを頼れる植民主体として改めて強調するのであるが、非ロシア的な分子の行状に懲りたあまりであろうか、最後に頼るべきカザークの力量に関しては決して悪口などを言おうとはしない。このようであるから、ロシア帝国の版図が極大に到達する一九世紀も後半の時期、その持ち場の拡大と人的資源の限定（不足）とはカザークの活用にも微妙な影を落としたことは確かなのであろう。帝政側にとっては一層の工夫が求められる局面である。

さて、一八七〇年に出されたカザーク軍団における共同体的統治法（Положение об общественном управлении в казачьих войсках）は、カザーク村における共同体的生活と統治それぞれの局面の機能を区別したうえで、カザーク村の裁判を完全に分離して、それに農民の郷裁判的な性格を付与するなどした。カザーク村の自治そのものには手をつけないが、いわば村運営に近代化（あるいは標準化）をめざす意向は明らかであった。また、同法はカザークの土地を軍団、共同体、私有の三形態に分け、とくに士官による土地利用を一代限りではなく、世襲として、非軍隊身分のロシア臣民にも植民に関わらせるための条件と雰囲気をさらに改良しようとしたことはよくうかがえる。(46) そのようであれば、なかば自動的に、植民の尖兵としてのカザーク軍団の地位は低下する。この面からも当時のツァーリ政府が帝国の均質化をめざしていたことが判明する。これは版図化が随伴した特性のひとつである。これらのことはクバン地方へも「カザークに属さない農民」として余所者の流入を強めることになり、実際に南ロシア諸県の農民が千人単位で同地方へ移住したのであった。その数は最近の一五年で二五万人にのぼり、これはカザーク住民の二五％にも相当すると見積もられている。(47) 入植した農民たちは軍団、共同体あるいは個人から借地をしてフートルをつくり、農業に従事したのである。

北カフカースのカザーク村

一九世紀後半にカフカース地方の統計委員会がカザーク村調査に精を出したのはこれまで見てきたような改革問題と無関係ではありえない。帝政ロシアが全国各地に統計委員会を設置して、周辺地域の基礎的データの掌握に励むようになるのはようやくクリミア戦後のことであるが、落ち着きを見せ始めたカフカース地方にもその動きはかろうじて伝わることになった。個別にカザーク村を観察する前に、当該地方に関連して人口構成や居住地点などを垣間見ておくことにしたい。

まず、クバン地方の三郡（エカテリノダール、マイコプ、バタルパシンスクの各郡。山岳民の郡別概数は、順に二万、三万、四万の計九万である。バタルパシンスクはチェルケースクの旧名）だけについて、一八七一〜七七年の状態を示す居住地

(населенные места)分布調査を見ると、全体三六二居住地のうち、カザーク村は二〇三カ所とはるかに過半を占め、しかもほぼ均等に全域に所在していたことが分かる。これに次ぐ居住地はアウールと称された山岳民村落の八五カ所であるから、この時点でカザーク村は数的には圧倒的な地位を得ている(ここでは、山岳民村落数の把握には大きな制約があるだろうことは脇に置く)。それだけ、帝政ロシアによるカフカース侵攻が進んだわけである。別に述べるように、この間、山岳民たちの村落は住民が平地やトルコへ移住して無人と化し、あるいはカザーク軍団によって強制的に破壊されるなどして大幅に減少したのだが、それでもかなりな数が残ったと見ることもできるであろう(ロシア当局が望むように、彼らを完全に一掃することなどできない)[48]。このように、一九世紀後半、西カフカースではカザーク村と山岳民村落が二大居住地であった。したがって、カザーク村の進出がなければ、西カフカースは山岳民村落かぎりの世界であったことになる。

その後、一八八二年になって、クバン地方に関して、そのすべての七郡(右の三郡のほか、エイスク、テムリュク、ザクバン、カフカースの四郡)を対象としたより包括的な居住地調査がなされ、その結果が膨大な量の表となって一八八五年に刊行された[49](閲覧した限りでいえば、この集成には頁付けがない。以下のデータは終盤にあるまとめの諸表を参照しているが、印刷活字の状態が極めて悪い)。これによれば、全体でクバン地方住民は約一〇五万人を数え、うち「都市」としてくくられる地点に八万七〇〇〇人ほどがいるが(エカテリノダール、エイスク、マイコプがいわば三大都市で、それぞれ二万人強である)、地方人口の圧倒的部分は非都市の郡部に居住する。地方住民の区分で注目すべきは、まず大ロシア人と小ロシア人のいわばロシア系が数的に圧倒的であったこと、そしてロシア系のうち小ロシア人が五〇万人強と大ロシア人四二万人強を上回っていることである。両者で州人口の実に九割近くを占め、クバン地方はひろい意味で完全にロシア化されている。したがって多民族性を誇るカフカースにおいて、当地は極めて異例な一帯である。一方的な入植がそれを結果したのであろう。さらに、ここでも改めてウクライナ・ファクターの存在は注目されなくてはならない。これは「ロシア」として一括される現象の内部に横たわる大きな問題である。

【補論】　ここで参考までに、マクシーモフの整理によって、一九世紀末(一八九七年センサス時)の状況にも触れておく。カフカース地方で小ロシア人が多かったのは北カフカースであり、ザカフカースにはほとんどでいない。クバン地方ではテムリューク、エイスク、エカテリノダールの各郡で彼らは絶対多数であり、残りの諸郡でも住民の二割を下回らない。スターヴロポリ県ではノヴォグリゴリエフ郡ではほぼ絶対多数であるが、他の郡では同じく一〇〜四五%である。テレク地方では彼らはピヤチゴルスク郡でもっとも多く、全体の一二・八%と占めている。むろん、同地方には別の地域にも小ロシア村がある。黒海県では彼らは地域によって住民の九〜二四%を占めている。A. Н. Максимов, Какие народы живут в России, справочное издание, М., 1919, 24–25.

山岳民は全くの少数派で、主要種族は多くても一万人規模で、ほとんどがそれ以下の数字である。因みに、宗教別では正教が九〇万人強であるが、「マホメット教」は七万人であり、これは「ロシア」と山岳民の数的関係を象徴している。二二八の正教教会が満遍なくクバン地方に分布した。なお、居住地について、この調査ではカザーク村が一九九カ所、山岳民村落が八三カ所と一八七〇年代調査とほとんど変わってはいない。しかし、前者は全郡にほぼ均等に分布したが、後者はエカテリノダール郡に三〇、マイコプ郡に二二、バタルパシンスク郡に三一を数えるだけである。このように、これら数値を読む限り、一九世紀後半、クバン地方居住地の過半はカザーク村であり続けたといえる。したがって、少なくとも表向き、当地に関してカザークによって成り立つ地方をイメージしても見当違いにはならないであろう。

なぜに、カザーク村がこのような全盛を迎えるようになったのか。その理由は少なくとも短期的にははっきりしている。ツァーリ政府がカザーク軍団による集中的な植民(колонизация)を実施したからである。現地司令官のエヴドキーモフはこの点に関しても自らの成果を誇るようにしてその仔細に触れているから、その触りを取り上げてみよう。一八六三年七月から一年間の軍事作戦報告において、エヴドキーモフはカザーク村の連絡網を確立して入植の基礎を築き、それでもって西カフカースの恒久的な領有(обладание)を堅固なものとするとその基本目的を述べた。そして、一八六四年時の入植事情に関して、次のような数的総括を行った。植民された空間にはカザーク村五二と三カ所のパショーロク（個別の居住区）が散在し、それらには四三七四の移住者家族が入った（人数は不明。以下の数字もすべて家族数）。その出身内訳は、カザーク軍団が最大であり、カフカース入植が彼らの主任務であったことを明瞭に物語る。軍団別の移住家族数は、地元のクバンが二四三八と全体の五五％余りを占め、以下、オレンブルグ四二五、アゾフ三三九、ドン二〇〇、そしてウラル一であった。これらの合計三四〇三は全体のほぼ八割に相当した。つまり、基本的に、西カフカースの入植はクバンを中心としたいくつかのカザーク軍団によってなされたのである。その他の移住者家族の出身に関してそのすべてを示すと、カフカース軍の既婚下級兵士二一七、国有地農民四七七（出身地は不明であるが、ロシア内地を否定できない）、ドン軍団の一時的義務負担農民一七、さまざまな身分の志願者一二、ニコラエフ市町人および水兵（退役を含む）一六六、士官四三、聖職者三一である。これら内訳合計は四三六六であり、右の四三七四とはわずかに相違する。[50]

もっとも、こうした統計委員会による居住地調査は少なくとも西カフカース全域に関して現状を正確には反映していない、帝政ロシアにとって、事態はそれほど順調には推移していないとする議論もありえた。そうしたもののひとつとして、ここでは一八八五年一月に自由経済協会の総会でなされたヴェレシチャーギン報告を参照してみよう。それはカフカースの黒海沿岸部の入植事情を史的に回顧しつつ、現状におけるその不十分さを批判するものであった。[51]この人は、著名な画家の弟であり、本人は中将にまでのぼりつめた軍人であるが、一八七八年二月にやはり自由経済協会で報告して、カフカース西海岸の海上交通を改善するために漕艇船団を創設することを提案するほどのいわば西カフカース専門家であった。その際、陸上交通についてはロシア技術協会カフカース支部が検討していると述べているから、ヴェレシチャーギンは政策面で全体を統括する立場にあったとも考えられる。[52]

さて、ヴェレシチャーギンの一八八五年自由経済協会報告では、まず帝政ロシアの当地への進出手段が要塞建設から入植へと大きく進化したことが触れられる。つまり、とくに一八二九年のアドリアノーポリ条約によりオスマン帝国から黒海沿岸部を得て、地元チェルケス人たちのオスマン帝国との連絡を遮断するために、黒海へ注ぐいくつかの大河の河口に要塞を建設したが、それは実効性に乏しいものであった。そのために、黒海艦隊とは別に独自な艦隊を編制する話まで出たほどであった。むしろ、山岳民との交易を推し進めて、ソフト路線で彼らを従えようとすることも試みられたが、結局、クリミア戦後、ロシア政府によるチェルケス対策は「全く別のもの」(совершенно другой вид)になった。つまり、要塞にこだわるのではなく、カザーク軍団が軍事的に占拠したところに入植地をつくって実効支配するのである。そのために手始めとして、クバン地方から部隊をカフカース山脈越えで移動させ、ノヴォロシースクからトゥアプセ川までの沿岸部を抑えて、そこに一二のカザーク村を拓いたのであった。それらに参加したカザークたちは籤引きで選出された者たちであり(志願者はわずかであった)、これら一二村でシャプスーギ沿岸大隊(Шапсугский береговой батальон)を編制した。その後、さらにアブハジアの境界まで沿岸部を進んだが、宗教的なファナティズムがアナパからアブハジアまでの全域でチェルケス人を「一人残らず」(поголовно)オスマン帝国へ移住させてしまった。彼らの移住は一八六五年末までに終わった(一部は一八六七年にオスマン帝国へ出た)。今次の露土戦時(一八七七~七八年)には、知られるように、アブハジアはほとんど空の状態であった。しかし、占拠した黒海沿岸部は今も空(опустение)なのである。こうした現象は露土戦争でスフーミがオスマン帝国の手中にあった時に生じたのである。(53)

一八六六年三月一〇日、黒海管区(Черноморский округ)を創設するための法律が出され(これは黒海沿岸部入植法としてすでに触れた)、黒海北東海岸で港湾都市をアナパとノヴォロシースクにつくり、カフカース山脈南面を上部まで民間も参加する黒海沿岸入植地(Черноморские прибережные поселения)と総称することになった。さらに、一八七〇年一〇月一八日の法律に基づいて、シャプスーギ沿岸大隊の一二村は「文官による所管」(гражданское ведомство)に移された(これらは一八九頁以下で触れた「入植者のあり方」の項で取り上げたことの法的側面である)。ヴェレシチャーギンは、これら法律は「国境に国家を創出するために、純粋のロシア人移住者をできるだけ多くする」(возможно большего числа переселенцев чисто русских, для создании на границе государства)狙いがあったのであるが、この地方はロシア内地とは遠く離れ、気候も大きく相違するなど移住が容易ではなく、したがって、「純粋のロシア人」が十分に確保できない恐れもあり、キリスト教徒であれば、ロシア人のほか、ザカフカース、アナトリア、スラヴの地からの移住者を受け入れざるをえないであろうと言い、そのうえで、その際にもっとも留意されるべきは、帝国とこの地方の「民族誌的な結合」(этнографическое соединение)が保たれることであると念を押した。[54] さらに、ヴェレシチャーギンは黒海管区における一八七〇年代の移住状況に細かく触れたあと、一八八一年現在を次のようにまとめた。同管区には四六の村を数えるが、大本の一二のカザーク村を差し引いた三四村がこの間に生まれたことになる。その内訳を民族別にみると、主にロシア人がつくる村三、主にロシア人とドイツ人がつくる村一、以下、表記を簡略化すると、モルダヴィア人五村、ロシア人とモルダヴィア人一村、チェコ人五村、ロシア人とチェコ人二村、アルメニア人三村、ギリシア人一〇村、そしてチェルケス人四村である。つまり、この地はロシア人だけで開拓したのではなく、多くの民族が参加したのである。ロシア人はその他の民族と共同する傾向が認められるが、チェコ人、アルメニア人、ギリシア人などは単独である。これらはいわばキリスト教徒枠としてあったのだろうが、チェルケス人の四村についてもその理解でよいのか、残念ながら、今は判断する手掛かりに欠ける。ヴェレシチャーギンはこれら四六村民の民族別数値も提示している。それによれば、多い順に次のようであった。ロシア人三四三九人、ギリシア人一三七七人、チェルケス人一〇四六人、モルダヴィア人八九五人、チェコ人七三五人、アルメニア人四三〇人、ドイツ人七八人、そしてポーランド人一四人である。これら合計は八〇一四人であり、ロシア人は四三%ほどと半分以下であり、それだけでなく、元からあった一二カザーク村のロシア人二七六〇人を引くと、新たなロシア人移住者はわずかに六七九人でしかない。したがって、相当な経費をかけて展開されたこの間の移住事業は、肝心のロシア人を引き込むことには成功せず、望ましい成果を見ていないというのである。[55] 黒海管区には四六人の行政官がいて、彼らの給料に毎年六万ルーブリ以上を支出しているにもかかわらず、ロシア人住民はほとんど増えず、全く少数のままである。すべてはロシア人にとって好都合な入植条件をいかに生み出すかにかかっている。自発的な住民(добровольное население)だけがこの地方にしっかりと腰を据えることができるのである。[56] 政府は黒海沿岸部整備(благоустройство)の総合計画を策定すべきである、というのが彼の結論であった。この報告主旨は明快であり、すでに紹介した一八六六年の『経済雑誌』第一六号の記事と論調をほぼ同じにしているから、その無署名記事の執筆者がこのヴェレシチャーギンであることは大いにありうるであろう。すでに見たように、一八八二年のクバン全七州居住地調査は「大ロシア人」よりも「小ロシア人」が多いことを示すが、一八八五年に行われたこの報告にそのことが反映していないのは大きな欠陥である。いずれにせよ、ロシア人による入植は精々、クバン地方までであって、その南の黒海沿岸部にまでは本格的に及んだのではなかった。帝政ロシアとしての実力はその辺にあったのである。したがって、黒海沿岸部に対しては、別に手を打つ必要があったであろう。

さて、この時点で統計委員会がテレク軍団のカザーク村に関する個別調査を思い立つには、山岳民との長期に及んだカフカース戦争が止んで、平和が続き、村の生活基調が軍事から民事へと移行し、それに伴ってカザーク軍団でも経営や家族の扶養といった経済的側面が注目されるようになったことが大きい。経営や運営、さらには統治といった事柄が改めて重視される環境が生まれたということである。余所者の流入に伴って同軍団の経済生活は変化を始めており、その内容と実態を知りたいといったこともそれに作用したはずである。軍団の経営担当部局は一八七五年九月の会議に集まり、カザーク村の今後の発展を期すための基礎資料を得る目的で統計学的調査を行うことを決め、一二村を選んで、一八七六年、つまり、露土開戦の前年以降、順次それを実施に移した。その結果は、七村に関して本書でも引用することがある『カフカース資料集成』の第四巻と第五巻に発表され、さらに残り五村分を含んだすべてが一八八一年にヴラジカフカースから『テレク・カザーク軍団のカザーク村生活誌研究に関する統計学的モノグラフ』として刊行された(57)。全体からすれば、一二という抽出数は統計学的には科学的な意味合いを有さないであろう。担当者は数量的な解析を試みたのではなく、なされたのはいわば事例研究(あるいは観察)である。調査は予め統一された質問項目に基本的に沿うものであったから、その結果には脱線が少なく面白みに欠けがちであるが、当時のカザーク村の実態を知るには極めて貴重な資料である。

個別の紹介に移る前にすでに触れた参謀部編集のクバン地方『概観』などで北カフカースのカザーク村をとりまいた

全般的事情についていくらか補足しておきたい。『概観』の付録に「クバン・カザーク軍団の村とフートル」一覧がある。村からフートル（小村落）が分離するのはより好都合な場所に商工施設をつくろうとする場合や村に過剰人口が発生した時などであり、私有地に入植する際にもフートルが発生した。この一覧にはクバン地方の七つの支庁（отдел）ごとに村とフートルの数、戸数、人口とカザーク身分の割合、開設年が示されている。開設年が一七九三年か一七九四年でもっとも古い村はほとんどの支庁に分布している。『概観』の説明に従えば、このことは歴史的に次に対応している。一七八七年にザポロージェ・カザークから創出された黒海カザークに対してポチョームキンによって一七九二年、恒久的領地（вечное владение）としてクバン地方が与えられ、翌年以降、二万五〇〇〇人が入植し、中心地エカテリノダールの礎石が置かれたことである。[58] このように一帯は一八世紀末にカザークによって開発が始められたが、その後一〇〇年余り存続している村は少なく、例外的でさえある。これに対して一八五九年以降六〇年代、とくにその前半期につくられた村が全支庁を通して多いことは注目される。やはり、シャミーリ降伏で幕を閉じたカフカース戦争後、いまだ流動的であった西カフカースでもそれを待っていたように入植が進み、急速に村々ができたのである。当然、こうした基調はテレク地方でも観察されたとみなくてはなるまい。

クバン・カザークの場合、一八九九年の数字を見ると、七つに分けられた支庁全体に二一四村と五九フートルがあり、合計して一四六万人余の住民がいた（平均して一村六三〇〇人弱、一フートル二一〇〇人弱）。村は村集会（станичный сход 農村共同体の村会と区別するため、ここでは集会とする）と村裁判（станичный суд）を備えた独自な自治単位（самостоятельная самоуправляющаяся единица）であり、すべての戸主が参加する村集会で選出された首長アタマーン（атаман）が取り仕切っていた。前者が運営全般に渡る議決機関だとすれば、後者はその意を受けて諸関係の調整を図りながら執行した。それらが扱ったのは分与地配分、村落とフートルとの関係調整、草刈りの実施、耕作地の規模などの決定、未開拓地関係、木材の伐採と加工、漁業・牧畜・製粉など、土地の貸出、馬の購入、道普請、学校など公共施設の建設、租税の調整、兵役・罰金・公的借入金関係、非カザーク身分の受入れ等々、実に広範囲に渡った。[59]

より重要な前置きとして、改めて、余所者について触れよう。すでに見たように、カザーク村にはカザーク身分の者だけがいたのではない。村の非カザーク身分はふつうイノゴローツキエ(иногородские)と言われ、文字通りには「他の町から来た者」であるが、ここでは余所者と表記することにしたい。すでに引用した『カフカース便覧』では、イノゴローツキエはカフカース戦争平定後にロシア内地諸県から入ってきて、カザークから土地を借用した小土地農民たちを指すと説明されている。[60] 彼らが借地するのは土地の分与権を持たないからである。さらに彼らはいかなる社会的な権利も有さない(村集会に関われても、議決権を持たない)。それだけでなく、注意が要るのは、余所者を旧住民(коренные)と対比させることがあり、その場合、旧住民はカザーク身分の者だけでなく、カフカース戦争を戦い、政府から土地を得て当地に居ついた退役兵士、さらには山岳諸部族などまでを指すのである。[61] したがって、余所者の多くが土地を持っても自治権を行使することはできないとされる場合は、身分制的な発想によるのであり、旧住民との対比で言うのではない。いずれにせよ、カザーク世界はカザークだけで成り立ったのではなく、この余所者を介入させることでそれは大きく二分されたのである。こうしたなかば当たり前な事柄にこだわるのは、時間の経過とともにカザーク世界で余所者が存在感を高めたからである。『クバン州軍事統計概観』によれば、かつてクバン・カザークが開発した同地方でカザーク身分はすでに全住民の半数以下(八二万四〇〇〇余で四三・八%)であり、約一〇万の山岳民などを加えて旧住民は一〇九万ほどと全体の過半(五八・一%)をようやく保つほどで、これに対して余所者は七九万弱の四一・九%であった。

つまり、クリミア戦後、すでに触れたようないくつかの法的措置(一八六二年の西カフカース山麓への入植法、一八六八年四月二九日法がロシア人にすべてのカザーク軍団において土地家屋を取得することを認めたことなど)が余所者の流入をいたく促進したことは明らかであった。とくにロシア南部地方から農民が入り、その数は最近一五年で二五万人に達し、カザーク住民の二五%に相当するほどになった。その結果、『概観』によれば、[62] テレク地方において全住民に占めるカザーク身分と余所者の割合はそれぞれ一八七四年には六〇%、一四%であったのが、一八九八年には同様に四三%、四二%と全く拮抗し、それだけでなくカザーク村内部においても同じ割合は一八七四年の八一%、一九%が一八九八年には五七%、四三%と劇的な変化を見せたのであった。これら数値は一九世紀後半にカザーク世界において非カザーク化が激しく進行したことをよく示している。こうした事態の出現に対して『概観』は、余所者が多数にのぼる現状は決してノーマルではない。しかも、場所によっては少数者でしかない旧住民の判断だけによって領地の管理がなされるのは、むしろ不都合なことである、とまで書いたのであった。[63]

こうした非カザーク化は同時にロシア化を伴ったことは否定できない。この一帯に入って農業に従事した者の相貌をうかがわせる次のような数字がある。『概観』は六万人ほどを農民(сельские обыватели)としているが、その内訳はロシア人が四万三〇〇〇人弱で全体の七二・七%と圧倒的であり、これに次ぐのがドイツ人(五四〇〇人弱、九・一%)で、以下数値は省略するが多い順にアルメニア人、ギリシア人、エストニア人、ルーマニア人、チェコ人であった。[64] やはり、絶対数に欠けるが、相対数でかなりのロシア人たちが西カフカース各地に入ったのである。しかも彼らは山岳民の間にも入り込んで、『概観』編者は一万七〇〇〇人以上のロシア人農民がチェルケス人の村落で暮らしていると指摘している。彼らはチェルケス人たちから借地して自らの集落をつくって住んでいる。こうしたロシア人入植者たちが周辺に与える影響は年々大きくなり、彼らの学校が山岳民の間にも生まれ、そこではチェルケスの若者がロシア語を話すことを学び、彼らの古い習慣を脱ぎ捨て喜んで都会へ出て民兵(ミリツィア)になるまでしていると書くのである。もっとも古老や宗教家たちの存在は若者たちが完全にロシア化してしまうことを何とか防いではいる。その古老とロシアとの関係を律しているのは、昔、体験したロシア人による軍事的征服の記憶である。この間、彼らは事あるたびにそれを思い出し反芻する日々を送ってきたから、オスマン帝国への移住に心が揺れることがあっても、ロシア人が持ち込む新しい文化などはなかば本能的に拒絶するのである。実際、昔ほど大量の移民がオスマン帝国へ向かうわけではないが、それでも毎年、何人かは外国旅券(заграничный паспорт)を取って出かけるのであり、そうした者は永久に戻ってこないのであった。[65]

このような住民構成の変化は社会史的に巨大な意味合いを有した。農民たちが増加した結果、牧畜に代わって穀作が住民の生業の第一となった。播種地が急増して地価が跳ね上がり、農業生産に資すると同時にその副産物を伴った小営業も発展するようになった。もともとこの地方は不足する穀物を隣接諸地方から移入して凌いできた土地柄であったから、作れば作るだけ売れて収入が増え、村には教会や学校を建設する余裕が生まれた。それに応じて聖職者や教職者といった人たちも登場しただけでなく、カザークの家庭生活も多面的に変化するようになった。こうした事態を受けて、『概観』は余所者が企業精神（дух предприимчиности）を村に持ち込んだとまで述べてこれらの変化を強調したが、その一方ではカザーク精神（казачкий дух）の弱体化を次のように指摘することも忘れなかった――当初、カザークは余所者を歓迎したが、やがてそれを悪とする見方がひろまった。彼らはカザークを農業に熱中させてしまい、その分、カザーク本来の国防任務が留守になった。つまり、彼らの影響で古来の慣行が廃れようとしているのだ。[66]当局はこうした類の指摘を無視することはできず、余所者に対して一定の締め付けを行う。しかし、ここで触れた基本動向を変えることまではできないであろう。つまり、『概観』は一九世紀末の現状として、クバン地方住民の主要産業が農業であり、ステップ地方の村では共同体および私有地の八割までが播種されており、さらに山岳民（とくにカラチャエフ人）の間でもそれが発展しているとまとめたのであった。[67]カフカース地方はロシア中央部に見られるような通例の農村化をしているとまで言うのである。

以上のようなクバン地方のカザーク軍団のあり方をめぐる概説、つまり、ロシア人などの余所者の流入がもたらす非カザーク化、ロシア化、さらには企業精神など、社会史的な転換局面に関する指摘は、以下に取り上げるテレク地方についても該当するであろう。ただし、ここで筆者は、こうしたことは南の黒海沿岸部には該当しないだろうことを繰り返し述べておきたい。

ここで、先掲した、一八八一年の『テレク・カザーク軍団のカザーク村生活誌研究に関する統計学的モノグラフ』に触れてみたいが、対象となった村がなぜに選ばれたのか、報告を読む限り不明であり、何よりも調査と分析の内容に不足が感じられる。調査がクバン地方を直接扱う機会が乏しいことも本書にとっては不満が残るところである。それでも経済生活の現状紹介はさまざまに参考になり、さらにそれだけでなく、本書の問題関心に合致する論点も多い。以下では、一二村のうち記述が相対的にまとまっている八村を取り上げてみる。

【補論】 紹介に移る前にひとつの文献に触れておく。それはレニングラードで一九七八年に出た『カフカースの歴史民族誌学概説』に収められた、もうひとつのスタニーツァ紹介である。それはクラスノダール市近郊に存在したパシコーフスカヤという小ロシア人たちが遠く一八世紀に開いた村についてである。記述は一九一七年革命時まで及んでいるが、近隣のアドゥイゲ人たちとの交流も描いて内容豊かであり、ソヴィエト民族誌学研究の実力を良く示す。関係者たちのスタニーツァに対する関心は長く持続しているということでもあろう。Л. И. Лавров, Историко-этнографические очерки Кавказа, Ленинград, 1978, 48-90.

①**ルコフスカヤ村**(Луковская станица)は、モズドク市に隣接するステップの村である。一七五八年にドン地方から来た七〇家族によって開かれた最古村のひとつである。一八四八年には小ロシア人家族がハリコフ県から移ってきた。一八六六年にチェルケス人が村に公式に編入され(причислены)、一八六八年には正教を受け入れたカバルダ人と少数のオセット人たち先住一五〇家族から成り立つ、廃止された「山岳」村(«Горная» станица)を合併したことが目を引く。つまり、これは帝政ロシア側がいわゆる山岳民たちと持った具体的な関係のひとつであり、両者の間には相互不信と憎しみの関係だけがあったわけではないのであろう。ここでは、むしろ、親しさの日常性にこそ注目すべきであろうが、もっとも、その後、彼ら村の山岳民たちはエリストフスキー運河方面へ出て行き、そこで二〇から五〇戸ごとに大きなフートルをつくったから、組織的には分かれたのである。山岳民の間でできあがったのは少数の富裕者の支配を伴う彼ら固有の村落であり、貧者がそのもとで働いたとする記述があり、この場合、山岳民たちの村落に対するロシア側のイメージが否定的なものとしてあったこともうかがわせる。(68)

調査時（一八七六年？）の村人口は一八七家族一七九八人で男女ほぼ同数であり、チェルケス出身の六〇人がイスラームのほか、全員が正教である。司祭には村から年間二〇〇ルーブリが支給されるだけでなく、読経士もいて、それには六〇ルーブリが支払われていた。また、カザークたちは巡礼にも熱心で、ほとんど毎年、決まって三月に、二人ないし三人がキエフ、エルサレムなどへ出かけている。とくにキエフへ向かうのは身体的にも経済的にも負担が少ないからである。いずれにせよ、村民たちが熱心な正教徒であったことはよく分かる。(69)

この村に関する記述でもうひとつ特筆すべきは、露土戦争との具体的関係についてである。調査は戦争に入る段階で行われたから、結果にはその影響が反映している。とくに明瞭なのは諸税のうち、兵役義務（воинская повинность）の増加であり、このことは他の村でも同様である。この村からは実際に二〇九人が戦列に加わることになったが、それは村の全男子の一六・二％、二〇〜三五歳の六二％に相当した。これは客観的にも主観的にも想定外の大きな数字であろう。これ以外に年少者二四人も出兵している。これら開戦に伴う負担を金銭で計算すると平時の三倍に当たるとされる。(70)戦争の負担は人民に対して直接的であり、過酷なものであった。

②**ノヴォグラドコフスカヤ村**（Новогладковская станица）はテレク川下流に沿ってカスピ海までほぼ一二〇キロの間に点々と並んだカザーク村のひとつである。ワインの一大産地キズリャール（Кизляр）まで六〇キロ、ハサフ＝ユルト（Хасав-юрт）まで四〇キロの地点にある。カスピ海に近いこととテレク川の幅ひろい河岸段丘とが人びとに漁業とブドウ栽培で富を与え続けた豊かな一帯である。グルジア人、小ロシア人、カザン・カザーク（「逃亡兵」）などが入植して開拓した。先駆者にロシア人の影は薄いが、村民たちが使う大ロシア語は純粋であるとされ、一方でその服装は現地山岳諸族のそれに大変に近いという記述があるほどだから、ここでも出会いの諸関係が豊かであったことは大いに想像される。「逃亡兵」の中には、その後、ここの軍団からも逃亡してシャミーリのもとへと走り、そこに長く住んで結婚してチェチェン人の生活様式を受け入れる者も出た。このように長年をかけて彼ら外来の民は先住の人たちと混ざり合ったが、信仰だけは固く、「ロシアの過ぎ去りし昔」（русская старина）を護持したと指摘される。さらに、着目すべきは、こ

の村に古儀式派の隠遁所(скиты)が存在したことである。遠い昔(一六世紀後半からといわれる)、当地にやってきたカザークたちのすべてが古儀式派であったから、[71] この村は彼らがようやく辿り着いた隠れ家であったとも言える。現在、隠遁所は一一あり、それらには一七人(うち女一六人)が入り、共同体がその生活を支援している。一八七八年の村民数は三〇〇戸一六一一人、そのうち一五七七人がカザーク身分であり、内訳は主として大ロシア人から成る「旧住民」(старожители)が八三三人、小ロシアからの「ウクライナ人」(хохолы)が六〇四人、カザン出身の「タタール人」(татары)が一四〇人であるから、構成はかなり多様である。村では右に引用した括弧内の言い方(ロシア語表記 хохолы ホホールイは小ロシア人たちが拵えていた前髪の房を意味する)が流通していたとみられる。これら三者を宗教的に見れば、順番に古儀式派、正教徒、イスラームであるから、[72] この時点でも古儀式派は健在である。

もうひとつ、注目されるのはカザークの義務(повинность)について、この村だけの話ではなく、より一般的に述べられていることである。それによれば、カザークにとってそれは勤務(служба)とみなされ、それも軍事的な規律の精神で貫かれたものであった。勤務ということにこだわれば、この時期、カザークのアタマーンは陸相(および総督)によって任命されたから(いわゆる наказной атаман)、それが繰り出す命令はカザークの間で御上のもの、ツァーリのものとみなされ、勤務が帝国的な性格を帯びるのを助長した。一七歳から「勤務し」(на службе)、二〇歳になると「部隊「勤務」となり」(на строевую «службу»)、一五年して(三五歳になって)「内勤」(внутренняя служба)に移って四二歳まで過ごし、その後は「退役」(отставные)するが、その後も五〇歳あるいはそれ以上、内勤をいくらか行うことが多い。つまり、カザークは、若い時は軍事に、年を取ってからは民事にそれぞれ「勤務」する一生を送ったということである。一七歳から五〇歳までのカザークを「「義務を果たす」人」(«отбывные» души)と一括することもある。つまり、これがひろく現役世代であるが、一七～一九歳、一九～二〇歳、二〇～二五歳、二五～三〇歳、三〇～三五歳、三五～四二歳、四二～五〇歳でそれぞれ役割が区分される。このうち兵役の義務、つまり軍務に従う部分を見ると、二〇～二五歳が部隊勤務、二五～三〇歳が第一予備、三〇～三五歳が第二予備である。カザークにとって、軍務は農民の租税支払いに相当するものである。カザークの部隊はこの区分に応じて編制されるが、戦時になれば、軍司令部の判断で予備軍が実戦部隊になることはありうるし、露土戦争の年はそのようであった。この村に関しても戦時の義務負担が改めて計算され、貨幣換算で平時の全村で一万ルーブリが三万ルーブリにやはり三倍跳ね上がっている。一戸当たりにすれば、一〇九ルーブリ余で、男子一人当たり三七ルーブリ三五カペイカであると算出している。カザークの義務は右に見たように内勤などもあったが、それらは戦時でも平時と同じ水準を維持したから、結局、戦争になって、内勤部分を含む全体の義務負担は平時の二倍にのぼったと推定される。そうでなくともカザークの義務は平時においてロシア農民のほぼ二倍にあたるといわれていたから、戦時において彼らはとりわけ困難な状態に置かれたのである。[73]

③**キスロヴォーツク村**(Кисловодская станица)は北カフカースの中心都市のひとつ、ピヤチゴルスクから三〇キロほど離れた、カフカース山脈北面の山麓に一八二五年に開かれた。スターヴロポリ県にあったアレクサンドルフ村(以下も村はすべてスタニーツァ)からヴォルガ・カザークの約一〇〇家族が移住してきたのである。その後、一八四七年と一八四九年にポルタワ、ハリコフ、ヴォローネジといった小ロシア諸県から移住者が加わった。ここでもウクライナとの関係性は深いのである。一八八〇年現在、カザーク住民は一五一二人(男七六二人、女七五〇人)で、部外者(постронные обыватели)、つまり余所者が九〇人ほどいるが、これは実質的にカザークだけの村とみなしてよいであろう。住民の年齢構成は一七歳以下の若者が四割以上で「若々しい組織」であるが、こうしたことは他の村も同様である。さらに興味深いのは村民の宗教分布で、ここでは正教が一〇七八人(男五四一、女五三七人)であるのに対して、「分離派」(раскольники)が三七五人(一八五、一九〇人)もいたことである。この分離派はすべて教会の儀式と司祭を認めるポポーフシチナに属する者(ポポーヴェツ)であり、彼らもヴォルガ・カザークの末裔であった。さらに注目される現象として、昨今、読み書きできる若者の間に教会を否定する鞭身教(шалопутство)へ走る動きが認められたことである。[74]なお、分離派がこの村におけるほどの割合(全体の四分の一)で少なくともクバン地方全体に分布したことはいまだ確かめられていない。むしろ、一八七七年現在の同地方住民宗教調査は全数八四万余に占める正教徒を七二万余で八五%とする一方で、それ

とは別に分離派を一万二〇〇〇、一・五%と記載しているが、[75]この手の調査によくあるように、これは過小である印象を免れがたい。参考までに触れれば、一八九〇年のマクシーモフはテレク軍団における分離派を一五・五%としたうえで、それがカザーク住民の「相当の部分」(значительная часть)を占め、その過半が司祭職の存在を受け入れる古儀式派(старообрядцы)であるが、それを受け入れないモロカン教徒(молокане)が一五〇〇人ほどいるとしている。[76]おそらく決して例外的とはいえないほどの数の分離派ないし古儀式派がカザーク世界には存在し続けたと考えたほうがよいであろう。

古儀式派などの異論派がカフカースのカザークに多くいたことをどのように解釈するかは大きな問題である。一八七〇年に出版した本でクラスノーフはカザーク最大級のドン軍団を論じた際、同軍団におけるそれらの割合は公式には八%とされているが、実際にはそれよりも「はるかに大きい」(гораздо больше)と考えるべきであるとした。[77]このように、カザークには古儀式派たちが多いとする情報と印象を人びとは得ていたようで、こうした認識は一八世紀以来、同時代人によって共有されていたとも指摘される。知られるように、もっとも多数の古儀式派を集めたカザークは、ウラル軍団である。ここは飛び抜けて多く、一八七〇、八〇年代、四万数千人から五万人弱、つまり全体の四割ほどが古儀式派という数字があるほどである。[78]国家権力の中心から遠く隔たった地域が異論派全般にとって居住とその普及のために好都合な環境があったであろうことを否定できない。中央部で疎外され、排除された人たちが辺境へ逃れ、さらに越境しようとする事態は大いにありえたのではないかとも想像される。[79]一八七〇年に分離派の社会史に関して好著を書いたアンドレーエフはこのような分離派たちの動きがあることを追認したうえで、それらが辺境にロシアのナロードナスチを植えつけ、そこをロシア化するだけでなく、新しい領域をロシアに取り込むことを促進したと的確に指摘している。分離派はロシアの国境を拡張したし、今後もそうするであろうというのである。したがって、彼によれば、分離派の存在はそうした意味合いにおいて危険などころか、帝政にとってはむしろ頼もしい友なのであった。[80]むろん、彼らはロシアの版図を拡張しようとしてカフカース地方へやってきたのではないが、その存在の客観性が固有な機能を発揮したということであろう。そして、こうしたアンドレーエフの見解が決して突飛で思いつき的なものではなかったことは、たとえば、一八八九年にカフカース軍管区参謀部長官名で出された「黒海区の現状とその将来的整備案に関する説明書」なる文書を見れば分かるであろう。そこでは、われわれに敵対的なムスリム住民に対して〔ツァーリ〕政府の心強い支柱となるのは、一八四六年からザカフカースへの移住した〔分離派〕セクトであり、ほとんど専ら彼らがカフカースにおけるロシア的要素なのであるとしたのであった。[81] これはロシア人のプレゼンスが乏しい中でなされたコメントのひとつである。ロシア人をもっとも欠きがちな黒海区ゆえ、ますますそのように言うであろう。

④アキ・ユルト村(Аки-Юртовская станица)はヴラジカフカース市から東へ二〇キロほどのところにある森林山岳(лесо-горный)タイプの村である。チェチニアなどで山岳民たちの動きを制圧するために入植したと資料解説はその軍事目的に率直に触れているが、一般にカフカース地方の村からこのような機能を除外することはむつかしい。それだけでなく、そこへは中央部ロシア側から食い詰めた者たちや宗教的な異論派が合流したのだろうから、結果的には村は随分と複合的な意味合いを帯びたことになる。言い換えれば、体制が準備した装置あるいは体制そのものであった村に反体制的な要素が加わるのであり、帝国の辺境部ではこうしたことが日常的でさえあったと思われる。古儀式派らの客観的な機能に右に見たようなことがあったとしても、予め村に体制維持機能だけを見ることはできないであろう。この村は比較的に若く、入植が始まったのはようやく一八六一年のことで、その後、北カフカース・ステップの南部、テレク河畔に位置した帝政ロシアの一大戦略拠点モズドクに駐在した連隊だけでなく、クルスク県のカザーク身分などもここへ移住してきた。したがって、これはシャミーリ降伏後、東カフカース平定に重きをなすべき村であった。一八七六年一二月に実施されたセンサスによれば、村は全一〇五戸、五八二人(うち五七七人がカザーク身分)であったから、それほど大きな規模ではない。山地に所在したから良い土地は少なく、ここの村民は生活に苦労している。住民の多くは農業をやめるか、それを補助的なものとしかみなしておらず(そうせざるをえないであろう)、生活の糧の過半は森林小営業から細々と得ている。それでも兵役義務は厳しく、それにいわゆる内勤も加わるから、大変なのである。このような困難が前もって容易に想定される地点にクリミア戦後になって村を開いた理由としては、やはり山岳民対策のほか考えにくいであろ

う。[82]したがって、山岳民対策が不要になれば、この村は捨て置かれる運命にあったのかもしれない。

⑤**スンジェンスカヤ村**（Сунженская станица）はヴラジカフカース市から一二キロほどのところ、テレク地方ヴラジカフカース管区に所在した。これも、クリミア戦後、一八六一年に二五八家族によって入植が始められたから、新しい村である。一八六五年と一八六九年には別の村からそれぞれ四一家族、四七家族が移ってきた。つまり、カザーク村がいわば細胞分裂して増えたのである。一八七五年九月の調査によれば、全戸五一八で、そのうち四九七がカザークであり、住民数は二七一三人、うちカザークが二六一三人である。この村も農耕と牧畜を主たる生業としたが、所在地が山側にあったから、「森はわが稼ぎ手」（Лес наш кормилец）として森林との関わりが重視された。ここでも税は働き手の男子が負ったが、対象の一七〜五〇歳のうち、一九歳の一年間だけは税を免除される代わりに練兵勤務となった。いずれにせよ、三二年間続く税支払いは彼らの経済生活の基本を左右した。クバンおよびテレク・カザーク軍団に関する一八七〇年八月一日法によって、最大の課税である兵役義務は次のようになされることになった。二〇〜三五歳の一五年間を三等分して五年間ずつ、現役（на действительной полевой службе）、第一特典定員（в 1-м льготном комплекте）、そして第二特典定員（в 2-м льготном комплекте）に配置された（②ノヴォグラドコフスカヤ村で、部隊勤務、第一予備、第二予備として紹介したものにそれぞれ対応するであろう）。特典定員と訳した身分はその期間、基本的に村に居住することが許され、一年に一、二カ月、兵営に勤務するのである。したがって、兵役に拘束される縛りは随分と緩くなる。これらのほか、七年間の予備役があった。つまり、この法律は従来、いわば無期限であった勤務を二二年間（現役一五年と予備役七年）に限るものである。当事者（カザーク）にとって何よりも負担となったのは、現役にあたり軍馬と軍装品一式を自前で用意しなくてはならないことで、そのために村の共同金庫がいくらかの支援をしてくれる場合もあったが、兵役義務は男子一生で最大級の経済的試練にもなったのである。こうした軍務に内勤も加われば、村の男子労働力の三分の一は実質的に割愛された状態が生じ、その分、村の生産性は大きく損なわれた。もうひとつの税負担である内勤は、村の運営、公共建物の維持、郵便事業の三点に関わることを求めるものであった。[83]

⑥**ニコラエフスカヤ村**（Николаевская станица）はヴラジカフカース管区の山岳部にあり、先住山岳民の六村落にとりまかれるようにして成り立った村である。一八三八年になって、ロシアからいわゆる屯田兵（военные поселяне）として七六家族がここに入ったのである。それに引き続いて、一八三九年三四家族、一八四〇年に一二家族、一八四一年一四家族、一八四二年には四七家族と数年にわたり、毎年、同様な入植を見たのであった。これはまずロシア当局による組織的な動きとして理解できる。入植に狙いをつけた地域は山岳民世界の只中であるから、まさしく戦略的な意味合いも明瞭である。彼ら屯田兵はカザーク身分として扱われ、テレク軍団に編入された。その後も流入は続き、一八四八年までにハリコフ県から六〇家族、チェルニゴフ県から一〇家族、キエフ県から二〇家族、さらに小ロシア・カザークから四〇家族が加わった。それだけでなく、一八六一年になって、別の村から一〇家族が移動してきた。そのあたりが人口増加の頂点で三二三家族にまで増えたが、その後は減少に転じて、一八七五年現在でカザーク家族は一八五（男三九五、女三七二の計七六七人）を数えるだけになった。減少した理由は明示されないが、その間の山岳民との闘争とその結果が作用したことは大いにありうる。この村には分離派は一人もいない。全員が正教徒であるとされる。これも想像するだけであるが、場所柄、思想堅固な者を選抜した結果であったかもしれない。一八七三年にはカザーク軍団における土地制度法（一八六九年）を根拠にして、この村の五〇〇〇デシャチーナが隣接する複数の村の利用に供するため切り離された。人手不足でいわば持てあました分であるが、それには山岳部での耕作がむつかしいという基礎的本来的な事情が下敷きになっていよう(84)。

⑦**フェリドマルシャリスカヤ村**（Фельдмаршальская станица）はヴラジカフカース市から四〇キロに位置して、アッサ川が村の東部を貫流している。大きなブナの森を挟んで、もっとも近い別の村は五キロ先にある。村作りは一八六一年に始まり、「元帥村」などと称したのはバリャチンスキーと何らかの関わりがあるのであろうが、六四年になって現在地に少し移動した。その際、五〇家族が移転したが、残りは別の村へと出てしまった。村のあり方をめぐって二つに割れた結果であるかもしれない。ドン・カザークだけでなく、カザークに登録された退役兵士および農民がロシア諸県から

もやってきた。一八七六年一〇月の調査では七八〇人(男四〇四、女三七六人)であるから、規模的にそれほど大きな村ではない。ここには人びとが郷士(однодворцы)と呼ぶ特別な通りがあって小さな家が二〇ほど連なっている。そこにはドン・カザーク出身者たちが住んでいるが、彼らは耕作も牧畜もせず、村でいかなる経営もしないで、村外へ出稼ぎをするか、ブナの森へ働きに出ている。ロシアのステップ地方から流れてくる者にはこうした食い詰め者が多く、余所者のイメージ形成に貢献している。この村ではとくに不作の年にはそうした者が二、三倍に増えるから、いわば食い詰め者の村でもある。こうした側面にもロシア中央部とカフカース地方の連動性の現れを見出すことができる。中央部の困窮が人を介してカフカースにも伝播するのである。(85)

⑧長くなったが、最後に**エッセントゥクスカヤ村**(Ессентукская станица)を取り上げよう。これはカバルダ地方の中心ピャチゴルスクから一五キロほど離れている。ピョートル大帝の命によって一八二五年に開設された歴史を誇り、その目的は「堅固な国境をつくり、カフカース住民を守ることになる」とこの事業に関わった将軍エルモーロフは述べた。この村作りのもとになったのは、早くも一七六九年にカフカースへ移住していたヴォルガ・カザーク(の子孫)二三五家族であった。その後、一八三六、一八四七、一八四九、一八六七年に、ポルタワ、ハリコフ、ヴォローネジなど小ロシア諸県から移民があり、別の村からも移ってきたのである。組織的系統的な運営事情がうかがわれるであろう。一八七六年一月現在で、村の人口は五〇七二人とかなりな規模である。そのうちカザーク身分は九二%に相当する四六七八人(男二三三六、女二三四二人)である。全戸数は九二五であるが、カザークは八五一戸を占めた。このような発展をみたのは、当地が鉱泉の一大産地であったことも大きい。ピャチゴルスクは現在もそれで繁栄を得ている町であるが、すでに一九世紀、とくに夏季には多くの人が保養のために訪れている。長期滞在客に部屋を貸すのが結構な見入りになるという話が資料に出てくる。ここで紹介する資料の編集者は、この村はテレク軍団でもっとも豊かであると述べるほどである。さらに、この村に関して特筆すべきは、分離派が多いことである。正教徒三三〇七人に対して「さまざまな分派の分離派」(раскольники разных толков)が一八一六人もいる。村人口の三分の一以上に相当する数である(これら数値に男女差

はない）。分離派のすべてはカザークであり、士官クラスが三五人確認される。彼らは приемлющие священства に属し、приемлющие австрийская иерархия および бегло-поповцы のふたつのセクトに分けられる（以下も、あえて、原語のみを示す場合がある）。これら以外に村にいる非合法な分離派セクトはいわゆるシャロプート（шалопуты）と呼ばれ、これは隣のクバン軍団で非常に普及しているが、そこからピャチゴルスク管区のほとんどのカザーク村に波及し、しかも、毎年、その勢いは強まっている。шалопуты は хлысты, хлыстунцы, кадочники あるいは богомольцы などとも呼ばれる。ここの村民によれば、教会を否定する鞭身教の一派である彼らが出現したのは一〇年ほど前のことで、当時は三家族だけがそれに従ったが、今や約一〇〇家族に増え、五〇〇人以上であるという。その通りであれば、村民の一割に相当する数である。この資料を整理した者は、カザーク住民の半分はいずれかのセクトに属しているとまで言うほどである。読み書きできる者や富裕者がそれに惹かれる傾向にあるとも指摘され、年々、その数は正教徒を喰って増加している。彼らは相対的に豊かであり、貧困に対して相互に支援し守りあっている。その一方ではそうした環境にない一般正教徒の中から貧者が生まれても、同信者から助けを受けることなく放置され、場合によっては搾取される現状にある。分離派の間に認められる相互扶助の精神と実践が勢力拡大要因のひとつであるが、より本質的なことはそれが「神を認識したいとする衝動」（стремление в Богопознанию）の受け皿になる側面があることである。宗教書を読む人たちの間に宗教的ファナティズムがとくに強く発展するとも言われる。いずれにせよ、彼らは社会的事業や村会においてもっとも活動的で目立つ存在になっており、カザーク村の運営において強い影響力を行使している[86]。

ここまでカザーク村調査の紹介を試みたが、それらからどのようなイメージをカザーク村に描くことができるだろうか。参考までに、いささかのまとめをしてみたい。

意外なほどに、カザーク村は表情が豊かであるだろう。それにカザークだけが構成する、規則正しい軍隊生活を営む、いわゆる屯田兵村のごときイメージを差し向けるのは、適当ではないであろう。まず何よりもその構成員が多様であった。そこには、カザークだけでなく、ロシア中央部から流れてきた食い詰め者⑦。事例村を文中の番号のみで示す。以下、同様）、宗教的な異論派（②、③、⑧）、それにチェルケス人など（①）先住の人たちがいわば混住している。したがって、人的構成面からカザーク村を単にカザークのみから成り立つ村落とすることはできない。そして、注意すべきは、一九世紀後半、従前の方針を転換して、ツァーリ政府自体が政策的にそうした混住を推奨したことである。

こうした人的構成の多様さを象徴するように、古儀式派や分離派など宗教的異論派に関する記述が「充実した」こともこの調査報告の大きな特徴のひとつとなったが、当局がそれを意図的に強調しようとしたとも思われない。いくつかの村における数値紹介が異論派の多さを物語るが、彼らが辺境（この場合、カフカース地方）におけるロシア人の少なさを補う位置にあったとする指摘は印象的ですらあろう。つまり、異論派ロシア人が国境部におけるロシアのプレゼンスを辛うじて実現し、支えたというのである。これは、結果として、いわば「反体制派の体制的機能」（のひとつ）を示すが、それほど、ロシア人が当地では求められたという話なのである。

むろん、カザーク村の社会政治的な機能は、複合的であった。宗教的異端派の問題はそれ自体がそうした複合性を内包したが、山岳民対策としてわざわざ山岳民世界の只中にカザーク村がつくられることもあった（④、⑥）。これらの記述は専ら「体制的」であって、実際、そのために村自体が宗教的異端派を排除して成り立ったことからもうかがわせる。そうしたカザーク村がどのくらいの広がりを見せたのか、残念ながら、筆者はつかみかねている。これらの調査対象であったテレク地方よりも、西カフカース（クバン地方）のほうがそうした村は多いようにも思われるが、今は想像を逞しくするだけである。理論的には「反体制的」なだけのカザーク村もあってよいのだが、実際には考えにくい。

最後に、全体を通して、丁度、時期的に露土戦争に重なったことから、兵役義務の大きさに関する記述がいくつか見られたことは（①、②、⑤など）、本書にとって幸いした。戦争に伴い、「義務を果たす」人たち（カザーク）の困難さが増大したことに関する記述は各所に共通している。

2 山岳民の移住問題

この節で扱おうとするのは、カフカース山岳民の移住問題である。端的に言って、彼らを移住させ追い払って生まれる空間を帝政ロシアが自由にしようとする話である。これはロシア帝国のつくられ方の一端をよく示す事例となりうるものである。

これは、従来、近代カフカース史研究において注目を浴びてきたイッシューのひとつであり、比較的に多くの議論をみてきたテーマであるが、それらによって前後の事情説明を読む機会がある者は、まとまったイメージを得ることはなかなかむつかしく、場合によっては、議論が混乱している印象さえ抱くかもしれない。移住事業を統括する現場がよく機能していたとは考えにくく、さらに山岳民が独自の判断で移住しようとしたこともあり、何よりも人の出入りを正確に反映する数字が整っておらず、残された関連する数値は断片的なものが多いなどといったことも、こうした感想を生み出すのに力があるはずである。

移住の管理された側面

しかし、この移住問題は、自然発生的に生じたのではない。確かに、山岳民を含む当地の住民は、後にも述べるように、移動や移住をむしろ日常的なものとしてきたが、そうした彼らの動きだけでは問題は顕在化しなかったと考えるのが正当である。つまり、今回は日常性をはるかに越えた規模を伴う現象が出現したからである。

第一に問題とすべきは、移住に関係した露土両国政府の意向である。ロシアに限らずトルコの政府もこれに関与したのであり、明らかに、この移住問題は両政府によって演出され管理された側面が大きい。一八五九年に、ロシア政府はトルコ政府との間でチェルケス人の移住数について事前協議を行った。両政府それぞれはそうすることが自らの利益に繋がると考えたのである。交渉のロシア側代表を務めたテレク地方長官ロリース・メーリコフ(M. T. Лорис-Меликов

1825–1888　後に内相）は、四万から五万人規模の秩序立った移民をコンスタンチノーポリとトラブゾン（アナトリアの黒海に面した町）の二カ所だけで受け入れてもらえばよいと述べた。つまり、限られた数の移民を西カフカースから黒海を南へ横断してアナトリアへ出したいというのである。トルコ政府は、移住者の収容場所をトルコ側が決めること、移住期間を一八六四年五月までとすること、さらに移住が夏季になされることを条件に、それに同意した[87]。オスマン帝国側は移民によってアナトリアなどでキリスト者の間にムスリム人口が増えることを歓迎した（両国の事情は、さらに次項で取り上げる）。その際、ロリース・メーリコフはトルコ政府から移民をロシア国境周辺には定住させない確約を得た[88]。彼が何を根拠としてそうした具体的数字を提示したか、その理由は不明であり、山岳民を一掃するにはほど遠い規模である。とりあえず、流出先を確保しさえすれば、その後は何とかなると戦略的な対応をしたのかもしれないし、そもそも移民数など正確に測ることなど誰にもできないと考えていたのかもしれない。

果たして、すぐにそれを大幅に越える移民の流入に直面して慌てたトルコ政府は、一八六〇年一月、今度は移民受け入れ制限をロシア政府と交渉し、改めて「規則正しい移住」を求めた。実際、受け入れ態勢も不備で、到着地にはそのまま負担がかかった。さらに、期待に反して、西欧諸国からの支援もほとんどなかった。一八六二年にカザーク軍団がクバン地方へ動き、その翌年、チェルケス山岳民の根拠地に迫って彼らを海岸部へと追い立て始めると、移住は大量のエクソダス現象を呈したのであった（この過程は、後述する）。それでもトルコ政府は移住者＝ムハドジール（後出）の受け入れを拒絶することはなく、秩序立った小規模の移住をひたすら求め続けた。一八六三年に示された移住条件は、（一）翌年五月から移住を始めること、（二）小集団であること、（三）毎年、五〇〇〇家族を超えない規模であること、（四）移住受け入れはさしあたり一〇年間とすることであった[89]。このように、トルコ政府はムハドジール受け入れにはむしろ熱心でさえあったと思われる。その結果、ロシア側資料でチェルケス人移住数は一八六三年夏までで八万であったのが（すでに約束の四～五万を大幅に超えている）、一八六四年春だけで四〇万近くに上昇したことにトルコ政府の対応が無関係であったとは考えにくい[90]。むしろ、トルコ政府のこうした対応が移住を促進したのではないかとさえ推測される。

露土両帝国の事情

この時点でこのような移住交渉、さらには移住自体が有した意味合いを、当事者である露土両帝国について、まず、ロシア側から考えてみたい。すでに、一八五七年一一月の時点で、バリャチンスキーとミリューチンは、ツァーリに対して、強力な軍隊によって西カフカースを制圧するだけでなく、とくに黒海沿岸クバン地方にカザークを大量に投入し、恒久平和に強く抵抗している山岳部族をロシア内地へ移住させるべきであると進言した[91]。帝政のカフカース統治の実質的な責任者の二人が山岳民の移住を改めて述べたのは、ツァーリ政府のカフカースにおける移住政策が山岳民の一方的な駆逐推進派とそれに慎重な派との間で揺れ続けてきたからであろう。後者は山岳民に土地を残せば、更なる反乱を予防できると考える穏健派であり、そのミリューチンがここで明らかに前者・強硬派であったバリャチンスキーと名を連ねたことは注目されるのである。

一八六〇年になって、山岳民駆逐派の中心にいたエヴドキーモフの手になる西カフカースを軍事力で制圧する計画が採択された。エヴドキーモフはロシア支配にとって多分に「危険な諸種族」をロシアの「潜在的な敵」(тайные враги)とみなして、ロシア内地ではなく、オスマン帝国に流すことを目論んだのであった[92]。明らかに、帝政ロシアのカフカース政策は強硬の度合いを増したようであった。

一八六一年九月にツァーリが自らカフカースを訪問した際、彼が接見した西カフカースの主要部族の代表たちに無条件に山岳から降りて移住すべきであると述べたことについてはすでに触れた。ベルジェなど同時代の観察者は、そのような選択は山岳民を困難な状況から救い出すだけでなく、帝政ロシアにとっては西カフカースでの植民をより自由にさせることに繋がり、双方にとって移住は「大変に正しい解決策」(очень правильный исход)であったとまで述べたのであった[93]。こうして、山岳民の移住はツァリーズムが企てるカフカース支配の最終局面(西カフカース征服)に登場した一大選択肢となった。

一八六二年二月、ツァーリ政府は、キリスト者であれば、たとえ非スラヴ系であっても、アナトリアからカフカースへの移民を税や土地面での特典つきで認めるとともに、ロシア中央部から大ロシア人と小ロシア人を中心とするスラヴ人をカフカースへ移民させることに熱心になった[94]。つまり、前後の遣り取りをあわせて考えれば、これによって、カフカースの人口増加を図ると同時に、ムスリムとキリスト者の入れ替えをしたいということである。その結果、ロシア皇帝がスルタンと協定して、カフカースのムスリムと〔オスマン帝国の〕異教徒〔キリスト者〕を交換するための移住を自由にしたとする噂まで流れたほどであった[95]。イブラギーモヴァもこの論点を取り上げ、それを事情通のオスマン帝国の工作員たちの仕業にしている[96]。いずれにせよ、カフカースにおいてキリスト者を増やして、それをロシア国家性(государственность)の支柱としたいとする国家運営上の宿願あるいは基本指針がここでも現れたとみなしてよいであろう。山岳民移住はこうした志向性と抱き合わせであったと見なくてはならない。すでに触れたように、カフカースにおいて住民に占めるロシア人の割合は相変わらず少数派であった。念のために、カフカース人口に占めるロシア人の割合について、レクリューが紹介する数値も示せば、一八五八年は四〇一万人ほどのうちロシア人八四万人で二〇・九%、一八八〇年は五一一万人のうち一三一万人、二七・五%であった[97]。その割合は増える傾向が認められるとしても、いまだ四人に一人ほどでしかないのである。この時期、ツァーリ政府はロシア人は多ければ多いほど良いと考えがちである。

一八六二年五月一〇日、ツァーリは山岳民移住問題カフカース委員会(Кавказский комитет по делу переселении горцев)の設置を認可した。その設置法は陸相とカフカース総督にアバゼヒ族とシャプスーギ族を黒海沿岸のノヴォロシースクなどの港からオスマン帝国へ運搬することをオデッサのロシア商船会社(Русское Общество Пароходства и Торговли)と契約することを認める条項をすでに組み込んだものであった。したがって、トルコ政府との交渉結果に左右されずに、ツァーリ政府が独自に移住の組織化・大量化をめざしたことも明らかである。つまり、ツァリーズムは山岳民移住をそのようなものとして明瞭に認識した。そのために国費を充てることとし、その実務をクバン地方軍司令官のエヴドキーモフに任せた[98]。エヴドキーモフは、すでに触れたように、フィリプソーンと並んで、現場でカフカース統治を任されたひとりであった。

一八六二年九月、そのエヴドキーモフは次のように書いた――「山岳民をトルコへ移住させることは疑いなく最短で〔山岳民との〕戦争を終わらせることができ、しかも当方にそれほど大きな緊張を強いることがない重要な国策であるが、これは西カフカース平定にとってあくまでも補助手段である。それは山岳民を絶滅（отчаяние）するのではなく、ロシア政府に降伏するよりは死を選ぶ者たちに自由に脱出する道を開くためのものである。私の見解ではどれほど先住民が出て、さらにトルコ政府が彼らをたとえザカフカースに隣接する南部国境地帯に入植させたとしても、彼らはわれわれにとって本質的な敵とはならないであろう。それが悪さをするのは、オスマン帝国との間で戦争が起きた時だけである。しかし、たとえそうなったとしても、山岳民たちは物質的に生活が大変だから、われわれにとってそれほどの脅威とはならないであろう。それよりもトルコへの移住が部族全体ということになれば、政治的かつ人道的にトルコ政府との間で問題化するかもしれない」(99)。このように、エヴドキーモフは山岳民移住問題をそれほど深刻にはとらえていない。もはや、全体に山岳民の存在に対する評価は高くなく、何か派生的あるいは部分的な現象としかみていないかのようである。しかも、この人は、山岳民のトルコ移住はロシア軍に課されている諸課題を解決するためだけでなく、彼らを思う博愛心（человеколюбие）からも発していると正義の味方になりたげなのである(100)。ただし、この問題の波及効果が露土戦争へ及ぶことにはいささかの心配はしている。むろん、西カフカースの軍事的制圧が困難の度合いを増せば、それに代わるべく、「平和的な」移住に相当程度、頼らざるをえないことを彼はよく知っている。そのようであれば、戦局に応じて、移住に付随する制限的な枠組みはなかば自動的に外れる（外される）運命にあったと見なくてはならないだろう。

こうしたエヴドキーモフの見通しに従って、カフカース軍司令部は陸軍省に山岳民の移住関連予算としてさしあたり一〇万ルーブリが必要であると連絡した。エヴドキーモフは一家族当たり一〇銀ルーブリを超えない助成を考え、出発地として黒海北岸のアナパ、コンスタンチノフスキー、タマニの三カ所を予定した(101)。黒海を横断する海上輸送で、西カフカースの山岳民たちをオスマン帝国へ運ぼうというのである。こうした面倒なことをしてでも、狂信的な連中を取り除くことができるのならば、安いものであろうといった遣り取りが関係者の間であったとしても、そうしたことは記録には残らず、表に出ることはない。それは戦争終結と社会の平静化のためであり、西欧ジャーナリズムが「山岳民の追放」などとロシアを野蛮視して騒ぎ立てるような非難には全くあたらない。ちなみに、ベルジェなどは、改めて、山岳民移住は「山岳民たちを平和的に公民的な自覚を持つようにする」(мирный переход горцев к гражданственности)ための一助であるといささか分かりにくい解説まで行ったのであった。[102]

一八六四年三月、帝政ロシアの進出に抵抗を続けていたチェルケス人たちが降伏すると、翌月、大公ミハイルはソチで彼らの使節と面会して、一カ月以内にクバン川右岸に定住するか、あるいはオスマン帝国へ移住するか、決断を迫ったのであった。五月二一日、カフカース総督がカフカース戦争の終結を宣言したが、それと前後してチェルケス人たちの大移動が始まった。こうした事態の発生を受けて、トルコ政府は移民運搬に軍艦を投入しただけでなく、そのためにヨーロッパの汽船会社から大型蒸気船を雇いあげるほどであった。英仏の汽船会社のなかには、トルコ政府と契約して、移民輸送で利益をあげようとする動きまで観察された。[103]カフカース戦争終結の機会をとらえてバリャチンスキーは、アレクサンドル二世に「カフカース問題」をできるだけ早期に解決すべきである。〔そのためには〕山岳民をオスマン帝国へ移住させて、この国が彼らから「浄化され」(очищена)さえすれば、その立場は永遠のものになるであろう、と書簡に記した。[104]やはり、バリャチンスキーは最後まで山岳民を理解しようとはしなかったのである。彼らをロシア化するまでもない。さまざまにその余裕もない。忌むべき存在として排除すればよいというのであろう。

一方、オスマン帝国の側はどうであったか。確かに、トルコ政府は国外からの移民受け入れに熱心であった。それにはコンスタンチノーポリのイギリス人たちがチェルケス人移民を道路工事や綿花栽培、さらには兵役にまで使うことをトルコ政府に薦めたこともなかば直接的に作用したであろう。彼らが道路工事までいうのは、トラブゾンとエルズルーム間の道路をタブリーズまで改良して、そこをイギリス製品のペルシアへの供給基地にしたいからである。[105]

しかし、オスマン帝国側の背景事情として、何よりもまず、当時の人口をめぐる構造的な問題を見なくてはならないであろう。近代トルコにおいてかなりな人口減少があったことはよく指摘されるだろうが、単にそれだけでなく、とりわけオスマン帝国のヨーロッパ部(バルカン半島)で人口に占めるムスリムの割合が極端に小さくなった問題がある。英国国教会の司祭で、東方問題にも強い関心を抱いたマッコール(M. MacColl 1831-1907)からいくつかの数字を引用すると、一八六六年のトルコ大蔵省は全人口を四二〇〇万とし、その内訳をヨーロッパ部一八〇〇万、アジア部一八〇〇万、アフリカ部六〇〇万としたが、翌一八六七年のトルコ政府は全体を四〇〇〇万とし、順に約一八四八万、一六四六万、五〇五万と修正している。全体に減少傾向であるが、それだけでなく、マッコール自身はほぼ同時期のヨーロッパ部(全体一八〇四万)の宗教的内訳をキリスト者一五三四万、ムスリム二七〇万としたのである。ムスリムはわずかに全体の一五%ほどでしかない。つまり、オスマン帝国ヨーロッパ部は、数的に圧倒的にキリスト者によって占められた世界である。そのキリスト者の内訳は、スラヴ八〇〇万、ルーマニア四五〇万、ギリシア・アルバニア二二〇万、アルメニア・グルジア四二万などであり、ムスリムはトルコ一五〇万、スラヴ七〇万などである。さらに、マッコールはヨーロッパ部を一六〇〇万とした際の宗派別数字もあわせて紹介しているが、それによれば、ムスリムは三二〇万、ギリシア正教・アルメニア正教一一六〇万、カトリック八九万などであるから、この場合もムスリムは二割とやはり絶対的な少数派であった。マッコールはこれを「知性、教育、道徳などで大きく劣る、社会政治生活のさまざまな義務を果たす能力や姿勢に欠ける少数派が支配している」状況と称するのであるが、[106] それはともかく、最初からムスリムは少数派であったと言ってしまえば、それまでの話であるが、ここで改めてこれら数値を確認することは意味があるように思うのである。たとえば、帝政ロシアがオスマン帝国内のキリスト者にこだわることは、したがって、単に宗教的なだけでなく、巨大な政治的な意味合いを有することに容易に通じるであろう。

実のところ、トルコ政府は、一八五七年三月九日、つまり、カフカース戦争終結の実に七年前に北カフカース山岳民のオスマン帝国領内への移住法を採択していた。したがって、チェルケス人の移住を受け入れることになるオスマン帝国側にはそうせざるをえない事情があったのは確かで、帝政ロシア側がそれを一方的にオスマン帝国へ押し付けたとする俗説はあたらない。それだけでなく、その日に、スルタンは「移民および入植法」を裁可した。それによれば、スルタンに忠誠してその臣下となり、すべての国法を遵守すれば、オスマン国家はいかなる者にも開かれ、入植する者の宗教は自由であり、自分たちの教会を建てることができ、十分な土地も与えられる。ルーメリア（オスマン帝国のバルカン半島領）に入る者は六年間、アナトリア（同じくアジア領）へ入る者は一二年間、すべての課税と兵役が免除される。ただし、入植者は二〇年間、土地を売却できず、故郷へ戻る者は土地を政府へ戻さなくてはならない。これらが主内容であったから、なかなかの好条件でオスマン帝国へ移民するよう誘ったのである。この法律は欧州の主要誌にそれぞれ翻訳掲載されて、大きな反響を呼んだのであった。(107) そして、一八六〇年、トルコ政府はムハドジール（移住者）事業局（Управление по делам мухаджиров〈переселенцев〉）まで創設したほどであったから、(108) クリミア戦後、オスマン帝国は移民の受け入れに本腰を入れていたのは明らかであった。

そのうえで、さらに、従来から露土両国はいわば定期的に臣民の「入れ替え」（обмен）を行ってきたことにも注目すべきであろう。つまり、オスマン帝国はロシアからムスリムを受け入れて自らのバルカン、小アジア、近東のフロンティアに配置し、ロシア帝国はキリスト者（とくにアルメニア人）をやはり自身の境界部に呼び込んできたのであった。そして、カフカース戦争が終結して状況が落ち着くと、改めて、こうした「入れ替え」が活性化することになったのである。

移民の宗教性あるいは日常性

右に見たように、露土両国政府がそれぞれの事情から熱心になった山岳民ムスリムの移住であるが、この問題をさらに複雑にしたのは、彼らの移住が宗教性、さらには日常性とでもいいうる性格をあわせ持ったことである。したがって、部外者からすれば、その移住が強制されたものか、あるいは自発的なものか、区別がつきにくいといった問題が生じることになった。

通例、とりわけムスリムの世界では人の移動に宗教性が付帯しがちであると見られているかも知れない。そのようであれば、それは六二二年に預言者ムハンマドのメッカからメディナへの逃亡に同行した者（共同参加者）を指すムハドジール(мухаджир)あるいはマハドジール(махаджир)が文字通りには「移住者」を意味したことと無関係ではありえないように思われる。したがって、それから派生したムハドジールストヴォ(мухаджирство)は、強制を伴わない(平和的な)移住を指すのが本来の意味である。しかし、そのようであったとしても、実際の移住(移動)に対しこの用語が振り向けられる時、多分に強制的、暴力的なニュアンスがそれに加えられる場合もある。たとえば、現代ロシアのカフカース史学はカフカース戦争後、カフカースを立ち退くよう強いられた山岳民たちにもこの用語を使っている。[110]シャミーリの意を体したムハドジールたちがチェチニア各地に散ったといわれる場合、[111]それが強制されたものか、自発的なものか、にわかに判断がつかない。[109]

この用語問題をめぐって、近年のロシアにおける議論のなかに、ひとつの傾向を見て取れる。それは山岳民たちのオスマン帝国移住をムハドジールストヴォ現象(феномен мухаджирства)として把握しようとするもので、移住に山岳民たちのむしろ自発性を見出し、それは帝政ロシアのカフカース侵攻とは別の次元で(無関係に)生起したとするものである。たとえば、ロストフの歴史家マトヴェーエフは、山岳民の移住は「直接、ロシア側の軍事的拡張とは結びついておらず、それはかなりの程度、非強制的で自発的な性格であった」ことを強調している。[112]彼は「ロシア側には追放に対して利害関係はなかった」(заинтересованности в выселении у России не было)が、ロシア行政当事者たちは大量追放を止める諸方策を採ったとまで言うのである。[113]利害関係もなしにどうしてそのようなことまでするのだろうか。この時期、別にも見るように、入植事業を活性化しようとするツァリーズムとムスリム世界の護持を願う現地の人びとが対抗する諸関係が展開し、移住をめぐる諸問題もそれらの只中に置かれたのである。現代ロシアにおいては、愛国心はこのようなかたちでカフカース史(研究)においても発揮されるということであろうか。

山岳民の移住における宗教的要素の理解にバランスをとるため、次のような側面にも触れておきたい。それはクリミア戦後、カフカース地方で隆盛をみたジクリズム(зикризм; zikrizm)に関連することである。ジクリズムはチェチェン人のクンタ－ハジ(Кунта-Хаджи около1830–1867)を教祖とする教義で、基本はミュリディズムと同じであるが、とりわけ異教徒撲滅を強調したものであった。その反露的な戦闘性が人気を呼んで、チェチニアに限らずダゲスタンにも普及し、その影響下に入った地域が八つの地区に分けられ、それぞれにナイブを置くなどして、「シャミーリ後」、新たなイママートを形成する動きを見せるほどの影響力を有するようになった。こうした状況の出現に業を煮やしたロリース・メーリコフは、一八六四年一月、クンタを逮捕して、ノヴゴロド県へ流した。この一方的な処置に対して、クンタ支持者たちが彼の解放を求めて動き、なかば反乱状態になった。そこで、ロリース・メーリコフは反乱者たちをオスマン帝国へ送り出すことを決意し、オスマン政府も家族ともども彼らを受け入れることを認め、一八六六年一一月からカフカース当局はその移住を開始したのであった。[114] この場合、宗教的要素が決定的であったとしても、移住に至る過程はロシア当局の意向に従ったものであった。

このように、複合的な意味合いを伴うから、カフカース一帯で人の移動から宗教的(あるいは精神的)な色彩を全く脱色してしまうのは非常に困難であろう。実際、一八五八～六〇年、オスマン帝国へと出立した山岳民たちは少なくとも表向きは「「巡礼」に出かけること」(отправка на «богомолье»)を旗印にしたのであった。そのようであれば、彼らは巡礼から戻るであろう。それは後に詳しく見るように、移住や出国をいわば棄民政策の一環として位置づけようとするツァーリ政府の意向とは齟齬をきたすことは前もって明らかであった。それだけでなく、ツァーリ政府はロシア内のムスリムたちがメッカに巡礼すること自体を問題視した。それは過激なイスラーム思想を持ち帰るのではないかなどと恐れた。実際、一八七七年からの露土戦時にはメッカ巡礼は禁止されたのであった(全面的に復活するのは、一八八一年である)。[115] この場合、戦争が人の移動を制限したのである。

チェルケス人と移動

移住の宗教性などと仰々しく述べるまでもなく、カフカース一帯では人の移動は昔からありふれた現象であった。たとえば、すでに引用したハクストハウゼンの場合、一八四三年に黒海北部沿岸の港々を辿って西から東へグルジアやアルメニアまで旅行した際、当地の奴隷貿易をつぶさに観察する機会を得て、そのあらましを書き残した。それによれば、食糧などを運んできた船が帰りにチェルケス人の女子をコンスタンチノーポリの奴隷市場へ運ぶことが慣行となっていた。女の売買が不断になされ、毎年五〇〇~六〇〇人も取り扱われているという。そのために親たちは娘が盗まれて売り飛ばされない前に嫁に出そうしたほどで、一〇歳の花嫁が当たり前になっているとまで言うのである。[116] こうしたことも人の移動に関わる一面であり、それが関係する範囲とその諸様相はこの一帯において(も)大いに多様であったと想像される。

こうした意味合いで言う住民の移動現象は、カフカース地方ひとつを取り上げてみても全域で均等に見られたわけではなく、地域によって強弱があったと考えられる。このことはすでに触れたムハドジールストヴォが西カフカースでもっともよく発展したことと無関係であったとは考えにくい。ただし、それだけの要因がすべてを定めた訳でもない。ダゲスタンで移住がチェルケシアほど多くないのは、移住に先立ち一〇年分の税を前払いしなくてはならなかったからであると説明されることがある。[117] そこでは住民側からオスマン帝国への移住希望が出されると、それを受けた当局は、移住すれば故郷へ戻る権利を失う、不動産もすべて失うといった厳しい条件を付けたのである。それでも一八七二年には一二〇家族、一八七六年に一七九家族が出たとされる。[118] この事例から、シャミーリ逮捕(一八五九年)から一〇年以上が経った東カフカースでは当局は住民(残念ながら、その属性は不明)のオスマン帝国への移住希望にブレーキをかけようとしていたことが分かる。こうした規制があったから、移住が盛んでなかったとする説明はありうるが、しかし、それは住民の移住熱そのものを扱わないから事態の半面にしか触れてはいない。

チェルケス人の間で移住が盛んであったことに改めて注目しよう。チェルケス人は北西カフカースおよび黒海東岸、タマニ半島を中心に居住するカフカース地方最古の住民であり、ひろくクバン川南部地方、アゾフ海東部からドン河口地帯にまで分布した。したがって、彼らの領域であるチェルケシアをなかば乱暴にタマニからカスピ海までとする歴史文献も多い。つまり、そうすれば、「海から海まで」(от моря до моря)ということになる。チェルケス人とはこうしたチエルケシアに居住する者すべてを指す総称であるから、人類学あるいは民族学的には曖昧な用語であり、より正確を期そうとしてそれを主力の（西）アドゥイゲ人（〈западные〉адыги）に代表させる場合（チェルケス人＝アドゥイゲ人）があることにはすでに触れた（一〇〇頁を参照）。彼らの居住北限はクバン川左岸であったが、絶えず南東方向へ移動した結果、その南限は著しく変化することになった。こうした移動運動が、多種族性（многоплеменность）にもかかわらず、彼らの間に交流をもたらし、その結果、言語などエスニックな本質に相違が生じることを防ぎ、エトノスが維持される方向に作用したとするのがソヴィエト・カフカース民族学の代表的研究者のひとりであったヴォルコーヴァの見方である。(119) 彼らは定住の民ではなく、いわば移動の民であった。そうした歴史的かつ自発的な移動は彼らの種族性を維持しただけでなく、対外関係における結束あるいは団結などにも大きく作用したと考えられる。

「チェルケス人のエクソダス」

山岳民たちははるか昔から商売などでオスマン帝国と行き来していたが、クリミア戦争が近づくとその動きは当局によって止められた。パリ講和とともに今度はこれまたなかば慣例化していたメッカ巡礼を希望する者が多数出たが、それも原則的な制限を受け、山岳民たちはオスマン帝国へ出かけたい気持ちを募らせることになった。イスラーム聖職者がそうするように唆したともいわれ、これもカフカース軍将軍フィリプソーンによって禁じられると、とりわけノガイ人のなかには全財産を売却してでもオスマン帝国に移住しようとする者が出るほどであった。このような記述をすでに触れた一八六三年から一八六四年のクバン地方状況に関するエヴドキーモフ報告で読むことができるが、ノガイ人の動きにはスルタンによる強い感化（обаяние）があったとまで指摘するのはなかば意図的なことであるかもしれない。(120)

エヴドキーモフ報告を続けると、クリミア戦後、一八五八〜五九年にクバンのノガイ人三万がトルコへ出た。一八六〇年になってトルコにおける彼らの処遇に関する好ましからざる噂［具体的な内容不明］が立つと移住の動きは一時的に停止したが、すぐ翌年には再開された。しかし、彼に言わせれば、今日に至るまで山岳民たちのオスマン帝国移住は

「われわれの主権が直接及ぶものとしてではない」(не было под непосредственным нашим владычеством)。つまり、それは山岳民たちの自然発生的あるいは自主的な動きであって、ロシア帝政側に何ら責任も落ち度もないということである。エヴドキーモフはさらに次のようなことも書く。その一八六一年には大小のラバ川の沿岸部でロシア当局によって植民活動が進められ、それにアブハジアの諸部族が抵抗して衝突する事態となったことからも明らかなように、「われわれのカザーク村が彼ら〔山岳民〕を旧来の場所に止まりづらくした」ことは否定できない。その際、山岳民たちには速やかに当局が指定した平地などへ移動するか、それともオスマン帝国へ出るか、二者択一を迫ったのであり、これが混乱の引き金になった。(121) 要するに、「われわれの主権」の行使が山岳民たちの混乱と移住に「直接及んだ」ことを彼自身としても認めざるをえない。ここでは仔細に触れないが、一八六二年にはこうした状況は加速し、ついに六三年になると、山岳民たちは疲れ果てて全く気落ちしてしまい、さまざまな噂に一喜一憂して動揺するだけで、断固たる反抗を見せなくなった。ロシア軍を伴った入植がさらに展開すると、山岳民たちは全く手出しできない状態に追い込まれ、一部の大きな村落(アウール)では強制的な追い出しさえなされ、それを強く遺憾に思った三〇〇家族(二五一七人)がオスマン帝国へと出た。さらに、アバゼヒ族の一部は、オスマン帝国ではなくロシアへ移住しようとして、彼らは当局に無条件で服従することさえ誓ったうえで、春に気候がよくなるまで現地に止まることを許すよう求めたのであった。このようにして、六四年には西カフカースにおける山岳民たちのオスマン帝国移住は完全に終了し、「先住民を山岳部から最終的に一掃する」(122)(окончательное очищение гор от туземцев)こととなったのである。

これがエヴドキーモフの当局側が整理する事の顚末であるとすれば、山岳民のオスマン帝国移住には帝政ロシアによる力の行使を伴うカフカース侵攻が大きく作用したことは確かである。移住の形態と規模は山岳民たちによる尋常のオスマン帝国訪問などとは比較にならない非日常的なものであったことがその結果をよく示すであろう。

ここでいくらか重複するかもしれないが、山岳民たちのオスマン帝国移住に関連する数字をいくつか見ておきたい。ヴォルコーヴァはオスマン帝国への大量移住の開始を一八五八年として、その年から六〇年にかけて北カフカースからノガイ人三万人余が出たが、翌年、残留したノガイ人の希望に従って空いた土地四〇万デシャチーナが彼らの利用にまかされたこと、そして六〇〜六一年にカバルダ人一万人余が出て、さらに六一〜六三年にはアバジン人の四三〇〇家族が移住したと記している。[123] 確かに、これらの数字は「大量」であるかもしれないが、すでに見た一八六四年の数字より一桁小さい。それでもヴォルコーヴァの議論で一応の参考になるのは、彼女が西カフカースからのオスマン帝国移住者を次の三つに分類していることである。[124] 第一は、特別な委員会の統制のもと金銭的な補助まで受けて、タマニ、アナパ、ノヴォロシースクといった西カフカース最西端部（アゾフ海および黒海沿岸部）にある港から出発した一団である。これは黒海を北から南へと横断して南岸部（サムスン、トラブゾンなどの港町）へ至った人たちで、移住者のうち多くを占めたと考えられる。この部分について、別の資料[125]を追加すれば、六四年一月一日から七月一〇日までの半年余りの間に出た者の出発港別の数字（合計二五万七〇六八人分）がある。出発者数の順に、トゥアプセ・六万三四四九人、ノヴォロシースク・六万一九九五人、ソチ・四万六七五四人、タマニ・二万七三三七人、ムイス＝アドレラ・二万〇七三一人、アナパ・一万六四五二人、その他の港・二万一三五〇人である。首位のトゥアプセはアナパとソチの中間にある港町である。いずれも大きく詳細な数字ではあるが、レクリューもカルパトも出典を示していない。

ヴォルコーヴァがあげる第二のカテゴリーは、ノヴォロシースクから黒海東岸に沿って百数十キロ南西へ下った地点にある港町マコプセとさらにそこから数十キロ行ったソチまでの間の海岸線各所から独自に船で出た者たちが該当する。ヴォルコーヴァは提示しないが、以下に紹介するエヴドキーモフはこの部分を二万一三五〇人としている。当局が長い海岸線における人の動きを十分に把握できるほど余力があったとは想像しにくいから、これは全くの推定値であろう。最後に第三がこれら以外で、当局の統制外とされた部分である。同様にエヴドキーモフはこの部分を四万人としている。これら三分類は海上移動を重視しているが（ロシア当局は移住者とともに家畜が移動することを嫌い、海上輸送にこだわったという説明がなされることもある）、陸路を行った人たちもあった訳で、とくに第三カテゴリーの場合、それが多いようにも考えられる。六四年五月二一日、約二万人のナトゥハイ人（Натухайцы）を積んだ何隻もの船が岸壁を離れて黒海へと乗り出したが、海路、その半分の人たちが遭難した。クムイコフはこの日をアドゥイゲ人大量追放の完了日としている。[126]

実のところ、ヴォルコーヴァによる山岳民のオスマン帝国移住者三分類はエヴドキーモフ報告（一八六三年七月～翌年同月分）の流用である。この報告においてエヴドキーモフはオスマン帝国へ出た山岳民を、（一）当該委員会が直接担当した部分、（二）委員会は移住作業には直接関与しなかったが、移住者数はチェックした部分、（三）委員会とは無関係に出立したと推定される部分に分けたのである。（一）に関しては、出発地点ごとに移住にあたり当局から助成を受けた（受けない）人数を記述しているが、これらの数値（合算）は右にあげた六四年一月一日から七月一〇日までとされたものと一致している。[127] このように見れば、エヴドキーモフ報告のデータが少なくとも客観的には後の研究者たちに影響を与えている。

移住者の数値把握を困難にしたのは、出と入りの通過点が多数あって、しかもその選択が移住者の任意になかば委ねられたことが大きいのだろうが、近代トルコの人口史研究で標準となる仕事をしたカルパトがこの問題をめぐって次のような諸点を指摘している。（一）オスマン帝国は一八六〇《（ママ）》年にロシアからのエクソダスが始まる前からかなりなチェルケス人入植を経験していたこと、（二）関連する数字には非チェルケス人が含まれること、（三）統計が陸路を行く者や非登録〔非合法〕者をとらえていないこと（これらは相当数にのぼる）、（四）途上で死去した者や個人的な移住者を数えていないこと、（五）カフカースを出た移住者の二割ほどが病気や栄養失調で死去したこと（たとえば、トラブゾンでの六五年末の死者数は五万三〇〇〇に達した）である。いずれも考慮すべきことがらを示していると考えられる。カルパトはこれらを総合的に勘案しておおよそ、二〇〇万人のカフカース人（その多くはチェルケス人）が一八五九～七九年の二〇年間ほどにロシア（カフカース）を離れ、そのうち約一五〇万人が生き延びてオスマン領内に定住したと見積もっている。[128] ここでは、カルパトの指摘のほか、次のようなことにも言及しておきたい。家長一人の旅券でその家族全員が出国しても、統計上は一人として積算されたであろうこと、さらに、残された資料がもともと貧弱であったのだが、一九九四～九六年のロシア＝チェチェン戦争の過程でグローズヌイに所在した関連文書が失われたことも歴史研究にとっては大きな痛手となったことである。

一五〇万あるいは二〇〇万といった、百万単位の数字はいかにも大きい印象を与えるが、別の推計値も見ておきたい。現代のチェチェン史家、イブラギーモヴァはカフカース全体で一八〇万人が移住したとする推定を過小評価であるとしている。[129] 彼女は、一八六〇年代のカフカース移民総数は六七年で一〇〇万人とするもの、西欧では一八五九～六四年にカフカースのムハドジールを一〇〇万と見ていること、一八五八～七八年、北カフカースでは約一五〇万のムハドジールが故郷を見捨てたが、そのうち六〇万がチェルケス人であったとする議論、一八五九～七九年、北カフカースからアナトリアに二〇〇万が移住したとするものなどを紹介している。[130] いずれもまさしく印象値とでも言いうるかもしれないが、一〇〇万あるいはそれ以上といったところでは一致し、カルパトの数字が飛び離れて大きなものでないことは分かる。同時代の代表的なカフカース研究者のひとりであるベルジェなどは一八五八～六五年に黒海沿岸諸港から出た移住者は四七万〇七〇三人であり、これにチェチニアから出たものを加えると、総数は四九万三一九四人になると「正確に」計算してみせるが、これなどもひとつの推計(それももっとも少ない数値のひとつ)でしかない。[131] エヴドキーモフの場合、右に触れた三分類の合計が三一万余人であり、それに一八六一年以降出た者(八万余人)を加えた四〇万弱人がクバン地方から出た。これにその他の地方から出た者一〇万余人を足すと、合計して五〇万五〇〇〇人ほどになるとしている。[132] これら五〇万ほどの数字は移住運動がもっとも激しかった一八六〇年代前半(とくに、六三、六四年)についてである。なお、筆者は未見であるが、カルパトによれば、ピンソン(M. Pinson)の学位論文はこの時期だけで移住者数を五二万余と見積もっているようである。[133]

カルパトの議論に関連してさらに付言すれば、移住者たちの定着先が広範囲に渡ったこともその後の追跡を至難にしたであろう。彼らは海路および陸路でオスマン帝国のアジア部(アナトリア)だけではなく、さらにそれらを越えてヨルダン、シリア、エジプト、ルーメニアなどにまでひろく散らばった。右に触れたイブラギーモヴァが少なくとも一八〇万人が移住したと言う場合、そのうちオスマン帝国へ向かったのが八〇万人で、残りはシリアあるいはヨルダンへ行ったと推定するほどである。[134] その一方では、ツァーリ政府は移住者たちがアナトリアを越えてはるか遠くへ行くように望み、それに対してトルコ政府は露土国境に近い一帯に入植させて国内のムスリム勢力に肩入れさせようとした。国境近辺にこだわったのは、いざと言う時に入植者をロシアと戦わせるためである。おそらく、これにはイギリスの意向も働いている。イギリス政府は山岳民を戻して独立を求めてロシアと戦うように仕向けることを主張した。[135] つまり、片方はほとんど棄民に等しい発想しかもたず、他方は両国関係および国内統治において活用しようとする現実主義であった。実際に露土国境近くに入ったのはオセット人たちで、彼らは南東部カルス地域を中心に居住し、オスマン帝国のために働くことを期待されたのであった。バルカンへ向かったアドゥイゲ人はとくにブルガリアへ入った。ブルガリアにはアバジン人も入った。一八七七～七八年の露土戦争の時、アドゥイゲ人はブルガリアを出て主にアナトリアに再入植するが、そうすることができなかった部分は飢えと病のためにブルガリアで死ぬのである。帰郷を望む移住者の願いを露土両政府は容易に認めようとはしなかった。

　山岳民自身は移住することをどのように考えていたのか。追いつめられた山岳諸部族に残された道はオスマン帝国へ出るしかないと悟り、エヴドキーモフに対して移住を妨げないように求め、それを受けた彼はできるだけのことはすると約束した。将軍クラフツォーフはこのように経緯を説明しているが、これは最終的には山岳民たちが自発的に移住を選択したとするものである。[136] 従来、このような自発的移住論は例外的である。旧ソ連のカフカース史家スミルノーフが「多くの場合、山岳民がトルコへ移住したのは自らの望みからではない」[137] と述るような強制的移住論はかなり見受けられた。しかし、自発か、強制かを直接的に示す資料に出会うことは非常に困難であり、研究者が周辺事情を勘案し、最終的には自らの想像力に依拠して発言することが多い。その場合、よくなされる解説は、移住する判断は山岳民たちの集団生活のあり方を律してきた長年の伝統や慣習法に従ったと推定し、場合によっては、長老あるいは有力者の意向に個々の山岳民が従った結果であると判断することであったが、近年のロシアにおけるカフカース史研究が地元ムスリムの軍事的宗教的有力者の動向に関して実証的解明を試みようとしていることは注目される。[138]

移住のピークとなったのは一八六四〜六五年の二年間で、その間に一〇〇万前後のチェルケス人がオスマン帝国へ逃れたとみてよいであろう。移住の動きを緩和するよう求めるトルコ政府の要請はロシア政府によって無視され、ロシア側はチェルケス人の完全な排除を目論んでいるように思われた。これらの動きにどこよりも敏感であった第三国はイギリスであり、「チェルケス人のエクソダス」(Circassian Exodus)と命名して、この移住現象に注目したのは早くも一八六〇年のことであった。その二月七日付『ロンドン・タイムズ』(*London Times*)紙は故郷を逃れて黒海を船で横断する途中、遭難したチェルケス移民たちの悲劇をセンセーショナルに伝えたのである。(139)

カフカース総司令官による一八六三〜六九年分の「軍事的人民統治」に関わる報告は、(140)オスマン帝国への大量移住が西カフカース平定を導いた。六〇年代初、カフカースにいた五〇万山岳民のうちほとんどが出て、六五年には九万ほどになった。すでにそれ〔移住〕は「ありふれた現象」(нормальное явление)になっている。ダゲスタン、とりわけその北部と南部、さらにカバルダから出ており、そこでは宗教的ファナティズムがテレク地方の他の種族よりも発展している、などと書いたのである。移住が帝政にとっていわば疫病神であったムスリムの宗教的ファナティズムを一緒に外部に運び出して、平定に大いに役立ったというのである。

この時期のツァーリ政府は、別にも述べるように、カフカース地方に開発概念を適応して、住民を一人残らず「自立」させて帝国臣民の一員にしようと欲した。そのために人びとをなるべく「定職に就いて全うな暮らしをする」ように仕向けた。カフカース地方では出稼ぎ(отходничество)は中央部ロシアのように盛んではなく、それに頼ることはできない。借地しようにも、山岳部には適当な土地がない。工場工業はもとより小営業的な加工業も未発達である。結局、当局が選んだのは、繰り返すが、山岳民を平地へ移し、そこで農業に従事させる道であった。これは帝政側の都合から行う「人道的配慮」であった。しかしながら、山岳の民にとって平地へ降りること自体が大問題であった。そのうえ定住して、さらに農作業を行うといった過程は彼らにとって正しく想像を絶することがらの連続であったに相違ない。それでも事態はその方向へいくらかは進行したようで、なかでもオセット人、イングーシ人、チェチェン人は平地への移住志向を維持したと指摘され、とりわけオセット人の間では一八六〇～七〇年代、オセチアの平地に村落が形成されるまでになった。このようにオセット人の「腰が軽かった」のには彼らが歴史的に絶えず移動する傾向にあったことと無関係ではないように思われる。その一方では自由になる土地がカフカース戦争への貢献に対する褒美に充てられる、あるいは国庫へ没収される、はたまたロシアなど外部から大量に入った移民が利用するなどからすぐに不足をきたすようになり、一八八四年一月からは勝手な(самовольные)移住が禁止されたほどであった。平地の村落が移住者のためにその共同体地から分与地を用意する場合にのみ当局は移住を認めるが、それでもオセット人たちの平地への移住は途絶えることはなく、その不法移住者たちは「一時的滞在者」(временнопроживающие)と呼ばれるほどであったといわれるから、[141]一部の先住民と外部からの新たな入植者とによってカフカース地方の平地は開拓が相当に進んだと考えられる。

したがって、クリミア戦後、諸改革の実施時期にカフカース社会で何が起きたかといえば、トルコへの移民もしくは平地への移住などによって山岳部の住民が減少(あるいは消滅)したことであり、山麓部の平地利用が著しく促進されたことであった。ヴォルコーヴァはアドゥイゲ人、アバジン人、ウブイヒ人たち(の一部)がトルコへ出てしまうと、黒海東海岸はバズイヴ(Базыв)川までがほとんど空になったとまでいうのである。[142]そこは西端のケルチあるいはタマニから数百キロの距離である。しかし、話はこれで終わらない。その欠を補おうとしてツァーリ政府は一八六〇年代後半から七〇年代初にかけてこの空白の一帯へロシア人を始めとして、ウクライナ人、ギリシア人、チェコ人、モルダヴィア人、エストニア人、やや遅れてアルメニア人を入植させたからである(その結果、八〇年代初までにここにはロシア人が一万〇七〇〇〇人を数えるようになった。その他はギリシア人二三〇〇人で、あとは各千人ほどである)。それだけでなく、一八六〇年代末からは山岳に残っていたアドゥイゲ人が降りてきて、入植するようになった。同様に、ノヴォロシースクとムズイムタ(Мдзымта)川との間二〇〇キロほどの黒海東海岸の空き地にシャプスーギ族が入植したのである。[143]こうした人の移動はむしろ印象的ですらある。この時代、カフカースでは一部の山岳民たちの間に山を降りる勢いが生じていたことは無視しえないであろう。こうして、山岳民の世界は出る者と留まる者とに二分されたのであった。

移住の帰結

食糧、所持金、衣料などを持たず、ほとんど着の身着のままで、黒海を横断して多数のチェルケス人移民たちが南岸のトラブゾン、コンスタンチノーポリ、サムスン、ヴァルナといった港に到着した。すでに述べたように、ロシア政府は、陸路の移動を許せば、それとともに家畜も流出することを嫌って、移民たちの海路での出国にこだわったのであった。危険な航海を乗り切っても、チフスや天然痘などによって、非業の死を遂げる者も続出した。サムスンとその周辺には合計して一一万人以上が着いたが、一帯では一日に約二〇〇人のペースで病死あるいは餓死が出た。[144] 移住の始まりから六四年五月までにトラブゾンに到着した者のうち、実に三万人以上が死んだ。[145] 到着数が想定をはるかに超えて手当てが覚束ず、多くの子供が餓死した。それを待つよりも「生きているうちに売却する」ことを選ぶ親が続出し、六三年一一月から六四年九月の間、売られた子供は一万人に達したとする推定があるほどである。[146] 治安維持のためにエルズルームに駐屯したオスマン軍の出動が求められた。トラブゾンのロシア領事は町に移民であふれ、英仏伊の領事たちはトルコ政府を助けてそのいくらかでも故郷へ戻すように話し合っていると報告したが、[147] 移民たちが出たあとでは、すでに述べたように、ロシア政府によってカザークなどによる入植が進められていたのであった。

人口不足に悩むトルコ政府は、イギリスの忠告もあって、移民を徴兵することも予定した。イギリス政府は移住者を帰国させて山岳民がロシアと戦うのを支援させようとまで考えた。[148] 実際、自らがチェルケス出身でチェルケス人に影響力があった将軍アリ・パシャ(Ali pasha)が代表となった委員会が黒海南岸部の移民到着地へ派遣されて、数日のうちに一万五〇〇〇〜八〇〇〇のチェルケス人が入隊する運びとなった。[149] 六四年六月一〇日現在、トラブゾン経由で移住した二四万七〇〇〇人のうち、一万九〇〇〇人が志望したといわれる。その時点でトラブゾンには六万三二九〇人が残っていたが、チフスが流行して一日に一八〇〜二五〇人が死んでいた。そうした状況下で、男子移民は民兵になってトルコ軍のために働く話を進んで受け入れ、そのために足手纏いになると思われた妻子を売り払うまでしだした。奴隷商人が安く買い叩いて、婦女子の一五％が連れ去られた。男子移民は生き残ろうとして、家族を捨て、トルコ軍に加わったのである。そのようであれば、彼らはオスマン帝国がロシアと戦う大義に尽力するためではない。また、六三年一〇月二六日付、エレバンの将軍アスタフィエフの報告は、移住者たちは極端な貧困にあえぎ不衛生な場所を逃れようと、シベリアへ行くかあるいはわが領内で（на нашей границе）死ぬことを望んでいる。そうしたチェチェン人たちは正教を受け入れてもよいというほどであると書いた。[150] 西カフカースの山岳部を追われ極限まで追いつめられた人たちは、何よりも生き抜くための場所を探していたのであった。

筆者の印象を述べれば、爆発的な勢いで出国した移民たちのかなりの部分がその後、ロシア側（カフカース）へ帰還したことについては、従来、あまり注目されていないようである。あたかも移住者たちはそのままトルコを始め、世界各地へ散らばって、それぞれの人生を終えたと思われている。もっとも、いささか例外的なのは、すでに触れた、山岳民の移住を自発的なムハドジールストヴォ現象に帰したマトヴェーエフの場合で、彼は移住者たちの帰国を重視している。トルコやその他の近東諸国で彼らはやがて「この上なく失望」（полнейшее разочарование）して、その多くがロシアへ戻る希望を強く抱いたなどと書いた。[151] クバン地方とテレク地方から一八六一年にオスマン帝国へ移住した者たちの七割以上が戻ったともいう。[152] こうしたマトヴェーエフの議論の特徴は、移住に関わる出国と帰国すべてを移住者の意志に帰することで、政策への目配せを欠落させるところにある。

一八六七年、近代ロシアの代表的な「戦闘的」外交官として知られたイグナーチエフが駐トルコ・ロシア大使に任命された。外務省アジア局長を歴任していた彼はトルコ政府高官とも友好関係を築ける機会と能力に恵まれ、その意味では的確な人事であった（バルカンはオスマン帝国領であったから、アジア局の担当であった）。そのイグナーチエフが外務次官に対してトルコへ移住したチェルケス人家族がロシアへ戻ることを請願しているが、外務省とカフカース当局がカフカースから出た山岳民の大量帰還を禁じていることを問題にしたのである。[153]

その一方では、スヴャトポールク・ミールスキーは一八七〇年九月七、一一日および一〇月三日付のテレク地方長官宛書簡で、「トルコ政府は移住した山岳民をカフカースへ戻してロシアに対する蜂起を準備させようとしている。オスマン帝国の工作員は戻ってエルズルームの総督に対してカフカースでの煽動の成果を報告している。こうしたことは全力をあげて阻止しなくてはならない。そのために移住した者の帰国を禁じ、トルコ旅券を有する到着者を厳しく追跡しなくてはならない」と書いたのであった。[154] 明らかに、ツァーリ政府は混乱していた。トルコへ出すことには気を遣ったが、出た者が戻ることまでは考えていなかったかのようであった。

一八七〇年一二月三〇日、カフカース総督は農村(アウール)共同体法(Положение о сельских〈аульных〉обществах)を制定して、山岳民を共同体に張りつけてその移動を制限しようとしただけでなく、七二年九月五日にはカフカースに居住するムスリムのオスマン帝国およびペルシアへの移住に関する臨時規則を策定し、テレク地方から山岳民が出国するのを強く規制した。これらによって、カフカースからトルコへの山岳民の大量移住に関する案件の処理は終了し、政治的に望ましくない部分は取り除かれ、ロシア語を話す住民が増加しだしたと当局は安心しようとしたのであった。そして、何よりもオスマン帝国へ出た者たちの土地を「痛みを伴わず、円滑に」(безболезенная)収用できたことを喜んだのであった。[155] それでも、チェルケス人たちのオスマン帝国への出国が続いたことは、カフカース総督府当局による次のような調査が明らかにするであろう。それによれば、一八七一〜八四年の間にクバン地方からオスマン帝国へ出た山岳民の数を一万三五八六人(男七〇九九人、女六四八七人)としている。そのうち、アドゥイゲ人(チェルケス人)が一万一四九三人(男六〇二一人、女五四七二人)と八五%を占めた(残念ながら、年度別の数字ではない)。念のために言えば、この調査は八三年一二月現在のクバン地方における山岳民数を九万〇四七一人としているが、内訳はアドゥイゲ人(チェルケス人)が五万六四六四人で全体の六二%を占めていた。その他で目立つのは「チュルク種族」の二万三六九九人、二六%であるが、彼らはこの間、ほとんど出国していない。[156]

一八七四年初、ペテルブルグの『声』(Голос)紙は改めてチェルケス人移民の拡がりについて触れた。——次の春にオスマンの港へ向けて出発しようとして残った諸部族が資産の分配をしている。チェルケス人の不満は、以前に移住して空いた土地が共同体の残された者〔チェルケス人たち〕の間ではなく、ロシアの将軍や士官の間で分けられているところにある。また、チェルケスの諸侯は人民に対するその権威性を喪失し、今や住民はロシア当局に反抗するか、オスマンのカリフの土地へ向かうか、二者択一を迫るムスリム聖職者の統制下にあるのだ。七〇年代中ごろになっても、シャミーリのミュリド〔の後継者〕がチェルケス人にもっとも影響力を有し、イスラームは重要なイデオロギー的政治的な役割を果たしている。(157) つまり、現実には山岳民をめぐる問題は何も解決されていない。以前と同様にチェルケス人たちは身の不幸を嘆いているではないか。すでに見たような大規模なチェルケス人の流出とそれがもたらした結果に対して残った者たちの間で不満と不平が蓄積し、今一度、シャミーリの「遺産」に依拠しながら、反乱ないしエクソダスする前夜にあるというのである。そのようであれば、チェルケス人の残留者と移住者それぞれが新しい問題に直面して、怒りと不満を更新していたことになるであろう。

確かに多数の者がオスマン帝国を出て、さしあたりアレクサンドロポーリに滞留したが、なかには密かにテレク地方へ戻る者もいた。いくつかの資料をあわせると、一八七〇年代までにテレク地方へ戻ったのはトルコへ出た山岳民のほぼ半数にあたる。とくに露土戦時中の一八七七年から翌年にかけて帰還している。(158) なぜに、戦時中であるのか、そこまでは考えてみなくてはならない。そして、残った者は不満を抱いたまま、戦争を迎えることになった。つまり、最後となった露土戦争である。

3　徴兵と反乱

国民皆兵法とカフカース

クリミア戦後、とりわけカフカース戦争後、すでに見たように、カザークによる入植、さらには山岳民たちの移住〔転出〕など帝政ロシア側からの作用〔政策〕が大きな力を発揮して、北カフカースにおける人の移動が促進された。そうしたことは当地がロシア帝国に編入される最終局面で生じたことであり、帝国版図化がもたらす作用と結果を端的に示すことになった。それだけでなく、露土開戦に伴う徴兵とそれに前後する山岳民反乱とによっても同様に人の移動が惹起され、いわば駄目を押すこととなった。したがって、本書にとってもこれが最終節となる。

第三章第3節で軍管区制度の導入に触れた際、それを促進した陸相ミリューチンによる軍制改革を扱ったが、ここではもうひとつの目玉である国民皆兵法の制定を取り上げてみたい。たびたび引用する『陸軍省百年史』は、一八六六年の普墺戦争と一八七〇~七一年の普仏戦争とがプロシア軍制の優越性をはっきりと示し、とくに平時には戦闘要員の常備兵員だけを維持して大半は脇に控えさせ、事に臨んで出動させる方式は大いに参考にすべきであると述べた[159]。つまり、帝政ロシアにも短期間で動員して必要員数を確保できる仕組みを構築する必要があるというのである。財政難の折、恒常的に膨大な軍隊を維持するには金がかかることもこの方式を推奨する大きな理由となった。しかし、訓練教育した人民を一定数予備として保持し、動員令とともにこれらでもって戦闘部隊を補充する、いわゆる「定員充足」(комплектование)方式を実現するには相当な工夫と努力が求められることも確かであった。

陸軍省は、軍事力を平時に削減する一方で、戦時に最高のパフォーマンスを得るための基本方針を一八七二年一月一五日付のツァーリ宛報告で示したから[160]、やはりとりわけ普仏戦争の強烈な印象がその方向性を後押ししたといえるであろう。さらに、普仏戦争がパリ講和が生み出したクリミア戦後の微妙な勢力均衡を突き動かしたことも確かであった。プロシアが見せた一八七〇年の動員は軍隊集中の機械化を鉄道の活用で実現し、戦争のあり方をいわば革命化したが、このことは同時に帝政ロシアを単独で破壊するに十分な力量を備えた主体として統一ドイツが登場したことも意味した。動員に手間取れば、一挙に攻め込まれて敗退せざるをえない事態の出現と向き合うことになったアレクサンドル二世は、七三年二月、秘密裏に戦略会議の召集へと動いた。そこでは予想される大規模戦争が西部国境地帯で起きると想定して、独・墺・土のあわせて三〇〇万の軍隊にどう対処すべきかが検討された。その中心にいたのが、オーブルチェフ(Н. Н. Обручев 1830–1904)であった。この人なしに近代ロシアの軍事史一般を語ることはできないであろう。彼は若い時代、ペテルブルグでチェルヌイシェフスキーやドブロリューボフなどと交流を重ねた体験を有し、思想的には進歩派であった。同じ傾向のミリューチンと親交して、結局、参謀本部でその右腕となる道を選択した。六〇年から欧州遊学へ出たが、翌年、ロンドンでゲールツェンやオガリョーフとも会っている。陸軍次官時代のミリューチンがチェルヌイシェフスキーやオーブルチェフを組織して、『軍事論集』(Военный Сборник)を編集したことはよく知られている。オーブルチェフは、ロシア第一級の軍事理論家として、六七年からは陸軍省の軍事学術委員会(Военно-ученый комитет)を代表していた。[161]

そのオーブルチェフは普仏戦争の勃発と結果をロシア帝国にとっての危機としてとらえ、その救済のために、(一)ポーランドに大量の軍隊を配置すること、(二)大規模な鉄道建設を行うこと、そして(三)強化された要塞システムを完備することの三点をあげた。いずれもポーランドおよび西部地方への戦力展開が最重要視された結果であるが(彼によれば、「ヴィスラ川防衛が第一」である)、財政上、単純な常備軍増強は論外であり、従来とは異なる即戦力ある予備軍の手当てなどを含めて議論がなされ、もはや大量動員を可能にするのは国民皆兵と鉄道建設のふたつであると関係者は正確に認識したのであった。[162] オーブルチェフはポーランド防衛のためには少なくとも八二〇から八四〇大隊が必須であると計算した。仮に一大隊を一〇〇〇人とすれば、八〇万なにがしかの兵士が必要であった。恒常的に安定した徴兵を行って要員(予備)確保に万全を期し、事に臨んでそれを鉄道を使って短時間で大量に送りつけるのである。地理的に、ポーランドはヨーロッパの方向へ深く入り込んでいて、「火が点きやすい」のだが、そうなる前にモスクワ(ペテルブルグではなく)方面から鉄道によって兵士を増派するのである。そのためにオーブルチェフ自らが鉄道路線の増設まで計画したのであった。

ツァーリ政府の交通省は一八七〇年前後から鉄道による軍隊輸送を本格的に検討し出し、そのために要員確保や「軍事鉄道部隊」の編制などを進め、全一二九条から成る軍隊輸送法(Положение о перевозке войск)を制定するまでした。[163] このように、この時期、ロシア史上初めて、これら二大要素(国民皆兵と鉄道の軍事的活用)が実現されようとしたことにも今次の露土戦争の歴史的意味合いを見出すことができるであろう。

従来、帝政ロシアにおいては軍隊に入ることが犯罪者などに対する懲罰視されてきたことを思えば、すべての市民が軍務を誇るようになるのは夢のような話であったろう。その際、強調されたのは、祖国防衛は「みんなでする事」(общее дело)であり、身分や称号の別なくなされる「聖なる事業」(святое дело)であるということであった。そもそも武装した人民を祖国のために組織することは昔からなされてきたのではないのか。たとえば、ナポレオンとの戦争では国民後備軍(земское ополчение)が、近くクリミア戦争では集結的後備軍(придвижное ополчение)が登場したではないか。このように、今度の国民皆兵の試みがこれらを重大な史的背景(あるいは根拠)としたことは確かであろう。近代ロシア史で一般にラートニク(ратник)と称される民兵の存在は、その軍事文化に特徴的な刻印を押した(本書では同様な意味でミリツィア〈милиция〉も民兵とする)。さらに、ラートニクはなかば制度化されて、現役軍(действующие войска)および予備軍(резервные войска)のふたつからなる「常備軍(постоянные войска)の範疇には入らない、武器を扱える四三歳までの男子から成る」国家後備軍(государственное ополчение)とされたのであった。[164] つまり、国家後備軍は、少なくとも形式的には、常備軍と並ぶロシア軍制を支えるもうひとつの支柱として位置づけられてきたのであった(もっとも、いつまでもこうしたレベルの後備軍に頼ってはいられない、予備役の一層の整備が第一であるというのがミリューチンの考えではあったが)。露土戦争の勃発を予感したツァーリ政府は、七六年一〇月三〇日に、国家後備軍法(Положение о государственном ополчении)を出して、改めて、その周知徹底を図ったのであった。

【補論】 この時期のロシア軍の編制については、さしあたり、次を参照。Исторический очерк военного управления в России во первое двадцати-пяти-летие благополучного царствования государя императора Александра Николаевича (1855–1880 гг.), Том 1, СПб., 1879, 64 и след. なお、国家後備軍とは別に志願後備軍(добробольное ополчение)の存在が指摘されている。ニジェゴロドの貴族が「ロシアと正教を脅かす敵に対して」差し向けた事例に触れて、それは多くの県で形成され

たが、南部諸県ではみられなかったといわれる。さらに、クリミア戦時には機動後備軍(подвижное ополчение)という言い方もされた。次を参照。В. Ц. Г., Государственное подвижное ополчение Владимирской губерни 1855–1856 г.г., Владимир, 1900. いずれにせよ、後備軍にはある種の自発性ないし任意性が備わったのであろう。一般に、後備軍は四中隊(рота)編制の連隊規模に相当する民兵隊(ドルジーナ дружина)から成り立った。クリミア戦時、五六年一月現在、国家後備軍は三四万四〇〇〇人ほどであった(Исторический очерк военного управления..., Том 1, СПб., 1879, 78.)。なお、ラートニクに関しては、次の便覧が便利である。П. Кочергин, Ратник государственного ополчения, его права и обязанности, Казань, 1896. さらに、七六年一〇月三〇日の国家後備軍法については、筆者が知る限りでも、Положение о государственном ополчении の同じタイトルで三種類の小冊子(ガイドブック)が、七七年にモスクワとキエフで、七八年にはモスクワでそれぞれ出ている。これらは一般の需要に対応するものであったろう。

さて、国民皆兵法のたたき台として、一八七〇年一一月四日付の「帝国のすべての階層と民族に兵役を普及する法律」(Положение о распространении воинской повинности на все слои и народы империи)をカフカースにも適用することの可否を協議したカフカース総督は、陸相に対して次のように回答した。カフカースの多様な宗教をもつさまざまな民族がロシアの構成に入ってすでに七〇年経つが〔一八〇一年のグルジア併合を起点としている〕、これまで当地は徴兵には慣れておらず、兵役義務を導入することは合目的性(целесообразность)に欠け、それを新事業(начинание)というわけにはいかない。むしろ、かえって危険でさえある。ここでは、多くの種族は「未発達で低文化」(неразвитность и низкая культура)なのである。カフカースでは〔帝国共通の〕一般法ではなく、〔カフカース向けの〕特別法によって徴兵すべきであり、それも急激な変化をもたらす方策によるのではない。辛い思いをさせる政策は必ず地元民の間に騒擾(волнения)を引き起こすゆえ、しかるべき準備ののちに詳細な方策を伴って実施されなくてはならない。したがって、国民皆兵法のカフカースでの施行は一時的に延期されなくてはならない、というのである。しかし、同時に、総督は、カフカース諸民族を非正規に軍務につける必要性は認めた。つまり、それは正規軍の補助として誠に有用であり、そうした兵力の維持に社会は一定の負担をすべきである。ただし、キリスト者とムスリムを一緒に軍務につけないことが肝要である。[165]

ここで詳しく立ち入ることはしないが、国民皆兵法の制定に至る過程は、提案者ミリューチンにとって大変に厳しいものであった。帝政中央では反改革勢力が憲兵長官シュヴァーロフ（П. А. Шувалов 1827–1889）を中心にまとまり、執拗にそれに抵抗した。ほぼ一〇年がかりになった制定作業の最終段階のミリューチン日記は、「軽薄なうえに自信過剰な人間」（легкомысленный и самонадеянный человек）（一八七四年三月一七日の日記に見える文句）シュヴァーロフ及びその一味との闘いの記録である。

一八七四年一月一日、帝政ロシアの軍隊を新しく編制し直す国民皆兵法（正式な名称は「兵役義務規約」〈Устав о воинской повинности〉）が制定された。その要点は次のようである。兵役は身分を問わずすべての男子に課され（国民皆兵法と通称する所以）、それを金銭や代理人によって済ますことはできない。元日で二〇歳の年に兵役に就く。どの軍隊（現役軍、予備軍、後備軍）に入るかは一〇月一五日から一月一日の間に実施される籤引きによるが、一定期間現役のあと予備役（запас）に登録され（現役と予備の合計は一五年間、ただし、高学歴ほど現役期間が短縮するが、その分、予備役期間が延びる）、その後、四〇歳まで後備軍（ополчение）に入るのが通常のコースである。免除条項として、除外（聖職者、戦闘能力喪失者など）、特権（教育や家庭事情に伴う配慮）、延期（身体、教育、財産などの事情）があった。[166] あわせて、遠隔地（帝国周縁部）に対して配慮がなされ、トルキスタン、セミパラチンスク、ザバイカル、ヤクート、アムール、沿海州の各地方では兵役期間が一五年から一〇年に短縮されただけでなく、結局、次を一般法の適用対象から除外した。（一）フィンランド、（二）カザーク、（三）ザカフカースおよびトルキスタン、（四）沿海州およびアムール州、（五）その他シベリアのいくつかの地区（округи）、（六）北カフカース、アストラハン県、西シベリア、東シベリアなどの異族人住民（инородческое население）およびアルハンゲリスク県のサモエードである。[167]

それでも、カフカース事情に詳しく、右に見た総督の逡巡をよく理解したミリューチンはさらに慎重であった。カフカースにおける兵役は帝国全体と可能な限り違わないことが肝心であるが、それでも「住民の生まれつきの性向」(природная склонность населения)を考慮することは必要であると考え、一般法をどのようにカフカースへ適用するかを特別審議会で検討することとし、その結果、七五年六月一三日、カフカース向けの兵役法が作成された。関係県知事たちは民族の相違なしに全住民を軍務につけなくてはならないと考えたが、ダゲスタン県知事のメーリコフだけはそのようなことをすれば暴動になるから希望者を籤引きにすべきであると主張した。詳細案作成のために、七六年秋、チフリスで特別委員会が召集され、それが地元条件を考慮した案を提出して陸相はそれを認めたが、露土開戦とともに新兵役義務の導入作業は停止して、実質的にその実施方は見送られたのであった[168]。したがって、開戦にあたり国民皆兵法はザカフカース、カザーク(クバンとテレクの両軍団)、そして北カフカースの異族人を適用除外としただけでなく、新規なカフカース兵役法も未成立のままであったから、カフカース地方において軍事関係は少なくとも形式上、旧来の慣習ないし慣例に任されることになった。

しかし、それでも時代の要請からカフカースだけが全く自由であるわけにはいかなかったであろう。つまり、正規、非正規のいずれにせよ、軍事分野において(も)ツァリーズムによるカフカース人民の活用が図られ、それに伴って、徴用などで人びとが移動する機会が増えたのであった。帝政ロシアによる併合以前に地元権力者が保持した主たる軍事力を「人民義勇軍」(あるいは後備軍 народные ополчения)と称するのはソヴィエト史学の習慣であったが、それはともかく、進出した帝政ロシアはそれらの活用を図ってロシア軍の補助とするだけでなく、軍事力全体を実質的に正規化する方向を採ったのであった。戦略家ファデーエフは、カフカース(やトルキスタン)では多くの者が進んで兵役に加わっている〔から〕、アジア辺境における兵役のもっとも都合よい形態は後備軍(ополчения)である。それは強制することなくすみ、かなり安価に地元部隊を持つことができる、などと書いたのである[169]。

【補論】 なお、カフカースをアジアとするのはファデーエフの議論に一貫して見られる特徴のひとつである。彼の代表的な著作『カフカース戦争の六〇年』はカフカースをロシアとアジアが出会う場所としており(Собрание сочинений Р. А. Фадеева, Том 1, Часть 1, СПб., 1889, 10.)、その「アジア的辺境の統治に関する手記」では、カフカース問題の核心はひとつの権力の下に北カフカースと南カフカースを併合すること、すなわち、ロシアの地方とアジアのそれをあわせることであると書いている(Собрание сочинений Р. А. Фадеева, Том 1, Часть 2, 145.)。

当初、ツァーリ政府は地元民にいわゆる民兵義務(милицейская повинность)を課したが、その徴集(набор)は地元の慣習に任せた(そうせざるをえなかった)。その際、個々の民兵部隊(милицейская часть)は同信者および同一種族から成り立つものとして、要らぬ軋轢が生じるのを回避しようとした。少なくとも一八八七年までこうしたやり方は続けられたが、[170]それに並行して、クリミア戦後になると、民兵制度が整備強化されてなかば正規化されるようになった。たとえば、地元の民兵(騎兵)、カザーク部隊、正規縦隊の三者が一緒になってひとつの戦闘単位を構成した。[171]同時に、ロシア将軍は、カフカース先住民にとって軍隊生活はロシアに近づくことができる「人民学校」であるとみなそうとした。そして、ロシア政府は民兵をオスマン帝国との戦争で活用することを真剣に考えるようになった。

戦争計画の意味合い

一九世紀後半、クリミア敗戦から二〇年ほどを経て、帝政ロシアはオスマン帝国との戦争を決意し実行に踏み切る。オスマン帝国内で呻吟する同信のキリスト者を救済しあわせて「東方問題」解決に手掛かりを得たい、とりわけバルカン半島のスラヴ人たちの運命に共感して汎スラヴ主義の大義に殉じ、オスマン帝国打倒に献身すべきであるとするロシア人の大義名分、あるいは戦勝しさえすればクリミア敗戦の屈辱から国家的な矜持を回復することができるといった思い、こうした事柄などでこの戦争理由を説明することが研究史上なかば慣例化あるいは常識化されてきたかもしれない。むろん、これら国際関係的な事項にはそれぞれ「正当な」根拠あるいは論拠を見出すことができるのだろうが、ここではまず近代ロシア第一級の戦略家でミリューコフ軍制改革でも大きな働きを示し、ロシア側で今次の露土戦争を実質的にデザインしたオーブルチェフの考えを参照しよう。彼は開戦間近かな七六年一〇月一日付で「自筆報告書」を残している。これはその作成を命じた陸相ミリューチン自らがツァーリに説明したものでもある。その際、アレクサンドル二世はドナウ軍総司令官にトトレーベン(Э. И. Тотлебен 1818-1884 工兵学の権威、要塞建設の第一人者)を予定している旨をミリューチンに漏らすが、すでにオーブルチェフがトトレーベンと対立関係にあることを知る陸相はツァーリの前であえてその人事に難色を示した。その一〇月一日の日記にミリューチンは、もしトトレーベンが総司令官になれば、オーブルチェフは参謀本部には入らないであろう。逆にトトレーベンとしてはオーブルチェフが入るのを望まない。彼らは昔から「敵対的なのである」(в отношениях неприязненных)。オーブルチェフはワルシャワ管区に勤務した時、率直にロシア要塞の不備を指摘したが、これに対して(要塞建設の責任者である)トトレーベンは極端なほどに自尊心が強く、しかも短気であったのだ、と記したのである。[172] ミリューチンはそれほど高くオーブルチェフを買っていたということでもあろう。結局、この総司令官人事は大公ニコライに落ち着き、その下で露土戦争が戦われることになった。つまり、ツァーリもミリューチンの意向を無視することはできず、それに配慮したのである。

さて、その「自筆報告書」によれば、戦争目的はまずバルカン半島中央部ブルガリアを占拠して、オスマン帝国の首都コンスタンチノーポリに対して急襲する脅威を与えることであり、その過程でイギリスがオスマン帝国を支援すれば、イギリスとも戦わなくてはならない。うまくいけば、コンスタンチノーポリを奪取し、イギリスおよびオスマン帝国双方を相手にすることができる。コンスタンチノーポリ占拠を不必要に恐れることは大きな誤りである。それを可能にする急速な軍事行動と精力的な外交活動とによって、バルカン問題で帝政ロシアがイニシアチブを取るというのである。これがこの戦争の究極的な狙いである。ここでオーブルチェフ(そして、ミリューチン)が強調するのは、迅速果敢な軍事的攻勢によって状況を支配することであった。この時、黒海にはロシア艦隊は存在しないから、専ら陸路一〇〇〇キロを鉄道も利用して進み、動員期間二週間を含む七〇ないし八〇日でアドリアノーポリに至り、その後、二週間でコンスタンチノーポリを陥れる、つまり、すべてを三ないし四カ月で終了する計画を立てたのである。したがって、想定される戦争ではバルカンが主戦域となった。オーブルチェフによれば、カフカース軍は「遠方ゆえ、コンスタンチノーポリ作戦に決定的な影響を期待できない」、それはバツーミおよびカルスを奪取して防衛に資するほどの「二義的な役割」(второстепенная роль)しか予定されないともいう。[173]

このように、バルカン半島を主戦場とする判断には、ロシア参謀本部もバルカンのスラヴ人に対するロシア人の思い入れ(つまり、汎スラヴ主義)の問題を無視しえなかったことも強く影響したであろうが、ロシア側は、実際的、かつ死活的な戦術問題として、黒海におけるトルコ海軍のプレゼンスが決定的に作用すると判断した。当時、オスマン帝国の黒海艦隊はほとんどがイギリス製である二〇隻以上から成り立ち、イギリス海軍出身のホバート提督(Admiral Hobart)のもと、多くの外国人士官がそれらを指揮運用して、黒海を完全に制圧していた。ロシア側はそれらがカフカース沿岸部、ドナウ川の河口部と下流部で自由に行動するに任せざるをえない。それゆえ、できるだけカフカース方面で戦闘することは回避し、バルカン半島(それも黒海沿岸部を避けて)で勝負したい、このように考えたであろう。つまり、これは結果的にオスマン黒海艦隊の力量を過大視することに繋がる見方であるが、こうしたロシア側の危惧はこの戦争では一貫していて戦争計画を強く拘束したであろう。この見方をもっとも明瞭に採用したのは、アレンたちの古典である。[174]彼らはオスマン帝国側に黒海を支配されたから、ロシア側にとって黒海諸港とポチの連絡は実際的ではなく、折角、クリミア戦後に結ばれたポチとチフリス間の鉄道も利用されず、カフカース軍はグルジア軍用道路とアストラハンからバクーへのカスピ海ルートに頼らざるをえなかったことを強調している。

ミリューチン自身はどう強調したかというと、この戦争は主作戦をヨーロッパ・トルコ部[バルカン半島]で展開し、アジア・トルコ部[アナトリア]では国境の安全保障に精を出し、そのためにバツーミとカルスを占拠する必要がある。そうすることで、オスマン帝国軍をできるだけバルカン半島から引きはがし、その組織化を邪魔するのである。[175]つまり、ミリューチンはバルカン主戦場に対してカフカース戦場には守備的かつ補佐的な役割を与えた。彼が後者ではバツーミ＝

アルダハン＝バヤゼットのラインを抑えよと力説するのもそれはそうした意味合いにおいてである。

カフカース総司令官大公ミハイルの副官となったスヴャトポールク・ミールスキー（П. Д. Святополк-Мирский 1857–1914）は七六年一〇月二四日付の長文の報告書で右に触れたオーブルチェフ報告に対するいわば追加を行い、より詳細にカフカース戦線のあり方を述べたが、攻勢はバツーミに限り、後はカフカース各地の防衛と安全保障、さらには平静の保持に充てる内容であった。オスマン帝国側の黒海からの攻撃を予想して速攻でバツーミを陥落させることがカフカース軍最大の攻撃目的とされた(176)。そして、大公ミハイルと副官スヴャトポールク・ミールスキーのもとで実際に戦闘を指揮したロリース・メーリコフは戦後、サン・ステファノ条約によって帝政ロシアがバツーミ、アルダハン、カルス、バヤゼットを得たことを受けて、「ロシアにとってバツーミを獲得する意義」について報告書を書き、そこでバツーミ奪取はこの戦争で「もっとも価値ある領土獲得」であったと振り返ったのである(177)。

しかし、このように当事者たちの意向を踏まえつつ、この露土戦争をバルカン部とアジア部に大きく二分して見るだけでは足りないであろう。さらにこだわってみたいのは、次のような単純な事実関係である。ロシア軍部はこの戦争にあたり、先例に倣うようにして、戦場を黒海の西側（バルカン側）と東側に設定したが、東側は、オーブルチェフたちが取り上げたように、オスマン帝国のアジア部（アナトリアと黒海沿岸部）だけを想定したのではなく、帝政ロシアが最終的な版図化を図るカフカース地方が前もってそれに加えられたことに注意を払うべきである（辛うじて、右のスヴャトポールク・ミールスキーがザカフカース、北カフカースおよびダゲスタンの平静保持に触れている）。開戦にあたってロシア軍部が作成した資料はそれら想定される戦域を丁寧に限定表示しているが、東側についてそれらを大きくまとめれば、（一）北カフカース（クバン地方とテレク地方）の一部、（二）東カフカース（ダゲスタン地方）、（三）ザカフカース西部（クタイシ県）、（四）黒海沿岸部、そして（五）アナトリア北東部（エルズルーム地区など）である。以下で述べるように、開戦に前後してカフカース山脈地帯で山岳民蜂起があり、俄然、それら一帯が戦場化した。それに加えて、すでに見たように、そもそも西カフカースでは南部の黒海沿岸部のロシア化は誠に心細い状況にある。帝政ロシアは単にオスマン帝国だけを相手にすることはかなわず、それらへの対応に追われ、また山岳民が両者(露土)のいわば中間項に位置して双方へ作用し、状況を複雑化しただけでなく、この戦争の歴史的意義を大きく規定した。つまり、ツァリーズムにとって、この戦争は単に対外的だけでなく、対内的な意味合いをも有したのであった。露土戦争のアジア部における戦域はそうした複合性を内包するものであった。本書は、とりわけ、これらのことを重視し、強調するであろう。

さて、これら五つの戦域はさらに次のように大きく三つに分けることができる。帝政ロシアによってアジア部における「主戦域」(гравный отдел)とされたのは、結局は(五)アナトリア北東部で、そこにはカルス、アルダハンなどが入るが、なかでもエルズルームが最終目標とされた(別に述べたように、この一帯がオスマン帝国側にとってもアジア部の主戦場であることにかわりはない)。この「主戦域」に隣接する(四)「沿海戦域」(приморский отдел)では第一にバツーミ占拠がめざされた。そして、その他の(一)(二)(三)は「カフカース戦域」(кавказский отдел)としてまとめられた[178]。つまり、さらに大きく見れば、(五)と(四)で攻勢をかけ、(一)(二)(三)は守勢を保つということになろう。

最終的に、(五)アナトリア北東部のエルズルームが目標とされたことについて、もう少し触れておこう(すでに見たように、オーブルチェフなどは精々、バツーミか、カルスにこだわっただけで、エルズルームがクローズ・アップされることになる経緯については、依然として不明な点が多い)。それはロシア側(カフカース側)からすると、バツーミ＝アルダハン＝カルス＝バヤゼット線からさらにおよそ二〇キロ、内陸部に入ったところに位置した。したがって、それを占拠しようとすれば、その線をいずれかの地点で越える必要があった(戦闘機で飛び越えられる時代ではない)。そして、エルズルーム奪取が帝政ロシアにとっていわば永遠の懸案事項であったことは、その後、一八九一年になってカフカース軍管区参謀部が大部なエルズルーム調査報告書を刊行したことによってもよくうかがい知ることができる。報告書冒頭、エルズルームはトルコ人にとって第一級の重要拠点であり、各地から道路が集まる結節点で、その戦略的な意義ははかりしれず、要塞は難攻不落であるだけなく、前進基地としてもえがたいと最高の評価を下す一方で、ロシア人にとっては攻勢をかけるべき「唯一の対象」(единственный объект)であると明言している[179]。当然、こうしたことはこの戦争においても言えたはずである。実は、開戦の三年前(七四年)、ロシア参謀本部は小アジアへの急速侵攻計画を策定し、国境を越えてエルズルームを六週間で占拠してオスマン帝国軍にザカフカース前線を攻撃させないことを考えたのであった。

一方で、オスマン帝国は今次の戦争において、アジア部ではその大半が一八二七年のアドリアノーポリ条約で帝政ロシアの版図へ入ったアルメニアを問題とした。アルメニアのロシア部はペルシア国境とアラフ(Arax)川で接していた。この方面で戦争になれば、オスマン帝国にとって「アジアにおけるパワーの中心」であるエルズルームの死守と活用が至上課題であり、開戦と共にロシア側は一八二八〜二九年戦役と同様に国境周辺に配備した軍隊をエルズルームを最終目標として発進させるだろうとトルコ政府は警戒した。(180) 同政府はエルズルーム確保のためにバツーミ、アルダハン、カルスといった要塞の維持を必須とみなした。

しかし、エルズルームを奪取する大胆ないわゆる防御的攻勢(the defensive offensive)の考えはカフカース軍総司令官大公ミハイルによって却下された。彼はより注意深い策を採用して、北カフカースの対内的安全と黒海沿岸部防衛を第一とし、さらにチェチニアとダゲスタンにおける混乱に対する控えまで留め置くことにしたのであった。この措置により攻勢作戦に動員できる兵力は限られ(カフカース軍の配置については、すぐ後に述べる)、決定的行動をとるのはいかにも困難になった。(181)

歴史を振り返れば、帝政ロシアは「南下」にあたって攻撃的な性格を維持する戦争計画を立案・実行し、防衛は後回しにすることをいわば伝統としてきたが(もう一度、第一章を見てほしい)、もはや、守るべきものを持つ段階に達したということであった。この場合、カフカース内部に戦線が生じることに対する恐れと、黒海に陣取るオスマン帝国海軍がカフカース沿岸部を攻撃する可能性を過大視したこととがロシア戦略を内向きにしたのであった。

(四)黒海沿岸部に関してはすでにバツーミに触れたから、ここで繰り返すことはしない。(一)(二)(三)の「カフカース戦域」(кавказский отдел)についてはそこでの反乱などを含めて後述することにして、ここでは次にだけ触れておく。一八七七年までオスマン帝国ではキリスト者を軍務に就けることはなかったが(その代わり、特別税を納めさせた)、スルタンはアルメニア人の徴兵に踏み切った。アルメニア人側は反発し、強行すれば反乱する恐れが生じた。帝政ロシアにとり、これは同信者に関わる問題であった。トルコ政府は七六年末から動員を始めたが、クルド族を徴用するだけでなく、カフカースからの移住者もその対象とした(182)。このようにして、カフカースにおける人の移動局面がこの戦争にも強く反映することが予想された。開戦時、オスマン帝国の兵力は四五万、ヨーロッパ部に三三万八〇〇〇、小アジア(アナトリア)戦域に七万が大きな内訳であった。さらに、シリアから小アジアへ三万が送り込まれた(183)。

カザーク・異族人の動員

やはり、この戦争も人の移動を盛んにした。普仏戦争の衝撃は兵士の数的増大というかたちで現れた。カフカース軍に関して言えば、七七年までに新しい師団が実に四つも加わることになった(184)。それまでカフカース軍は東グルジアに精鋭のカフカース擲弾兵師団、北カフカースに第一九、第二〇、そして第二一の三師団を有していたが、新たに第三八師団が北カフカースに、第三九師団がグルジアのアハルトジッへに、第三八師団がチェチニアとダゲスタンにおける山岳民の反乱に備えるものであったことが象徴したように、これら合計して七師団のうち、丁度、半分にあたる戦力に防衛的役割が与えられ、オスマン帝国に対する攻勢に使える部分は中途半端なものになった。いずれにせよ、カフカースに関しても兵員の確保と増員は精力的に試みられることとなったとみてよいであろう。

カフカースでは、カザークと異族人とが軍事面で顕著な役割を果たしてきた経緯があったが、いわば時代の要請に応じてこの時期にはとりわけその傾向が観察されるようになった。すでに見たように、彼らはともに国民皆兵法では徴兵対象から除外された人たちである。ミリューチンは、平時と戦時をくらべると、欧露は非欧露よりも兵員の増加度は高くなるが、カフカース地方は非欧露では例外的に高く、全体から見れば、兵員配備について欧露と非欧露の中間に位置するイメージを描いていた(185)。いずれにせよ、先述したように正規軍を十分に手当てできない帝政は、カザークと異族人をいわば「正規扱い」してカフカース軍の編制を充実したい、できることならば、この戦闘局面でそれらの可能性を試してみたいとも考えたであろう。ツァリーズムの狙い（思い）はその辺にあるとみてそれほど外れたことにはなるまい。そして、これはこの露土戦争理解にとって不可欠な論点のひとつを提供することになるであろう。以下、カザークと異族人についておのおの、いくらか言及しよう。

カザーク軍団のうち兵力規模からみて、ドン、クバン、テレク、オレンブルグ、ウラルの五軍団がこの順序で上位に位置した。圧倒的な存在は相変わらずドン軍団であったが（その隊長・アタマーンは陸軍省に直属したが、他のアタマーンは所在地の総督府に従った。いわば別格扱いである）、二番手と三番手はカフカースの軍団であった。この時期、カザーク軍団全般が活躍を期待されたのは、大きくみて、（一）カフカースでの戦闘、とくに西カフカースの平定、（二）西部地方をめぐる西欧列強との衝突可能性への対応、（三）中央アジアでの版図拡大の三方面についてであったが、それでも全体を見れば、これらに対するカザークの関与は減じる傾向にあり、（一）ではドン軍団の参加は一八六二年の七八騎兵中隊（сотня）がピークで、六六年秋には完全に引き、カフカースに関わるのは地元のクバンとテレク両軍団だけになった(186)。帝政ロシアの軍制にあって、カザークは後述する異族人とともに非正規軍（иррегулярные войска）を構成したが、ロシア軍総員に占めるカザークの割合は、クリミア戦後、減少傾向にあり、六四年の八・九％をピークにして、八〇年には五・〇％にまで低下した(187)。一八七〇年にクラスノーフはカザークの軍事的役割が正規の騎兵隊（регурярная кавалерия）が強力に発展したことによって低下していると書いたが(188)、一九世紀後半、カザークをめぐりこのような言及に出会うのはそれほど珍しいことではないであろう。

その一方で、ツァーリ政府はカザーク身分を他身分と近づけること、とりわけ民事に関してはできるだけそれらと統一すること（объединение）をめざし、彼らが他から「隔離されている状態」（разобщенность）を廃するために、ゼムストヴォ制度、司法改革、都市法、土地関係、個人の権利義務などをカザークの世界にも導入して、その公民意識（гражданственность）を増大させようとした(189)。一八六七年にはそのためにカザークの間に「「非兵役」カザーク階級」（класс «неслужащих» казаков)を創出し強化する方針が陸軍省によって打ち出され、七一年初にはテレクとクバン両カザークにもそれが適用された。[190] つまり、政府はカザークを他身分と一体化(слияние)するために、[191] カザーク固有の兵役義務を外し、他身分との平準化を果たすことまで考えていたのであった。これはカザーク軍団を実質的に「正規軍」化することに通じる動きであり、さらにひろく言えば、この時期の近代ロシア社会に顕著な身分制解体過程がよく現れている局面のひとつでもある。

一方、異族人は帝政ロシアにおいて人為的に創出された人民カテゴリーであり(身分とする説もある)、本来的な臣民とは相違して統合するのに難がある集団として差別され隔離される傾向にあった。[192] したがって、右で触れたように、本書で取り扱うカフカース山岳民が異族人として国民皆兵法の適用外とされたのは、この間の帝政の作法に従ったまでであるということもできる。この法律の成立過程では異族人の間にも同じ兵制を導入すれば、彼らをツァリーズムに統合して社会進歩に資することに繋がるといった議論もなされはしたが、[193] さしあたり、慣例がそれを押し切るかたちになった。それでも、この国民皆兵法の精神には西欧国民国家を追及しようとする側面があり、帝国支配の基本構造とは衝突しがちであったが、客観的に見れば、この戦争は帝政にいまだ同化が進んでいない異族人の忠誠度を試す機会をもたらすことになった。つまり、これは明らかに彼らを「正規」化するための機会であったが、しかし、そのために徴兵などによって軍事力(武力)を介在させることは大きな賭けでもあった。実際、ロシア軍にとってポーランド王国でポーランド常備軍を設けることなど論外であったし、今回もたとえポーランド人をロシア人と対等に扱うことがあったとしても、ポーランド人だけの部隊はつくらせないのであった。帝政にとって軍隊編制における民族的(あるいは種族的)要素の取り扱いはたえず緊張を強いられることであった。

異族人部隊(инородческие войска)はカフカースだけでなく、クリミア、グルジア、バシキールなど各地に存在したが、一八七〇年には、全体で士官一三二人、兵卒五六一九人という数字であるから、[194] それほど多いわけではない。それでも興味深いことに、七六年一二月になって、カフカース軍総司令官は異族人部隊を新規に編制するよう指示したのである。

これは必要に迫られて行われた独自な判断によるものと考えられるが、ロシア軍部の公式記録がそのことをわざわざ記載するから、ペテルブルグ中央はそれを了解したとみなしてよいであろう（今の筆者はこの問題をめぐる出先カフカースと中央との遣り取りの具体的内容を知ることはできない。管見の限り、従来の研究史はこの件を問題化していない）。繰り返すが、異族人（およびカフカース地方）は国民皆兵法の適用から外されていたから、兵役を義務扱いするのは筋違いであり、あくまでも志願する（させる）のである。したがって、これは、後に見るように、そうした志願者が急増している状況を踏まえた判断でもあったとみなせるであろう。現実に露土開戦とともに異族人部隊は急増し、七八年初の時点で、合計して〔北カフカースの〕山岳民から四〇騎兵中隊（конные сотни）と六歩兵連隊（пешие дружины）が、同様にザカフカース住民から七〇騎兵中隊、七歩兵連隊および九歩兵中隊が編制され、これら民兵（ミリツィア）の実員総計は士官六六七人、兵卒二万六六〇七人に達した。ほかに恒常的な部分として、同じく一一九人、五〇八二人がいたから、異族人部隊の兵卒規模は三万を越えたのである。(195)

カフカース戦争が終結すると、クバン地方では全住民の武装解除が行われたが、テレク地方では司令官のスヴャトポールク・ミールスキーがそれを行わず、その山岳民たちは村内限りで武器を保持し続けた。力関係からすれば、山岳民の武装解除権はカザーク側にあった。(196)当局は一八六三〜六四年のポーランド蜂起の鎮圧にチェチェン人からなる連隊を送り、「重宝した」経験があった。(197)つまり、山岳民たちは権力による「汚い仕事」の実行役とされたのである。このことと前後して、当局は現地住民をむしろ日常的に活用しようとした。つまり、六二年六月、警備役（охранная стража）および自治警察（земская полиция）をつくる法や六五年一月のテレク常備民兵法（положение о терской постоянной милиции）などにそれは反映された。別に見たような山岳民の大量移住が発生すると、なかば自動的にこれら組織の大幅な縮小が生じたことは、(198)それに対する異族人たちの関与の大きさをうかがわせるであろう。このように、ツァーリ政府は露土開戦に先立ち、民兵部門の活用に意味合いを改めて認め、それにカフカース防衛上の大きな役割を与えようとしたのであった。

さて、帝政ロシアの欧露部では、一八七一年九月から軍管区ごとに一郡を選んで動員召集の訓練を行っていた。戦闘準備情報の管理、最適な対策の策定など、動員全体系の構築を行うために参謀本部に動員委員会(мобилизационный комитет)が設置されたのは、七五年末である。動員案の作成が具体的に開始されるのが七六年五月からで、切迫する状況が作業を急がせ、兵員の鉄道輸送案も作成された[199]。カフカース軍で開戦に向けた動員が現実味を帯びたのは、七六年九月以降である。その二一日、陸相はカフカース軍総司令官に対しツァーリが動員を予定している旨を告げた。それはこの露土戦争で一番早い部分動員の一環であった。陸相は、「ロシアの武力介入なしには東方問題を解決することはできない。オデッサとハリコフの軍管区に戒厳令を布き、第一九、第三五、第四一の各歩兵師団とカフカース擲弾兵をヨーロッパ・トルコ部とカフカースへ侵攻させよ」(傍点強調＝引用者)と命じた[200]。動員にはヴラジカフカース鉄道やポチ＝チフリス鉄道(一八七二年開通)の活用が予定された。とりわけロストフを起点とするヴラジカフカース鉄道は中央部ロシアとカフカースを結ぶものとして、その完成が待たれたものであった。大公ミハイルは内外の資本を呼び込んでその建設を実現し、最終的にはインドに至ることを夢想した人である。七一年にロストフがハリコフ経由でモスクワと結ばれた後、七二年から三年間でヴラジカフカースまで六五〇キロほど鉄路が伸びて、七五年七月に同線は開業の運びになったのであった[201]。ぎりぎり開戦に間に合ったといったところであろうか。

一八七六年一一月一日に全国規模の動員令が下り、四四県で二二万人が徴集され、三〇県で六万三〇〇〇頭の軍馬が徴用されることになった[202]。同じ日に陸相はカフカース軍総司令官に打電して、カフカース軍を動員するだけでなく、予備大隊(запасные баталионы)も編制するように指示した[203]。兵員の動員は欧露では二週間ほどで完了したが、ザカフカースでは一カ月近くを要した。ロシア軍事史上初めて鉄道が動員に使用された。七六年一一月八日から一二月二二日の間にヴラジカフカース鉄道は兵員一〇万二〇〇〇人、軍馬一万頭を運んだ[204]。軍馬は住民が税として差し出すのが基本であったが、カザークの馬を流用するか、購入することもありえた。関係者は軍馬の調達は簡単でない印象を得ていた。その年の八月、帝国の西半分三三県で馬の頭数調査(конная перепись)が実施され、一〇月二四日に軍馬税法が成立するといった随分と忙しない段取りとなった。(205) 蓋を開けてみると、軍馬はほとんどすべて（六万頭弱）が自発的に供出され、籤引きは例外的であった。(206)

動員令の布告と同時に民兵（ミリツィア）の形成に関して住民へ呼びかけがなされた結果、大量の希望者がそれに応じる事態となった。何人かのカフカース史家はそのことを強調している。たとえば、呼びかけはチェチェン人の間でも大きな反響を呼んで、志願者が殺到した。一般にひろくカフカースでは人民の間で軍務は人気があった。早速、七七年一月一五日にはチェチニアに非正規の騎馬連隊がつくられた。(207) テレク地方では、テレク山岳連隊（Терско-Горский полк）が形成されたが、これは数的には一二騎兵中隊（сотня）分をまかなえるほどであった。さらにカバルダでも志願者から非正規な騎兵連隊が成り立った。(208) グルジアの場合はより多くの志願者が出て、クタイシ県知事は「貴族たちの志願者」だけで騎馬民兵隊（конная дружина）をつくることを考えたほどであった。農民の間でも民兵へ加わる動きが強まり、「それまで貴族が勇敢だったが、いまや農民がそうだ」と言われるほどであった。グリアでは二万五〇〇〇の住民のうち、男子四〇〇〇人が志願兵として登録されることを望んだ。「グリア民兵隊」では七六年一二月に初めて呼びかけを出すと、一三歳から六〇歳まで三〇〇〇人以上がそれに応えた。(209) 七六年一一月一日の動員布告の日にクタイシとチフリスの両県で、民兵形成に関する規定を作成するための委員会がつくられ、カフカース軍部はそれを国家後備軍（государственное ополчение）として扱うことを認めた。カフカースのすべての部族と種族を対象とする民兵課税が予定され、それで後備軍の規模が決まることになった。その形成は地域の行政区分に従い、それぞれの召集規模が一〇〇戸当たり歩兵二、騎兵一と定められた。民兵の編制経費は地元共同体（земские общества）で受け持ったが、それが陸軍省に移管されると、国費で処理された。民兵形成は全域一斉ではなく、人的に余裕があるところからなされた。(210) 以上、筆者として独自に裏づけをとる機会を持たないまま紹介した。これらの記述には志願者の本音の在り処をさしあたり不問に付す共通性があるが、いずれにせよ、少なくとも現象として大量な志願者の存在を確認することはできるであろう。

さらに、公式的な戦史のひとつは、開戦前後に異族人の間で形成された軍事組織（異族人軍〈инородческая войска〉）について次のように言及している。開戦までにつくられたものとして、クタイシ騎馬非正規連隊（七五八人）、ダゲスタン騎馬非正規連隊（六〇〇人）、グルジア歩兵義勇隊（二三四人）があり、ダゲスタン、テレク、クバン、アンディー〔ダゲスタンの一地方〕には民兵の存在が認められる。さらに、クリミア・タタール人やオレンブルグのバシキール人の間でも騎兵中隊（エスカドロン）がつくられたが、これらは予備軍に相当した。カフカースではカフカース軍総司令部の指図で七六年一二月から新たに異族人部隊（инородческие части）が形成されはじめ、騎兵と歩兵あわせて一七九人の士官と兵卒六九一三人となった。それだけでなく、開戦とともにさらに部隊がつくられ、七八年初、一時的に編制されたものとして山岳住民からなるものが計四〇騎兵中隊、六歩兵連隊規模にのぼった。また、一時的な民兵は士官六六七人、兵卒二万六六〇七人という数字もある[211]。結局、この戦史はこの露土戦争に三万人規模の山岳民部隊を数えている。この種の数値は確定しようがないが、カフカース総督はアレクサンドル二世に対して「われわれはアジア・トルコと戦う際、カフカースにかくも大きな勢力をいまだかつて有したことはありません」と書いたほどであった[212]。

このように国民皆兵法では除外された異族人たちは志願し、あるいは総督府が独自策を講じて部隊を編制し、オスマン帝国との戦争に直接的な参加をすることとなった。当局には予想された兵力不足をそれで補う意図があった。しかし、この際、注目すべきは、異族人部隊が差し向けられた先が必ずしもオスマン帝国（軍）に限られなかったかもしれないことである。戦争を契機に、以下に見るように反乱した山岳民を鎮圧するのにそれが使われたことは大いにありえ、そのようであれば、彼らの間でいわば内戦状況が生じたことになるが、従来の研究はこうした側面に対してほとんど無頓着である。また、資料面がそれに対応していないことも、そうするのに力があったであろう。ここでは論点の指摘に留めざるをえないが、客観的にみれば、異族人たちが志願して部隊をつくり、帝政ロシア軍の一角を占めたことは彼らに臣民化への道を開く。対オスマンだけでなく臣従しない諸種族とも戦って、ツァリーズムを擁護し強化する役割を果たす。しかし、その一方では、そうしたことをする異族人たちの主体性の内実や如何という問題は残る。彼らの主体性や主観をめぐるもうひとつの問題である。

カフカース総督の大公ミハイル・ニコラエヴィチがカフカース軍総司令官として士官六〇〇〇人、兵卒二六万八〇〇〇人、軍馬三万二〇〇〇頭を掌握して戦争を統括した(七八年七月段階)。そのうち黒海沿岸防衛に兵卒六万七〇〇〇人、軍馬一万四〇〇〇頭が割かれた。[213] 実質的なロシア軍の指揮官は、ロリース・メーリコフであった。アルメニアの名門に生まれた彼はカフカース戦争のヴェテランであり、五五年のカルス包囲で名をあげ、ムラヴィヨーフに取り立てられて司令官になり、その一五年後、帝政ロシアのカフカース経営で重きをなすことになった。この時、五三歳。彼は誰よりもアジアを知りうる人物としてこの戦争を任されたが、同時に大公およびその副官スヴャトポールク・ミールスキーとの折合は悪く、「暗闘」を強いられたのであった。[214] 開戦にあたり、大公がオスマン帝国側住民(ほとんどがグルジア人)に次のような声明を現地語に翻訳して配布したのは、ロリース・メーリコフの考えからである——ツァーリが目的とするのは、抑圧された者に対する防衛と抑圧者に対する規制である。つまり、正義と人権の擁護である。別に平和的な住民を脅かそうというのではない。あなた方はわが友であり、その家族と財産は守られるであろう。ロシア軍の駐留が相互の敵対ではなく、両者の精神的な絆となるように願っている(以下、略)。ロシア軍に忠誠ならば絶対に安全だが、そうでなければ、必ず滅びるなどという物騒な脅しは、やはりロリース・メーリコフの発案によって、物資調達にあたり住民側に支払いをしたことでかなりの程度、中和された。ロシア軍が物資を現金で買い取るという話が伝わると、部隊が村に入るのを待ち構えていた住民たちはむしろ食糧を売りつけようとした。まさしく、「特需景気」の到来で、住民はロシア軍を歓迎した。兵士の宿営ができるとすぐにその周辺にはバザールが開かれ、商いが盛んになされ、住民はロシア貨幣の取り扱いに慣れるほどであった。その一方で、アルメニアのトルコ兵は決して支払わなかった。「ロシア人のやっていることはムスリムの間の愛国心を掘り崩している」とエルズルームの市長はスルタンに書いたとも言われる。[215]

開戦直後のアナトリアにおけるロシア軍の様子について、もうひとつだけ同じイギリス側の資料から引用する。開戦して、オスマン帝国側の準備も終わらぬうちに、ロシア軍はオスマン帝国のアジア国境を三縦隊で越えた。ほとんど抵抗らしい抵抗を受けず進軍したが、折からの悪天候がその動きを制約した。終日の降雨と暴風で道路は全くの泥濘と化した。軍の通過に伴って、周辺の家々からギリシア人やアルメニア人が村を代表して出てきた。そこで、ダゲスタン地方司令官メーリコフ（Л. И. Меликов 1817–1892）は次のような話をした——ツァーリはあなた方兄弟と戦う気持ちはない。またあなた方の言語、宗教、伝統を変える気もない。私を見てくれ。私はロシア人ではなく、アルメニア教会に属し、私の母語はアルメニア語だ。ツァーリは相互に尊重し、正教、アルメニア教、ムスリムの間で争おうなどとしてはいない。わが軍にはイスラーム教徒、チェルケス人、タタール人の将軍たちもいる。あなた方は何も問題ないのだ。あなた方のやり方でやればよい。ただひとつだけ望むことは、われわれの軍政に抵抗するのではなく、またわが軍に敵対しないことだ。(216)

ここでの問題は、西カフカースの山岳民たちはロシア軍とこのような出会いをしなかったことである。彼らは貨幣経済の世界から遠く離れ、そうした邂逅があったことすら知らないであろう。

移住者たちの露土戦争

一八七七年からの露土戦争はチェルケス人たちにひとつの契機をもたらした。アナトリアではさまざまな委員会がコンスタンチノーポリ、サムスン、トラブゾン、カルスなどで若いチェルケス人（移住二世を含んだことであろう）にオスマン帝国軍に参加するよう説得してまわった。その効果は絶大で、たとえば七七年五月、トラブゾンではチェルケス人二〇〇〇から三〇〇〇人が集まり、ファジル・パシャ（Fazil pasha）指揮下のオスマン正規軍へ参加した。その五月中ごろには約一〇〇〇人の移民から成るオスマン非正規軍（muhacirler）がグダウタ（黒海北岸アブハジアの港町）に上陸し、彼らは民兵に組織されていた地元のアブハジア人たちと合流した。(217) このように、開戦とともに、移住者（とその子孫）の一部はオスマン軍に参加して、ロシア軍と戦う道を選択した。トルコ政府は山岳民移住者を兵役から免除していたが、開戦となれば、ロシアの軍事事情（ロシア兵器、ロシア語、カフカース事情など）に通じた経験豊かな山岳民の活用を考えざるをえず、(218) このような移住者たちの動きをむしろ歓迎したであろう。それだけでなく、当時の代表的な改革派政治家アフメド・ミドハト－パシャ（Akhmed Midkhat-pasha）の計画によって、チェルケス人移民がドナウ河口からボスニア・ヘルツェゴヴィナの中間地帯に入って、カザーク村のような軍事的入植地をつくり、彼らが民兵として国境防衛につくことになった[219]。ブルガリア人やセルビア人たちキリスト者の間にムスリムのあたかも「生きた仕切り」が立てられたのである。

しかしながら、チェルケス移住者たちは、戦況によって大きく左右される運命にあった。開戦して数週間、チェルケス諸部族はオスマン側に与していたが、オスマン軍の敗戦が重なるにつれて、彼らはそこから離脱する道を探るようになった。七七年八月、チェルケス人たちはいくつかの港に集合して、一六隻の船に分乗し、トラブゾンおよびサムスンへと脱出した。つまり、彼らがカフカースを去って最初に上陸した黒海南岸である（来た道を帰るつもりであろうか）。この時点でオスマン軍士官は合計して五万以上のチェルケス人が自らの故郷〔移住先〕を離れるであろうと推測した。その一方で、九月になると恐ろしい知らせがトラブゾンへ届いた。対岸の西カフカース・クラスノダール地方で黒海沿岸のソチに隣接した港町アドレルの森付近で、カザークに包囲されたアブハジア人家族一五〇〇人がそのまま餓死したというのである。国際社会は混乱を逃れて退避しようと待機している移民を運ぶ（救出する）船舶の派遣を強く求め、イギリスの汽船会社 Harriet Agnes とトルコの Mahsuse Company の船がチェルケス海岸に向かった。九月までに一万五〇〇〇人以上が脱出してサムスンに着き、その多くはそこから黒海沿岸のいくつかの港湾町へと流れ込んだ[220]。戦争終盤期、ロシア軍が「快進撃」してコンスタンチノーポリへ迫ると、〔バルカン半島へ移住した〕チェルケス人やブルガリアやセルビアに住んでいたそのほかのムスリムたちは彼らの住処を撤去して、黒海沿岸の港に集まってきたのであった[221]。

移住民に関してさらに言及しておこう。右に見たように、当局はその動向に神経質になり、彼らはいうところの宗教的ファナティズムの具現者あるいは運搬者として扱われ気味であった。七七年五月一一日付で、ダゲスタン地方司令官メーリコフがカフカース軍管区参謀部へ宛てた返答は次のように述べる――ダゲスタンでは山岳民がトルコ人と関係するだけでなく、オスマン帝国から移住民が戻ってきている。そこで留意すべきは、（一）住民たちはオスマン帝国にどのような印象を抱いているか、（二）オスマン帝国から帰還した者の目的は何か、彼らは移住以前何を考え、何を行っていたか、(三)とくにオスマン帝国から戻ったメッカ巡礼者を厳しく監視し、場合によっては逮捕することである。管轄内の住民たちはオスマン帝国への移住者と手紙の遣り取りをしており、後者は露土戦時にカフカースのムスリム住民を蜂起させようとしている。外部から入ってくるものを厳しく監視しなくてはならない。[222] このように、当局は移住民の取り扱いにますます神経を尖らせるようになった。

明らかに、開戦は一挙に人の移動を活性化した。オスマン軍への参加といったことだけでなく、この戦時期にカフカースの山岳民など諸種族をめぐる状況は不安定さをさらに増した。ロシア当局は「チェルケス人のエクソダス」で問題が解決したとは決して考え(られ)ない。戦時ゆえ、「余計者」をオスマン帝国などへ追放することができないとなれば(追放できても、敵軍に参加するようでは困る)、その行き先をロシア国内にすることも考えなくてはならない。

ここでは、反乱に関わってサラトフ県に流されたダゲスタンの山岳民たちの運命について先行研究を参照してみたい。内相チマショーフは彼らをひとまずアストラハン県あるいはハリコフ県で警察の監視下においてから、さらに気候温暖でムスリムが少ない内陸中央部のトゥーラ、カルーガ、オリョールといった諸県へ移住させることを考えた。そのためにヴォルガ川をアストラハンからカザンまで送る手立ても整えられた。しかし、それらは新たな大量の流入には対応しえない状態にあったため、七七年一〇月、カフカース総督はひとまず一〇〇〇家族をさらに北方のプスコフ県およびノヴゴロド県へ送ることにした。だが、状況は急速に悪化した。七七年秋以降、生活基盤を全く欠く、着の身着のままの者が出続けた。ノヴゴロド県へ送られた山岳民一六二五人のうち、四二九人が最初の冬に死んだ。両県に七七年一〇月に流された約一〇〇〇のダゲスタン人家族は二年間でその半数が立ち行かなくなって滅んだのである。それでも翌七八年にはより多くの山岳民がカフカースからの脱出を待つようになった。前年の出来事に衝撃を受けたカフカース総督は山岳民たちに対する「文明的使命」の発揮を諦めかけて、問題をロリース・メーリコフたちに丸投げした。もはや厳冬の北部へ追放することは考えられない。西シベリアはすでにムスリムが多く住むから無理である。東シベリアもやはり死刑に等しい。ダゲスタンへ戻すことは問題外である等々、議論は続き、結局、代案として、カフカースにいくらかは近いサマラ、ウファ、オレンブルグ、サラトフ各県の国有地へ村ぐるみではなく、三〇人から五〇人規模の小集団で山岳民を送ることにした。少人数ならば周囲との関係をそれほど気にすることもないであろう。ロシアではチェルケス人は昔から盗賊として知れ渡っているから、彼らが集団で来るようなことになれば、周辺住民にとって脅威以外のなにものでもない。しかし、彼らを「国民経済にとって有用かつ平和的な市民にする」ことなどとてつもない難問であるが、その看板を引き下げる訳にはゆかない。サラトフ県などを移住先にすることについて、カフカース当局は内務省と協議をして、二年間は食費を支給すること、村ぐるみでは移住させないことなどを取り決めた。七九年夏、五五〇、五五〇、四四〇人ずつの一団が身体検査を受け、ダゲスタンのデルベントとペトロフの町で消毒されて、カスピ海航路でアストラハンへ送られた。そこでは秋には土地、家、農機具が使えるように準備されていた。サラトフへ送られた山岳民たちは、五〇戸ごとに農村共同体をつくって、ロシア風の生活をすることが求められた。当局は彼らのために新しい村の中心にモスクを建てるまでした。その一方で、宗務院はスーフィズムの活動に神経を尖らせ、警察は日常的な監視を強化した。しかし、冬が訪れると、ダゲスタンの人たちは北カフカースへ戻りたいと強く願うようになった。やはり気候が厳しく、何よりも定住の農業生活には慣れようがない。それは一日五回の祈りを上げる時間を決して自由にはしないのだ。翌八〇年春になると、サラトフ県知事チミリャーゼフ自らが出向いて、ロシア風生活が彼らにとって不向きで現実的でないことを確認した。それに合わせるようにして、山岳民たちは集団で帰郷を請願した。その一方で、地元のロシア人農民たちが盗難の発生を訴えた。真偽のほどはともかくとして、彼らにとって山岳民たちはいかがわしい部外者でしかなかったのである。山岳民は山岳民で彼らのために建てられたモスクを無視するまでした。当局は農作業に従わない者たちを別の場所に移すことを考え、アストラハンからカザーク五〇人を呼んで秩序維持に当たらせるなど手当てに追われた。警察力を使ってでも、山岳民たちを躾ける（воспитание）べきであるとする声もあがるようになった。ついにロリース・メーリコフはカフカース近くのより暖かな地帯（たとえば、ノガイ・ステップ）へ送り直すのがよいだろうとツァーリへ進言したが、返事はない。内務省関係者はこの計画自体を放棄するしかないであろうと考え出した。カフカースへ彼らを戻すのが唯一の策であるというのである。サラトフに留めるにも出費が嵩むから馬鹿にならない。結局、八三年五月一五日、ツァーリはその年の関係経費はサラトフに残る山岳民をダゲスタンに戻すのに使うとする決裁を行ったのであった。(223)

これらダゲスタンの山岳民をめぐる遣り取りの経緯は、帝政ロシア側(ペテルブルグ中央とカフカース当局)が彼らをいかに持てあましたかを良く示すであろう。これは異族人として歴史的に取り扱われてきた彼らを権力側がおそらく初めて統合しようとして出会った戸惑いをよく伝えている。

山岳民の反乱

露土戦争の始まりに連動するようにして、チェチニア、さらにはダゲスタンの山岳民たちが反乱した。その舞台は東カフカースであり、人びとの間にはカフカース戦争の記憶がいまだ十分に息づいている。当局にとって、この時点では、シャミーリの精神的な遺産を抹消するなど至難のことであったと思われる。西カフカースの平定どころか、鎮圧したはずの東カフカースもいまだ動揺を続けているということである。当局が用意した関連資料の編者は、そこでは「ロシアの文化と影響がいまだ少ないこと」を率直に認めざるをえない。(224) 同様に、ロシアの主権をレズギン人たちに適用するのは何ともむつかしいとも述べたのである。(225) 帝政ロシアがカフカースを最終的に版図化する段階で、こうした一連の事態とそれらに対する観察が生じた事実がまず確認されなくてはならない。それは近代ツァリーズムにとってやはり難事業なのであった。オスマン帝国に向ける戦力がそうでなくても不足気味なのに、山岳民に対してもそれを割かなくてはならないのは非常事態であるといった危機感がロシア軍部をとらえた。(226) ロシア軍は虎の子の野戦軍でオスマン帝国による黒海北部沿岸部への陸海合同作戦に備えるにしても、ロシア参謀本部はカフカースで利用できる兵力のほぼ半分を山岳民に向けて対内的な秩序維持に努めなくてはならないと見積もったことはすでに述べた。その恐れが現実化した。

帝政ロシアの支配力がいまだ脆弱であるだけならば、山岳民たちは反乱しなかったかもしれない。しかし、統治力の強化に励めばよいだけの話ではない、とロシア当局関係者は自らの怠慢と無力をなかば棚上げして考え、問題を整理した。つまり、何よりも宗教的ファナティズムの存在。一八六〇年代初から新しい教義ジクリズムがひろまった。これまでいつも暴動の主役はムスリム聖職者たちであったが、今回もそうであるとみなそうとした。それとあわせて、地域に対するオスマン帝国の影響が大変に強力なこと。山岳民たちは〔ツァーリでなく〕スルタンを最高指導者とみなし、その協力を得てロシアから自立したいとさえ考えている。さらに、オスマン帝国へ移住した者やメッカ、コンスタンチノーポリに〔巡礼で〕行った者からの影響も大きい、などと分析した。つまるところ、「狂信者・ムスリム聖職者・メッカ巡礼者、つまりトルコの陰謀によって準備された広範な悪巧みが存在しているのである」[227]。ロシア軍当局にとってこれが問題の所在であった。したがって、それらを排除しえても、ロシア統治力の問題はそのまま残ることになるから、皮相な状況分析といわなくてはならない。

テレクとダゲスタン両地方から出かけた聖地巡礼者たちが一八七六年末から翌年初にかけて戻ってきたが、その中にコンスタンチノーポリを経由してメッカまで行ってきた二二歳のアリベク＝ハジ・アルダモフ(Alibek-Khadzi Aldamov 以下、アリベクとする)がいた。アリベクはコンスタンチノーポリでシャミーリの息子ガジ(Gazi-Magomet)と知り合い、彼からカフカースの黒海沿岸部にオスマン軍が上陸するのと同時に住民を蜂起させる計画を聞いていた[228]。この戦争にはオスマン帝国がロシアに勝利するだけでなく、チェチニアとダゲスタンをロシアから解放する二重の使命があるというのである[229]。そのようであれば、ガジたちはロシアの戦争計画に見事に対応している、といわなくてはならない(むろん、その逆も言える)。ガジは、一八七一年八月、兄弟と共に陸相ミリューチンに父シャミーリの死(同年二月)後、親戚や身寄りの面倒をみるためオスマン帝国に出ることを認めさせ、結局、オスマン軍に勤務することになった[230]。巡礼に出た者たちがコンスタンチノーポリではガジがスルタンの信任を得てすでに大きな権威性を博しているといった話まで仕込んできて、なかには彼を自らの保護者とみなす者も出るほどであった[231]。こうして、露土戦時、北カフカースでは山岳民たちがガジのオスマン軍から支援されるのを待つこととなった。

さらに、チェチニアでは次のような噂が流れた。アッラーが邪教徒を根絶するために送った「聖なる剣」(священный меч)が山岳部で発見され、その剣は今、アリベクの手中にあるというのである。[232]

【補論】ひろくソヴィエト史学はアリベクに対するジクリズムの影響を強調する傾向にあった。すでに触れたように、ジクリズムは一八六〇年代にクンタ＝ハジがつくったセクトであるが、マリサーゴヴァによれば、チェチニアでは彼の追随者は三〇〇〇人に満たず、六四年に彼らの反乱が潰されて活動は停止した。かろうじてイチケリアを中心とする山岳部に小グループが残存し、アリベクもその影響下にあったというのである。Т. Т. Мальсагова, Восстание горцев в Чечне в 1877 году, Грозный, 1968, 6. 同頁の注記も参照。このことを実証するアリベク論が不可欠であろう。

露土開戦とともにチェチニアにひろまった噂には地元ロシア軍のすべては国境へ出て行き、カフカース東部ではロシア人は無力である。彼らは山岳民を恐れ、できる限りの譲歩をする用意がある。〔そうすることで〕彼らは落ち着きたいのだ、といったものまで含まれていた。[233] このようにして、アリベクやガジといった特定のムスリム関係者がフレーム・アップされ、露土開戦を好機に転じようとする動きが生じたのは疑いなく、戦争と反乱の関連性は注目されてよい。このことを直接的に示す次のような話もある。「ガジが多数の山岳民＝移住民の部隊とともに進撃し、ロシア人は至る所で敗退している。蜂起に加わったチェチェン人はすべて永久にあらゆる税を免除され、土地を自分のものとすることができるが、参加しない者は奴隷になるのだ。住民の間を黄金色の文字で印刷されたガジ名の檄文が飛び交った」。帝政期に出版されたなかでおそらくもっともまとまった山岳民蜂起論の著者コヴァレフスキーは、山岳民に対する外部からの影響力を重視する立場から、これ〔ガジの檄文〕は子供のようにナイーヴな人民に驚くべき効果を発揮したとしている。[234] この著者はムスリムたちの「無学と非教養」が宗教的政治的ファナティズムの基盤を生み出すとみなして、そこからの脱却を図るために山岳民の間に教育を普及させると同時に、「政治的な作用という意味で、トルコからの影響を可能な限り排除する」ことをいわば処方箋として示す人である。ここでいう「影響」を巡礼、密使、ムッラー〔イスラーム僧〕など人の動きにおいてとらえようとするのもやはり特徴的である。[235]

今回の反乱はチェチニアの東部、ダゲスタン寄りの山岳部イチケリア（Ичкерия）とダゲスタンのほぼ中央部のいわゆる「山岳ダゲスタン」（Нагорный Дагестан）とを中心にして起きた。前者の集落ヴェデノ（Ведено）、後者のグニブ（Гуниб）はともにカフカース戦争時、シャミーリのイママートの拠点が置かれたところである。その意味では、これはカフカース戦争の再版的な意味合いを有したことにも注目すべきであるが、従来、このことを指摘する議論を見ないのはどうしたことであろうか。

最初に顕著な動きが観察されたチェチニアから見てみたい。ヴェデノ高地はチェチェン人にとっていわば揺り籠的な存在の格別な場所であり、彼ら自身は「人民の居所」といった意味合いで「ナチヘ＝モクフ」（Нахче-Мохк）と名づけ、いわば聖地扱いをした。露土開戦の報がヴェデノ一帯に伝わると、周辺の住民六〇人ほどがサヤサン村付近の森に集まり、公然と反旗を翻し、〔ロシアからの〕自立を誓った。その中心にアリベクがいて、彼は自らをイマームと名乗った。[236] 反乱の端緒に関する記述においては、このロシア軍部のものとガムマーが引用するチェチェン側資料とは次のようにほぼ一致している。七七年三月一六日（つまり、開戦の一月ほど前であるから、開戦直後をいう軍部資料とは相違する）、アリベクは内密にサヤサン村付近に人びとを集め、ツァーリによってイスラームおよびシャリーアが蔑ろにされている問題に触れた。ロシア当局はモスクで声高に祈ることを禁じ、ハジ〔メッカ巡礼者〕たちが特別な服装をすること〔ターバン着用〕を認めず、雨乞いなどで人びとが集まることさえ許可しないではないか。アリベクはこのように非難し、その場で人びとは彼をイマームに選んだ。その権威性を高めるために、彼らはアリベクのナイブ〔補佐役〕を各地から出すことを決めた。二週間後、四月三日、彼が表に現れるとその影響力は急速に拡大した。[237]

したがって、アリベクがチェチェン反乱の中心にいたことは確かであろう。同時に、同じイチケリアの拠点ベノイ（Беной）などで次のような噂が流れたことも反乱を促したかもしれない。つまり、〔ロシア軍に勤務したことがある少将でオスマン帝国側へ寝返って山岳民逃亡者たちの部隊編制に尽力した）ムサ－パシャ・クンドゥーホフ（Musa-pasha Kundukhov）がチェルケス人とともにヴラジカフカース付近に出没したから、やがてチェチニアにも来るであろう。[238]反乱側にとって力強い援軍がやってくるというのである。

ロシア軍当局はアリベクを叩くことに集中した。彼によって反乱が伝播されると正確に認識したからである。早速、アリベクの移動を阻止する作戦が採られて、反乱側が二、三〇〇の死傷者を出す事件（Маоргупское дело）が起き、山岳民たちに強い印象を与えた。アリベクはイチケリア最深部へと逃亡して、反乱の動きは早々に下火になった。[239]その一方では、反乱すること自体に反対するダルギン人やイングーシ人などはアリベクたちの動きに同調しなかったから、[240]山岳民たちは必ずしも一枚岩で反露を決め込んだわけでもなかった。帝政ロシアは力を集めて反乱を根底から鎮圧しようして、正規の軍隊だけでなく、地元志願者から民兵を編制することを考え、問題とした村落（アウール）の平定は首謀者（と認定した者）を逮捕するだけでなく、村落自体を物理的に破壊して、居られなくなった住民を平地へ強制移住させることを原則とした。[241]つまり、山岳民を根こそぎ排除し、その地をひとまず無人化しようというのである（その土地利用については、後に触れる）。

一八七七年四月二四日、露土両国は開戦し、国境地帯に待機していたカフカース軍は直ちに越境を始めた。開戦時、カフカース軍は四隊に分かれ、アレクサンドロポーリからカルスを、アハルトジッヘからアルダハンを、エレバンからバヤゼットを、そして黒海東岸西グルジアのコブレチからバツーミをめざして進撃を始めた。これら四目標を結ぶ線についてはは先述した。出撃はそれぞれもっとも近い拠点からなされた。二八日にはアレクサンドロポーリから出撃したハイマン将軍の部隊はカルス北東へと進出を果たし、同様にエレバンを出発したテルグカーソフ将軍の軍は三〇日に抵抗なしにバヤゼットを陥落したが、その一方で山岳民たちの抵抗運動への手当てに追われ、十分な兵力をもって更なる攻略を進めるのが困難な状況がすぐに生まれた。[242]

当局はテレク地方に戒厳令をしき、チェチニアの中心都市グローズヌイにチェチェン人の「名誉市民」（地元有力者）

たちを集めて、治安維持に協力を得ようとした。参加したのは、小チェチニアからの者たちばかりで、彼らはツァーリへの忠誠を表明したが、肝心の大チェチニアと山岳チェチニアの人たちは集まり自体を無視した。[243] カフカース総督は、ツァーリへの電報で、テレク地方の出来事はイチケリアなどの住民のうちファナティックな部分がもたらしたもので、深刻な性格を帯びていると伝えた。[244] しかし、実際に動揺したのは、イチケリアだけではなかった。バツーミ北方の黒海沿岸部アブハジアでも一団が反乱した。これは露土戦争とより直接的に関係する動きであった。アブハジアが帝政ロシアに併合されたのは一八一〇年であったが、その後も地元権力者たち（クニャージ、つまり侯）は自らの権力を維持し続け、帝政側にとっては「手間がかかる」一帯であった。一八五八年、バリャチンスキーとの関係が必ずしも良くはなかったロリース・メーリコフがアブハジアの軍司令官に任命された。よく言えば、実力拝見、悪く言えば、苛めであろうが、ロリース・メーリコフはこの一帯をうまく制圧して、バリャチンスキーの評価を変えることにも成功した。[245] そこではクリミア戦後、ようやく六四年になって侯国制度は廃止され、行政上はクタイシ県に入り、軍事的にはスフーミ軍区に編入されることになった。農民改革がアブハジア人から良い土地を奪った結果、六八年には反乱が起きたが、鎮圧されてその参加者の一部はオスマン帝国へ追放されることも起きた。トルコ政府がいまだ不安定なロシア＝アブハジア関係に目をつけるのは自然なことであろう。

この戦争にあたりオスマン帝国は正規軍のほかに三万丁のライフルで住民を武装することを考えたが、その中には移住したが故郷（カフカース地方）へ戻りたがっていたチェルケス人とアブハジア人たち二、三〇〇〇人が含まれていた。トルコ政府はそれ以上に多くの移住者を戦場へ送り出そうとしたから、ロシアにとり状況はますます悪化した。チフリスのロシア軍司令部はそうした上陸作戦（「帰郷作戦」とでも称するのがよいか）に対抗するため予備軍を向ければ、その隙を衝いてチェチニアで反乱が拡大するのを恐れて二の足を踏んだからである。[246] 内と外からアブハジアは揺さぶられようとしたのであった。

トルコ軍はアブハジア作戦に正規軍、一〇～一二大隊および四砲兵中隊を投入した。五月一二日、グダウタにその一部が上陸し、地元アブハジア人と合流した。オスマン帝国の黒海艦隊はスフーミの街を海上から砲撃し、ロシア守備隊（将軍クラフチェンコ）は後方の山地へ逃れた。それには行政や医療関係者だけでなく、周辺の村々からの亡命者たち（ロシア人、ギリシア人、ブルガリア人など）も入っていたから、彼らがパニックに陥ったのは明らかであった。全般にロシアの黒海沿岸警備は手薄であった。数人のムッラーも上陸してロシアに対する「聖戦」を唱えると、住民がすばやく集まって艦船から引き上げた武器で武装した。もっともオスマン軍の大半は上陸しなかったから、ロシア側にとっては唯一の実際的な敵は反乱したアブハジア人たちで、彼らはキリスト教徒の村を次々に破壊して略奪した。(247)

五月二日、オスマン軍がスフーミを攻めて火を放った。ロシア軍は後退してアブハジアの大半、つまり黒海東岸約百数十キロがオスマン側に渡った。(248) オスマン軍司令部はこれを喜んだが、クバン・カザークなどロシア軍が遠くから周囲を取り囲んでいることがすぐに判明した。しかも、アブハジア人たちを軍隊組織にまとめあげることなど全くできない相談であった。彼ら諸部族とオスマン帝国との間を結ぶ絆は不確かなもので、実際のところ、現地の人たちは武器を受け取るとそれを持って森の中へと姿を消したのであった。(249)

緒戦におけるカフカース軍の快進撃は、六月末にハイマン将軍指揮下の一万三〇〇〇人（大砲六四門）によるカルス攻めが撃退されて（この戦争でトルコ側の唯一の戦勝）、頓挫した。ロシア軍がカルス方面から引くと、キリスト者がその後を追った。空いた村々をクルド族の非正規軍が占めて教会を破壊した。エレバン方面からも軍が引くと、傷病者や多数のアルメニア人やアゼルバイジャン人がその後について脱出した。(250)

七七年七月九日、大公ミハイルは重要な決断を下した。彼は、バルカンの戦況が良好なので、カフカース戦線での攻勢は不必要かつ危険とみなし、カルス〔およびバツーミ〕に対する作戦を放棄して、カフカース沿岸に対する〔黒海側からの〕トルコの脅威を排除するのに万全を期すこと、エレバン地区の防衛を強化すること、そしてチェチニアとダゲスタンにおける内的安定を十分に維持するためにあらゆる方策を取ることを指示した。(251) つまり、カフカース戦線では専ら守勢に回るというのである。これは今次の露土戦争でバルカン戦線があくまでも主であったのを再確認することにも通じるのだが、実際のところ、山岳民をめぐる状況は第二〇、および第二一歩兵師団と多くのカザーク連隊をそれに張りつけることを強い続け、チフリス総司令部は、たとえば、八月に北カフカースの第三八師団からトルコ戦線にわずかに二連隊の援軍しか出せなかったのであった[252]。この時点の大公は事実上、カフカース軍を治安維持部隊的なものへと特化させようとしたのであった（やがて、その判断が取り消されることは、以下に見る通りであるが）。

それと同時に、山岳民闘争が激化した。この場合、戦況と反乱の相互関係は明瞭であった。ロシア側公式文書には次のようにある。七月末《（ママ）》、カルス封鎖の解除（つまり、ロシア軍のカルス敗退）後、山岳民の間にあたかもロシアはどこでも退却し、オスマン軍がやがてチフリスにまで至るであろうとする噂がひろまった。アナトリアから来た密使は金色文字で印刷された檄文を持ち、そこにはシャミーリの息子ガジが部隊とともにテレク地方の境界を越えてくる。蜂起の参加者は課税されないだけでなく、土地がもらえ、参加しない者は奴隷になると書かれていた[253]。

従来の研究の多くは、正当にもこの時期に山岳民闘争が新たな高揚を得て、この露土戦争史にとっても重要な画期になったと指摘している[254]。その際、右に引用したのとほぼ同様かつ同質なデータが示されることも相似している。たとえば、次のようなことである。七月初、チェチニアに次のような噂がひろまった。アブハジア人がトルコ人と秘密の関係にあるだけでなく、トルコ政府が山岳民移民たちを北カフカースに戻して蜂起を支援させようとしている。工作員によって持ち込まれたスルタンの詔書（グラモタ）にはやがてカフカースの山岳はシャミーリの息子ガジの統制下に置かれること、反ロシア蜂起はあらゆる税支払いからの解放と土地所有をもたらすこと、「異教徒」は土地に対する権利を失うだけでなく、奴隷になることなどが述べられていた[255]。

トルコ政府が山岳民闘争の展開にあたって働きを期待したのはとくにガジとムサ・クンドゥーホフの二人であった。ムサ・クンドゥーホフはオセチアの名家の出身で、周囲の人民に影響力があり、移民を組織しただけでなく、すでに触れたように、ロシア軍に勤務したことがある人物である[256]。この二人がいわば運動の頂点にいたとしても、各地に独自な活動家がいたのであろう。たとえば、アルグン区（Аргунский округ）で運動を指導したドゥーエフ（Ума-хаджи Дуев）はシャミーリのナイブのひとりであった人で、一八六一～六二年の当地での蜂起を指導したが、その後、スモレンスクへ流された。テレク地方長官のスヴャトポールク・ミールスキーとその後任のロリース・メーリコフも個人的に彼を知っていた。この時、ドゥーエフは七〇歳。真のジクリストで、何度かメッカへ行き、蜂起前にアラビアから戻ったばかりで、噂ではメッカからコンスタンチノーポリへ立ち寄り、そこでムサ・クンドゥーホフとガジの二人に会った。彼はトルコ軍がカフカースへ接近するとの情報を得て、積極的になったといわれる[257]。

八月に、カフカース軍は治安維持部隊的なものへ特化しようとする動きをさらに強めたが、一五日、軍司令部は最終的に二万六〇〇〇人を動員して、チェチニアの山岳民聖地ヴェデノを襲撃するいわゆる「三日間闘争」を敢行し、周辺イチケリアのすべての村から好ましくない者を選び出し、人質をとって家族ともどもロシア内地へ永久追放する荒治療に出た。オスマン帝国側からの支援なしに孤立した山岳民たちは大きな損失を蒙り、アリベクの権威は急速に低下した[258]。その後、九月末にアリベクは仲間と立て籠もっていた「サムスイリの森」(самсырские лесы)を急襲され、辛うじて彼のみが包囲を脱出した。一〇月一六日に現地司令官はカフカース軍総司令官にテレク地方の反乱を完全に鎮圧し、作戦を終了すると打電した。一一月二七日になって、アリベクはヴェデノに自首した[259]。このようにして、山岳民闘争の舞台は最終的にダゲスタンに移ることになった。

チェチニアの抵抗運動を抑止することに成功したロシア軍当局およびカフカース総督府が自信を得たことは確かであった。カフカース軍は本来の対トルコ作戦に回帰する余裕が生まれた。陸相ミリューチンは腹心のオーブルチェフをそのためにカフカースへ送り込み、陣頭指揮を採らせることにした。このようにアレンたちは書くのだけれど[260]、事態はもう少し複雑であった。もともとカフカース軍指導部はしっくりとはいっていなかった。すでにいくらかは触れたことであるが、カフカース総督の大公ミハイルが六三年からカフカース軍を指揮するが、実質的な司令官はロリース・メーリコフであった。このアルメニア人は総督の取り巻きたちと必ずしもうまくいっておらず、ミリューチンが彼を庇うことが多かった。大公はあえてミリューチンとは争わなかったが、カフカース軍部の決定や行動はぎくしゃくしがちであった。そこでミリューチンはオーブルチェフを派遣してロリース・メーリコフを補佐するタイミングを計っていたのであった[261]。そのようであれば、オーブルチェフのカフカース派遣は、帝政中央（陸相ミリューチン）がする帝国地方（カフカース当局）への直接的な介入であり、カフカース軍に中央の意向がストレートに反映することになった。

九月末にはロシア軍は五万五〇〇〇人余、大砲二二〇門をもってカルスとエルズルームへの攻撃にとりかかった。オーブルチェフはまずカルス周辺を取り囲む防衛陣地の引き剥がしに着手し、一〇月初めから接戦となった。押されたトルコ軍は後退してカルス防衛に専念しようとするが、兵士たちは大量に脱走した。ロシア軍司令部に将軍シェルコーヴニコフ（Б. М. Шелковников 1837–1878）が加わり、ロシア側の作戦はより柔軟性と機動性を増すことになった。彼は、アブハジアでオスマン側の陽動作戦を打破して、一躍、黒海沿岸部のヒーローとなり、「カフカース軍のスコーベレフ」と讃えられるほどになったアルメニア出身の人である。むろん、スコーベレフ（Д. И. Скобелев 1821–1879）とは、中央アジア侵略で一躍勇名を馳せた同時代の「英雄」である。シェルコーヴニコフが東方から前進してカルスを防衛するトルコ軍守備陣地のひとつ、アラジャ（Аладжа）に横側から深く侵入する機動作戦の採用を提案し、オーブルチェフがその具体的な戦闘計画を作成した。それを大公が認可して、ロリース・メーリコフが実施に移したのであった[262]。戦闘はロシア側の大勝で、オスマン側の捕囚は一万二〇〇〇人にのぼった[263]。

大公はこの勝利にかなり気を良くした。バルカン半島がプレヴナやシプカで膠着した戦況にあるなか、カフカース軍が戦局全般を巻き返すかたちになった。そして、この戦勝は何よりも北カフカースの鎮静化につながるはずであった。確かに、オスマン軍惨敗の知らせがチェチニアとダゲスタンに届くや、山岳民の反乱は散発化しはじめ、当局はその終結を展望することが可能になった。ここでも戦局と反乱は相互関連していた。この勝利の後、ロリース・メーリコフは、すべてのムスリム非正規軍を解散（除隊）することを原則、可とした。そのムスリムたちが山岳部へ戻って、スルタンの兵士に対するロシア軍の勝利に彼ら自身が貢献したと話すことを期待したのであった[264]。司令部はカルスとエルズルーム（できれば、バツーミ）を征服して、作戦を終えることができると目途を立てた。

カルスは複数の要塞から成り立つ一大防御拠点であり、三〇〇門以上の大砲によって守られていたが、要塞間の電信連絡に欠けるなど近代化は遅れたままであった。戦略家ファデーエフは、カルスはアジア・トルコにとってザカフカースのアレクサンドロポーリに匹敵するが、その要塞は到底、第一級とはいえず、われわれにとっては特段の障害にはあたらないとみなしたのであった。[265] ロシア軍部はカルスを守備するトルコ正規軍を一万、その都市後備軍（городские ополчения）を二万以上と見積もった。[266]

カルスにおける食糧と弾薬の備蓄は五五年の時とくらべてはるかに良好なゆえに封鎖作戦では効果が薄いと判断し、一一月五日から六将軍ラーザレフに歩兵二万六〇〇〇人、騎兵六〇〇〇人、野砲一二〇門を与えて攻撃が命じられた。一一月五日から六日の夜間になされた戦闘の結果は一方的であった。トルコ側は二五〇〇人の戦死者だけでなく、一万七〇〇〇人もの捕虜を出したが、ロシア側の損失は二〇〇〇人ほどであった。早速、七日に大公ミハイル自らがカルスに入り、議会（メジリス）の代表者たちと接見して、「パンと塩」の歓迎を受けただけでなく、町の「鍵」を受け取った。[267] リッチは、カルス奪取はオーブルチェフらの作戦の見事さを誇示するものであったと総括し、[268] ロシア軍部の正式記録は、カルス奪取はすべての小アジア前線をわが手中にする「巨大な意義」を有したと書いたのである。[269]

確かに、その後、トルコ軍は戦意を喪失したかのように後退したから、カフカース軍の侵攻は目覚ましいものとなった。エルズルームの政治的戦略的重要性を慮って、トルコ政府はアナトリア軍司令官にその死守を命じ、スルタン自身も檄を飛ばした。[270] 黒海東岸の拠点バツーミの国際港としての意義も同様に高いものであった。ここではそれらに対するカフカース軍の具体的な侵攻過程に触れるまでもないであろう。エルズルームをめぐり休戦が調印されたのが翌七八年一月三一日で、オスマン正規軍が町を明け渡し、二月八日にはロシア軍が占拠した。一一月末に開始されたバツーミ作戦は厳冬のなかオスマン軍は踏みとどまったが、やはり七八年一月末になって休戦となり、ベルリン会議後、バツーミはロシアの手に渡った。

話が進みすぎた。いまだ内戦局面のダゲスタンに戻ろう。すでに見たように、このあたり一帯の軍事的人民統治は、一八五二年、カフカース総督になる以前のバリャチンスキーがチェチニアに導入したのを嚆矢とした。ロシア当局者も加わってアダートないしシャリアートに従って人民の代表者たちが行う裁判の実施を山岳民たちにも許したのである。五九年のシャミーリ降伏後、バリャチンスキーはこの制度をダゲスタンにもひろめ、六〇年には平定した種族の土地から成り立つダゲスタン地方（Дагестанский область）を帝政ロシアの行政区分に加え、その軍司令官に権限を集中して民政部門をも統括させた。地方は参謀士官が支配する三つの軍区（военный отдел）に分けられ、さらにその下位（いわゆる地区〈участок〉に相当し、そのように呼称されることもある）に地区長制（наибство）を置いた。ここで仮に地区長と訳すナイブ（наиб）は、すでに何度も触れたように、ムスリム世界でイマームの補佐者であり、ロシア当局は当地の軍事的人民統治に工夫を凝らしてそれを逆手にとって流用し、人民の関心を引こうとしたのであろう。住民は言語、慣習法、仕来たりなどをよく知る者からナイブを選び、選ばれた者は政府に臣従したうえで警察権力を行使した。さらに末端の個別農村の統治は、農村共同体（ジャマアート джамаат）、その運営と秩序維持に責任を持つ政府任命村長（правительственный старшина）、そして農村裁判官（сельский кадий）の三者によった。最後の裁判官としたカディー（кадий）はカディ（кади; qadi）とも表記され、イスラーム法によって裁く人を意味したから、このレベルでもツァリーズムはムスリム世界との妥協をもってさしあたり良しとしたのであった。[271] ここで、コヴァレフスキーが当地における軍事的人民統治に関連して行った具体的提案を参照してみよう。ムスリムの宗教的政治的ファナティズム〔彼もこれを山岳民反乱の起因とみなす〕を支えるのは人民大衆の無学、無教養であり、そうした連関性は、チェチニアとダゲスタンがロシアとの諸関係から遠ざかるとともに反露共闘関係の構築に勤しむことによって維持されるだけでなく促進されているから、むしろ、当地への積極的な関与を強めて、いわば負の再生産構造を打破すべきである。そのためには北カフカースの即時併合を進めて、まずはチェチニア〔だけ〕をロシアに近づける〔そのダゲスタンとの関係を断つ〕。かつてエルモーロフ、パスケーヴィチ、ヴォロンツォーフなど歴代のカフカース統治者たちが手がけ、今は放置され繁茂するにまかせている森林の伐開線（просека 林道のこと）を復活し、道路をできるだけ通して連絡環境の改善に資する。その一環として、カフカースをロシアに近づけるための鉄道建設に励むことはまさしく国家的かつ民族的な必要性を帯びてさえいる。さらに、人民向けの学校を増やし、地元ニーズに応じた職業学校の創設にも配慮する。ムスリム学校でのロシア語使用についても考える。[272] このように、コヴァレフスキーはロシアとカフカースの間の風通しを良くして、ロシア化に励めというのである。これは同時に当地における軍事的人民統治の方向性をよく示すであろう。

ダゲスタンは、西隣のチェチニアの動きとは別で、おおよそ八月まで平静であった。ロシア軍部資料はここでも宗教的なファナティズムとオスマン側のムスリムとの直接的な連携にそこでの反乱の契機を見出そうとしている。カルスから来た工作員がスルタンの軍隊が到来してカフカースのムスリムを解放するから共闘しようと煽動したというのである。[273] ダゲスタンで山岳民闘争の中心となったのは、いわゆる山岳ダゲスタン(Нагорная Дагестан)の地方であった。そこは内陸ダゲスタン(Внутренная Дагестан)ともいわれ、西側でチェチニアに接している。部外者には接近するのが「極めて困難である」(крайне трудны)とロシア軍部が認める一帯である。[274] ダゲスタンは南北に長くカスピ海西岸に沿って五〇〇キロほどあり、その北半分は平地(ノガイ・ステップ)であるが、南半分はカフカース山脈主稜によってグルジアおよびアゼルバイジャンと仕切られた山地であった。その中心部に位置したグニブは、すでに述べたように、シャミーリの根拠地であったが、その周辺のソグラトリ(Согратль)、クムフ(Кумух)、ツダハル(Цудахар)が反乱の拠点となった。これらはグニブを含め一辺一〇キロほどの四角形に収まるくらいに近接している。とくにソグラトリはムスリムのいわば学問センターであり、昔からそこの学校は教育を望む山岳民子弟を各地から引きつけ、その住民は信心に対する献身的情熱で知られた。ソグラトリの神学者たち(богословцы)の判断が反乱の帰趨を決しえたであろう。ロシア軍部当局はソグラトリだけが反乱を神聖化でき(освятить)、われわれとの闘争を宗教戦争の高みにまで引き上げ、それに高度な力と精神的な権威性を付与して、二万の武装民を動員しうるであろうなどと分析したのであった。[275] チェチニアを脱出したアリベク、そしてドゥーエフなどもソグラトリに身を寄せていたから、[276] なおさらのことであった。

しかし、実際にソグラトリが反乱するには神学者だけでなく、キリスト者たちの支配を強く嫌悪する地元有力者の動きも必要であった。彼らはいわゆる「汗制度」を支えた豪族の子孫たちであり、名望家でさえあった。この機会にあわよくば旧制度復古を果たしたいと願う者もいたことであろう。ロシア軍部資料は各地でそのような名家関係者が反乱の先頭に立った事例をいくつも記録している。住民たちは資産家あるいは名望家の家系に連なる者から運動指導者を選んだという話である。あるいは反乱を扇動しに来た者が自らをハン（汗 хан）と名乗ったのである。[277] ソグラトリのそうした名家のひとつ、アブドゥラフマン・ハジ家の息子マゴマ・ハジがダゲスタンのイマームに選ばれ、その補佐役として七人からなる賢人会議がつくられた。いわば、運動センターである。村単位でイマームの認知が進むだけでなく、共同体は自らの代表者をソグラトリの会議へ送り、そこでは両者間の連携が成り立った。[278]

一方で、テレク地方長官メーリコフは、露土開戦に備えて正規軍のほか地元民からなる非正規軍、民兵を編制しただけでなく、[279] 五月にはダゲスタン山岳特殊部隊（Дагестанский нагорный отряд）によってチェチニア反乱が及ぶのを境界で阻止しようとし、山岳部が平地に下る麓に位置し、いまだ反乱を免れている南ダゲスタンの一大拠点テミール・ハン・シューラ（Темир-Хан-Шура ブイナクスク〈Буйнакск〉ともいう。カスピ海沿岸の首府ペトロフスク・ポルトから西へ約五〇キロに位置する）には地元のテレクおよびクバンだけでなく、アストラハンからもカザーク軍団を加えて、主要ダゲスタン特殊部隊（Главный дагестанский отряд）を待機させた。[280]

ダゲスタンで反乱が本格化したのは、八月末からであった。三一日、メーリコフは特殊部隊司令官ナカシッゼ（Накашидзе）に部隊をグニブに集中するよう命じた。しかし、九月八日、グニブ東方のクムフが反乱した。これはソグラトリの者たちが準備し、民兵長とその親類が企んで村役場を襲撃したことから始まり、八〇〇〇人が参加する大きな動きとなった。やがて反乱は南部ダゲスタンすべてに及んだだけでなく、ダゲスタンを越えてバクーとエリザヴェトポーリ両県にも波及し出した。[281] ロシア側はこうした事態に対応するには弱体であった。それだけでなく、この時期にオスマン軍がアレクサンドロポーリやエレバンなどの町を占拠したといった風聞やシャミーリの息子ガジがオスマン軍とともにダゲスタンにやってくるといった噂が立ったことは痛手であったと後にロシア軍部自体が認めたほどであった。[282] 司令官ナカシッゼはその特殊部隊を解体して、部隊編制を抜本的に見直すことにした[283]。ロシア軍部にとって幸いだったのは、一〇月にチェチニアの反乱が終結し、その部隊をダゲスタンに集中できるようになったことであり、チェチニアとの境界を西側から越える際に将軍スメカーロフは残党の一掃作戦を各地で遂行し、山岳民の拠点村落を破壊した。その報告を受けたメーリコフはさらに次のように対応するよう命じた。反乱に関係した首謀者とその親族すべてを家族ともども逮捕してグニブへ送り、そこからロシア内地へ追放すること(выселение)、反乱者たちの拠点を完全に破壊してその住民を家財ともども指定地へ送り出すこと、今回の遣り取りで失われた住民の家財は反乱首謀者たちの財産で補うことを基本とし、不足分は全住民で埋め合わせること[284]。つまり、反乱に関係した(と思われる)者すべてを追放するだけでなく、その村落を更地にするのである。ここでも首謀者たちに資産家が多かったことはうかがわれるであろう。

メーリコフはツダハル、クムフ、ソグラトリの順に反乱拠点を破壊することにした。一〇月一九日、ツダハルで会戦となった。戦闘の結果、多数の小旗(значки)を奪ったとする記述があるから、反乱側はかなり組織的な(団体的な)応戦をしたようである。山岳民側は捕虜一一六人(死傷者数は不明)を出し、ロシア軍側の損失は士官八〇人と兵卒一二〇人である。ロシア軍資料は、反乱村落の抵抗が執拗であったから、かくも多くの戦死者を出したと言い訳し、ここを突破しなくてはソグラトリへ達することはできないと書いた[285]。要するに、無理をしたということである。しかも、この日、湿った雪がやってきた。強い寒波が襲来して、道路は凍結し、ダゲスタンは一気に冬に入った[286]。ソグラトリにはダゲスタンのイマームであるマゴマ・ハジのほかチェチニアを戦ったアリベク、ツダハルの防衛を指導したばかりのアブドゥール・メジード・ファターエフなどチェチニアとダゲスタンの反乱指導者たちの顔が揃っていた。一一月二日の会戦が山になった。ロシア軍は三方面から攻めて、士官九人、兵卒一五三人の損失を出した(筆者が依拠しているロシア軍部資料は、山岳民側の損失は記載しない)。翌日から、反乱の首謀者たちが逮捕された。イマームのマゴマ・ハジは四日に捕まり、両日で計二七四人の活動家が拘束された。ここでもアリベクは難局を逃れたが、後日、ヴェデノ当局へ出頭した。一一月九日、部隊はグニブに至り、一二日に入城して、ダゲスタンでの反乱は停止した[287]。

翌七八年三月初、グローズヌイで軍事裁判が開かれ、起訴された一七人のうち、一一人が死刑、残りに懲役二〇年の判決が下り、三月九日、死刑が執行された。(288) 反乱に対する懲罰として各戸に銀三ルーブリの罰金が科され、ダゲスタンだけで三万一〇〇〇戸余りがそれに該当した。容疑者はロシア内地かシベリア送りになり、村落全体がサラトフ県とアストラハン県に移動させられるケースも出た。空いた土地は没収されてカザーク、あるいは鎮圧協力者に引き渡された。その後、アレクサンドル三世はカフカース追放を取り下げ、帰郷を許したが、それでも、オスマン帝国へ移住する者がかなりの数にのぼった。(289)

終章　帝政ロシアとカフカース

これまでの議論をまとめてみよう。一五世紀後半にオスマン帝国がクリミアへの進出を果たしたことが帝政ロシアに黒海地方への関与を強いたとする議論がよくなされるかもしれないが、それはロシアの南下をあたかもオスマン帝国の仕業に帰すがごとき話であって、そもそもロシア側に当該地帯への関心がなければ、オスマン帝国によるクリミア掌握は見過ごされさえしたかもしれない。帝政ロシアが侵攻で後れを取っただけのことであろう。暖かい南方の海・黒海を「ロシアの海」とすることは、その存在を知って以来、ロシアにとっては積年の悲願であり、念願であったとみなくてはならない。そのための手掛かりをオスマン帝国がらみの「クリミア問題」が提供したということであろう。同時に、黒海はオスマン帝国やロシアだけでなく、さらにはペルシアなども関わるいわば国際的な海としてその地政学的な位置を獲得したから、それに面したカフカース地方は当初から国際関係の帰趨に左右されがちであったことにも注意は肝要である。非ロシア人のクリジャニチなどがカフカース攻略の戦略化(構想化)を推進しようとしたことは注目されるが、その際、オスマン帝国内のスラヴ人＝キリスト教同信者の救済が重視されたことは、帝政ロシアの戦略構想の進化にとって決定的とも言いうる意味合いを持ちえたであろう。そして、その後も汎スラヴ主義をめぐる問題系はツァリーズムに対して実に大きなヒントを与え続けることになるであろう。

はるかインドまで見通したピョートル大帝はアゾフを占拠するなどしてオスマン帝国との間で帝国間戦争、つまり露土戦争を繰り広げる道筋を本格的につけることになった。その過程で(北)カフカースに対して(も)版図化しようとする長期的な構想が生じたこと、そしてそのための尖兵としてカザークの活用が図られたことは、やはりその後の展開にとって計り知れないほどの作用と影響を与えることになったとみなくてはならない。さらに、ピョートルに関して、その『遺書』が単なる偽書論のレベルには決して納まらない、いわば社会的な機能性と重大性を有したであろうことも、それが右に言う構想とその実践に及ぼしたいわば想像力、正統性、さらには持続性などを考慮すれば、頷けるところである。やはり、ここでもピョートルの遺産は近代ツァリーズムにとって決定的な価値を有したのである。

エカテリーナ二世による積極的な南下政策はピョートル大帝が起こした事業の延長線上にあるとみてよい。その内容は一層の充実を伴ったが、同時にその課題はより具体化した。むろん、こうしたことは構想の進化過程一般で観察されうる傾向であろう。そして、バルカン半島とカフカース地方の双方で影響力を増して、全体として黒海を掌握する展望を得るための構想が出現した。黒海を取り囲むこれらふたつの地域が有機的な連携のもとに置かれることになった。とくに前者に対しては、クチュク＝カイナルジ条約を介して、やはりオスマン帝国内のキリスト者の取り扱い如何が重大な論点として再確認され、それだけでなく、コンスタンチノーポリ征服計画さえ策定された。一方、カフカースへの関与は全く実際的になり、一九世紀初頭、グルジアを併合したが、それに至る過程で北カフカースとザカフカースを南北に連絡するダリヤル峠(グルジア軍用道路)の開発、あるいは戦略拠点としてヴラジカフカースの定礎などがなされ、さらに黒海沿岸にはオデッサの町を開くことまで行われたから、ツァリーズムが当初からカフカース全域(北カフカースとザカフカース)の掌握をめざしていたことは明らかである。このように、構想の実現に向けた動きが具体化され、さらに社会化を始めるとそれに対する抵抗が生じることは不可避となり、まずマンスールの動きがそうした政治社会的な関係論の存在を示唆するところとなった。

帝政ロシアは「エルモーロフの時代」に軍事的植民によって「(黒)海から(カスピ)海まで」カフカースの完全征服をめざす決断を行って、その攻略構想を本格化した。それは「魂と心の移住」を一大特徴として、政策的にキリスト者の増加と非キリスト者の排除を伴うものであった。帝政ロシアは北カフカースの掌握にあたり、その住民がキリスト者たることを最優先としたことは明らかである。この場合、一帯を単に占拠するだけでなく、その住民の「質」まで問題としたことは版図化する意思表示以外の何ものでもないであろう。構想における宗教性の明白さは、とりあえず、このように理解できる。こうした意味合いで、キリスト教的動機が攻略構想の重要部分を成したことは否定しえない。

その一方で、ツァーリ政府は、セルビアの自治、「海峡」の自由航行などを志向して、黒海一円において自らの存在感を高めようと図った。その際、帝政ロシアはオスマン帝国内のキリスト者救済こそが「東方問題」解決の本質であるとする固有な理解を示して独自な動きを正当化しようとしたが、この場合、帝政ロシアが戦略の背景としたのが一六世紀以来の「第三のローマ」論的な発想であったとすれば、それはロシアの動きに強く反発した西欧列強の勢力均衡論とは明らかに質的な段差があったであろう。とりわけ大英帝国は厳しく対応し、チェルケシア併合や「海峡」自由化をめぐってそれらイッシューの国際問題化を促したから、帝政ロシアのカフカース構想はいわば国際社会の監視下にますます置かれることになったのであった。少なくとも近代史においては、国家構想の進化にはそれを促進するだけでなく規制する諸要因が随伴することは避けがたいという話でもある。

いわゆる「カフカース戦争」におけるシャミーリとの闘争に関しては、その戦闘過程自体よりも、むしろ帝政ロシア側が彼のイママートによる「国家的な」統治の試みといわば競争関係に置かれたことに改めて着目しよう。確かに、両者が一九世紀なかごろまで北カフカースの掌握をめぐって「六〇年戦争」を繰り広げたのは、一帯を「自分の国」にせんがためであった。これは近代ツァリーズムがロシア＝カフカース関係史において体験したもっとも緊張を強いられた局面のはずである。当該一帯には帝政ロシアによる版図化とは別に、それに代わりうる選択肢があったからである。しかし、本書で繰り返して強調したように、シャミーリは帝政ロシア側からの圧力を受けただけでなく、地元住民たちからの非協力と抵抗にも直面して、そのイママートを北カフカースの西部にまで拡張することはできずに終わったから、その西カフカースはカフカース地方で最後まで「手つかずに」残された一帯となった。

クリミア戦争の決着に関するいわゆる「フォー・ポインツ」のうち、「海峡」がもっとも重要であったことは本文で述べた通りである。戦後、オスマン帝国を救済してそれを維持するだけでなく、その遺産をロシアを外してできるところから山分けしようとする「クリミア体制」が成立した。したがって、この戦後レジームは少なくともオスマン帝国とロシアに対して二重に不明朗さを内包するものであった。その結果、帝政ロシアは「海峡」、つまり黒海から閉め出され、ピョートル以来の国家的な営為に基づく成果が瞬時にして失われることになった。これは近代ロシア史上、最大級の屈辱とさえ言いうるものであり、当事者たちの喪失感は計り知れない。当然、カフカース攻略構想の展開は大きな制約を強いられて、頓挫した。したがって、クリミア戦後、帝政ロシアは国家的な矜持を取り戻し、カフカースについては右の構想を現実のものとして復活させることに全力をあげることとなった。

こうした事態の出現は黒海情勢を一段と国際化したが、それは帝政ロシアにとって何よりも安全保障問題と直接的に結びつくものとしてまずは立ち現われた。黒海側から外敵の侵略がなかば自由になされる可能性が高まり、それに自前の防衛力は戦後、脆弱なままであったからである。しかし、とりわけイギリスとの関係を考慮すれば、対外的に強く出ることはできず、ツァーリ政府は「内向き」になって内政重視へと転じざるをえなかった。いわば捲土重来を期すかたちであるが、結果的にこれがバリャチンスキー総督の下でカフカース経営を本格化させ、そこを中央アジアへの出撃基地とすることにも通じた。あえて結果論的な言い方をすれば、クリミア敗戦が内的な拡張を促し、それを可能にしたのであった。

さて、帝政ロシアが右に見たような国際的孤立から離脱するのを可能にしたのは、勢力均衡に立脚した「クリミア体制」自体の不安定さであった。そのことはパリ講和による表向きの取り決めにもかかわらず、「海峡」が現実の具体的な国家間関係で取り引き材料にされたことによく象徴された。列強の国家エゴがその「体制」を掘り崩すのはたやすいことであった。一八七〇年、前年にスエズ運河が開通してイギリスの眼がそれに向いたのを見て、外相ゴルチャコーフは黒海中立化条項の撤廃に動き、それを実現して外交的快挙を達成する。これはカフカース攻略構想の実現へ向けた環境が再び本格的に整えられたことを意味した。いささか長くなったが、以上のようなことを前もって確認し、以降の議論のいわば前置きとしたのであった。

本書は、冒頭で触れた基本的な問題関心に立脚しつつ、いわば統治論の観点から帝政ロシア＝カフカース関係の分析を行って、クリミア戦後期にひとつの解釈を示そうとするものである。帝政ロシアに関してクリミア戦後期を語ろうとすれば、右で触れたその内政重視の文脈から版図の（内的な）完結問題を外すことはできないであろう。北カフカース（と中央アジア）はそうした作業の対象であった。さらに、帝政にとっては、「大改革」の実施と版図の拡張（確定）とは一体の問題としてあった（はずである）。その際、統治する（版図化する）ことの意味合いを総合的に把握するため、その対象地域の生活空間のあり様を重視することとした。版図化が地域秩序の変更を伴ったからだけでなく、実際、少なくとも、マンスールによる抵抗の組織化以来、生活空間のあり方によって統治方法（論）は影響され（場合によっては左右され）がちであったからである。統治対象の世界を欠落させた一方的な「上からの」統治論は本来的な史的検証に耐えることはできないであろうと考えたのである。これらを一括して、帝政ロシアの国家構想の重要局面を垣間見ようというのである。

今回、私たちが対象に選んだカフカース地方は、まずは地域的な複合性、人口の多様性とその特色ある変動とを誇ったが、とりわけ注目に値するのは山岳民世界の特徴的な相貌であった。改めて、その理由としてひとまず、大きく次のふたつを指摘しておきたい。ひとつは、彼らの生活空間がイスラーム法典（シャリアート）だけでなく独自な慣習法（アダート）によって二重の規範的な規制によって保たれていたことで、極力、イスラームとの関係を回避したい帝政ロシアは統治にあたり後者（アダート）を手掛かりとする選択をなしえたことである。ツァリーズムによってもはや「アダートの時代」であることが意識的にフレーム・アップされたのである。山岳民たちの独自な政治秩序は外見的な民主制ないし共和制、差別的な構造を内包した社会保障、身分的な兄弟関係などから成る複合体としてあったが、相互防衛の想いが結果的に反ロシア的ベクトルを強めたことは確かであったろう。その際、宗教的な要因は決して無視しえない大きなものであったが、彼らの宗教生活も多分に多義的複合的であって、必ずしもすべてがイスラーム教典によって十全に整除された秩序のもとに置かれていたわけではなかった。その解釈にもある程度の自由度があることは、シャミーリを始めとする抵抗運動のリーダーたちの言動によってもよく示された通りである。いずれにせよ、統治しようとする側に山岳民たちの生活慣習のあり方にその判断を依拠する側面(手掛かり)があったことは明らかである。

もうひとつの理由は、帝政ロシアは山岳民たちを通してオスマン帝国および大英帝国との関係を実態的にも想定上もいわば豊かにしたことである。山岳民たちをめぐりオスマン帝国との間に生じた人口と武器の移転をめぐる諸問題は、ツァーリ政府に最後となった露土戦争を遂行するための契機のひとつをもたらしさえしたであろう。イギリスは西カフカース・チェルケシアをめぐる独立問題に関与して、黒海問題で自らの地位の確保と向上を図ろうとさえ試みた。少なくともこれら三つの帝国の間に挟まった山岳民たちが逆にそれらの動向を左右しかねない構図が出現したのであった。山岳民たちは眼前に出現したロシアを忌避して、他の二国にさまざまに頼ろうとした。したがって、こうした文脈からすれば、とりわけ帝政ロシアにとって山岳民の存在自体を無に帰すことさえ望まれたであろう。

帝政ロシアによるカフカース統治史でもうひとつのポイントとなるのは、したがって、歴代の総督が山岳民とイスラームに代表される非ロシア的な要素をどのように扱おうとしたかであるだろう。その際、シャリアートを避けてアダートに接近して統治のための環境を整えることは確かに一大工夫であったが、そうした傾向が基本となるには統治の初期段階における中央集権的なロシア至上主義の時代(総督でいえば、パスケーヴィチ、ローゼン)を経なくてはならなかった。ツァリーズムがそれは全く現実的でないことを悟るには試行錯誤に費やす時間が必要であった。ようやく、エルモーロフが「地方主義的帝国支配」をめざして時代を画したあとは、非ロシア的要素を一方的に否定するような対応は影をひそめたとみてよい。そのことを基本了解とするカフカース統治は総督ヴォロンツォーフ時代に本格的な確立をみたであろう。そこではやはり「地方の特殊性」、「地方主義」など「地方」が重視されたのである。さらに、それはヴォロンツォーフ自身が総督に推薦したバリャチンスキーによって引き継がれただけでなく、その右腕となったミリューチンによっても共有され、少なくとも表向きは山岳民の利害とロシア支配を調和することが謳われ、最終的には最後の総督となった大公ミハイルによって「ロシアと山岳ナロードナスチの有機的な統一の確立」が目標とされたのであった。したがって、こうした「地域主義的」な闘争方式は、現地民の臣民化だけでは決してなく、究極的にはイスラームなど帝政にとっての「異物」を除外するベクトルを孕むものとしてあった。それは統合と排除の相矛盾するふたつの機能をあわせ持つものであった。これは異族人＝山岳民との混住やそのロシア化が彼らの追放と並列したことによく示される。

そうした「地域主義的な」統治の試みは、地元の有力者層に依拠すること(必要に応じて、それらを復活させることも含めて)、それらを現地のなかば公権力として認知してその存在を支持すると同時に、軍事力に頼るだけではなく「非軍事的な闘争」を必須なものとみなし、それを通じて社会的文化的にロシアへの接近を果たすことがめざされたのであった。つまり、そうすることでミュリディズムの精神的な原理とその支持基盤を破壊し、排除しようというのである。

こうした精神によって貫かれて登場した「軍事的人民統治」は軍政に不足するところを現地住民の独自な自治的生活でもって補完することを基本としたものであった。同時に、もはやシャリアートではなく、アダートの時代なのだということも繰り返し強調された。したがって、こうした文脈からすれば、「シャミーリ後」の北カフカースをツァリーズム対イスラームの二元的な対立と抗争の世界としてだけみることはますます適当でないであろう。これは「カフカース戦争」の時代が過ぎ去ったことの意味合いである。シャミーリの影響が及ばなかった西カフカースについてはなおさらのことである。カフカースにとってクリミア戦後期はまずはそうしたものとしてあったであろう。

このことと同時に理解すべきは、「軍事的人民統治」はあくまでも過渡的な措置であったことである。それは早晩、帝政ロシアの県制によって取り替わられる運命にあった。軍政自体が地域的な進化をとげて軍管区制度の導入を実現し、全体は特殊総督府的な政治から帝政一般への合流を押し留めることができない動きとなったのである。「大改革」の潮流のなかで、総督府制は辺境でむしろ「地域主義的」な動きを見せることで、帝政中央とますます一体化する道を歩んだのであった。このことは、クリミア戦後期論にとって必須の論点となってしかるべきである。

生活空間のあり方に統治の方法が影響を受け、場合によっては左右されることがあるのならば、生活空間自体を改造あるいは破壊してそうした動きを統制し封じる機会を得ようとすることは帝政がおそらく生来的に帯びた統治の論理であり、支配原理でもあった。この場合の改造ないし破壊は少なくとも二重の構造を伴った。つまり、本書において示したように、ひとつはカザーク世界の改造であり、もうひとつが山岳民世界の破壊であった。いわば「二流市民」としてツァリーズムに奉仕する史的な生活を送ったカザークは(彼らの軍隊は「非正規軍」であり続けた)、この場合、西カフカース山麓移住法に集中的に示されたように、帝政ロシアによるカフカース侵攻の最終局面で多大な働き(入植)を求められただけでなく、自らの身分的特権の剥奪、一般市民化の試練を受ける境遇に置かれた。カザーク村自体が一般行政の対象となった。そして、さらにその下部に位置したのが山岳民たちであり、彼らは改造に限らず、異族人として排除と壊滅の危機に晒された。つまり、全体を見ると、クリミア戦後期、カフカース地方においてはカザークと山岳民から成る二層の下部構造に立脚してロシア人によって代表された帝政エスタブリッシュメントが立ち上がろうとしたのであった。

本書では、生活空間の改造ないし破壊は人の移動を伴って現象化することにとりわけ注目した。そのために、とくにクリミア戦後期に盛んになったカザークによる入植活動と山岳民の移住(運動)を取り上げた。カフカース古来のふたつのカザーク集団、つまり、クバン軍団とテレク軍団は入植を繰り返して圧倒的な支配領域を誇る「カザーク王国」をつくりあげた。彼らは一八世紀中葉以来のいわゆるアゾフ゠モズドク線を丹念に補強し南下させつつ国境線勤務を継続したが、クリミア戦後期におけるこの面での新味は、運動形態は変わらずに運動主体の多様化が進んだことであった。つまり、入植者にカザーク以外の諸分子を求める方針がツァーリ政府によって採択されたのである。カザーク村を増やして版図化に決着をつけるにしても、カザーク要員はもはや不足気味であり、ウクライナ出自の彼らの多くはそうした政策自体にますます批判的であった。明らかに、帝政にとってカザーク評価は曲がり角にあったのである。ロシア内地から国有地農民、古儀式派など宗教的な異論派、その他いわゆる余所者一般が流入した。その具体例のいくつかは第四章第1節で見た通りである。新規に流入者を呼び込むために、土地の私有化や商品化を法的に保障する余所者法まで出されたほどであった。こうして、明らかに、一八六〇年代、カフカース入植者の相貌は変化した。植民の尖兵としてのカザーク軍団の地位は低下し、北カフカースにおいてカザークの影は薄くなり始めた。その分、帝政自体によって帝国の均質化が推し進められたともいえるが、同時にロシア人の流入は少なく、その不足が外国人や山岳民で補われて、ロシア文化を定着させるには心もとない状態が続くことになった。

同様に、この時期に顕著に現象化した山岳民の移住は、彼らの移動が宗教的にも日常化されていた(ムハドジールストヴォ)とはいえ、露土両政府によって管理された側面が強いものであった。つまるところ、双方のムスリムとキリスト者を入れ替えるという、従来、なかば慣行化されてきたことの再版であるが、今回はムスリムに関して軍事的な要素が強調された特徴があった。つまり、露土開戦と山岳民蜂起とに対応してムスリムを移住させようとトルコ政府とロシア政府それぞれが願ったと人びとは考えたからである。オスマン帝国側がムスリムを引き取り、ロシア帝国側はそれを出すのである。それだけでなく、とくにツァーリ政府にとっては版図化を完了させるにあたりムスリムを追い出してその後にロシア国家性の支柱たるべきロシア人を受け入れることは魅力的であったはずであり、山岳民のオスマン移住法まで制定したトルコ政府はそれによって人口減にいくらかでも歯止めをかけたいところであった。一八六四年春、チェルケス人が抵抗をやめて降伏し、総督の大公ミハイルが西カフカース制圧を宣言するのに前後して、「チェルケス人のエクソダス」が生じ、百万人前後がオスマン帝国へと出た。結局のところ、帝政ロシアの進出が確定したことがその動きの引き金になったであろう。西カフカースにおいて山岳民人口は大きく減少し、その分、帝政ロシアにとって統治しやすくなったはずであった。しかし、山岳民移住者たちの多くはオスマン帝国に定住することはなく、カフカースへの帰還を望んだが、彼らの希望の実現は近づく戦争によって翻弄されがちであった。

これら一連の生活空間をめぐる改造と破壊のプロセスは一八七七年からの露土戦争によって一応の完了をみることとなった。最後となるべき戦争計画にはバルカン問題でロシアが主導権を握るといった主目的のほかに、対内的な目標として北カフカースの平定と秩序維持が書き込まれたのであった。その意味でこれは内戦の意図さえ否定できない複合戦争であったことを本書は強調した。オスマン帝国のアジア部において「防御的攻勢」に従事するのではなく、もはや帝政ロシアが北カフカースの対内的安全と黒海沿岸部の防御を優先する考えが大公ミハイルによって示されたことは、北カフカースが守るべきものを持つ段階に達したことを示したのであった。

国民皆兵の流れのなかで、北カフカースにおいても徴兵が進み、それにつれて人の移動が活発化した。強制されず自発的に後備軍に加わる動きが地元民の間で盛んになった。いわゆる異族人部隊の形成が進み、一八七六年一一月の全国的な動員令の発布とともにすべての種族に民兵(ミリツィア)課税がなされたが、そこに大量の希望者が殺到した。こうした徴兵をめぐる遣り取りは、北カフカースにおいて(も)帝政ロシアがその経営主体として立ち現れるようになったことを良く示す。

それでも帝政ロシアが最後まで統制できずに手を拱いた相手がいずれも山岳民から成る反乱者と移住者であった。開戦に前後して東カフカースで反乱が生じた。帝政ロシア側はこれを宗教的なファナティズムに取りつかれた「狂信者・ムスリム聖職者・メッカ巡礼者」の仕業であるとみなした。かつてシャミーリがイママートの拠点としたヴェデノとグニブが反ロシア運動の中心であり、客観的に見れば、これは明らかにカフカース戦争の再版的な意味合いを有したが、それでも、反乱は内戦に終始したカフカース戦争とは異なり、露土戦争の過程と有機的な関連を伴い、ロシア軍の敗戦が込めば、反乱者は攻勢の度合いを増す独自な動きを見せた。明らかに、反乱は国際化した。ロシア側は、山岳民移住者たちが外部からカフカースを蜂起させようとしているとみなした。実際、アナトリアに出たチェルケス人の多くはトルコ軍に参加して、帝政ロシアと戦うことを選択し、戦士として帰還した。反乱に加わりサラトフ県に流されたダゲスタン山岳民たちの運命についても本書は触れた。その一方で、山岳民たちから成る異族人部隊がロシア軍の一角を占めて、これらの動きに立ち向かった。このように全体として、露土戦争は山岳民の間に(も)流動性を高めたが、その結果、彼らの世界は大きく引き裂かれることになった。この最後となった露土戦争は山岳民たちを分断して版図を確定させたのである。

註

序　章

（1）さしあたり、高田和夫『ロシア帝国論』平凡社、二〇一二年、一九五―一九六頁を参照してほしい。

第一章

（1）История народов Северного Кавказа, конец XVIII в.–1917 г., М., 1988, 9.

（2）A. W. Fisher, *The Russian Annexation of the Crimea 1772–1783*, Cambridge University Press, 1970, 20.

（3）*Ibid.*, x-xi, 15.

（4）М. Н. Бережков, План завоевания Крыма, составленный в царствования государя Алексея Михайловича ученым славянином Юрием Крижаничем, СПб., 1891. 次も参照してほしい。M. B. Petrovich, Jurai Križanić: A Precursor of Pan-Slavism, *American Slavic and East European Review*, Vol. 6, No. 3/4 (December, 1947).

（5）Там же, 66 и след.

（6）たとえば、次を参照してほしい。А. Георгиевский, Юрий Крижанич и современная действительность, СПб., 1914, 6.

（7）さしあたり、次を参照してほしい。W. Richmond, *The Northwest Caucasus*, London & N. Y., 2008, 42–45.

（8）*Ibid.*, 45.

（9）Северный Кавказ в составе Российской империи, М., 2007, 38.

（10）W. Richmond, *The Northwest Caucasus*, 46–47.

（11）Л. К. Артамонов, Персия, как наш противник и Закавказья, Тифлис, 1889, 47–48; Т. Юзефович (сост.), Договоры России с Востоком, СПб., 1869, 185–189.

（12）A. I. Gloukhovskoi, *The Passage of the water of the Amu-Darya by the old bed into the Caspian Sea and the opening of the direct Amu-Darya water way from the Afghan frontier by the Amu-Darya, the Caspian Sea, the Volga and Maria System to St. Perersburgh and the Baltic*, St. Petersburg, 1893. これは一八九三年のシカゴ万博で提示された文書である。

(13) Посланник Петр на Востоке, Посольство Флорио Беневени в Персию и Бухару в 1718–1725 годах, М., 1986, 5.
(14) A. I. Gloukhovskoi, *The Passage of the water of the Amu-Darya*..., 5.
(15) J. F. Baddeley, *The Russian Conquest of the Caucasus*, London, 1908, 23, 30.
(16) Л. К. Артамонов, Персия, как наш протвник и Закавказья..., 193; Т. Юзефович (сост.), Договоры России с Востокам..., 193.
(17) И. У...ч, Война Русско-Турецкая предначертанная Петром Великим о избавлении Восточных Христиан от турецкого векового ига, Первый выпск, М., 1878.
(18) たとえば、露土開戦の前年に刊行された E. Schuyler, *Turkistan*, Vol. 2, London, 1876, 258–259 におけるフランス側の手になる偽書に関する的確な記述をみよ。
(19) A. Resis, Russophobia and the «Testament» of Peter the Great, 1812–1980, *Slavic Review*, Vol. 44, No.4 (Winter, 1985), 692. さらに、鳥山成人「ピョートル大帝の『遺書』について」『ロシア史研究』五二号、一九九二年も参照してほしい。
(20) F. H. Skrine and F. D. Ross, *The Heart of Asia, A History of Russian Turkestan and the Central Asian Khurates from the earliest times*, London, 1899, 409.
(21) A. Bennigsen, Peter the Great, the Ottoman Empire, and the Caucasus, *Canadian-American Slavic Studies*, Vol. VIII, No. 2 (Summer, 1974).
(22) Т. Юзефович (сост.), Договоры России с Востоком..., 19.
(23) W. Richmond, *The Northwest Caucasus*, 49.
(24) A. W. Fisher, *The Russian Annexation of the Crimea 1772–1783*, 33–34.
(25) *Ibid*., 37.
(26) *Ibid*., 50.
(27) Н. С. Киняпина, М. М. Блиев и В. В. Дегоев, Кавказ и Средняя Азия во внешней политике России, вторая половина XVIII–80-е годы XIX в., М., 1984, 30.
(28) А. П. Андреев, От Владикавказа до Тифлиса, Военно-Грузинская дорога, 2-ое изд., Тифлис, 1895, 10.
(29) Е. И. Дружинина, Кючук-Кайнорджийский мир 1774 год, М., 1955, 177.
(30) Там же, 198.

(31) Там же, 217.

(32) Там же, 280.

(33) A. W. Fisher, *The Russian Annexation of the Crimea 1772–1783*, 54.

(34) 条約成文は、Договоры России с Востоком, политические и торговые, СПб., 1869, 24–42.

(35) N. Riasanvsky, *A History of Russia*, 2nd ed., N. Y., 1969, 294.

(36) R. H. Davison, The 'Dosografa' Church in the Treaty of Küçük Kaynarca, *Bulletin of the School of Oriental and African Studies*, University of London, Vol. 42, No. 1, 1979, esp. 52.

(37) R. H. Davison, "Russian Skill and Turkish Imbecility": The Treaty of Kuchuk Kainardji Reconsidered, *Slavic Review*, Vol. 35, No. 3 (September, 1976), 474. あわせて、次を参照。尾高晋己『オスマン外交のヨーロッパ化』渓水社、二〇一〇年、とくに第二章、黛秋津「ロシアのバルカン進出とキュチュク・カイナルジャ条約(一七七四年)——その意義についての再検討」『ロシア・東欧研究』三七、二〇〇八年、高田和夫『ロシア帝国論』二四八—二四九頁。

(38) Н. С. Киняпина, М. М. Блиев и В. В. Дегоев, Кавказ и Средняя Азия..., 36–37; W. Richmond, *The Northwest Caucasus*, 53.

(39) エレーヌ・カレール＝ダンコース(志賀亮一訳)『エカテリーナ二世』藤原書店、二〇〇四年、五一一—五一二頁。

(40) Н. С. Киняпина, М. М. Блиев и В. В. Дегоеви, Кавказ и Средняя Азия..., 58.

(41) Малороссия, Описание края в историческом, географическом и этнографическом отношении, СПб., 1876, 5–6.

(42) П. Щебальский, Потемкин и заселение Новоросийского края, М., 1868, 5, 12; Д. П. Миллер, Заселение Новороссийского края и Потемкин, Харьков, 1901, 24, 26.

(43) Т. Юзефович (сост.), Договоры России с Востоком..., 41–49.

(44) W. Richimond, *The Northwest Caucasus*, 57.

(45) В.В. Огарков, Г. А. Потемкин, его жизнь и общественная деятельность, СПб., 1892, 50; А. Скальковский, Записка о плавании парохода Петр Великий к Таврическим и восточным берегам Черного моря, Одесса, 1836. 後者は航海記の類であるが、内容的には得るところが乏しい。

(46) Н. С. Киняпина, М. М. Блиев и В. В. Дегоев, Кавказ и Средняя Азия..., 101, 108.

(47) J. F. Baddeley, *The Russian Conquest of the Caucasus*, 47–49. 参考までに触れれば、帝政ロシアの公式戦史は、一七八五年

に登場した「狂信者マンスールはトルコの手先(エージェント)であった」と規定している。Материалы для описания русско-турецкой войны 1877–1878 г.г. на кавказско-малоазиатском театре, Том 4, Часть 1, Тифлис, 1910, 10.

(48) W. Richmond, *The Northwest Caucasus*, 54.

(49) М. А. Терентьев, История завоевания Средней Азии, СПб., 1906.

(50) Т. Юзефович(сост.), Договоры России с Востоком..., 49–58.

(51) Там же, 208–214.

(52) Там же, 214–227.

(53) J. F. Baddeley, *The Russian Conquest of the Caucasus*, 176.

(54) А. М. Скабичевский, А. С. Грибоедов его жизнь и литературная деятельность, СПб., 1893, 56, 62.

(55) 『プーシキン全集』第五巻、河出書房新社、一九七三年、四五八頁。同頁の訳注(米川哲夫執筆)も参照してほしい。

(56) 前掲全集に所収の『エルズルム紀行』四四七頁。

(57) 前掲、四五五頁。

(58) M. Whittock, Ermolov; Proconsul of the Caucasus, *Russian Review*, Vol. 18, No. 1, 1959; J. F. Baddeley, *The Russian Conquest of the Caucasus*, 93–94.

(59) J. F. Baddeley, *The Russian Conquest of the Caucasus*, 93.

(60) В. А. Потто, Ермолов на Кавказе, СПб.,1899. これはペテルブルグの出版者ベレゾーフスキー(В. А. Березовский 1852–1917)が企画出版した啓蒙目的の『兵士文庫』(Солдатская библиотека)の一冊であり、帝政ロシアにおけるエルモーロフ評価の定着に大きく貢献した。

(61) J. F. Baddeley, *The Russian Conquest of the Caucasus*, 126. ロシア軍制ではカザークは非正規軍扱いである。

(62) Т. Юзефович(сост.), Договоры России с Востоком..., 221–222.

(63) С. Глинка, Описание переселения Армян Аддербиджанских в пределы России, М., 1831, 44–45.

(64) この学校については、高田和夫『ロシア帝国論』一三〇頁も参照してほしい。

(65) С. Глинка, Описание переселения Армян..., 16, 49.

(66) Там же, 92.

(67) F. Mostashari, *On the Religious Frontier; Tsarist Russia and Islam in the Caucasus*, London, 2006, 41.

(68) Ф. Успенский, Как возник и развивался в России Восточный вопрос, СПб., 1887, 25, 48. ここで言うナロードナスチについては、高田和夫『ロシア帝国論』第五章第 1 節を参照してほしい。

(69) Л. А. Камаровский, Восточный вопрос, М., 1896, 28-29.

(70) J. A. R. Marriott, *The Eastern Question, An Historical Study in European Diplomacy*, 4th ed., Oxford, 1940, 1.

(71) *Ibid.*, 13.

(72) J. F. Baddeley, *The Russian Conquest of the Caucasus*, 183.

(73) Т. Юзефович (сост.), Договоры России с Востоком..., 71-84.

(74) A. Ü. Turgay, Circassian Immigration into the Ottoman Empire, 1856-1878, in W. B. Hallag and D. P. Little (eds.), *Islamic Studies Presented to Charles J. Adams*, Leiden, 1991, 196.

(75) История народов Северного Кавказа, конец XVIII в.-1917 г., М., 1988, 46.

(76) W. Richmond, *The Northwest Caucasus*, 60; История народов Северного Кавказа, конец XVIII в.-1917 г., 133.

(77) История народов Северного Кавказа, конец XVIII в.-1917 г.,132.

(78) Т. Юзефович (сост.), Договор России с Востоком..., 89-93.

(79) P. E. Mosely, *Russian Diplomacy and the Opening of the Eastern Question in 1838 and 1839*, Cambridge University Press, 1934, 7-30.

(80) J. H. Gleason, *The Genesis of Russophobia in Great Britain, A Study of the Interaction of Policy and Opinion*, N. Y., 1950, 165.

(81) М. Блиев, Черкесия и Черкесы XIX века, М., 2011, 53.

(82) ウルクハルトについては、まず、次を参照してほしい。J. H. Gleason, *The Genesis of Russophobia in Great Britain*, esp. Ch. VI, VII. さらに、G. H. Bolsover, David Urquhart and the Eastern Question, 1833-37, *Journal of Modern History*, Vol. 8, No. 4 (December, 1936).

(83) W. Richimond, *The Northwest Caucasus*, 61.

(84) E. Hertslet, *The Map of Europe by Treaty*, London, 1875, Vol. 2, 1024-1206.

(85) J. F. Baddeley, *The Russian Conquest of the Caucasus*, 307, 311.

(86) Х. М. Ибрагимбейли, Кавказ в Крымской войне 1853–1856 гг. и международные отношения, М., 1971, 135.
(87) Р. А. Фадеев, 60 лет Кавказской войны, в его Сочинениях, Том 1, СПб., 1889, 89.
(88) Северный Кавказ в составе Российской империи, 122.
(89) Там же, 95.
(90) W. Richmond, *The Northwest Caucasus*, 67.
(91) Н Дубровин, История войны и владычества России на Кавказе, Том 1, Кн., 1, СПб., 1871, 322, примеч.
(92) 委員会制度と総督制度について、さしあたり高田和夫『ロシア帝国論』一一七―一二一頁を参照してほしい。なお、わが国で帝政ロシアによるカフカース支配を初めて本格的な研究対象としたのは、高橋清治である。その主たる関心は二〇世紀初頭のヴォロンツォーフ・ダシコフ総督時代にあるが、一九世紀に関する議論も参照されてしかるべきである。高橋「ロシア帝国とカフカス総督府」『ロシア史研究』五九号、一九九六年、同「帝国のカフカス支配と「異族人教育」」『同』六〇、一九九七年。
(93) W. Richmond, *The Northwest Caucasus*, 244, fn. 16.
(94) Кавказские письма А. П. Ермолова М. С. Воронцову, СПб., 2011, 107.
(95) J. F. Baddeley, *The Russian Conquest of the Caucasus*, 391 も参照。
(96) P. B. Henze, Fire and Sword in the Caucasus, *Central Asian Survey*, 1983, Vol. 2, No.1, 19.
(97) С. Эсадзе, Исторический очерк распространения русской власти на Кавказе, Тифлис, 1913, 40–41.
(98) М. П. Щербинин, Биография генерал-фельдмаршала князья Михаила Семеновича Воронцова, СПб., 1858, 212.
(99) L. H. Rhinelander, *Prince Michael Vorontsov: Viceroy to the Tsar*, Montreal, 1990, 137.
(100) Х. М. Ибрагимбейли, Кавказ в Крымской войне..., 138; W. Richmond, *The Northwest Caucasus*, 69.
(101) История народов Северного Кавказа..., 185; И. В. Бестужев, Крымская война 1853–1856 гг., М., 1956, 53–53.
(102) W. Richmond, *The Northwest Caucasus*, 73.
(103) История народов Северного Кавказа..., 192.
(104) Е. В. Тарле, Крымская война, Том 2, М., 1950, 26–29.
(105) История народов Северного Кавказа..., 185.

(106) Х. М. Ибрагимбейли, Кавказ в Крымской войны 1853–1856 гг. и международные отношения, 104, 157.

(107) Там же, 254–256.

(108) Там же, 237–239, 240–242, 244, 249.

(109) さしあたり、次を参照してほしい。 A. J. P. Tayler, *The System for Mastery in Europe 1848–1918*, London, 1954, 65–66; W. E. Mosse, *The Rise and Fall of the Crimean System 1855–1871, The Story of a Peace Settlement*, London, 1963, 19; И. В. Бестужев, Крымскуая война 1853–1856 гг., 84–85.

(110) アラン・パーマー(白須英子訳)『オスマン帝国衰亡史』中央公論社、一九九八年、一九九頁。

(111) *The Map of Europe by Treaty*, Vol. 2, No. 193.

(112) W. E. Mosse, *The Rise and Fall of the Crimean System 1855–1871*, 93.

(113) Н. С. Киняпина, М. М. Блиев и В. В. Дегов, Кавказ и Средняя Азия..., 198, 202.

(114) История народов Северного Кавказа..., 194.

(115) Н. С. Киняпина, Внешняя политика России второй половины XIX в., М., 1974, 13.

(116) Н. С. Киняпина, М. М. Блиев и В. В. Дегов, Кавказ и Средняя Азия ..., 218.

(117) А. Н. Гневушев, Политико-экономические взгляды гр. Н. С. Мордвинова, Киев, 1904, 4, 73.

(118) A. J. Rieber, *The Politics of Autocracy, Letters of Alexander II to Prince A. I. Bariatinskii, 1857–1864*, Paris and the Hague, 1966, 72.

(119) Ш. В. Мегрелидзе, Закавказье в русско-турецкой войне 1877–1878 гг., Тбисили, 1972, 7.

(120) А. П. Берже, Выселение горцев с Кавказа, Русская старина, 1882, Том 33, No. 1, 175.

(121) Ш. В. Мегрелидзе, Закавказье в русско-турецкой войне 1877–1878 гг., 69.

(122) Там же, 50.

(123) W. E. D. Allen and P. Muratoff, *Caucasian Battlefields; A History of the Wars on the Turco-Caucasian Border, 1828–1921*, Cambridge University Press, 1953, 105–106.

(124) Ф. Бадерхан, Северокавказская диаспора в Турции, Сирии и Иордании, М., 2001, 51.

(125) F. H. Fisher, *Afganistan and the Central Asian Question*, London, 1878, 264–265.

(126) Н. С. Киняпина, М. М. Блиев и В. В. Дегов, Кавказ и Средняя Азия..., 256.

(127) たとえば、高田和夫『ロシア帝国論』九七頁以下の中央アジアをめぐる記述を参照してほしい。

(128) Н. С. Киняпина, М. М. Блиев и В. В. Дегов, Кавказ и Средняя Азия..., 271.

(129) E. Schuyler, *Turkistan; Notes of a journey in Russian Turkistan, Khokand, Bukhara, and Kuldja*, Vol. 1, London, 1876, 377; F. H. Skrine and E. D. Ross, *The Heart of Asia, A History of Russian Turkestan and the Central Asian Khanates from the Earliest Times*, London, 1895, 285.

(130) В. Н. Иваненко, Гражданское управление Закавказьем от присоединения Грузии до наместничества Великого Князя Михаила Николаевича, Тифлис, 1901, 433. これは一八〇一年のグルジア併合から百年を記念してカフカース軍管区参謀部戦史部門で少将ポット(В. А. Потто)が中心となって編集した全一二巻から成るシリーズ物、『カフカースにおけるロシア主権の確立』(Утверждение русского владычества на Кавказе)の第一二巻。

(131) Р. А. Фадеев, Шестьдесят лет Кавказской войны, Собрание сочинений Р. А. Фадеева, Том 1, СПб., 1889, 241.

(132) Н. С. Киняпина, Внешняя политика России второй половины XIX в., 203.

(133) В. Н. Иваненко, Гражданское управление Закавказьем от присоединения Грузии..., 465. 「境界」に関してはさしあたり次を参照してほしい。高田和夫『ロシア帝国論』第二章第一節の２「ボーダーとフロンティア」。

(134) W. Richmond, *The Northwest Caucasus*, 74.

(135) *Ibid*., 76.

(136) Собрание сочинений Р. А. Фадеева, Том 1, СПб., 1889, 150-151.

(137) W. Richmond, *The Northwest Caucasus*, 76.

(138) Красный архив, 1938, No. 3(88), 189; W. E. Mosse, *The Rise and Fall of the Crimean System 1855-1871*, 120.

(139) Сборник договоров России с другими государствами 1856-1917, М., 957, 69-70.

(140) さしあたり、高田和夫『ロシア帝国論』一三一頁以下を参照してほしい。

(141) W. Richmond, *The Northwest Caucasus*, 1; Н. С. Киняпина, Внешняя политика России второй половины XIX в., 207.

(142) Н. С. Киняпина, Внешняя политика России второй половины XIX в., 48.

(143) W. E. Mosse, *The Rise and Fall of the Crimean System 1855-1871*, Introduction.

(144) Л. И. Нарочницкая, Россия и отмена нейтрализации Черного моря 1856–1871 гг., К истории Восточного вопроса, М., 1989, 154; В. М. Хевролина, Российский дипломат граф Николай Павлович Игнатьев, М., 2004, 214.

(145) С. Горяинов, Босфор и Дарданеллы, СПб., 1907, 143–144; Н. С. Киняпина, Внешняя политика России второй половине XIX в, 90–91; Хевролина, Российский дипломат граф Николай Павлович Игнатьев, 149.

(146) W. E. Mosse, *The Rise and Fall of the Crimean System 1855–1871*, 161.

(147) *The Map of Europe by Treaty*, Vol. 3, No. 429, 1892–1895.

(148) B. Jelavich, *The Ottoman Empire: the Great Powers, and the Straits Question 1870–1887*, Indiana University Press, 1973, 87.

(149) *The Map of Europe by Treaty*, Vol. 3, 1898–1900.

(150) Е. М. Феоктистов, За кулисами политики и литературы, М., 1929, 109; Киняпиня, Внешняя политика России второй половине XIX в., 96.

(151) W. E. Mosse, *The Rise and Fall of the Crimean System 1855–1871*, 169.

(152) С. Горяинов, Босфор и Дарданеллы, 252–253.

(153) Сборник договоров России с другими государствами, 1850–1919, 107–110; М. А. Циммерман, Босфор и Дарданеллы, СПб., 1912, 76–79.

(154) Б. А. Дранов, Черноморские проливы, М., 1948, 140.

第二章

(1) 帝政ロシアにおけるそうした時代相については、高田和夫『ロシア帝国論』、とくに第五章第一節の3を参照してほしい。

(2) Н. А. Гвоздецкий и др., Русские географические исследования Кавказа и Средней Азии в XIX –начале XX в., М., 1964, 5, 20.

(3) Н. Ф. Дубровин, История войны и владычества русских на Кавказе, 1.

(4) Сборник сведений о Кавказе, Том IV, Тифлис, 1878 の巻末の付表を参照してほしい。

(5) Кавказ; Справочная книга, составленная старожилом, Тифлис, 1887, 6, 8.

(6) Н. Шавров, Русский путь в Закавказье, СПб., 1883, 26.

(7) А. Тройницкий, Крепостное население в России по 10-й народной переписи, СПб., 1861, 45.

（8） В. А. Матвеев, Россия и Северный Кавказ; Исторические особенности формирования государственного единства (вторая половина XIX–начало XX в.), Ростов-на-Дону, 2006, 31, 71–72, 106.

（9） とりあえず、次を参照してほしい。И. Д. Попко, Черноморские казаки в их гражданском и военном быту, СПб., 1858, 2–3.

（10） W. E. D. Allen and P. Muratoff, *Caucasian Battlefields*, 3.

（11） Н. Дубровин, История войны и владычества русских на Кавказе, 26.

（12） Там же, 43–44.

（13） Ю. Э. Янсон, Сравнительная статистика России и западно-европейских государств, СПб., 1877, 180–181. これは交通大学校の学生向け便覧である。

（14） たとえば、次を参照してほしい。Евг. Максимов и Г. Вертепов, Туземцы Северного Кавказа, Вып. 1, Владикавказ, 1892, 23–24.

（15） W. E. D. Allen and P. Muratoff, *Caucasian Battlefields*, 9.

（16） Кавказ; Справочная книга составленная старожилом, 103–104.

（17） Г. К. Градовский, Война в Малой Азии в 1877 году, СПб., 1878, 6.

（18） В. В. Дегоев, Кавказ в составе России; Формирование имперской идентичности（первая половина XIX века）, Кавказский Сборник, Том 1 (33), М., 2004, 43.

（19） А. П. Андреев, От Владикавказа до Тифлиса, Военно-Грузинская дорога, 2-ое изд., Тифлис, 1895, 6, 12, 21–22.

（20） Кавказ; Справлчная книга составленная старожилом, 69, 71.

（21） История народов северного Кавказа, конец XVIII в.–1917 г., 365.

（22） Кавказский Календарь на 1879 год, изданный Главным Управлением Наместника Кавказского, год XXXIV, Тифлис, 1878, 444.

（23） Н. Дубровин, История войны и владычества русских на Кавказе, 37.

（24） Там же, 15, 20.

（25） Там же, 21.

（26） Там же, 32.

（27） Там же, 49–50.

(28) Там же, 63.

(29) История народов северного Кавказа конец XVIII в.–1917 г., 300. タヴリーダはクリミアの帝政ロシア側の名称。

(30) Ю. Э. Янсон, Сравнительная статистика России и западно-европейских государств, 46.

(31) В. де Ливрон, Статистическое обозрение Российской империи, СПб., 1874, 33–34.

(32) А. П. Берже, Выселение горцев с Кавказа, Русская Старина, 1882, No. 1, 162.

(33) Элизе Реклю, Россия; Европейская и Азиятская с дополнениями и исправлениями, Том 2, Азиятская Россия и Средне-Азиятские ханства, СПб., 1884, 63.

(34) А. Н. Максимов, Какие народы живут в России, Справочное издание, М., 1919.

(35) Н. А. Смирнов, Политика России на Кавказе в XVI–XIX веках, М., 1958, 215.

(36) А. Н. Максимов, Какие народы живут в России, 117.

(37) Народы России, Этнографические очерки, издание редакции журнала «Природа и Люди», Том 2, СПб., 1880, 391. なお、これは、Народы России, Вып. 4, СПб., 1879 の全くの再版である

(38) Кавказ; Справочная книга, 194.

(39) Народы России, Этнографические очерки, 376.

(40) Кавказ; Справочная книга, 206.

(41) А. Н. Максимов, Какие народы живут в России, 123.

(42) Н. И.. Покровский, Кавказские войны и имамат Шамиля, М., 2000, 151. これは一九四〇年版の再版である。

(43) Евг. Максимов и Г. Вертепов, Туземцы Северного Кавказа, 87, 90–91.

(44) А. Н. Максимов, Какие народы живут в России, 125.

(45) Н. Дубровин, История войны и владычества русских на Кавказе, 451–452. ただし、後に見るシャミーリの独自な政治世界(イマーマート)にあっては、警備役 муртазеки という身分がつくられた。Там же, 472.

(46) Там же, 457.

(47) Там же, 465.

(48) 本書三三三頁以下および次を参照してほしい。M. Gammer, *The Lone Wolf and the Bear; Three Centuries of Chechen Defiance*

of Russian Rule, London, 2006, 17-28.

(49) Н. Дубровин, История войны и владычества русских на Кавказе, 372.

(50) たとえば П. П. Короленко, Двухсотлетие кубанского казачьего войска, 1696-1896, Краснодар, 1896, 51-52.

(51) Там же, 52.

(52) Baron von Haxthausen, *Transcaucasia, Sketches of the nations and races between the Black Sea and the Caspian*, London, 1854, 13.

(53) *Ibid*., 390.

(54) Н. Дубровин, История войны и владычества русских на Кавказе, 394-395.

(55) Н. И. Покровский, Кавказские войны и имамат Шамиля, 191-193, 209.

(56) С. Эсадзе, Исторический очерк распространения русской власти на Кавказе, Тифлис, 1913, 37-38.

(57) Baron von Haxthausen, *Transcaucasia*, 17.

(58) И. Д. Попко, Черноморские казаки в их гражданском и военном быту, СПб., 1858, 47-48.

(59) Там же, 38-39.

(60) たとえば 次を参照してほしい。A. Jersild, Imperial Russification: Dagestani moutaineers in Russian exile, 1877-83, *Central Asian Survey*, Vol. 19, No.1, 2000, 197.

(61) Н. Дубровин, История войны и владычества русских на Кавказе, 475.

(62) Н. И. Покровский, Кавказские войны и имамат Шамиля, 306, 408.

(63) Там же, 389.

(64) Н. Дубровин, История войны и владычества русских на Кавказе, 468-469.

(65) Н. И. Покровский, Кавказские войны и имамат Шамиля, 381.

(66) Там же, 307.

(67) Там же, 452, 457, 469.

(68) Н. Дубровин, История войны и владычества русских на Кавказе, 487.

(69) Там же, 491.

(70) Элизе Реклю, Россия, Европейская и Азиятская с дополнениями и исправлениями., 1884, Том 2, СПб., 1884, 93.

(71) Там же, 102.

(72) J. F. Baddeley, *The Russian Conquest of theCaucasus*, 33; Северный Кавказв составе Российсклй империи, 103.

(73) Н. Жданов, Разсказы о кавказском племени Осетинах, М., 1898, 32.

(74) Н. А. Смирнов, Политика России на Кавказе в XVI–XIX веках, М., 1958, 208.

(75) J. F. Baddeley, *The Russian Conquest of theCaucasus*, xxiii.

(76) *Ibid*., 414.

(77) Н. С. Киняпина, Административная политика царизма на Кавказе и в Средней Азии в XIX веке, Вопросы Истории, 1983, No. 4, 38.

(78) Ставрополь в географическом, историческом, топографическом и статистическом отношениях, Тифлис, 1854, 36–37.

(79) Евг. Максимов и Г. Вертепов, Туземцы Северного Кавказа, 62–63, 126, 182.

(80) Отчет гр. Евдокимова о военных действиях, исполненных в Кубанской области в период времени с 1-го июля 1863 года по 1-е июля 1864 года, в Кн. Т. Х. Кумыков, Выселение адыгов в Турцию, Наличик, 1994, 89–92.

(81) Там же, 62.

(82) Там же, 88.

(83) Н. Г. Волкова, Этнический состав населения Северного Кавказа, в XVIII–начале XX века, М., 1974, 16.

(84) Собрание сочинений Р. А. Фадеева, Том.1, Часть 1, СПб., 1889, 129.

(85) W. Richmond, *The Northwest Caucasus*, 8; Х. М. Ибрагимбейли, Кавказ в Крымской войны 1853–1856 гг. и международные отношения, 133.

(86) История народов Северного Кавказа, конец XVIII в.–1917 г., 55.

(87) Н. Дубровин, История войны и владычества русских на Кавказе, 85; Народы России, Вып. 4, СПб., 1879, 354.

(88) Э. Реклю, Россия..., 72.

(89) Там же, 80.

(90) Военно-статистическое обозрение Кубанской области, Тифлис, 1900, 188.

(91) Кавказ; Справочная книга, 183.

(92) Сборник сведений о Кавказе, Том 9, Тифлис, 1885, Таблица II.

(93) Военно-статистическое обозрение Кубанской области, 191. これは約一万七〇〇〇としている。

(94) Л. Ш., Черкесы, Энциклопедический словаль, Том 76, 580-582.

(95) М. Блиев, Черкесия и Черкесы XIX века, М., 2011, 15-16.

(96) Э. Реклю, Россия..., 74.

(97) М. Милютин (сост.), Исторический очерк развития и устройства Кавказских минеральных воды, М., 1878, 52, 128, 166.

(98) Н. Дубровин, История войны и владычества русских на Кавказе, 98.

(99) Э. Реклю, Россия..., 76.

(100) Кавказ; Справочная книга, 188.

(101) Н. Дубровин, История войны и владычества русских на Кавказе, 228.

(102) Там же, 124.

(103) Там же, 192. カッコ内の用語はすべてドゥブローヴィンによるもの。

(104) Там же, 193-195.

(105) Там же, 198.

(106) Там же.

(107) Там же, 209.

(108) Там же, 218.

(109) Э. Рекдю, Россия..., 76.

(110) Там же, 239-240.

(111) Там же, 241.

(112) A. Ü. Turgay, Circassian Immigration into the Ottoman Empire, 1856-1878, 195.

(113) М. Блиев, Черкесия и Черкесы XIX века, 75-76, 85.

(114) Военно-статистическое обозрение Кубанской области, 190.

(115) Там же, 194-195.
(116) М., Блиев, Черкесия и Черкесы XIX века, 122-124.
(117) Там же, 153-154.
(118) Там же, 161-163, 169.

第三章

(1) L. H. Rhinelander, Russia's Imperial Policy; The Administration of the Caucasus in the First Half of the Nineteenth Century, *Canadian Slavonic Papers*, Vol. 17, 1975.
(2) *Ibid.*, 220-221.
(3) В. В. Дегоев, Кавказ в составе России; Формирование имперской идентичности (первая половина XIX века), Кавказский Сборник, Том 1 (33), М., 2004, 31. なお、この『カフカース論集』は一八七六年に創刊されたが、一九一二年に三二巻で閉刊した。これは九二年ぶりに復刊したもので、通巻三三号にあたる。
(4) たとえば、次を参照してほしい。Moshe Gammer, Russian Strategies in the Conquest of Chechnia and Daghestan, 1825-1859, in M. Bennigsen Broxup (ed.), *The North Caucasus Barriers; The Russian Advance towards the Muslim World*, London, 1992, 45.
(5) M. Whittock, Ermolov; Proconsul of the Caucasus, *Russian Review*, Vol. 18, 1959, 56-57.
(6) L. H. Rhinelander, Russia's Imperial Policy, 225-226.
(7) История народов Северного Кавказа, 35.
(8) Там же, 34.
(9) L. H. Rhinelander, Russia's Imperial Policy, 227.
(10) *Ibid.*, 228.
(11) *Ibid.*, 229.
(12) *Ibid.*, 231.
(13) この総督選考の過程は次が詳しい。L. H. Rhinelander, The Creation of the Caucasian Vicegerency, *Slavonic East European*

Review, Vol. 59, No.1, 1981. ツァーリがヴォロンツォーフを説得してカフカース行政を担当させるためにこうした総督職を創設したと主張している。

(14) たとえば、次を参照してほしい。И. Ивановский, А. Д. Градовский, как ученый, СПб., 1900. これは一八九九年にペテルブルグ法律家協会で行われた講演記録であるが、グラドーフスキーが「傑出した社会活動家」であった側面を強調している。

(15) А. Д. Градовский, Исторический очерк учреждения генерал-губернаторств в России, в Кн.; Его же, Политика, История и Администрация, СПб., 1871, 420.

(16) Там же, 421.

(17) Там же, 425–426.

(18) Там же, 429.

(19) Там же, 436.

(20) Там же, 438.

(21) Там же, 439.

(22) Там же, 441.

(23) В. В. Черкесов (ред.), Институт генерал-губернаторства и наместничества в Российской империи, Том 1, СПб., 2001, 205–206. この二巻本は表題の通りいわゆる制度史を詳細に辿ろうとするもので、その分、面白みに欠ける。

(24) Северный Кавказ в составе Российской империи, 186–187.

(25) その全体については、とりあえず、高田和夫『ロシア帝国論』一一九—一二〇頁を参照してほしい。

(26) Дневник генерал-фельдмаршала Дмитрия Алексеевича Милютина, 1873–1875, 2-е изд., М., 2008, 135. 廃止の検討については、この日記の注記２７８を参照してほしい。

(27) Cf. L. H. Rhinelander, The Creation of the Caucasian Vicegerency, 31.

(28) В. Н. Иваненко, Гражданское управление Закавказьем от присоединении Грудии до наместничества Великого Князя Михаила Николаевича, Тифлис, 1901, 348.

(29) Там же, 357.

(30) L. H. Rhinelander, Viceroy Vorontsov's administration of the Caucasus, in R. G. Suny (ed.), *Transcaucasia, Nationalism, and*

Social Change, The University of Michigan Press, 1983, 88–90, 97.

(31) L. H. Rhinelander, Russia's Imperial Policy, 232–233.

(32) С. Эсадзе, Исторический очерк распространения русской власти на Кавказе, 42.

(33) Утверждение русского владычества на Кавказе, Том 12, Тифлис, 1901, 349–350.

(34) Кавказ; Справочная книга, составленная старожилом, 176–177.

(35) В. Н. Иваненко, Гражданское управление Закавказьем..., 349.

(36) А. Л. Зиссерман, Фельдмаршал князь Александр Иванович Барятинский, Том 1, М., 1888; Том 2, М., 1890; Том 3, М., 1891. 以下、引用は単に巻数のみとし、たとえば、その第一巻九九〜一〇〇頁は、А. Л. Зиссерман, Том 1, 99–100 のように表示する。

(37) А. Л. Зиссерман, Том 1, 99–100.

(38) А. Л. Зиссерман, Том 1, 117, 122.

(39) А. Л. Зиссерман, Том 1, 194.

(40) А. Л. Зиссерман, Том 1, 256.

(41) А. Л. Зиссерман, Том 1, 288.

(42) А. Л. Зиссерман, Том 1, 374.

(43) А. Л. Зиссерман, Том 1, 374, 386.

(44) А. Л. Зиссерман, Том 1, 391, Том 2, 1.

(45) А. Л. Зиссерман, Том 2, 13.

(46) А. Л. Зиссерман, Том 2, 324.

(47) А. Л. Зиссерман, Том 2, 327.

(48) А. Л. Зиссерман, Том 2, 411.

(49) Д. А. Милютин, Описание военных действии 1839 года в Северном Дагестане, СПб., 1850, 133.

(50) 引用部を含めて、次も参照してほしい。W. Brooks, Russia's Conquest and Pacification of the Caucasus; Relocation becomes a Pogrom in the Post-Crimiean War Period, *Nationalities Papers*, Vol. 23, No. 4, 1995, 677–679.

(51) История народов Северного Кавказа, 172.

(52) К. В. Сивков, О проекте окончания Кавказской войны в середине XIX в., История СССР, 1958, No. 3.

(53) 次はこの点を強調している。 F. A. Miller, *Dmitrii Miliutin and the Reform Era in Russia*, Vanderbilt University Press, 1968, 16.

(54) А. Л. Зиссерман, Том 2, 88.

(55) А. Л. Зиссерман, Том 2, 408–410.

(56) А. Л. Зиссерман, Том 2, 13–18.

(57) А. Л. Зиссерман, Том 2, 19.

(58) А. Л. Зиссерман, Том 2, 26–29.

(59) А. Л. Зиссерман, Том 2, 65–66.

(60) А. Л. Зиссерман, Том 2, 89–91.

(61) А. Л. Зиссерман, Том 3, 155.

(62) А. Л. Зиссерман, Том 2, 102.

(63) А. Л. Зиссерман, Том 2, 150–151.

(64) А. Л. Зиссерман, Том 2, 450.

(65) А. Л. Зиссерман, Том 2, 436.

(66) 手記は А. Л. Зиссерман, Том 2, 277–279. さらに、А. Л. Зиссерман, Том 1, 68 も参照してほしい。

(67) А. Л. Зиссерман, Том 2, 433–434.

(68) Н. С. Киняпина, Административная политика царизма на Кавказе и в Средней Азии в XIX веке, Вопросы истории, 1983, No. 4, 39–41.

(69) А. Л. Зиссерман, Том 2, 298.

(70) Там же.

(71) А. Л. Зиссерман, Том 2, 315.

(72) А. Л. Зиссерман, Том 2, 313.

(73) А. Л. Зиссерман, Том 2, 346.

(74) А. Л. Зиссерман, Том 2, 349–350.

(75) W. Brooks, Russia's Conquest and Pacification of the Caucasus, 677.

(76) F. A. Miller, Dmitrii Miliutin and..., 30.

(77) С. Эсадзе, Исторический очерк распространения русской власти на Кавказе, 49.

(78) F. Mostashari, *On the Religious Frontier; Tsarist Russia and Islam in the Caucasus*, London, 2006, 57.

(79) Утверждение русского владычества на Кавказе, Том 12, Тбилиси, 1901, 432.

(80) А. Л. Зиссерман, Том 2, 350–351.

(81) Кавказ и его военачальники; Н. Н. Муравьев, кн. А. И. Барятинский, Н. И. Евдокимов 1854–1864 гг., Очерк генерала Кравцова, СПб., 1886, 25–26.

(82) Там же, 29–30.

(83) Там же, 39–40.

(84) А. Л. Зиссерман, Том 2, 354.

(85) И. Дитятин, Городское самоуправление в России, Ярославль, 1877, 541–542, 545–546.

(86) さしあたり、次を参照してほしい。М. П. Щепкин, Опыты изучения общественного хозяйства и управления городов, Часть 1, Москва, 1882, 5, 9–11.

(87) Сборник сведений о Кавказе, Том 6, 310.

(88) Собрание сочинений Р. А. Фадеева, Том 1, Часть 2, СПб., 1889, 9–10, 14.

(89) 筆者が読みえた限りで言えば、フェデーエフはこの用語を一回だけその『カフカースからの手紙』第九書簡で使っている。Собрание сочинений Р. А. Фадеева, Том 1, Часть 1, СПб., 1889, 200.

(90) Н. А. Зейдлиц(ред.), Сборник сведений о Кавказе, Том 6, Тифлис по однодневной переписи 25-го марта 1876 года, Тифлис, 1880, 18.

(91) 高田和夫『ロシア帝国論』三八八頁。

(92) Н. А. Зейдлиц(ред.), Сборник сведений о Кавказе, Том 6, 71–73.

(93) Там же, 94–95.

(94) Сборник сведений о Кавказе, Том 9, Тифлис, 1885, 1.

(95) Там же, 104–107.

(96) Там же, 121.

(97) Там же, 133, 137.

(98) Там же, 140.

(99) А. Л. Зиссерман, Том 3, 53–54.

(100) А. Л. Зиссерман, Том 3, 64–67.

(101) А. Л. Зиссерман, Том 2, 416.

(102) А. Л. Зиссерман, Том 3, 101–102.

(103) А. Л. Зиссерман, Том 3, 105.

(104) А. Л. Зиссерман, Том 3, 111.

(105) А. Л. Зиссерман, Том 3, 126.

(106) А. Л. Зиссерман, Том 3, 117–119.

(107) Кавказ; Справочная книга, составленная сталожилом, Тифлис, 1887, 355.

(108) Е. И. Козубский, История города Дербента, Темир-Хан-Шура, 1906, 248.

(109) Там же, 273.

(110) Там же, 290.

(111) А. Л. Зиссерман, Том 2, 420.

(112) М. Краснов, Историческая записка о Ставропольской гимназии, Ставрополь, 1887, 59–60.

(113) А. Л. Зиссерман, Том 3, 41.

(114) Собрание сочинений Р. А. Фадеева, Том 1, Часть 2, СПб., 1889, 151.

(115) Н. Шавров, Путь в Центральную Азию по направлению указанному Петром Великим, СПб., 1871.

(116) Н. Шавров, Русский путь в Закавказье, СПб., 1883.

（117）Там же, 10.
（118）Там же, 17.
（119）Там же, 22.
（120）Там же, 24.
（121）Там же, 28–29.
（122）Дневник генерал-фельдмаршала графа Дмитрия Алексеевича Милютина, 1873–1875, 2-ое изд., М., 2008, 154–155.
（123）Столетие военного министерства 1802–1902, Главное управление казачьих войск, 428–429.
（124）Там же, 376–377.
（125）Там же, 440–442, 456.
（126）Евг. Максимов, Терское казачье войско, 33.
（127）Столетие военного министерства 1802–1902, Исторический очерк развития военного управления в России, 1, СПб., 1902, 494.
（128）Там же, 489.
（129）Столетие военного министерства 1802–1902, Том 3., отд. 6, Военные министеры и главноуправляющие военною частью в России с 1701 по 1910 год, СПб., 1911, 258. また、ザイオンチコーフスキーは、ミリューチンが一八四〇、五〇年代にグラノーフスキーなど西欧派と交流したことに注目している。Дневник генерал-фельдмаршала графа Дмитрия Алексеевича Милютина, 1873–1875. これは、付録にあるミリューチン論。なお、グラノーフスキーについては、高田和夫『ロシア帝国論』二〇三頁以下も参照してほしい。さらに本書の後段でも触れるが、ミリューチンが進歩的な戦略家オーブルチェフを高く評価して重用したことなど、彼の進歩派あるいは改革派ぶりを示すことは比較的に容易であろう。改革一般を支持し、支援する社会的な雰囲気が存在したこともミリューチン軍制改革にとっては追い風になった。つまり、帝政ロシアの少なくとも首都では実証主義、合理主義、科学主義、あるいはプロフェッショナリズムといった用語が差し向けられる社会現象が顕在化する時代を迎えていたのである。これら諸様相に対する筆者のコメントは、高田和夫『ロシア帝国論』第五章第一節を参照してほしい。
（130）Д. А. Милютин, Военные реформы императора Александра II, Вестник Европы, 1882, No 1. この論文は、日記の第二版に付録として収録されている。Дневник генерал-фельдмаршала графа Дмитрия Алексеевича Милютина, 1873–1875.

(131) Исторический очерк деятельности военного управления в России в первое двадцати-пяти-летие благополучного царствования государя императора Александа Николаевича (1855–1880 гг.), Том 4, СПб., 1880, 46.

(132) Там же, 45.

(133) Столетие военного министерства 1802–1902, Исторический очерк развития военного управления в России, 1, 479.

(134) R. F. Baumann, The Debates over Universal Military Service in Russia 1870–1874, Ph. D. dissertation, Yale University, 1988, 33.

(135) Столетие военного министерства 1802–1902, 1, 494.

(136) Там же, 516–517.

(137) Кавказ в течении 25-летнего царствования государы императора Александра II, 44–46.

(138) Там же, 47.

(139) 次も参照してほしい。Там же, 51.

(140) Исторический очерк деятельности военного управления..., Том 4, 14.

(141) Ф. Бадерхан, Северокавказская диаспора в Турецки, Сирии и Иордании, 11–12.

(142) С. Эсадзе, Исторический очерк распространения русской власти на Кавказе, 45.

(143) W. E. D. Allen and P. Muratoff, *Caucasian Battlefields*, 130–131.

(144) История народов северного Кавказа, 278–290.

(145) А. Л. Зиссерман, Том 3, 207.

(146) この問題は、А. Л. Зиссерман, Том 3, 201–238 で扱われている。

(147) А. Л. Зиссерман, Том 3, 204.

(148) А. Л. Зиссерман, Том 3, 210.

(149) А. Л. Зиссерман, Том 3, 211.

(150) А. Л. Зиссерман, Том 3, 238.

(151) А. Л. Зиссерман, Том 3, 216.

(152) А. Л. Зиссерман, Том 3, 217.

(153) П. А. Зайночковский, Д. А. Милютин, Биографический очерк, в Кн. Дневник генерал-фельдмаршала Дмитрия Алексеевича Милютина, 1873–1875, 356.

(154) А. Л. Зиссерман, Том 3, 232.

(155) Там же, 352. さらに次も参照してほしい。П. А. Зайночковский, Военные реформы Д. А. Милютина, Вопросы Истории, 1945, No. 2.

(156) Дневник генерал-фельдмаршала Дмитрия Алексеевича Милютина, 1873–1875, 213.

(157) А. Л. Зиссерман, Том 3, 72.

(158) Столетие Военного Министерства 1802–1902, Главное управление казачьих войск, Исторический очерк, СПб., 1902, 368.

(159) А. Л. Зиссерман, Том 2, 375.

(160) А. Л. Зиссерман, Том 2, 382.

(161) Столетие Военного Министерства 1802–1902, Главное управление казачьих войск, Исторический очерк, 375. エヴドキーモフの提案については，Кавказ и его военачальники; Н. Н. Муравьев, Кн. А. И. Барятинский, Н. И. Евдокимов 1854–1864 гг., 42.

(162) Собрание сочинений Р. А. Фадеева, Том 1, Часть 1, 200–201.

(163) Н. Г. Волкова, Этнический состав населения северного Кавказа в XVIII–начале XX века, М., 1974, 220.

(164) А. Л. Зиссерман, Том 2, 395–396.

(165) С. Эсадзе, Исторический очерк распространения русской власти на Кавказе, 45.

(166) С. Эсадзе, Покорение запалного Кавказа, Тифлис, 1914, 119–120; Ф. Бадерхан, Северокавказская диаспора в Турции, Сирии и Иордании, 19.

(167) W. E. D. Allen and P. Muratoff, *Caucasian Battlefields*, 108.

(168) Северный Кавказ в составе Российской империи, 190.

(169) История народов северного Кавказа, 283.

(170) Материалы для описания русско-турецкой войны 1877–1878 гг. на кавказско-малоазиатском театре, Том 6, Часть 2, Тифлис, 1910, 12; В. В. Черкесов (ред.), Институт генерал-губернаторства и наместничества в Российской империи, Том 1, 207–209.

(171) Утверждение русского владычества на Кавказе, Том 12, Тифлис, 1901, 438–439.

(172) А. Л. Зиссерман, Том 3, 49.
(173) И. Я. Сандрыгайло (ред.), Адаты Дагестанской области и Закатальского округа, Судоустройство и судопроизводство в участях Кавказского края военно-народного управления, Тифлис, 1899, 5. これはダゲスタンを中心とする全八管区〔округ〕におけるアダートを収録した一大労作である。とくにダルギン管区とグニブ管区に関して詳細である。
(174) Там же, 7-8.
(175) Там же, 31-32.
(176) Там же, 47.
(177) Материалы для описания русско-турецкой войны 1877-1878 гг. на кавказско-малоазиатском театре, Том 6, Часть 2, 13.
(178) История народов северного Кавказа, 281.
(179) А. Л. Зиссерман, Том 2, 398.
(180) Столетие Военного Министерства 1802-1902, Главное управление казачьих войск, Исторический очерк, 376.
(181) Кавказ в течении 25-летнего царствования, 59-60.
(182) Там же, 57.
(183) С. Иванов, О сближении горцев с русскими на Кавказе, Военный сборник, Том 12, СПб., 1859, 541-549; Н. А. Смирнов, Политика России на Кавказе в XVI-XIX веках, М., 1958, 188-189.
(184) Кавказ в течении 25-летнего, 55.
(185) История народов северного Кавказа, 280.
(186) А. Тройницкий, Крепостное население в России, по 10-й народной переписи, СПб., 1861, 21, 45, 48, 82-83.
(187) Северный Кавказ в составе Российской империи, 214.
(188) Э. Реклю, Том 2, 206-207.
(189) Собрание сочинений Р. А. Фадеева, Том 1, Часть 2, 69-70.
(190) История народов северного Кавказа, 270.
(191) Евг. Максимов и Г. Вертепов, Туземцы северного Кавказа, Вып. 1, Владикавказ, 1892, 63.
(192) А. И. Иванов, Национально-освободительные движения в Чечне и Дагестане в 60-70-х гг. XIX в., Исторические Записки, Том

12, 1941, 171.

(193) С. Эсадзе, Исторический очерк распространения русской власти на Кавказе, Тифлис, 1913, 53.

(194) Там же, 54.

(195) История народов северного Кавказа, 270–271.

(196) Н. Г. Волкова, Этнический состав..., 229.

(197) Избранные документы Кавказского комитета. Политика России на северном Кавказе в 1860–1870-е годы, в Кн. Сборник Русского исторического общества, М., 2000, Том 2, 176–178.

(198) А. Л. Зиссерман, Том 3, 47–48.

(199) Утверждение русского владычества на Кавказе, 465.

(200) С. Д. Рудин, Межевое законодательство и деятельность межевой части в России за 150 лет, 1765–1915 гг., Петроград, 1915, 367, 370, 439. なお、当時の境界測定一般の実施方法については、次を参照するのがよい。Ф. М. Уманец, Колонизация свободных земель России, СПб., 1884, 58 и след.

(201) История народов северного Кавказа, 264.

(202) Северный Кавказ в составе Российской империи, 220–221.

(203) История народов Северного Кавказа, 269.

第四章

(1) Baron von Haxthausen, *Transcaucasia, Sketches of the nations and races between the Black Sea and the Caspian*, London, 1854, 27.

(2) Столетие Военного Министерства 1802–1902, Главное управление казачьих войск, Исторический очерк, СПб., 1902, 353.

(3) Там же, 355.

(4) Столетие военного министерства 1802–1902, Землеустройство казачьих войск, Исторический очерк, СПб., 1911, 150–151.

(5) П. П. Короленко, Двухсотлетие кубанского казачьего войска, 1696–1896, Екатеринодар, 1896, 1–2.

(6) В. Червинский, Памятка кубанского казачьего войска, СПб., 1897, 10–11, 17–19.

(7) П. П. Короленко, Двухсотлетие..., 21.

(8) Е. Д. Фелицын (ред.), Кубанское казачье войско 1696–1888 гг., Сборник кратких сведений о войске, Боронеж, 1888, 59–60.

(9) Н. И. Краснов, Военное обозрение земли донского войска, СПб., 1870, 48–49.

(10) Воспоминания генерал-фельдмаршала графа Дмитрия Алексеевича Милютина, Том 1, Томск, 1919, 256.

(11) И. Д. Попко, Черноморские казаки в их гражданском и военном быту, СПб., 1858, 44–45.

(12) Там же, 122–123.

(13) Там же, 199.

(14) Евг. Максимов, Терское казачье войско, Историко-статистический очерк, Владикавказ, 1890, 15–16.

(15) П. П. Короленко, Двухсотлетие..., 34.

(16) И. Д. Кузнецов, Терские казаки и их рыбные промыслы, СПб., 1901, 8.

(17) Евг. Максимов, Терское казачье войско, 22.

(18) Там же, 32.

(19) Кубанское казачье войско 1696–1888 гг., Сборник кратких сведений о войске, Воронеж, 1888, 1.

(20) Там же, 104, 106.

(21) Там же, 131.

(22) Собрание сочинений Р. А. Фадеева, Том 1, Часть 1, СПб., 1889, 211.

(23) Там же, 241.

(24) Там же, 257.

(25) Собрание сочинений Р. А. Фадеева, Том 1, Часть 2, СПб., 1889, 126.

(26) Там же, 108.

(27) Там же, 116.

(28) П. П. Короленко, Двухсотлетие..., 49, 51.

(29) Ф. Бадерхан, Северокавказская диаспора в Турецци, Серии и Иордании, М., 2001, 18.

(30) А. П. Берже, Выселение горцев с Кавказа, Русская Старина, 1882, Том 33, No. 2, 339–340.

(31) Ф. Бадерхан, Северокавказская диаспора..., 19.
(32) Собрание сочинений Р. А. Фадеева, Том 1, Часть 2, 77.
(33) Е. Д. Фелицын, Кубанское казачье войско 1696–1888 гг., 223.
(34) Столетие военного министерства 1802–1902, Землеустройство казачьих войск, Исторический очерк, 198–200.
(35) Там же, 205.
(36) Там же, 203.
(37) Там же, 217–219.
(38) В. Н. Иваненко, Гражданское управление Закавказьем от присоединении Грузии до наместничества Великого Князя Михаила Николаевича, 465, 469.
(39) Там же, 202–204.
(40) Там же, 207.
(41) Е. Д. Фелицын, Кубанское казачье войско 1696–1888 гг., 211.
(42) Столетие военного министерства 1802–1902, Землеустройство казачьих войск, Исторический очерк, 207.
(43) Е. Д. Фелицын, Кубанское казачье войско 1696–1888 гг., 207.
(44) Там же, 209.
(45) Колонизация Кавказа и Казаки, Экономический Журнал, No. 16, 1886.
(46) Е. Д. Фелицын, Кубанское казачье войско 1696–1888 гг., 91, 224, 226.
(47) Там же, 211.
(48) Сборник сведений о Кавказе, Том 7, Тифлис, 1880, 541–543.
(49) Сборник сведений о Кавказе, Том 8, Списки населенных мест по сведениям 1882 года, Тифлис, 1885.
(50) Отчет гр. Евдокимова о военных действиях, исполненных в Кубанской области в период времени с 1-го июля 1863 года по 1-е июля 1864 года, в Кн. Т. Х. Кумыков, Выселение адыгов в Турцию, Последствие Кавказской войны, Нальчик, 1994, 76.
(51) А. В. Верещагин, Исторический обзор колонизации черноморского прибрежья Кавказа и ее результат, СПб., 1885.
(52) А. В. Верещагин, Значение путей сообщения в деле колонзации и развитии черноморского прибрежья Кавказа, СПб., 1878, 3,

36.

(53) А. В. Верещагин, Исторический обор..., 2–4.

(54) Там же, 5–8.

(55) Там же, 10–11, 14.

(56) Там же, 17.

(57) Статистические монографии по исследованию станичного быта Терского казачьего войска, Владикавказ, 1881.

(58) Военно-статистическое обозрение Кубанской области, Тифлис, 1900, 231.

(59) Там же, 174–175, приложение 2-е.

(60) Кавказ; Справочная книга, составленная старожилом, 9.

(61) Военно-статистическое обозрение Кубанской области, 169.

(62) Там же, 204.

(63) Там же, 169.

(64) Там же, 199.

(65) Там же, 189–190.

(66) Там же, 206.

(67) Там же, 210–211.

(68) Статистические монографии по исследованию станичного быта Терского казачьего войска, 380, 405.

(69) Там же, 380–385.

(70) Там же, 398–399.

(71) Там же, 232–235.

(72) Там же, 241–242, 250, 253.

(73) Там же, 307–311, 315–316.

(74) Сборник сведений о Кавказе, Том 7, Тифлис, 1880, 1–3.

(75) Там же, 542–543.

(76) Евг. Максимов, Терское казачье войско, Историко-статистический очерк, 53.

(77) Н. И. Краснов, Военное обозрение земли донского войска, СПб., 1870, 49.

(78) Исторические очерки деятельности военного управления в России..., Том 5, 245.

(79) Г. Михайловский, Исторические сведения о расколе среди терских (гребенских) казаков в столетии, Ставрополь, 1877, 14.

(80) В. В. Андреев, Раскол и его значение в народной русской истории, Петербург, 1870, 14–15.

(81) Записка о настоящем положении Черноморского округа и о предположениях по будущему его устройству, Тифлис, 1889, 11.

(82) Сборник сведений о Кавказе, Том 7, 20–21, 60.

(83) Сборник сведений о Кавказе, Том 4, 1-14. 頁付けが項目ごとに更新されている。

(84) Там же, 18–24.

(85) Там же, 71, 93.

(86) Там же, 95, 102–103, 105, 107–108, 139.

(87) А. П. Берже, Выселение горцев с Кавказа, Русская Старина, Том 33, No. 2, 1882, 345.

(88) Там же, 342.

(89) З. Х. Ибрагимова, Царское прошлое чеченцев, Политика и Экономика, М., 2009, 287.

(90) K. H. Karpart, *Ottoman Population 1839–1914; Demographic and Social Characteristics*, The University of Wisconsin Press, 1985, 67.

(91) М. И. Богданович, Исторический очерк деятельности военного управления в России, 405–410; W. Brooks, Russia's Conquest and Pacification of the Caucasus, *Nationalites Papers*, Vol. 23, No. 4, 1995, 680.

(92) Северный Кавказ в составе Российской империи, 162.

(93) А. П. Берже, Выселение горцев с Кавказа, 341.

(94) З. Х. Ибрагимова, Мир Чеченцев XIX век, М., 2007, 454.

(95) Ф. Бадерхан, Северокавказская диаспора..., 26.

(96) З. Х. Ибрагимова, Мир Чеченцев XIX век, 456.

(97) Э. Реклю, Россия европейская и азиатская, Том 2, 63.

(98) Доклад комиссии по делу о переселении горцев в Турцию, 18 февлаля 1865 года г. Тифлис, 21–22. この文書は付録1として次に収録されている。頁表示は付録としてのもの。Т. Х. Кумыков, Выселение адыгов в Турцию, Последствие Кавказской войны, Нальчук, 1994, 21–47. カバルダ地方の中心地ナリチュクで刊行されたこの著作で、著者は、一九五〇年四月の『ボリシェヴィーク』(Большевик)誌にシャミーリをイギリスおよびトルコの手先として扱う非科学的な、バギーロフ(М. К. Багиров)論文が掲載されたことがあったが、近年は北カフカースでのツァーリ政府の政策に植民地主義的な(колониальный)性格があることを否定しようとする動きがあると警告している。

(99) А. П. Берже, Выселение горцев с Кавказа, 342–343.

(100) Там же, 344.

(101) Доклад комиссии по делу о переселении горцев в Турцию..., 28–29.

(102) А. П. Берже, Выселение горцев с Кавказа, 349.

(103) A. Üner Turgay, Circassian Immigration into the Ottoman Empire, 202–203.

(104) Ф. Бадерхан, Северокавказская диаспора..., 22.

(105) A. Üner Turgay, *op. cit.*, 210.

(106) M. MacColl, *The Eastern Question, Its Facts and Fallacies*, London, 1877, 9, 13, 22, 23.

(107) З. Х. Ибрагимова, Мир Чеченцев XIX век, 449; K. H. Karpat, *Ottoman Population 1830–1914*, 62–63.

(108) Ф. Бадерхан, Северокавказская диаспора..., 25.

(109) З. Х. Ибрагимова, Мир Чеченцев XIX век, 446.

(110) Северный Кавказ в составе Российской империи, 155.

(111) З. Х. Ибрагимова, Мир Чеченцев XIX век, 442, 446.

(112) В. А. Матвеев, Россия и Северный Кавказ, Исторические особенности формирования государственного единства (вторая половина XIX–начало XX в.), Ростов-на-Дону, 2006, 92.

(113) Там же, 120.

(114) Ш. В. Мегрелидзе, Закавказье в русско-турецкой войне 1877–1878 гг., Тбилиси, 1972, 54; З. Х. Ибрагимова, Мир Чеченцев XIX век, 397–399.

(115) З. Х. Ибрагимова, Мир Чеченцев XIX век, 457–458.

(116) Baron von Haxthausen, *Transcaucasia, Sketches of the nations and races between the Black Sea and the Caspian*, 7–10.

(117) Р. Магомедов, Восстание горцев Дагестана в 1877 г., Махач-Кала, 1940, 8.

(118) Там же, 19.

(119) Н. Г. Волкова, Этнический состав населения..., 43.

(120) Отчет гр. Евдокимова о военных действиях, исполненных в Кубанской области в период времени с 1-го июля 1863 года по 1-е июля 1864 года, в Кн. Т. Х. Кумыков, Выселение адыгов в Турцию, 94.

(121) Там же, 94.

(122) Там же, 97.

(123) Н. Г. Волкова, Этнический состав населения..., 221.

(124) Там же.

(125) Э. Реклю, Россия, 72; К. Н. Karpat, *Ottoman Population 1830–1914*..., 67.

(126) Т. Х. Кумыков, Выселение адыгов в Турцию, 15.

(127) Отчет гр. Евдокимова о военных действиях, исполненных в Кубанской области ..., 102.

(128) К. Н. Karpat, *Ottoman Population 1830–1914*..., 69.

(129) З. Х. Ибрагимова, Мир Чеченцев XIX век, 450.

(130) A. Üner Turgay, Circassian Immigration into the Ottoman Empire, 201–202にもいくつかの数値紹介がある。

(131) А. П. Берже, Выселение горцев с Кавказа, 167.

(132) Отчет гр. Евдокимова о военных действиях, исполненных в Кубанской области ..., 105.

(133) M. Pinson, Demographic Warfare; An Aspect of Ottoman and Russian Policy 1854–1866, Ph. D. dissertation, Harvard University, 1970. 次を参照してほしい。K. H. Karpat, *Ottoman Population 1830–1914*..., 67.

(134) З. Х. Ибрагимова, Царское прошлое Чеченцев, Политика и Экономика, М., 2009, 293, 298.

(135) З. Х. Ибрагимова, Мир Чеченцев XIX век, 451–452.

(136) Кавказ и его военачальники, 44–45.

(137) Н. А. Смирнов, Политика России на Кавказе в XVI–XIX веках, 221.
(138) Северный Кавказ в составе Российской империи, 166–167 などを参照してほしい。
(139) A. Üner Turgay, Circassian Immigration into the Ottoman Empire, 201.
(140) 全文は，Ф. Бадерхан, Северокавказская диаспора, 23–25 に収録されている。
(141) Г. Волкова, Этнический состав..., 234.
(142) Там же, 241.
(143) Там же, 241–242.
(144) А. П. Берже, Выселение горцев с Кавказа, 352–353.
(145) Там же, 359.
(146) Ф. Бадерхан, Северокавказская диаспора..., 40.
(147) A. Üner Turgay, Circassian Immigration into the Ottoman Empire, 205.
(148) Ш. В. Мегрелидзе, Закавказье в русско-турецкой войны 1877–1878 гг., 54.
(149) A. Üner Turgay, Circassian Immigration into the Ottoman Empire, 205.
(150) Н. А. Смирнов, Политика России на Кавказе в XVI–XIX веках, 224–225.
(151) В. А. Матвеев, Россия и Северный Кавказ, 115.
(152) Там же, 117.
(153) Н. А. Смирнов, Указ. соч., 226.
(154) А. И. Иванов, Национадьно-освободительное движение в Чечне и Дагестане ..., 185–186.
(155) З. Х. Ибрагимова, Мир Чеченцев XIX век, 482；Ее же, Царское прошлое Чеченцев, Политика и Экономика, 284, 332.
(156) 山岳民の出国数は，Сборник сведений о Кавказе, Том 9, Тифлис, 1885 の付表5，山岳民数は同じく，付表3。
(157) A. Üner Turgay, Circassian Immigration into the Ottoman Empire, 206.
(158) З. Х. Ибрагимоба, Мир Чеченцев XIX век, 480, 482.
(159) Столетие военного министерства 1802–1902, Исторический очерк развития военного управления в России, 1, 485.
(160) Там же, 430–431；Исторический очерк деятельности военного управления..., Том 3, 1879, 6–7.

(161) 従来、オーブルチェフ研究はその重要度のわりには盛んでない。さしあたり、次を参照してほしい。D. A. Rich, *The Tsar's Colonels, Professionalism, Strategy, and Subversion in Late Imperial Russia*, Harvard University Press, 1998, see esp. 45ff.

(162) Столетие военного министерства 1802–1902, Исторический очерк развития военного управления в России, 1, 532.

(163) Сборник министерских постановлений и общих правительственных распоряжений министерства путей сообщения по железным дологам, СПб., 1874, приложение No. 2, 219–238.

(164) Я. Преженцев, Государственное ополчение ; Исторический очерк, СПб., 1889, 53.

(165) Ш. В. Мегрелидзе, Закавказье в русско-турецкой войне 1877–1878 гг., 107.

(166) Исторический очерк деятельности военного управления..., Том 5, 95–97.

(167) Там же, 98–99.

(168) Ш. В. Мегрелидзе, Закавказье в русско-турецкой войне 1877–1878 гг., 107–110.

(169) Собрание сочинений Р. А. Фадеева, Том 1, Часть 2, 201.

(170) Ш. В. Мегрелидзе, Указ. соч., 104.

(171) Там же, 105.

(172) Дневник генерал-фельдмаршала графа Дмитрия Алексеевича Милютина 1876–1878, 133–134.

(173) Н. Н. Обручев, Собственноручная докладная записка от 1-го Октября 1876 г. この文書は次の付録1として公刊された。Т. Газенкампф, Мой дневник 1877–78 гг., СПб., 1908.

(174) W. E. D. Allen and P. Muratoff, *Caucasian Battlefields*, 109–110.

(175) Материалы для описания русско-турецкой войны 1877–1878 г.г. на кавказско-малоазиатском театре, Том 5, Тифлис, 1909, 11–12.

(176) Там же, приложение 1, 1–9.

(177) Там же, Особое приложение, 135–137.

(178) Материалы для описания русско-турецкой войны 1877–1878 г.г. на кавказско-малоазиатского театра, Том 1, СПб., 1904, 5, 25–28.

(179) Сборник отчетов об изследовании в 1899 году турецкой крепости Эрузерум, Тифлис, 1891, 1.

(180) H. M. Hozier, *The Russo-Turkish War*, Vol. 2, 818–821.
(181) W. E. D. Allen and P. Muratoff, *Caucasian Battlefields*, 114.
(182) Ш. В. Мегрелидзе, Закавказье в русско-турецкой войне 1877–1878 гг., 136–141.
(183) Там же, 143.
(184) W. E. D. Allen and P. Muratoff, *Caucasian Battlefields*, 109, 115.
(185) R. F. Baumann, The Debates over Universal Military Service in Russia 1870–1874, 32.
(186) Исторический очерк деятельности военного..., Том 3, 272–273.
(187) Там же, Том 3, 278; Том 5, 229.
(188) Н. И. Краснов, Военное обозрение земли донского войска, СПб., 1870, XV.
(189) Исторический очерк деятельности военного..., Том 5, 182–183.
(190) Там же, Том 5, 194–195.
(191) Там же, Том 3, 289.
(192) 異族人の扱いについては、とりあえず、高田和夫『ロシア帝国論』第一章第三節を参照してほしい。
(193) R. F. Baumann, The Debates over Universal Military Service in Russia 1870–1874, 180.
(194) Исторический очерк деятельности военного управления..., Том 3, 302. さらに、その Приложение No. 60 には一八六二〜一八七一各年の人員表がある。
(195) Там же, Том 5, 253.
(196) З. Х. Ибрагимова, Мир чеченцев XIX век, 433.
(197) Там же, 435.
(198) Там же, 433–434.
(199) Исторический очерк деятельности военного управления..., Том 5, 48–50.
(200) Материалы для описания русско-турецкой войны 1877–1878 г.г. на кавказско-малоазиатском театре, Том 1, СПб., 1904, 37–38; Исторический очерк деятельности военного управления..., Том 5, 52.
(201) この時期、ロシアの鉄道は私鉄である。次にロシア帝国における鉄道路線ごとの開通年一覧がある。А. М. Золотарев, За-

писки военной статистики России, Том 1, изд. 2-е, СПб., 1894, 121 и след.

(202) Исторический очерк деятельности военного управления ..., Том 5, 61.

(203) Материалы для описания русско-турецкой войны, Том 1, 46–47.

(204) Военно-Энциклопедия, Том 4, СПб., 1911, 426–427.

(205) Там же, 50–51.

(206) Исторический очерк деятельности военного управления..., Том 5, 55.

(207) З. Х. Ибрагимова, Мир Чеченцев XIX век, 407.

(208) Ш. В. Мегрелидзе, Закавказье в русско-турецкой войне 1877–1878 гг., 112.

(209) Там же, 113.

(210) Там же, 117.

(211) Исторический очерк деятельности военного управления..., Том 5, 251–252, 254.

(212) Ш. В. Мегрелидзе, Закавказье в русско-турейкой войне 1877–1878 гг., 119.

(213) Исторический очерк деятельности военного управления..., Том 5, 78.

(214) ロリース・メーリコフについては、さしあたり、和田春樹『テロルと改革――アレクサンドル二世暗殺前後』山川出版社、二〇〇〇年、とくに九〇頁以下を参照してほしい。

(215) H. M. Hozier, *The Russo-Turkish War*, Vol. 2, 824–825.

(216) *Ibid.*, 828.

(217) A. Üner Turgey, Circassian Immigration into the Ottoman Empire, 207 以下にその他の事例紹介がある。

(218) Ф. Бадерхан, Северокавказская диаспора..., 44.

(219) Там же, 45.

(220) A. Üner Turgey, Circassian Immigration into the Ottoman Empire, 207–208.

(221) *Ibid.*, 209.

(222) Материалы для описания русско-турецкой войны 1877–1878 г.г., на кавказско-малоазиатском театре, Том 6, Часть 2, Тифлис, 1910, приложение No. 37. 以下、これからの引用は Том 6, Часть 2 と略記する。

(223) Austin Jersild, Imperial Russification: Dagestani mountaineers in Russian Exile, 1877–83, *Central Asian Survey*, 2000, Vol. 19, No. 1, 7–14.

(224) Материалы для описания русско-турецкой войны 1877–1878 г.г., на кавказско-малоазиатском театре, Том 6, Часть 1, Тифлис, 1910, 11. 以下、Том 6, Часть 1と略記する。

(225) Том 6, Часть 2, 14.

(226) Том 6, Часть 1, 15–17.

(227) Том 6, Часть 1, 24.

(228) В. Мещерский, Кавказский путевой дневник князя Мещерского, СПб., 1878, 18; Н. А. Смирнов, Политика России на Кавказе в XVI–XIX веках, 237; З. Х. Ибрагимова, Мир Чеченцев XIX век, 403–404.

(229) Х. М. Хашаев, Общественный строй Дагестана в XIX веке, М., 1961, 71.

(230) З. Х. Ибрагимова, Мир Чеченцев XIX век, 404.

(231) Ш. В. Мегрелидзе, Закавказье в русско-турецкой войны 1877–1878 гг., 58.

(232) Г. К. Градовский, Война в Малой Азии в 1877 году, СПб., 1878, 4.

(233) П. И. Ковалевский, Восстание Чечни и Дагестана в 1877–1878 г.г., СПб., 1912, 14.

(234) Там же, 29.

(235) Там же, 82.

(236) Том 6, Часть 1, 18.

(237) M. Gammer, *The Lone Wolf and the Bear, Three Centuries of Chechen Defiance of Russian Rule*, 86. 参考までに触れれば、かつてのソヴィエト史学は山岳民闘争を過大な表現で再現しようとする性癖をもって一大特徴としたであろう。たとえば、次の事例。〔アリベクたちが始めた〕反乱は忽ち周辺の四七村一万八〇〇〇人をとらえた。電信を遮断し、郵便や役場間の連絡を止め、鉄道の運行を邪魔した。ヴラジカフカースから軍隊が派遣されて衝突が生じ、その都度、人びとは山地へ逃れた。А. И. Иванов, Восстание в Чечне в 1877 г., Исторические Записки, Том 10, 1941, 282–284. こうした記述は過剰なだけでなく裏づけを示さないことで一致している。

(238) П. И. Ковалевский, Восстание Чечни и ..., 35.

(239) Том 6, Часть 1, 31.

(240) Там же, 33.

(241) Том 6, Часть 1, 52; П. И. Ковалевский, Восстание Чечни и..., 21–22.

(242) 開戦時のロシア軍の配置は、次の要領よい整理を参照してほしい。W. E. D. Allen and P. Muratoff, *Caucasian Battelfields*, 115.

(243) Т. Т. Мальсагова, Восстание горцев в Чечне в 1877 году, Грозный, 1968, 22.

(244) Р. Магомедов, Восстание горцев Дагестана в 1877 г., Махач-Кала, 1940, 37.

(245) 和田春樹『テロルと改革』九五頁。

(246) P. B. Henze, Fire and Sword in the Caucasusu; The 19th Century Resistance of the North Caucasian Mountaineers, *Central Asian Survey*, 1983, Vol. 2, No. 1, 35.

(247) W. E. D. Allen and P. Muratoff, *Caucasian Battelefields*, 126–129.

(248) Ш. В. Мегрелидзе, Закавказье..., 159–160.

(249) トルコのアブハジア侵攻については、H. M. Hozier, *The Russo-Turkish War*, Vol 2, 847–850.

(250) Ш. В. Мегрелидзе, Закавказье..., 152, 156.

(251) W. E. D. Allen and P. Muratoff, *Caucasian Battelefields*, 150–151.

(252) *Ibid.*, 157.

(253) Том 6, Часть 1, 97.

(254) А. И. Иванов, Восстание в Чечне в 1877 г., Исторические Записки, Том 10, 1941, 282; Т. Т. Мальсагова, Восстание горцев в Чечяне в 1877 году, Грозный, 1968, 18 и след.; З. Х. Ибрагимова, Мир чеченцев XIX век, 421 など。

(255) П. И. Ковалевский, Восстание Чечни и Дагестана в 1877–1878 г.г., 62; А. И. Иванов, Восстание в Чечне в 1877 г., 287; Т. Т. Мальсагова, Восстание горцев в Чечяне в 1877 году, 26.

(256) Ш. В. Мегрелидзе, Закавказье..., 163.

(257) Т. Т. Мальсагова, Восстание горцев в Чечяне в 1877 году, 27–29.

(258) Том 6, Часть 1, 104–106, 120–123, 132.

(259) Том 6, Часть 1, 169, 184, 187.
(260) W. E. D. Allen and P. Muratoff, *Caucasian Battelefields*, 167.
(261) この理解は，ミリューチン日記に付された，ザファーロヴァたちの解説による。Дневник генерал-фельдмаршала графа Дмитрия Алексеевича Милютина, 1876–1878, М., 2009, 14.
(262) W. E. D. Allen and P. Muratoff, *Caucasian Battelefields*, 171–172.
(263) *Ibid*., 185.
(264) *Ibid*., 186.
(265) Собрание сочинений Р. А. Фадеева, Том 1, Часть 2, 32.
(266) Материалы для описания русско-турецкой войны, Том 3, 11.
(267) Там же, 117.
(268) D. A. Rich, *The Tsar's Colonels*..., 146.
(269) Материалы для описания русско-турецкой войны, Том 3, 120.
(270) Там же, Том 2, 436.
(271) Том 6, Часть 2, 12–13.
(272) П. И. Ковалевский, Восстание в Чечне и Дагестане..., 57.
(273) Том 6, Часть 2, 39.
(274) Том 6, Часть 2, 3, 5.
(275) Том 6, Часть 2, 135.
(276) Том 6, Часть 2, 163.
(277) Том 6, Часть 2, 41–43.
(278) Том 6, Часть 2, 46, 47.
(279) Том 6, Часть 2, 17.
(280) Том 6, Часть 2, 136.
(281) Том 6, Часть 2, 51, 53–54.

(282) Том 6, Часть 2, 64.
(283) Том 6, Часть 2, 76.
(284) Том 6, Часть 2, 99.
(285) Том 6, Часть 2, 158.
(286) Том 6, Часть 2, 163.
(287) Том 6, Часть 2, 172.
(288) M. Gammer, *The Lone Wolf and the Bear; Three Centuries of Chechen Defiance of Russian Rule*, 99–100.
(289) *Ibid.*, 102.

あとがき

前著『ロシア帝国論』（平凡社、二〇一二年刊）の「あとがき」に次のようなことを書いている。「もともと、私はこのようなロシア帝国論を執筆しようなどとは考えていなかった。長らく気にかけてきた一八七七〜七八年の露土戦争に関して思いつき的な仕事を繰り返すのは止めてまとめようと取りかかり、そのために準備した「予備的考察」が膨らんだのである。」そのようであれば、本書は前著の「予備的考察」を受けてなされる本格的な論考ということになる。本格的か否かは読者諸氏の判断に任せるとしても、少なくともそうした気持ちを抱いて私はこの仕事を行った。

露土戦争という大きなテーマにどのように取り組むか、この間、いささかの工夫と愚考を重ねた結果（の一部）がこの作品であり、すべて書き下ろしである。ここでその試行錯誤の仔細を語ることはできないが（前著がその形跡の幾分かを留めるであろう）、戦争過程についてはバルカン半島部と小アジア・カフカース部の両方を一度に扱うことはしないということ、そして、戦争あるいは戦闘局面に集中した観察を行うのではなく、それに至る過程を極力、歴史社会的な環境に置いて見ること、これら深く連関するふたつを基本的な立脚点とすることはかなり早い段階で決めたのであった。それ故に、読者諸兄姉には露土戦争を取り上げながら、戦争そのものがあまり描かれていない印象を抱かせることになったかもしれない。

右に言う歴史社会的な環境に関して思いを巡らせれば、バルカンとカフカースを同時に取り扱うわけにはいかないことはますます明白であった。両者は共に大いなる独自性に満ちていた。そこで、個別に後者からまとめることにした。率直に言えば、それがバルカンよりも比較的に容易なのではないかとまさしく勝手に想像したのであった（ここではあえて誤解したとまでは言わないでおく）。そして、主課題は最後の露土戦争に至るロシア＝カフカース関係史をどう考えるかということになった。この分野で右往左往した結果が本書であると見ていただいてよいであろう。

どのようなタイトルにするかについてもいささか悩んだ。『帝政ロシアとカフカース——一八七七—七八年露土戦争と山岳民反乱』などを候補としてみたが、もう少し相応しいものはないか考える日々を過ごしていたら、担当の編集者氏がずばり『帝政ロシアの国家構想——一八七七—七八年露土戦争とカフカース統合』を提案してくださった。実のところ、それは私が惹かれていたもののひとつであったが、坂野潤治氏に名著『近代日本の国家構想』(岩波書店、一九九六年)があり、何となく気が引けて切り出しにくかったのが正直なところであった。編集者氏に背中を押していただくかたちになった。

やはり前著の「あとがき」は体調のことにまで触れていた。その後、本書がかろうじて成立するための時間的かつ体力的な余裕を持つことができたのは、実に幸いであり誠にありがたいことであった。そして、それは周囲の多くの善意と厚意に支えられて初めて可能となったのであった。ここでは関係する方々のお名前に逐一触れることは差し控えるが、改めて心より深く感謝申し上げたい。

右のように露土戦争観察になかば便宜的な区分を行った結果、もうひとつのバルカンが残ることになった。倦まず精進せよということであろう。

二〇一五年六月二〇日

高田和夫

高田 和夫 たかだ かずお
1946年，東京生まれ。

東京大学大学院社会学研究科国際関係論博士課程単位修得。

九州大学大学院比較社会文化研究院教授を経て，現在，九州大学名誉教授。

主な著書に，『近代ロシア社会史研究——「科学と文化」の時代における労働者』（山川出版社，2004），『近代ロシア農民文化史研究——人の移動と文化の変容』（岩波書店，2007），『ロシア帝国論——19世紀ロシアの国家・民族・歴史』（平凡社，2012）など。

帝政《ていせい》ロシアの国家構想《こっかこうそう》
——1877—78年露土《ろと》戦争《せんそう》とカフカース統合《とうごう》

2015年9月15日　1版1刷　印刷
2015年9月25日　1版1刷　発行

著　者　高田和夫《たかだかずお》
発行者　野澤伸平
発行所　株式会社 山川出版社
〒101-0047　東京都千代田区内神田1-13-13
電話　03(3293)8131(営業)　8134(編集)
http://www.yamakawa.co.jp/
振替　00120-9-43993
印刷所　株式会社 プロスト
製本所　株式会社 ブロケード
装　幀　菊地信義

Printed in Japan　ISBN978-4-634-67242-0

索　　引

●カ行

●サ行

●タ行

●ナ行

●ハ行

●マ行

●ヤ行

●ラ・ワ行

参考文献一覧

Allen, W. E. D. and P. Muratoff, *Caucasian Battlefields: A History of the Wars on the Turco-Caucasian Border, 1828–1921*, Cambridge University Press, 1953.

Андреев, А. П., От Владикавказа до Тифлиса, Военно-Грузинская дорога, 2-ое изд., Тифлис, 1895.

Андреев, В. В., Раскол и его значение в народной русской истории, СПб., 1870.

Артамонов, Л. К., Персия, как наш противник и Закавказья, Тифлис, 1889.

Baddeley, J. F., *The Russian Conquest of the Caucasus*, London, 1908.

Бадерхан, Ф., Северокавказская диаспора в Турции, Сирии и Иордании, М., 2001.

Baumann, R. F., The Debates over Universal Military Service in Russia 1870–1874, Ph. D. dissertation, Yale University, 1988.

Bennigsen, A., Peter the Great, the Ottoman Empire, and the Caucasus, *Canadian-American Slavic Studies*, Vol. VIII, No. 2, 1974.

Бережков, М. Н., План завоевания Крыма, составленный в царствования государя Алексея Михайловича ученым славянином Юрием Кружаничем, СПб., 1891.

Берже, А. П., Выселение горцев с Кавказа, Русская Старина, Том 33, No. 1, 1882.

Бестужев, И. В., Крымская война 1853–1856 гг., М., 1956.

Блиев, М., Черкесия и Черкесы XIX века, М., 2011.

Bolsover, G. H., David Urquhart and the Eastern Question, 1833–37, *Journal of Modern History*, Vol. 6, No. 4, 1936.

Brooks, W., Russia's Conquest and Pacification of the Caucasus; Relocation becomes a Pogrom in the Post-Crimean War Period, *Nationalities Papers*, Vol. 23, No. 4, 1995.

Черкесов, В. В.(ред.), Институт генерал-губернаторства и наместничества в Российской империи, Том 1–2, СПб., 2001.

Червинский, В., Памятка кубанского казачьего войска, СПб., 1897.

Davison R. H., “Russian Skill and Turkish Imbecility”; The Treaty of Kuchuk Kainardji Reconsidered, *Slavic Review*, Vol. 35, No. 3, 1976.

———, The ‘Dosografa’ Church in the Treaty of Küçük Kaynarca, *Bulletin of the School of Oriental and African Studies*, University of London, Vol. 42, No. 1, 1979.

Дегоев, В. В., Кавказ в составе России; Формирование имперской идентичности (пер-

вая половина XIX века), Кавказский Сборник, Том 1(33), М., 2004.
Дитятин, И., Городское самоуправление в России, Ярославль, 1877.
Дневник генерал-фельдмаршала Дмитрия Алексеевича Милютина, 1873–1875, 2-ое изд., М., 2008.
Договоры России с Востоком, политические и торговые, СПб., 1869.
Дранов, Б. А., Черноморские проливы, М., 1848.
Дружинина, Е. И., Кючук-Кайнорджийский мир 1774 год, М., 1955.
Дубровин, Н., История войны и владычества русских на Кавказе, Том 1, Книга 1, СПб., 1871.
Эсадзе, С., Исторический очерк распространения русской власти на Кавказе, Тифлис, 1913.
————, Покорение западного Кавказа, Тифлис, 1914.
Фадеев, Р. А., 60 лет Кавказской войны, в его Сочинениях, Том 1, СПб., 1889.
Фелицын, Е. Д., Кубанское казачье войско 1696–1888 г., Боронеж, 1888.
Феоктистов, Е. М., За кулистами политики и литературы, М., 1929.
Fisher, A. W., *The Russian Annexation of the Crimea 1772–1783*, Cambridge University Press, 1970.
Fisher, F. H., *Afganistan and the Central Asian Question*, London, 1878.
Г., В. Ц., Государственное подвижное ополчение Владимирской губернии 1855–1856 г.г., Владимир, 1900.
Gammer, M., Russian Strategies in the Conquest of Chechnia and Daghestan, 1825–1859, in M. Bennigsen Broxup(ed.), *The North Caucasus Barriers; The Russian Advance towards the Muslim World*, London, 1992.
————, *The Lone Wolf and the Bear: Three Centuries of Chechen Defiance of Russian Rule*, London, 2006.
Георгиевский, А., Юрий Крижанич и современная действительность, СПб., 1914.
Gleason, J. H., *The Genesis of Russophobia in Great Britain, A Study of the Interaction of Policy and Opinion*, N. Y., 1950.
Глинка, С., Описание переселения Армян Аддербиджанских в пределы России, М., 1831.
Gloukhovskoi, A. I., *The Passage of the Water of the Amu-Darya by the Old Bed into the Caspian Sea and the Opening of the direct Amu-Darya Water from the Afghan Frontier by the Amu-Darya, the Volga and Maria System to St. Petersburgh and the Baltic*, St. Petersburgh, 1893.

Гневушев, А. Н., Политико-экономические взгляды гр. Н. С. Мордвинова, Киев, 1904.

Горяинов, С., Босфор и Дарданеллы, СПб., 1907.

Градовский, А. Д., Исторический очерк учреждения генерал-губернаторств в России, в Кн. Его же, Политика, История и Администрация, СПб., 1871.

Градовский, Г. К., Война в Малой Азии в 1877 году, СПб., 1878.

Гвоздецкий, Н. А. и др., Русские географические исследования Кавказа и Средней Азии в XIX-начале XX в., М., 1964.

Haxthausen, Baron von, *Transcaucasia, Sketches of the nations and races between the Black Sea and the Caspian*, London, 1854.

Henze, P. B., Fire and Sword in the Caucasus; The 19th Century Resistance of the North Caucasian Mountaineers, *Central Asian Survey*, Vol. 2, No. 1, 1983.

Hertslet, E., *The Map of Europe by Treaty*, Vol. 2, London, 1875.

Hozier, H. M., *The Russo-Turkish war, including an account of the rise and decline of the Ottoman power and the history of the Eastern question*, Vol. 2, London, 1879.

Янсон, Ю. Э., Сравнительная статистика России и западно-европейских государств, СПб., 1877.

Ибрагимбейли, Х. М., Кавказ в Крымской войны 1853-1856 гг. и международные отношения, М., 1971.

Ибрагимова, З. Х., Мир чеченцев, XIX век, М., 2007.

————, Царское прошлое Чеченцнев, Политика и Экономика, М., 2009.

Исторический очерк деятельности военного управления в России в первое двадцати-пяти-летие благополучного царствования государя императора Александра Николаевича (1855-1880 гг.), Том 1, СПб., 1879; Том 4, СПб., 1880.

История народов Северного Кавказа, конец XVIII в.- 1917 г., М., 1988.

Юзефович, Т. (сост.), Договоры России с Востоком, СПб., 1869.

Иваненко, В. Н., Гражданское управление Закавказьем от присоединения Грузии до наместничества Великого Князя Михаила Николаевича, Тифлис, 1901.

Иванов, А. И., Восстание в Чечне в 1877 г., Исторические Записки, Том 10, 1941.

————, Национально-освободительные движения в Чечне и Дагестане в 60-70-х гг. XIX в., Исторические Записки, Том 12, 1941.

Иванов, С., О сближении горцев с русскими на Кавказе, Военный Сборник, Том 12, СПб., 1859.

Ивановский, И., А. Д. Градовский, как ученый, СПб., 1900.

Избранные документы Кавказского комитета, Политика России на Северном Кавказе

в 1860–1870-е годы, в кн. Сборник Русского Исторического Общества, Том 2, М., 2000.
Jelavich, B., *The Ottoman Europe, the Great Powers, and the Straits Question 1870–87*, Indiana University Press, 1973.
Jersild, A., Imperial Russification; Dagestani moutaineers in Russian Exile, 1877–83, *Central Asian Survey*, Vol. 19, No. 1, 2000.
Камаровский, Л. А., Восточный вопрос, М., 1896.
カレール＝ダンコース，エレーヌ（志賀亮一訳）『エカテリーナ二世』藤原書店，2004.
Karpart, K. H., *Ottoman Population 1839-1914; Demographic and Social Characteristics*, The University of Wisconsin Press, 1985.
Кавказ; Справочная книга, составленная старожилом, Тифлис, 1887.
Кавказ и его военачальники: Н. Н. Муравьев, кн. А. И. Барятинский, Н. И. Евдокимов 1854–1864 гг., Очерк генерала Кравцова, СПб., 1886.
Кавказский Календарь на 1879 год, изданный Главным Управлением Наместника Кавказского, год XXXIV, Тифлис, 1878.
Кавказские письма А. П. Ермолова М. С. Воронцову, СПб., 2011.
Хашаев, Х. М., Общественный строй Дагестана в XIX веке, М., 1961.
Хевролина, В. М., Российский дипромат Николай Павлович Игнатьев, М., 2004.
Киняпина, Н. С., Внешняя политика России второй половины XIX в., М., 1974.
————, Административная политика царизма на Кавказе и в Средней Азии в XIX веке, Вопросы Истории, 1983, No. 4.
————, М. Блиев и В. В. Дегоев, Кавказ и Средняя Азия во внешней политике России, вторая половина XVIII–80-е годы XIX в., М., 1984.
Кочергин, П., Ратник государственного ополчения, его права и обязанности, Казань, 1896.
Колонизация Кавказа и Казаки, Экомомический Журнал, No. 16, 1886.
Короленко, П. П., Двухсотлетие кубанского казачьего войска, 1696–1896, Екатеринодар, 1896.
Козубский, Е. И., История города Дербента, Темир-Хан-Шура, 1906.
Ковалевский, П. И., Восстание Чечни и Дагестана в 1877–1878 г.г., СПб., 1912.
Краснов, М., Историческая записка о Ставропольской гимназии, Ставрополь, 1887.
Краснов, Н. И., Военное обозрение земли донского войска, СПб., 1870.
Кубанское казачье войско 1696–1888 г., сборник кратких сведений о войске, Воронеж, 1888.

Кумыков, Т. Х., Выселение адыгов в Турцию, Наличик, 1994.

Кузнецов, И. Д., Терские казаки и их рыбные промыслы, СПб., 1901.

Л. Ш., Черкессы, Энциклопедический словаль, Том 76, СПб., 1903.

Лавров, Л. И., Историко-этнографические очерки Кавказа, Ленинград, 1978.

Ливрон, В., Статистическое обозрение Российской империи, СПб., 1874.

MacColl, M., *The Eastern Question, Its Facts and Fallacies*, London, 1877.

Магомедов, Р., Восстание горцев Дагестана в 1877 г., Махач-Кала, 1940.

Максимов, А. Н., Какие народы живут в России, справочное издание, М., 1919.

Максимов, Евг., Терское казачье войско, историко-статистический очерк, Владикавказ, 1890.

——— и Г. Вертенов, Туземцы Северного Кавказа, Вып. 1, Владикавказ, 1892.

Малороссия ; описание края в историческом, географическом и этнографическом отношении, СПб., 1876.

Мальсагова, Т. Т., Восстание горцев в Чечне в 1877 году, Грозный, 1968.

Marriott, J. A. R., *The Eastern Question, An Historical Study in European Diplomacy*, 4th ed., Oxford, 1940.

Материалы для описания русско-турецкой войны 1877-1878 гг. на кавказско-малоазиатском театре, Тифлис, Том 1, 1904 ; Том 4, Часть 1, 1910 ; Том 5, 1909 ; Том 6, Часть 1 , 1910 ; Том 6, Часть 2, 1910.

Матвеев, В. А., Россия и Северный Кавказ : исторические особенности формирования государственного единства（вторая половина XIX-начало XX в.）, Ростов-на-Дону, 2006.

黛秋津「ロシアのバルカン進出とキュチュク・カイナルジャ条約(1774年)——その意義についての再検討」『ロシア・東欧研究』37, 2008.

Мегрелидзе, Ш. В., Закавказье в русско-турецкой войне 1877-1878 гг., Тбилиси, 1972.

Мещерский, В., Кавказский путевой дневник князя Мещерского, СПб., 1878.

Михайловский, Г., Исторические сведения о расколе среди терских（гребенских） казаков в столетии, Ставрополь, 1877.

Миллер, Д. П,, Заселение Новороссийского края и Потемкин, Харьков, 1901.

Милютин, Д. А., Описание военных действии 1839 года в Северном Дагестане, СПб., 1850.

———, Военные реформы императора Александа II, Вестник Европы, 1882, No. 1.

———, Биографический очерк, в кн. Дневник генерал-фельдмаршала Дмитрии Алексеевича Милютина, 1873-1875, 2-ое изд., М., 2008.

Милютин, М., Исторический очерк развития и устройства Кавказских минеральных воды, М., 1878.
Miller, F. A., *Dmitrii Miliutin and the Reform Era in Russia*, Vanderbilt University Press, 1968.
Mosely, P. E., *Russian Diplomacy and the Opening of the Eastern Question in 1838 and 1839*, Cambridge University Press, 1934.
Mosse, W. E., *The Rise and Fall of the Crimean System 1855-1871: The Story of a Peace Settlement*, London, 1963.
Mostashari, F., *On the Religious Frontier; Tsarist Russia and Islam in the Caucasus*, London, 2006.
Нарочницкая, Л. И., Россия и отмена нейтральзации Черного моря 1856-1871 гг., К истории Восточного вопроса, М., 1989.
Народы России, этнографические очерки, издание редакции журнала «Природа и Люди», Том 2, СПб., 1880.
Обручев, Н. Н., Собственноручная докладная записка от 1-го Октября 1876 г., в кн. Т. Газенкампф, Мой дневник 1877-78 гг., СПб., 1908.
尾高晋己『オスマン外交のヨーロッパ化』渓水社, 2010.
Огарков, В. В., Г. А. Потемкин, его жизнь и общественная деятельность, СПб., 1892.
パーマー, アラン(白須英子訳)『オスマン帝国衰亡史』中央公論社, 1998.
Petrovich, M. B., Jurai Križanić: A Precursor of Pan-Slavism, *American Slavic and East European Review*, Vol. 6, No. 3/4 (Dec. 1947).
Pipes, R. E., The Russian Military Colonies, 1810-1831, *Journal of Modern History*, Vol. XXII, No. 3, 1950.
Покровский, Н. И., Кавказские войны и имамат Шамиля, М., 2000.
Попко, И. Д., Черноморские казаки в их гражданском и военном быту, СПб., 1858.
Посланник Петр на Восток, Посольство Флорио Беневени в Персию и Бухару в 1718-1725 годах, М., 1986.
Потто, В. А., Ермолов на Кавказе, СПб., 1899.
Преженцев, Я., Государственное ополчение, Исторический очерк, СПб., 1889.
『プーシキン全集』第5巻, 河出書房新社, 1973.
Реклю, Э., Россия; Европейская и Азиятская с дополнениями и исправлениями, Том 2, Азиятская Россия и Средне-Азиятские ханства, СПб., 1884.
Resis, A., Russophobia and the "Testament" of Peter the Great, 1812-1980, *Slavic Review*, Vol. 44, No. 4 (Winter, 1985).

Rhinelander, L. H., Russia's Imperial Policy; The Administration of the Caucasus in the First Half of the Nineteenth Century, *Canadian Slavonic Papers*, Vol. 17, 1975.
———, The Creation of the Caucasian Vicegerency, *Slavonic East European Review*, Vol. 59, No. 1, 1981.
———, Viceroy Vorontsov's administration of the Caucasus, in R. G. Suny (ed.), *Transcaucasia, Nationalism, and Social Change*, The University of Michigan Press, 1983.
———, *Prince Michael Vorontsov; Viceroy to the Tsar*, Montreal, 1990.
Riasanovsky, N., *A History of Russia*, 2nd ed., N. Y., 1969.
Rich, D. A., *The Tsar's Colonels, Professionalism, Strategy, and Subversion in Late Imperial Russia*, Harvard University Press, 1998.
Richmond, W., *The Northwest Caucasus*, London & N. Y., 2008.
Rieber, A. J., *The Politics of Autocracy, Letters of Alexander II to Prince A. I. Bariatinskii, 1857-1864*, Paris and the Hague, 1966.
Рудин, С. Д., Межевое законодательство и деятельность межевой части в России за 150 лет, 1765-1915 г., Петроград, 1915.
Сандрыгайло, И. Я. (ред.), Адаты Дагестанской области и Закатальского округа, Судосутройство и судопроизводство в участях Кавказского края военно-народного управления, Тифлис, 1899.
Сборник договоров России с другими государствами 1856-1917, М., 1957.
Сборник материалов по русско-турецкой войне 1877-78 гг. на Балканском полуострове, Том 1-97, СПб., 1898-1911.
Сборник министерских постановлений и общих правительственных распоряжений министерства путей сообщения по жедезным дорогам, СПб., 1874.
Сборник отчетов об изследовании в 1889 году турецкой крепости Эрузерум, Тифлис, 1891.
Сборник сведений о Кавказе, Тифлис, Том 4, 1878; Том 7, 1880; Том 8, 1885; Том 9, 1885.
Schuyler, E., *Turkistan; Notes of a Journey in Russia Turkistan, Khokand, Bukhara, and Kuldja*, Vol. 1-2, London, 1876.
Северный Кавказ в составе Российской империи, М., 2007.
Шавров, Н., Путь в Центральную Азию по направлению указанному Петром Великим, СПб., 1871.
———, Русский путь в Закавказье, СПб., 1883.

Щебальский, П., Потемкин и заселение Новороссийского края, М., 1868.
Щепкин, М. П., Опыты изучения общественного хозяйства и управления городов, Часть 1, М., 1882.
Шербинин, М. П., Биография генерал-фельдмаршала князья Михаила Семеновича Воронцова, СПб., 1858.
Сивков, К. В., О проекте окончания Кавказской войны в середине XIX в., История СССР, 1958, No. 3.
Скабичевский, А. М., А. С. Грибоедов, его жизнь и литературная деятельность, СПб., 1893.
Скальковский, А., Записка о плавании парохода Петр Великий к Таврическим и восточным берегам Черного моря, Одесса, 1836.
Skrine, F. H. and E. D. Ross, *The Heart of Asia, A History of Russian Turkestan and the Central Asian Khanates from the Earliest Times*, London, 1899.
Смирнов, Н. А., Политика России на Кавказе в XVI-XIX веках, М., 1958.
Собрание сочинений Р. А. Фадеева, Том 1-3, СПб., 1889.
Статистические монографии по исследованию станичного быта Терского казачьего войска, Владикавказ, 1881.
Ставрополь в географическом, историческом, топографическом и статистическом отношениях, Тифлис, 1854.
Столетие Военного министерства 1802-1902, Главное управление казачьих войск, исторический очерк, СПб., 1902.
————, Исторический очерк развития военного управления в России, 1, СПб., 1902.
————, Землеустройство казачьих войск, исторический очерк, СПб., 1911.
————, Военные министеры и главноуправляющие военною частью в России с 1701 по 1910 год, СПб., 1911.
高田和夫『ロシア帝国論——19世紀ロシアの国家・民族・歴史』平凡社, 2012.
高橋清治「ロシヤ帝国とカフカス総督府」『ロシア史研究』59, 1996.
————,「帝国のカフカス支配と「異族人教育」」『ロシア史研究』60, 1997.
Тарле, Е. В., Крымская война, Том 2, М., 1950.
Tayler, A. J. P., *The System for Mastery in Europe 1848-1918*, London, 1954.
Терентьев, М. А., История завоевания Средней Азии, СПб., 1906.
鳥山成人「ピョートル大帝の『遺書』について」『ロシア史研究』52, 1992.
Циммерман, М. А., Босфор и Дарданеллы, СПб., 1912.
Тройницкий, А., Крепостное население в России по 10-й народной переписи, СПб.,

1861.
Turgay, A. Ü., Circassian Immigration into the Ottoman Empire, 1856-1878, in W. B. Hallag and D. P. Little (eds.), *Islamic Studies Presented to Charles J. Adams*, Leiden, 1991.
У...ч, И., Война русско-турецкая предначертанная Петром Великим о избавлении Восточных Христиан от турецкого векового ига, Первый выпск, М., 1878.
Уманец, Ф. М., Колонизация свободных земель России, СПб., 1884.
Успенский, Ф., Как возник и развивался в России Восточный вопрос, СПб., 1887.
Утверждение русского владычества на Кавказе, Том 12, Тифлис, 1901.
Верещагин, А. В., Значение путей сообщения в деле колонизации и развитии черноморского прибрежья, СПб., 1878.
―――――, Исторический обзор колонизации черноморского прибрежья Кавказа и ее результат, СПб., 1885.
Военно-Энциклопедия, Том 4, СПб., 1911.
Военно-статистическое обозрение Кубанской области, Тифлис, 1900.
Волкова, Н. Г., Этнический состав населения Северного Кавказа в XVIII-начале XX века, М., 1974.
Воспоминания генерал-фельдмаршала графа Дмитрия Алексеевича Милютина, Том 1, Томск, 1919.
和田春樹『テロルと改革――アレクサンドル二世暗殺前後』山川出版社, 2000.
Whittock, M., Ermolov; Proconsul of the Caucasus, *Russian Review*, Vol. 18, No. 1. 1959.
Зайончковский, П. А., Военные реформы Д. А. Милютина, Вопросы Истории, 1945, No. 2.
Записка о настоящем положении Черноморского округа и о предположениях по будущему его устройству, 〔Тифлис〕, 1889.
Зейдлищ, Н. А., Тифлис по однодневной переписи 25-го марта 1876 года, в кн. Сборник сведентй о Кавказе, Том 6, Тифлис, 1880.
Жданов, Н., Разсказы о кавказском племени Осетинах, М., 1898.
Зиссерман, А. Л., Фельдмаршал князь Александр Иванович Барятинский, Том 1-3, М., 1888-1891.
Золотарев, А. М., Записки военной статистики России, Том 1, 2-ое изд., СПб., 1894.